PHILIPPE ALFONSI
PATRICK PE

1. LES CHEMINS D'ORGUEIL

LE ROMAN DE LA CORSE

PLON
76, rue Bonaparte
PARIS

ISBN 2-259-02672-9

AVERTISSEMENT

Ce livre est un roman. Les héros en sont donc des personnages romanesques nés de notre seule imagination.

Pour autant, il est évident que nous nous sommes inspirés d'événements réels et des récits des acteurs de l'histoire récente de la Corse, histoire que nous suivons depuis bientôt un quart de siècle.

A tous ceux que nous avons croisés, connus, et à ceux qui sont devenus nos amis, nous demandons de bien vouloir nous pardonner les emprunts que nous leur avons faits.

PROLOGUE

Il se souvenait qu'il était mort devant une fenêtre, à Paris, par un jour de brume. Une dernière fois, il avait regardé les marronniers en fleur noyés dans la grisaille, puis il s'était éteint... Il était mort mais il n'était pas en paix. La voix d'Andréa, sa mère bien-aimée, le tourmentait encore. Elle lui reprochait son ambition dévorante qui l'avait poussé à quitter la Corse pour partir au loin. Combien de fois depuis l'enfance ne lui avait-elle pas répété : celui qui a planté un seul arbre n'est pas venu en vain sur cette terre... Mais il ne l'avait pas écoutée. Il s'était tellement démené, il avait tellement voyagé, qu'il avait laissé sa propre terre en friche. Pas un arbre n'y avait pris racine ! Pas un homme n'y était digne de porter son nom ! Et maintenant qu'il était trop tard il ne pouvait se résoudre à quitter ce monde. Il n'avait pas accompli son cycle. Il attendait encore, mais quoi ?...

Enfermé dans son cercueil, il voyait défiler les ruelles de Campu di Croce, comme si les planches qui l'entouraient avaient été de verre. Comment était-il revenu jusqu'ici ? Qui étaient ces gens qui le pleuraient ? Il n'aurait pu le dire. Le soleil lui-même lui était devenu étranger. Il flamboyait au-dessus du village sans parvenir à réchauffer son corps rigide et glacé.

Nicolas l'attendait, assis sur une chaise au milieu du cimetière familial. Les jambes croisées, la canne glissée sous le bras gauche, son terrible père portait le large chapeau noir qu'il lui avait toujours connu. Le vieillard n'avait pas changé depuis qu'il l'avait porté en terre par une belle journée de juin 1912. Sa barbe blanche soigneusement peignée s'étalait, majestueuse, sur sa redingote claire. Le nez fort, les yeux sévères sous les paupières lourdes, il semblait encore plus grand et plus massif que de son vivant. Qu'avait-il encore à lui reprocher pour le regarder ainsi?

Il sentit que l'on déposait son cercueil sur le sol et son cœur se serra. Bientôt il serait seul. Pour toujours. Il voulut prendre une dernière fois la main d'Ernella dans la sienne. Mais il ne put esquisser le moindre geste et ne la vit nulle part. Elle n'était pas parmi les vivants qui se pressaient dans le cimetière. Et fort heureusement elle n'était pas non plus parmi les morts de la famille qui, tous, s'étaient levés pour l'accueillir...

Qui donc reposait dans le cercueil que l'on venait de placer à côté du sien? Pourquoi ne parvenait-il pas à distinguer les traits du défunt qui l'accompagnait alors qu'il voyait distinctement toute chose? La panique le saisit. Ernella, son amour, sa vie! Se pouvait-il qu'elle aussi eût été fauchée par la mort?

Des bras puissants soulevèrent son cercueil et le firent glisser lentement dans la fosse. La descente lui sembla interminable. Un choc violent fit tressauter ce corps insensible et raide qui ne lui appartenait plus. Il avait touché le fond. Un rectangle de lumière dessinait maintenant au-dessus de lui une étrange et ultime fenêtre sur le monde. Des visages inconnus, se découpant sur le bleu étincelant du ciel, vinrent s'y pencher les uns après les autres. Des poignées de terre tombaient bruyamment sur son cercueil. Une terre sèche et caillouteuse qui lui cachait peu à peu la lumière...

Et soudain, il le reconnut! C'était un garçon au visage dur, aux épaules de lutteur. Il avait les yeux noirs de Nicolas. Mais ces yeux-là le regardaient avec infiniment de tendresse et de regrets. Il sut immédiatement qu'il était de son sang.

– Regarde-le, Andréa! Aurais-je su planter un aussi bel arbre? Allez! Ne m'accable plus de tes reproches! Le vieux chêne peut bien s'abattre maintenant. Un rejet vigoureux est reparti de ses racines...

C'était celui qu'il attendait pour mourir. Celui qu'il n'aurait pas le temps de connaître. Le jeune homme au regard triste lança une rose rouge sur son cercueil et disparut... Aussitôt, il eut la certitude que ce garçon était en danger! Il voulut l'alerter et fit un effort désespéré pour se lever.

En vain. Il était prisonnier de ce corps pétrifié qui déjà s'enfonçait sous la terre.

Il poussa un cri effroyable mais personne ne l'entendit. Un monceau de pierres et de poussière s'effondrait sur lui dans un vacarme assourdissant...

CAMPU DI CROCE, 13 JUIN 1912

Assis au bord du lit dans la petite chambre aux volets clos, Oraziu Acquaviva hurlait à s'en casser la voix.

La porte extérieure s'ouvrit brusquement, inondant la pièce de lumière. Ébloui, les tempes douloureuses, le corps trempé de sueur, Oraziu se leva en chancelant. Les mains rugueuses de sa sœur Laurina se posèrent sur son visage. Elles étaient chaudes et apaisantes. Il ferma les yeux et attendit qu'elle eût tracé avec son pouce des signes de croix sur son front, sur ses paupières et sur ses lèvres. Puis il abandonna ses mains entre les siennes et sentit peu à peu ses forces lui revenir. Vêtue de noir, le *mezzaru* sur la tête, Laurina le regardait gravement. Son visage large et lisse, son corps lourd étaient ceux d'une paysanne mais ses yeux dorés, étrangement bridés, pétillaient d'intelligence. Elle possédait des dons étranges et n'avait pas son pareil pour interpréter les rêves. Oraziu avait hâte de se libérer de ce cauchemar. Mais elle lui mit une main sur la bouche.

– Tais-toi ! On ne raconte pas un rêve avant d'avoir mangé. Va te rafraîchir. Je t'attends à la cuisine.

Oraziu sourit. Sa sœur était bien la seule au village à ne pas se laisser impressionner par monsieur l'instituteur !... Elle jugeait que les prières et les secrets dont elle était dépositaire étaient tout aussi utiles que les règles de grammaire française que son petit frère avait apprises dans les livres. Et peut-être n'avait-elle pas tout à fait tort !

Le tintement grêle et régulier d'une horloge le ramena à la réalité. Il était 17 heures. Les partisans de son père devaient déjà l'attendre au café Valecale. Nicolas était maire de Campu di Croce depuis plus de vingt ans et la bataille pour sa succession s'annonçait rude. Le clan adverse, mené par le *sgio* [1] Fiorelli, affirmait contrôler désormais le conseil municipal. Plusieurs élus n'ayant plus à redouter les colères de Nicolas avaient, paraît-il, décidé de changer de camp. Les partisans d'Acquaviva laissaient entendre bien sûr que les « traîtres » avaient cédé à la menace. Certains prétendaient même que les hommes du sgio s'étaient embusqués derrière les volets clos de leurs maisons, tenant le village sous la menace de leurs fusils... Oraziu s'avança d'un pas mal assuré vers la fontaine qui coulait au milieu de la place de terre battue et se plongea la tête dans l'eau glacée. Un long frisson lui parcourut le dos. Il passa ses mains mouillées dans ses cheveux noirs et lissa sa moustache. Il fallait qu'il soit impeccable pour affronter les hommes du clan ! Son refus de participer à ces luttes locales et de succéder à son despote de père serait déjà assez difficile à leur faire admettre. Lui seul en effet aurait pu tenir tête au sgio Fiorelli. Mais il avait d'autres ambitions ! Les hommes du clan ne devaient donc à aucun prix deviner son trouble. Si, par malheur, ils venaient à apprendre qu'il avait rêvé de sa propre mort le jour même de l'enterrement de son redoutable père, ils y verraient une malédiction du défunt et lui reprocheraient d'avoir attiré sur eux l'*imbuscata* [2] ! Certes, il avait quitté le village et accepté un poste d'instituteur à Venacu. Certes, il n'avait aucune intention de revenir s'installer ici. Mais il ne voulait pas pour autant devenir le paria de Campu di Croce ! Celui par qui le malheur était arrivé, provoquant la chute de son clan et de sa lignée ! Son cauchemar lui revint un instant à l'esprit : les reproches de sa mère, l'œil courroucé de son père... Il eut un geste d'agacement. Les morts n'avaient pas à dicter leur loi aux vivants ! Quoi que Laurina pût lui dire, il ne changerait rien à ses plans : il avait eu assez de mal à s'arracher à sa condition de paysan ! Il y avait quelques années déjà qu'il ne marchait plus pieds nus ! Son destin n'était plus lié à ces montagnes ! Pour Ernella et pour lui la vie était ailleurs...

Oraziu mangea de bon appétit. Du *lonzu* [3] et du pain blanc que Laurina avait tenu au chaud dans le four. Elle avait dû, le

1. *Sgio* : seigneur ou patricien.
2. L'*imbuscata*, c'est le « mauvais œil » donné par les morts.
3. *Lonzu :* Filet de porc roulé, salé et fumé.

matin même, faire plusieurs fournées pour le repas des funérailles de Nicolas. Il but un verre de vin puis il leva la main droite. Il levait toujours la main droite quand il devait parler. Se replonger dans son rêve lui fut pénible. Il le raconta cependant, d'une voix sourde, sans omettre le moindre détail. Laurina l'écoutait, impassible, en débarrassant la table. Quand il eut terminé son récit, elle se laissa tomber lourdement sur une chaise et resta de longues minutes silencieuse. Oraziu chercha son regard. Les yeux de sa sœur le fixaient mais ne le voyaient pas. Il eut la désagréable impression que ses pupilles le transperçaient. Il s'agita sur son siège, gêné. Le bruit clair du marteau du maréchal-ferrant résonnait dans la ruelle. Un murmure de voix montait de la terrasse. Oraziu, mal à l'aise, jeta un coup d'œil par la fenêtre entrouverte et aperçut, au milieu d'un groupe de femmes en noir, la silhouette élancée d'Ernella. Il en fut aussitôt rasséréné. Les reins bien cambrés dans son élégante robe longue qui virevoltait autour de ses bottines à talons hauts, un chapeau plat, cerclé d'un ruban noir, posé sur ses cheveux blonds coiffés en rouleaux, elle se promenait sous la tonnelle en faisant des moulinets avec une petite canne à pommeau d'argent. Au village, ils l'avaient surnommée la princesse! Mais comme elle ne rechignait pas à partager les tâches les plus rudes, ils l'avaient adoptée. Sa famille était incontestablement plus noble et plus riche que la maison Fiorelli mais Ernella n'était pas aussi fière qu'une fille de sgio! Oraziu ne pouvait plus rester en place. Il avait besoin de serrer sa bien-aimée dans ses bras. Ses yeux d'un bleu profond, presque mauve, lui manquaient tout à coup. Il s'apprêtait à se lever et à renvoyer au néant ce cauchemar absurde quand Laurina lui intima l'ordre de rester tranquille. Elle repoussa l'assiette creuse remplie d'eau et la burette d'huile qu'elle avait préparées pour lui faire l'*occhju* [1].

– Je ne peux rien pour toi Oraziu! Tu n'as pas rêvé! Tu as bel et bien vu ta propre mort et elle s'accomplira telle que tu l'as décrite.

1. L'occhju est un rituel destiné à déceler le « mauvais œil » et à supprimer ses effets. Selon que la goutte d'huile jetée sur l'eau se dissout ou se concentre, il y a ou non maléfice.

Il s'était levé brusquement et reboutonnait son gilet. Sa voix soudain était rauque.

– *A vita è un' affaccata di purtellu*[1] *!*

Oraziu enfila sa redingote et rabattit les pointes de son col cassé sur son nœud papillon. Puis il se coiffa de son feutre à larges bords.

– Et ce garçon qui s'est penché sur mon cercueil...

Il n'arrivait pas à formuler sa question. Elle lui semblait ridicule. Comment pouvait-il s'inquiéter d'un visage qui, à l'évidence, n'existait pas? Laurina le regarda tristement.

– Ce garçon sera ton plus grand bonheur, Oraziu! Et il sera ta perte. Tu es condamné à l'appeler et à le craindre. Celui dont tu as vu le visage, celui que tu attends déjà avec impatience sera le messager de ta mort!

Oraziu se mit à rire de bon cœur. Il embrassa sa sœur sur le front et sortit en claquant la porte. Laurina fit un signe de croix :

– *Chi ghjetta petra a Diu, in capu li ritorna*[2] *!*

1. La vie est une apparition à la fenêtre.
2. Qui jette une pierre à Dieu la reçoit sur la tête.

Una caza senza patrone
pare un focu senza tizzone[1] *!*

1

CAMPU DI CROCE, 24 DÉCEMBRE 1972, 8 HEURES

La Corse s'enfonçait dans l'hiver. La fin de l'été laissait les villages exsangues. Chaque année un peu plus. Volets clos, portes cadenassées. Roccu Acquaviva donna un coup de pied rageur dans un caillou. Pour quelques maisons supplémentaires de Campu di Croce, l'été ne reviendrait jamais.

Roccu, mains dans les poches, flânait le long de la route de Piedicroce. Le ciel était bleu, l'air vif. Le jeune homme sentait la morsure du froid sur ses joues. Un merle en colère s'envola devant lui. Puis la grande châtaigneraie retomba dans le silence. Le jeune homme s'assit au pied d'un arbre. Il releva le col de sa veste, cacha ses mains sous son chandail de laine. Il avait vingt ans, un visage dur, des épaules de lutteur, et son être tout entier bouillait d'impatience.

Soudain, une détonation. Sèche, brutale. Une arme de guerre ou une carabine, estima Roccu. Cela venait du haut du village. Le bruit assourdi fut renvoyé par l'écho sur l'autre versant. Pourtant, nulle battue au sanglier n'était organisée. Encore un coup de feu. Puis un troisième. Roccu se leva d'un bond.

– Tu as entendu?

Domenicu Piverone (Dominique le rougeaud) courait également vers le village. Le carrier avait rangé son brûle-gueule dans le gousset de son gilet de velours. Ses galoches cognaient sur le macadam. Mais le quinquagénaire peinait à suivre son ami Roccu. D'autres habitants de Campu di Croce étaient sortis de leurs maisons. Ils se hâtaient eux aussi. Devant sa porte, une vieille en noir levait les mains au ciel.

1. Une maison sans maître est comme un feu sans bûches!

– *Ohimé à dui mani* [1] *!*

Roccu aperçut d'abord les cadavres. Trois cochons bigarrés de noir couchés dans l'ancien jardin de la maison Fiorelli. Autour, la terre avait été retournée, les vieux murets de pierre des terrasses à demi écroulés. Puis il la vit : dominant la scène, elle se tenait sur le perron en pierre de la haute bâtisse. Droite, impassible, un simple châle jeté sur ses épaules, Bianca Fiorelli avait encore sa carabine à la main. A côté d'elle, un petit garçon observait avec curiosité.

A leur tour, les autres découvrirent la tuerie. Des cris de colère fusèrent. Bianca ne bougeait toujours pas. Roccu savait que la fille du sgio Fiorelli était récemment revenue au village après avoir longtemps vécu en Extrême-Orient. Pour le plus grand étonnement des habitants de Campu di Croce, elle s'était aussitôt installée dans la grande maison familiale, malgré l'état de délabrement de la demeure.

Domenicu Piverone, encore essoufflé, se pencha vers Roccu.

– Elle manque pas de culot mais faut avouer qu'elle a pas tout à fait tort! Ces cochons, *rispetu parlandu* [2], saccagent tout!

La petite foule des villageois, étagée sur la pente parmi les vieux châtaigniers aux racines dénudées, s'écarta pour laisser passer le maire, Ghjuliu Marfisi. C'était un notable à l'ancienne, gras et satisfait de lui-même. Il jeta un œil courroucé sur les cadavres des trois gorets et marcha jusqu'au pied du perron.

– Madame Fiorelli, vous avez violé la loi!

– Parce que ces bêtes, elles, ont violé ma propriété!

Il y eut quelques rires brefs. Si Bianca Fiorelli manifestait un tel sens de la repartie, le spectacle était assuré. Marfisi haussa les épaules. Au premier rang, un petit homme chauve glapit :

– Moi aussi, je vais prendre le fusil! On verra bien qui finira par avoir raison!

On l'appelait Santu Traveriu (Toussaint le semeur de troubles). Les cochons abattus lui appartenaient. Pour toute réponse, Bianca leva sa carabine, la logea sur sa poitrine, entre

1. Hélas, des deux mains!
2. Sauf ton respect!

ses bras croisés. Un peu comme un enfant qu'on berce, pensa Roccu. A côté, le gosse, instinctivement, se serra contre elle.

– Silence! hurla Marfisi.

Il désigna du doigt un homme en casquette, son adjoint à la mairie.

– Toi, Natale, va appeler les gendarmes!

Puis il se retourna vers Bianca Fiorelli :

– Vous aurez à répondre de cet acte insensé! On ne touche pas impunément au bien d'autrui! Et votre longue absence n'excuse rien!

– J'ai encore des balles! Chaque fois qu'un cochon en liberté viendra retourner ma propriété, je tirerai!

– Et là où l'œil vise, la balle tue! dit Domenicu Piverone à voix haute, en riant.

Le maire, apoplectique, lui lança un regard furieux. Alors Roccu s'avança.

– Moi, je suis d'accord avec elle! Elle a raison.

– De quoi tu te mêles, toi? As-tu autorité pour donner des leçons?

Roccu, blême, serra les poings. Marfisi poursuivit en prenant à témoin l'assistance :

– La belle affaire! Voilà que les gamins veulent faire la loi chez nous! Un fainéant qui ne sait rien faire de ses deux mains!

Il rit grassement. Roccu marcha sur lui. Domenicu s'approcha en hâte.

– Roccu!

Malgré lui, Ghjuliu Marfisi recula. Domenicu prit Roccu par le bras.

– Tu vas encore avoir des ennuis...

Roccu, d'un geste vif, se dégagea.

– Marfisi, tu as beau être maire, ça ne m'impressionne pas! Moi, je ne t'ai jamais rien demandé, donc je ne te dois rien!

En reculant, Marfisi trébucha sur une racine. Domenicu Piverone le retint de justesse.

– Je vais aller voir ton père, Roccu... balbutia le maire.

– Va voir qui tu veux!

Là-haut, sur le perron de pierre, un sourire s'ébaucha sur le visage lisse de Bianca Fiorelli.

2

CAMPU DI CROCE, 24 DÉCEMBRE 1972, 9 HEURES

La grande pièce sentait l'encaustique et le feu de bois. Malgré lui, Roccu se sentait intimidé. Les tableaux et les hauts meubles en châtaignier dissimulaient mal les lézardes, le carrelage en pierre était disjoint, mais l'ensemble donnait une impression de grandeur. La maison d'un sgio! C'était la première fois que Roccu entrait dans une telle demeure.

Seule note insolite dans ce décor sévère, un petit sapin de Noël orné d'une guirlande lumineuse.

– Asseyez-vous!

Bianca Fiorelli montra deux délicats fauteuils crapaud disposés devant l'imposante cheminée où brûlait un feu clair. Elle s'assit la première. Le gamin vint se placer aussitôt derrière le dossier.

– C'est Vincensiu, mon neveu, le fils de ma pauvre sœur.

L'enfant fit un signe de tête en direction de Roccu qui s'asseyait maladroitement, comme s'il avait peur de casser ce siège d'apparence si fragile.

– Je dois vous remercier, n'est-ce pas...

Bianca avait dû être très belle. Il restait l'éclat de ses yeux bruns et la finesse des traits, l'ensemble composant un étrange mélange de douceur et de fermeté, de féminité et d'autorité.

– Vous étiez seule. Et...

Elle sourit. Et ce seul sourire semblait effacer l'usure du temps.

– Je ne vous demande aucune explication. Mais je suis étonnée : je croyais que les Acquaviva étaient traditionnellement des éleveurs...

– Et alors? Ça empêche de voir clair?

Bianca, amusée, hocha la tête. Roccu continua sur le même ton provocateur.

– Et les Fiorelli, membres du clan de droite, ont toujours compté parmi nos ennemis !

– C'est exact. Mon père était même le représentant du parti noir à Campu di Croce. Et votre grand-père Oraziu, quand il venait encore au village, était son adversaire le plus résolu !

Il y eut un temps. Le gamin passa ses mains autour du cou de sa tante.

– Est-ce qu'il vit toujours ? interrogea Bianca.

Le visage de Roccu s'assombrit. Quelque part dans la maison, une horloge égrenait un tic-tac lancinant.

– Oui, il est toujours vivant... Là-bas, sur le continent.

– Moi, dit soudain fièrement le petit Vincensiu, j'ai habité à Paris !

Bianca sourit. Puis elle reprit :

– Je me souviens aussi de son épouse, Ernella... Belle comme une fleur du maquis. Une abeille qui regardait son grand homme de mari comme Dieu le Père ! Au village, on disait autrefois qu'on n'avait jamais vu un couple aussi amoureux !

Le silence à nouveau. Roccu avait imperceptiblement grimacé. Bianca dit à mi-voix, comme pour elle-même :

– *Amore rispettosu diventa ancu più fucosu* [1]. Ernella appartenait à une riche famille de Bastia qui ne voulait pas entendre parler d'un mariage avec un simple instituteur. Alors, Oraziu Acquaviva l'a purement et simplement enlevée !

Puis, doucement, elle demanda :

– Ils ne reviennent jamais à Campu di Croce ?

– Non... C'est à cause de mon père... Une vieille histoire. Mais chez nous on n'en parle jamais.

– Oraziu Acquaviva... Je le revois encore quand il venait pour les vacances : moi, j'étais gamine et lui, il avait déjà une quarantaine d'années. Un monsieur ! Avec une barbe de sénateur. Toujours impeccable, même ici au village... Pour rien au monde, il ne serait sorti le col de chemise ouvert !

– Moi, je ne l'ai jamais vu ! dit Roccu avec hargne.

Bianca ne put s'empêcher de marquer un bref mouvement d'étonnement. Mais, par discrétion, elle ne fit aucun com-

1. L'amour tenu à distance devient encore plus fougueux.

mentaire. Brusquement, Roccu se leva et repoussa son fauteuil.

– Il a abandonné la Corse ! Lui et tous ceux de la diaspora ! Ils ne se rappellent qu'ils sont corses qu'au moment des élections ! Et ils laissent l'île à tous ces minables, ces cumulards, ces hommes des clans qui parasitent le pays ! Qui le saignent ! Et personne ne dit rien... Ils vont tous à la soupe, ces *brinnaghji* [1] !

Bianca le regardait, intriguée plus qu'amusée. Il lui semblait que c'était le légendaire Nicolas, le propre ennemi de son père, qui revivait devant elle. Son nom seul la terrorisait quand elle était petite fille. Roccu avait bien l'impétuosité des Acquaviva. Mais elle le sentait fragile. Et elle eut soudain l'envie étrange de le protéger.

3

PARIS, 11 JANVIER 1973, 10 HEURES

Oraziu glissa l'enveloppe de toile contenant son tablier dans la poche de son manteau, noua une grosse écharpe autour de son cou, décrocha d'une patère un chapeau de feutre gris, puis vint se camper devant le fût de cuivre où étaient rangées ses cannes. Il les considéra un long moment en se lissant la barbe et finalement, comme il se devait, choisit la canne-épée à tête de chien. Cet immuable rituel préludait depuis toujours à chacune de ses sorties. Seuls manquaient les quolibets de ses fils qui, dissimulés derrière la porte vitrée du salon, se moquaient de lui en le singeant. Ernella avait beau les menacer du martinet, ils ne manquaient jamais cette occasion de braver l'autorité paternelle. C'était leur « fête des fous » quotidienne. Une joyeuse sarabande qui se terminait par des embrassades et des rires. Mais il y avait longtemps

1. Mangeurs de son.

déjà que ses fils avaient déserté la maison... Oraziu parcourut le long corridor de l'appartement à petits pas et pénétra dans la chambre conjugale sans faire de bruit. Le miroir ovale de la coiffeuse reflétait le beau visage d'Ernella. Le front légèrement incliné elle reprisait un chemisier de soie, assise, bien droite, les genoux serrés, sur un pouf de velours bleu. Ses cheveux blancs défaits descendaient en lourdes cascades jusqu'à sa taille. A quatre-vingt-trois ans, elle n'avait pas une ride et ses traits restaient parfaitement dessinés. Oraziu la contempla quelques instants en silence. Elle sentit sa présence et leva la tête. Ses yeux seuls avaient vieilli. Ils avaient perdu leur couleur mauve. Ils étaient bleus, limpides, transparents et tristes; des yeux vides et fatigués. Ils flottaient sous les fines arcades de ses sourcils d'un noir de jais. Deux traits sombres qui tranchaient sur l'ivoire de sa peau et exprimaient un étonnement douloureux. Oraziu sentit son cœur se serrer. Ernella s'était usée à ses côtés, l'accompagnant dans sa course aux honneurs, organisant sa réussite sociale, veillant à l'éducation de leurs enfants, renonçant à ses propres rêves, feignant même d'oublier la Corse, son paradis perdu...

Ernella posa son ouvrage et se leva avec peine. Dans sa longue robe violette, elle était aussi grande que lui. Elle l'examina attentivement, arrangea son écharpe, inclina légèrement son chapeau à bords roulés et épousseta son manteau.

– J'avais oublié que tu passais la journée avec tes « frères »... Je perds la mémoire.

Il la prit dans ses bras.

– Je n'aime pas te laisser seule, Ernella, tu le sais. Mais j'ai accepté d'animer un groupe de réflexion pour préparer notre prochain convent [1].

Elle le poussa doucement vers la porte.

– Ne t'inquiète pas pour moi. Je suis fière de te voir aussi actif à ton âge. Que Dieu te bénisse!

Oraziu hocha la tête en souriant. Ernella ne manquait jamais de prononcer cette phrase rituelle quand elle faisait un compliment, tant elle craignait d'attirer le malheur sur ceux qu'elle aimait.

Il prit sa tête entre ses mains et l'embrassa sur le front.

1. Assemblée générale de francs-maçons.

Quand la porte se fut refermée, Ernella se laissa tomber sur le pouf en soupirant. La journée s'ouvrait devant elle, vide et inutile. Elle en souffrait d'autant plus qu'elle se savait condamnée et qu'elle aurait voulu partager avec Oraziu chaque minute qui lui restait à vivre. Elle n'avait consulté aucun médecin. Mais elle avait été avertie de sa fin prochaine par son propre père. Elle l'avait vu en rêve à plusieurs reprises ces derniers mois. Il lui avait posé des questions anodines et, chaque fois, elle lui avait répondu. C'était un signe qui jamais ne trompait. Quand on parlait à un mort, il fallait se préparer à mourir : le défunt venait vous chercher... Mais comment faire comprendre à Oraziu qu'elle allait le quitter?

Ernella soupira à nouveau et se tourna vers son miroir. Elle rassembla sa longue crinière blanche entre ses mains, la fit passer par-dessus son épaule et, d'un geste ample, entreprit de la brosser. Puis, lentement, elle tressa une longue natte qu'elle enroula en chignon et qu'elle piqua d'épingles à tête nacrée.

Ernella était prête. Elle avait laissé tomber son masque de tendresse. Une flamme étrange dansait dans ses yeux pâles. Son visage dur et volontaire défiait le créateur pervers de ce monde. Son Dieu à elle était ailleurs. Parfait, lointain, inconnu, il n'était aucunement responsable de cette vie. Elle n'avait donc pas de compte à lui rendre. Elle était sereine et fière.

4

CAMPU DI CROCE, 10 FÉVRIER 1973, 16 HEURES

Le vent s'était levé. De longues rafales qui hurlaient entre les lauzes.

– Tu crois que c'est un spectacle pour un gosse? grogna Domenicu Piverone. *Puttana Madonna!*

Roccu rit.

– Mécréant!

– Pourquoi t'as toujours la figure fâchée? demanda Vincensiu au vieux.

Domenicu leva les yeux au ciel. Il était affalé dans un coin de la bergerie, sur une balle de paille abandonnée. A l'autre bout du petit bâtiment, Roccu avait disposé une quinzaine de bouteilles et des boîtes métalliques sur une table bancale. Ça sentait l'essence.

– Je sais, dit encore le gosse. C'est parce qu'il peut pas fumer sa pipe!

Roccu, à l'aide d'un jerrycan et d'un entonnoir, emplissait les bouteilles les unes après les autres. Près de lui, la tête à peine plus haute que le plateau de la table, le petit Vincensiu observait attentivement. Depuis la fin de l'année passée, le gamin ne quittait plus Roccu. Il le rejoignait dès qu'il le pouvait. Sa tante, Bianca Fiorelli, le laissait faire.

– Un jour ça finira mal, maugréa encore Domenicu.

– Et c'est un ancien maquisard qui dit ça!

– Nous, on se battait contre le fascisme!

Roccu ne répondit pas. Avec application, il obtura les goulots avec des bouchons de chiffon. Puis, avec un pinceau, il badigeonna la partie inférieure des bouteilles avec de la colle.

– Pourquoi tu fais ça? interrogea Vincensiu.

– Chut! Ça, c'est une recette à moi!

– *U porta rispettu* [1]. Y a pas plus honnête pour régler ses comptes! dit Domenicu dans sa barbe.

Maintenant, Roccu étalait sur la colle une substance poudreuse de couleur jaunâtre. En soupirant, Domenicu Piverone se leva. D'un coup de pied, il ouvrit le battant vermoulu de la porte. Puis il commença à bourrer de tabac son brûle-gueule en enfonçant méthodiquement son index noir dans le fourneau. Quand il eut fini, il jeta un coup d'œil dégoûté vers Roccu.

– Qu'est-ce que c'est, ta saloperie de poudre?

– Sucre et chlorate!

Le vieux haussa les épaules. Il fit quelques pas à l'extérieur. Des nuages bas léchaient la cime du Monte San Petrone et cascadaient dans la vallée. Il y avait une odeur de bois brûlé dans l'air, un parfum d'hiver. Le long du chemin

1. Le porte-respect, c'est-à-dire le fusil.

caillouteux, des lambeaux de neige fondante étaient encore accrochés aux racines. Domenicu sortit son briquet. Son gros pouce actionna la roulette. La mèche charbonna puis crépita. Une flamme vacillante apparut enfin. Le vieux la protégea entre ses mains, alluma sa pipe et aspira longuement la première bouffée. Dans l'air glacial, la fumée s'éleva, bleue.

– Tu veux voir?

Roccu se tenait sur le seuil de la bergerie, une bouteille à la main. Le gamin était à ses côtés. Il avait les joues roses, les yeux brillants d'excitation. Domenicu, en grognant, tendit son briquet. Roccu sourit.

– Non, Domenicu, ce n'est pas un Molotov, celui-là! C'est un cocktail corse, pas besoin de feu!

Roccu lança la bouteille en direction du ravin. Il y eut quelques instants de silence, un bruit de verre cassé et, aussitôt, le fracas d'une explosion. Presque malgré lui, le vieux regarda. En bas, on avait l'impression que les rochers brûlaient.

– Tu es fou, Roccu!

Vincensiu regardait lui aussi et battait des mains. Près du ruisseau, des branches mortes enflammées pétaient comme des marrons dans l'âtre. Roccu s'approcha de Domenicu Piverone.

– Ça mériterait d'être breveté, non?

5

BASTIA, 17 FÉVRIER 1973, 7 HEURES 30

L'immense car-ferry mugit. Immobile, il semblait échoué au large comme un cétacé égaré. La guirlande lumineuse qui courait de la poupe à la proue, au-dessus des cheminées, se fondait déjà dans le jour naissant. Dérisoire.

Pascal finit sa tasse de café. De la fenêtre de sa chambre, au dernier étage d'un vieil immeuble de la citadelle de Bastia, il embrassait tout le port. Par beau temps, il voyait distinctement l'île d'Elbe et même, lorsque la pluie avait lavé l'atmosphère, l'ombre bleutée des côtes italiennes.

Le car-ferry – ce devait être l'*Ile-de-Beauté* – mugit encore. Mais son appel resta vain. La passe était bloquée par des chalutiers et des pointus. Sur les mâts, Pascal voyait distinctement flotter les pavillons à tête de Maure. Plus rares étaient les pêcheurs qui avaient également hissé un drapeau tricolore. Des calicots avaient aussi été dressés à l'entrée du port. Ils claquaient au vent. « Les boues rouges tuent! Non au poison! »

Pascal Bonaldi referma la fenêtre. Il alluma la radio. Le bulletin d'informations de Radio Monte-Carlo évoqua longuement la journée de protestation des Corses contre les déversements de boues rouges par la société italienne Montedison.

Le jeune homme s'allongea sur son lit, les mains croisées derrière la tête. Il entendit la suite des informations sans vraiment écouter, un vague sourire sur les lèvres. Pascal Bonaldi avait vingt-deux ans, des traits fins et hâlés, une élégance naturelle. Devant lui, tout le mur était couvert par une bibliothèque bourrée de livres. Insolites, au milieu de ces ouvrages, une carabine Remington équipée d'une lunette de visée et un pistolet Mauser. Dans un coin de la pièce, un gros bâton était posé. Un minuscule panneau de contreplaqué aux bords effilés était cloué sur sa partie supérieure. On y avait peint en lettres de sang: « Non aux boues rouges! »

6

CASTAGNICCIA, 17 FÉVRIER 1973, 10 HEURES

La 4L ferraillait sur la route de la vallée. Lorsque Domenicu Piverone freinait avant d'aborder un virage, la carcasse de tôle tremblait.

– Tu crois qu'il y a une chance qu'on arrive vivants? demanda Roccu.

– C'est surtout ton bazar qui me fout la trouille!

Il désigna le sac à dos que Roccu tenait entre ses jambes.

– T'en fais pas! Tant que ça ne casse pas...

– *Ch'é tu crépi*[1] *!*

– Tu ferais mieux de regarder la route!

Roccu, veste de treillis et casquette vissée sur le crâne, regardait le paysage, les troncs tourmentés des châtaigniers dénudés, les roches veinées de rouille, les eaux tumultueuses du Fium'Alto grossi par les dernières pluies.

– Et puis je comprends pas! dit Domenicu. D'accord, c'est une saloperie, toutes ces boues rouges qui sont déversées dans la mer! Mais c'est les Italiens qui font ça...

Roccu le regarda, interloqué.

– Où tu veux en venir?

L'autre poursuivit à regret, gêné de devoir aller jusqu'au bout de son idée.

– Eh ben, tes copains autonomistes, c'est irrédentistes et compagnie! D'ailleurs, combien d'entre eux sont d'origine italienne, hein? Les Simeoni et les autres, tous des Lucchesi[2], oui!...

– Toi aussi! Tu gobes n'importe quelle baliverne, Domenicu!

– Moi, je me suis battu contre Mussolini! Pendant ce temps-là, les irrédentistes voulaient le rattachement à l'Italie!

– C'était une autre époque!

– Nous, les communistes, on n'a pas changé!

– Je sais, la Corse c'est la France!

– Et alors?

– Alors, rien... Mais je te signale quand même que toi, le communiste, tu tiens le même langage que les chefs de clan! Et tu tombes dans tous leurs pièges!

Le vieux se tordit le nez. Il resta silencieux quelques instants. Puis il ajouta à mi-voix :

1. Que tu crèves!

2. Lucchesi, Lucquois. Terme péjoratif pour désigner les Corses d'origine italienne.

– Peut-être... Mais tu peux me dire ce qu'on ferait sans la France?

Roccu éclata de rire.

– C'est pour ta pension que tu as peur?

Cramponné à son volant, Domenicu ne répondit pas. Devant eux, la vallée s'ouvrait soudain et la mer apparut, grise, griffée d'écume.

Machinalement, Roccu se retourna. Un gros bâton de châtaignier était posé sur la banquette arrière.

7

BASTIA, 17 FÉVRIER 1973, 11 HEURES

Les mains dans les poches, il était planté à l'entrée, énorme. Une masse de muscles que surmontait une tête ronde aux traits étrangement juvéniles. Il s'appelait Louis Santucci et il était viticulteur à Aleria. A côté de lui, les militants adossés au mur paraissaient presque frêles.

Au premier étage de cet immeuble du boulevard Paoli, la petite salle de l'ARC (Action Régionaliste Corse) était comble [1]. Beaucoup de jeunes, auxquels se mêlaient des notables bastiais, commerçants, médecins ou avocats. Derrière une petite table avaient pris place quelques dirigeants de l'organisation dont les frères Simeoni, Max et Edmond.

Louis regardait ses ongles. Il donnait toujours l'impression d'être encombré de son trop grand corps. Devant lui, l'assemblée bruissait, fiévreuse, agitée. Soudain, Edmond Simeoni se leva. Le silence se fit aussitôt. L'œil clair, le teint hâlé, veste de sport et foulard noué négligemment dans l'échancrure de son col ouvert, le leader autonomiste avait un profil hollywoo-

1. L'ARC deviendra quelques mois plus tard Azzione per a rinascita di a Corsica et se déclarera ouvertement pour l'autonomie.

dien. Sa voix chaude aux accents métalliques couvrit les derniers chuchotements.

– Nous n'accepterons pas que le sous-préfet se contente d'accueillir une petite délégation! Nous devons forcer le passage, exiger d'être tous reçus! C'est le peuple corse tout entier qui demande des comptes à l'État colonial!

Des applaudissements nourris éclatèrent. Louis se tourna vers son voisin, un jeune Bastiais qu'il connaissait vaguement de vue.

– On dirait que cette fois, ils sont décidés!

Un autre orateur avait pris la parole.

– Il faut obliger les CRS à intervenir, enclencher le cycle répression-mobilisation!

– Rendons coup pour coup! hurla un jeune.

Derrière la petite table, un homme se dressa.

– Mais il n'y a pratiquement pas de CRS en ville...

Un murmure désappointé lui répondit.

Louis quitta la salle en grommelant :

– T'en fais pas mon vieux, moi je sais comment les attirer!

Sur la place Saint-Nicolas, un grand soleil brillait.

Lorsque Louis marchait, on voyait les muscles de ses bras rouler sous la veste de toile bleue qui le boudinait.

8

BASTIA, 17 FÉVRIER 1973, 16 HEURES

Joseph Fieschi, cigarette aux lèvres, clignait des yeux à cause de la fumée. Enfermé dans une cabine téléphonique de la place Saint-Nicolas, il composait un numéro. Derrière le monument aux morts, il pouvait apercevoir la masse claire de la sous-préfecture. Des groupes se formaient sur la place. Les cafés se vidaient peu à peu. On voyait sous les bras des banderoles encore roulées, des pancartes, des drapeaux. Le soleil donnait à l'ensemble un air de fête.

– Allo, Françoise?

L'étudiant en lettres Joseph Fieschi était marié depuis six mois. Françoise et lui étaient originaires du même village, Boggiu di Fiumorbu. Sans doute étaient-ils vaguement cousins, comme tous les habitants de cette commune du bout du monde, perchée dans la montagne à l'extrémité d'une route à peine carrossable.

– Est-ce qu'il y a déjà du monde? demanda Françoise.

– Ça commence, oui...

Ils partageaient les mêmes espoirs, la même révolte aussi. Mais là où Joseph, volontiers exalté, péchait par enthousiasme, Françoise, plus réaliste, imposait un jugement sûr. « Tu es mon directeur de conscience! » aimait à dire cet agnostique lorsque, après avoir longuement bataillé, il finissait pas s'incliner devant la justesse des analyses de sa jeune épouse. Au fond, il l'admirait tout autant qu'il l'aimait.

Françoise, souffrante, était restée au village. Mais il ne lui était pas désagréable d'observer les événements à distance. Elle pourrait ainsi prendre du recul. Ce qui faisait le plus cruellement défaut à Joseph. Son seul regret était de ne pas accompagner son mari au cours d'une manifestation qui ne manquerait pas d'être violente.

– Fais attention, mon chéri!

– Je cours vite!

Elle rit. Mais derrière ce rire spontané, il y avait comme une fêlure qui n'avait pas échappé à Joseph.

Il raccrocha et sortit de la cabine. Maigre, longiligne, vêtu d'un pantalon et d'une veste en jean, son lourd sac dont la bretelle lui sciait l'épaule gauche lui donnait une allure déhanchée. Joseph se mêla aux manifestants.

9

BASTIA, 17 FÉVRIER 1973, 16 HEURES 45

La foule, hérissée de pancartes, de banderoles et de drapeaux corses, ne cessait de grossir. L'atmosphère était joyeuse. On se tapait sur l'épaule, des rires éclataient. Au fond de la place Saint-Nicolas, derrière les grilles de la sous-préfecture, des CRS casqués, protégés par des boucliers en Plexiglass, formaient une haie compacte et anonyme. Plus loin sur la place, les voitures bariolées d'autocollants publicitaires du Tour de Corse étaient stationnées. En raison de la manifestation qui paralysait une partie de l'île, l'étape du jour avait été annulée.

Roccu, sac sur l'épaule, bâton à la main, se fraya un passage entre les groupes. S'approchant de la sous-préfecture, il chercha en vain un visage de connaissance.

Un homme se dressa sur la plate-forme d'une camionnette. Il avait un micro à la main. Roccu reconnut Edmond Simeoni. Il avait déjà vu à plusieurs reprises sa photo dans les journaux. Le brouhaha s'amplifia. Des slogans hostiles aux boues rouges jaillirent, repris par la foule. Dans l'enceinte de la sous-préfecture, les CRS ne bougeaient pas.

Brusquement, quelques jeunes gens se regroupèrent devant le bâtiment et commencèrent à en secouer les grilles. Parmi eux, Roccu repéra un colosse qui les dépassait tous d'une bonne tête. Roccu le rejoignit en hâte. Ils étaient maintenant une bonne trentaine qui s'arc-boutaient aux barres métalliques. Alternativement, ils tiraient et repoussaient les grilles, sous les yeux effarés des CRS qui, manifestement, n'avaient pas encore reçu d'ordres. Quelques notables qui entouraient précédemment Simeoni se précipitèrent.

– Arrêtez! Ce n'était pas prévu... Pas de violence a dit Edmond!

Personne ne les écouta.

Soudain, il y eut un craquement. Devant le colosse, un panneau grillé s'abattit avec fracas. Les CRS, sans même se concerter, reculèrent.

Le premier à pénétrer par la brèche fut un jeune homme en blouson de daim, armé d'un gros bâton surmonté d'une petite pancarte. Le deuxième était Roccu. Derrière, les autres surgirent à leur tour. Certains policiers levèrent leurs boucliers pour se protéger. D'autres choisirent d'entrer à l'intérieur de la sous-préfecture. Déjà, les premiers coups tombaient, suivis par une volée de pierres. Un grand jeune homme maigre à la dégaine d'intellectuel avait posé un sac ouvert devant lui. Il en sortait des galets qu'il lançait méthodiquement en direction des policiers. Bruits de boucliers cassés, tintements des casques métalliques sous les bâtons, cris de douleur. Un CRS, le visage en sang, s'écroula. Avec des hans de bûcheron, Roccu brandissait son bâton de châtaignier comme une cognée et tapait méthodiquement. A côté de lui, le garçon au blouson de daim produisait des moulinets dévastateurs. Les bords effilés de sa pancarte blessaient, déchiraient. Tandis que le colosse se frayait un chemin à la force de ses poings parmi les uniformes bleus. Derrière lui, le long maigrichon, qui avait épuisé sa provision de galets, achevait la besogne à grands coups de pied.

Bientôt, la voie fut libre devant l'entrée. Le premier, Roccu abattit son bâton contre la grande glace de la porte. Le verre craqua. Et d'un seul coup, avec le bruit d'une détonation, tout le panneau tomba en longues langues acérées.

A l'intérieur de la sous-préfecture, les CRS fuyaient vers les étages. Roccu et une poignée d'assaillants se lancèrent à leur poursuite. Ils avalèrent les escaliers quatre à quatre, distribuant coups de poing et de bâtons. Derrière eux, on entendait le vacarme de la cavalcade dans la cage d'escalier. Sur le palier du quatrième étage, un petit homme à lunettes tenta de s'échapper vers un bureau. Le colosse abattit sa poigne sur son épaule, l'arrêtant net.

– Où est le sous-préfet ? hurla Roccu en le saisissant par le collet.

L'homme tremblait. Les autres, menaçants, l'entouraient.

– C'est moi ! bredouilla-t-il.

– Mais il n'a pas d'uniforme! s'étonna Roccu.

Le jeune homme au blouson de daim éclata de rire. Roccu lui lança un regard mauvais et poussa le fonctionnaire vers un grand bureau ouvert. Les autres suivirent.

Immédiatement, le colosse balaya d'un revers de main tous les objets, papiers, téléphone, bibelots, lampe qui encombraient la table de travail. Puis il saisit une chaise et la lança en direction de la fenêtre. Les vitres volèrent en éclat. On entendit, plus forte, la clameur de la foule à l'extérieur. Le sous-préfet, terrorisé, fut poussé dans un cabinet adjacent tandis que, derrière, le garçon au blouson de daim fermait la porte à clé et, tranquillement, calait une armoire devant l'entrée.

Ils se regardèrent. Ils étaient quatre qui ressentaient la même ivresse après la violence de l'action.

– Moi, c'est Roccu Acquaviva...

– Louis Santucci, dit simplement le colosse en tendant son énorme main.

– Je m'appelle Joseph Fieschi, poursuivit le long jeune homme qui avait une allure d'étudiant.

– Et moi, c'est Pascal Bonaldi, ajouta le garçon au blouson de daim. Alors, qu'est-ce qu'on fait du binoclard?

10

BASTIA, 17 FÉVRIER 1973, 17 HEURES 30

La nuit tombait sur la place Saint-Nicolas. La foule était toujours aussi dense autour de la sous-préfecture. La lumière brillait à toutes les fenêtres. Des papiers voltigeaient, lancés par les manifestants qui avaient envahi le bâtiment. Des dossiers, des meubles jonchaient la cour.

Soudain, dans le lointain, on entendit des sirènes. Il n'y eut pas de panique. Les manifestants, jeunes ou moins jeunes, en investissant pour la première fois le lieu symbolique du pouvoir, avaient le sentiment d'avoir mis à bas un tabou.

Là-haut, des feuilles de papier volaient toujours dans le crépuscule. Les sirènes se firent plus présentes. Bientôt, on vit les cars gris descendre la contre-allée de la place. D'autres arrivaient du port. Les CRS, masses noires et brillantes sous les lampadaires, avancèrent en rangs serrés. Tandis que d'autres surgissaient du rez-de-chaussée de la sous-préfecture. Les premières grenades lacrymogènes éclatèrent. Des pierres, des débris de toute sorte leur répondirent. Des militants entonnèrent *U Colombu.*

Un son di cornu da li monti
Stende lu volu cun furor
A stu cennu siamu pronti
Riscossi da lu patriu ardor
Svanisce la dimínticanza
Cresce la nostra vuluntà.
Disceta la speranza
A voce di culombu
Chjama di u so ribombu
A santa libertà [1].

Le chant, puissant, fut repris par des centaines de voix. Il roulait par vagues dans la foule. Malgré eux, jeunes et vieux frissonnaient. Alors, comme un point d'orgue, une grande flamme orangée jaillit au pied des grilles, illuminant la scène. De chaque côté, il y eut un instant de stupeur. Et on entendit des exclamations de joie et même des applaudissements.

1. Chant national corse écrit par Petru Rocca. U Columbu est le nom de la conque marine que l'on utilisait pour donner l'alerte sur les côtes lors des invasions barbaresques.

Un son de cor depuis les monts
Étend son vol avec fureur
A cet appel soyons prêts
Soutenus par l'ardeur patriotique
S'évanouit l'oubli
Grandit notre volonté
Et l'espérance se réveille
La voix du Columbu [la conque]
Appelle de son écho
La sainte liberté.

11

BASTIA, 17 FÉVRIER 1973, 17 HEURES 45

Roccu déchira le papier journal qui enveloppait sa deuxième bouteille d'essence. Louis et Pascal l'observaient. Joseph, lui, avait ouvert une armoire, compulsait des dossiers, enfournait des feuillets dans un sac.

– Tu permets? demanda Louis en tendant la main.

Roccu lui remit la bouteille. Devant la fenêtre brisée, le colosse se balança sur sa jambe gauche et, d'un geste puissant, un peu à la manière d'un lanceur de poids, jeta la bouteille à l'extérieur. Aussitôt, Roccu et Pascal se penchèrent. Ils virent le projectile exploser au milieu des forces de l'ordre. Un CRS dont l'uniforme commençait à brûler se roula par terre.

– On pourrait améliorer le système en ajoutant dans l'essence des bouts de caoutchouc. Ça brûlerait plus longtemps!

Ce fut le seul commentaire de Roccu. En bas, un policier braquait le canon de son arme sur eux. Ils reculèrent en hâte vers le fond du bureau. Presque immédiatement, une grenade atterrit sur la moquette. Pascal fit un mouvement pour la saisir et la relancer. Pas assez vite. L'engin éclata. Une détonation énorme. Ils se bouchèrent les oreilles. Une abondante fumée blanche se dégageait du plancher. De l'autre côté de la porte, on entendait du vacarme dans la cage d'escalier, des cris, des chocs. Les quatre garçons, suffoquant, coururent pour reprendre leur respiration à la fenêtre. Au-dessous, le jardin était noir d'uniformes. Au même instant, de violents coups furent donnés à la porte du bureau. Sans un mot, Pascal ouvrit son blouson de daim. Un pistolet était passé dans sa ceinture.

On frappait de plus en plus fort, sans doute à coups de crosse. Les battants de la porte, ébranlés, allaient céder d'un moment à l'autre. Louis se précipita vers le réduit où le sous-préfet était toujours enfermé. Il en ressortit en tenant le fonctionnaire à bras-le-corps.

– Fous-le par la fenêtre ! dit froidement Joseph.

Le sous-préfet battait des pieds, gémissait, suppliait. Pascal, malgré le gaz lacrymogène, esquissa un sourire. Pistolet à la main, un mouchoir devant la bouche, il regardait en direction de la porte. Roccu préparait déjà un troisième « cocktail corse ». Sans effort apparent, Louis souleva le fonctionnaire au-dessus de la rambarde.

– J'ai des enfants ! Soyez raisonnable, laissez-moi ! brailla le sous-préfet.

– Chiche que je te laisse ! répondit Louis en éclatant de rire.

Il le tenait à bout de bras à l'extérieur de la fenêtre. Roccu se dit soudain qu'ils avaient, lui et ses trois nouveaux compagnons, atteint un point de non-retour. Désormais, quoi qu'il se passât, plus rien ne ressemblerait à sa vie passée. Il n'en éprouvait aucun regret. C'était une simple constatation, froide, presque détachée. Mais, ce matin, dans la voiture de Domenicu, ne savait-il pas déjà qu'il en serait ainsi ?

Le sous-préfet gigotait toujours au-dessus du vide lorsque la porte céda. L'armoire qui la protégeait s'écroula avec fracas. Des CRS apparurent dans l'embrasure. Pascal leva son revolver et les braqua. Tandis que Louis rugissait :

– N'entrez pas ou...

Les policiers hésitèrent. Un gradé les fit reculer d'un pas. Edmond Simeoni, visage livide, se fraya un chemin parmi les policiers jusque devant les quatre garçons.

– Vous êtes fous, lâchez-le !

– Non, ne me lâchez pas, hurla le sous-préfet.

Le gradé discuta à voix basse avec Simeoni. Peu à peu, les CRS firent marche arrière. Pascal referma la porte. Visiblement à regret. Louis ramena le sous-préfet à l'intérieur du bureau. La main posée sur son cou, il le garda devant lui, bouclier dérisoire.

– La fenêtre ! Attention ! cria Joseph.

Tous les quatre se retournèrent. Un CRS prenait appui sur

la rambarde. Roccu abattit son bâton sur la main du policier. L'homme poussa un hurlement, se raccrocha tant bien que mal et s'enfuit le long de la corniche.

12

BASTIA, 17 FÉVRIER 1973, 18 HEURES 15

Devant, il y avait Louis. Il tenait le sous-préfet par le col de son veston et le fond de son pantalon. Le fonctionnaire, un pan de chemise déchirée sorti de sa ceinture, la cravate dénouée et le cheveu hirsute, avait à peine le temps de poser ses pieds sur les marches de l'escalier. Roccu et Joseph descendaient immédiatement derrière. Ils avaient chacun un bâton à la main. Pascal, toujours armé de son pistolet, fermait la marche.

Les CRS postés dans l'escalier s'effaçaient devant eux, dos au mur. Une vraie haie d'honneur, pensa Roccu.

– *Sò quant'é a ghjustizia* [1] *!* dit Louis en riant.

C'était vrai qu'ils étaient partout. Dans les bureaux et les couloirs. Sur chaque marche du grand escalier. Des dizaines et des dizaines. Et pourtant, ils laissaient passer sans broncher les quatre jeunes gens et leur otage.

A quelques mètres du rez-de-chaussée, le sous-préfet s'accrocha soudain à la rampe.

– Non ! pas dehors ! Je ne veux pas qu'on me voie comme ça !

Un solide coup de pied de Louis lui fit lâcher prise et le projeta en avant.

Dans le hall comme dans l'escalier, les CRS s'écartèrent. Des journalistes surgirent. Il y eut des éclairs de flash. Roccu et ses compagnons mirent leurs mains devant leurs visages. Le sous-préfet, hagard, secouait la tête.

1. Ils sont aussi nombreux que la Justice !

Dehors, il faisait nuit. L'air était frais et des senteurs de mer se mêlaient à l'odeur âcre des gaz lacrymogènes. Les manifestants, repoussés par les forces de l'ordre, avaient reflué vers la place Saint-Nicolas. Mais on entendait encore çà et là le crépitement des grenades et le hurlement des sirènes.

Les quatre garçons approchaient maintenant de la grille d'enceinte. Partout devant eux, des policiers. Roccu prit une bouteille dans son sac à dos et la lança vers les CRS qui bloquaient la sortie. Une grande flamme illumina les arbres et les bosquets. Le passage était momentanément libre. Louis repoussa violemment le sous-préfet. Tous les quatre prirent leur élan et coururent à perdre haleine vers la ligne des manifestants.

Ils avaient tourné à droite, boulevard Paoli.

– On ne traîne pas ! Dans quelques minutes, ça va fourmiller de flics ! On ne pourra plus sortir de Bastia ! avait dit Joseph.

Étrangement, des cafés étaient encore ouverts. A l'intérieur, il y avait des consommateurs, cigarette aux lèvres. La vie continuait. Elle n'avait pas cessé de continuer alors qu'ils étaient enfermés au quatrième étage de la sous-préfecture.

– Ma voiture est garée plus haut... dit Pascal.

Ils continuèrent au pas de course. Roccu avait l'impression de les connaître depuis très longtemps ; ils avaient partagé pendant deux longues heures la même exaltation, les mêmes rires nerveux, les mêmes angoisses. Il entendait encore Joseph qui négociait avec un commissaire de police de part et d'autre de la porte fermée du bureau du sous-préfet. « Vous nous laissez sortir libres sinon on balance votre guignol par la fenêtre ! » De guerre lasse, le flic avait fini par promettre. Tous les quatre s'étaient regardés, complices et souriants. « Dans l'escalier, si l'un de vos hommes bouge, on lui fout une balle dans la tête ! » avait ajouté Pascal. Roccu, à aucun moment, n'avait douté que Pascal ferait ce qu'il disait.

Louis soufflait.

– Pitié, je suis lourd, moi !

Ils rirent de bon cœur. Rue Cesare-Campinchi, Pascal s'arrêta près d'une Alfa-Romeo rutilante.

– C'est à toi, ça? demanda Roccu.

Pascal ne répondit pas. Il ouvrit les portières de la voiture. A l'intérieur, ça sentait le cuir.

***Nice-Matin*, 19 février 1973.**

Témoignage d'un policier : « *Nous avons eu la preuve que la manifestation anti-pollution a été délibérément transformée en émeute par des groupuscules de mouvements pseudo-révolutionnaires. Depuis plusieurs jours, un certain nombre d'entre eux avaient préparé leur coup avec un soin méticuleux.* »

***Le Provençal*, 20 février 1973.**

« *Hier, à 18 heures, le Dr Edmond Simeoni se présentait en compagnie de son avocat devant le juge d'instruction. A 18 heures 30, il était placé sous mandat de dépôt avec l'inculpation suivante : voies de fait sur agents de la force publique, coups et blessures volontaires, dommages contre des biens immobiliers et de ce fait, tombant sous le coup de la loi anti-casseurs.* »

***Le Provençal*, 21 février 1973.**

Déclaration du Dr Giacomi, député UDR de Bastia : « *Je suis persuadé, étant donné la présence aux abords immédiats de la sous-préfecture d'un camion chargé de pavés, et l'emploi de cocktails Molotov, que ce coup de force a été soigneusement préparé et exécuté par un commando communiste et gauchiste, dirigé uniquement contre la personne même du sous-préfet de Bastia.* »

13

BASTIA, 20 FÉVRIER 1973, 10 HEURES

L'inspecteur principal Quiliccini alluma une nouvelle cigarette. Une trentaine d'années, solide, plutôt petit, le front barré par d'épais sourcils qui se rejoignaient au-dessus du nez, c'était un policier sorti du rang. Quili, comme disaient ses collègues du commissariat de Bastia, avait fait ses armes à Paris et à Marseille. La protection d'un oncle de sa femme lui avait ensuite valu d'obtenir cette affectation dans l'île.

Les murs étaient jaune sale, l'imposte grillagée minuscule, l'air irrespirable. Quiliccini compulsa à nouveau le jeu de photos de presse qu'on venait de lui remettre. De l'autre côté du bureau métallique couleur vert administration, l'OPJ Legrand était songeur. Il venait à peine d'arriver à Bastia. Et il avait déjà le mal du pays!

Quiliccini poussa une photo vers lui.

– Celui-là! Vérifie dans le fichier.

Legrand soupira, prit le document et se leva. Il ouvrit le tiroir coulissant d'un meuble de bureau. Quiliccini l'observa, amusé. Avec les *pinzuti* [1], c'était toujours ainsi : forts de leur technique policière, ils débarquaient de l'avion, condescendants et bardés de certitudes. Ils allaient démontrer à leurs collègues corses qu'un flic est toujours un flic sur l'île de Beauté comme sur le continent. Mais rapidement, confiance en soi et énergie s'effritaient. Ils découvraient une société inconnue, proprement étrangère, où le tissu des alliances claniques et des liens familiaux l'emportait sur toute autre considération. Au bout de quelques mois, découragés, ils finissaient par demander leur mutation.

1. Littéralement « pointus » : les continentaux. Pour les uns, à cause de leur accent... Pour d'autres, en souvenir des soldats de la conquête française qui portaient des tricornes pointus.

Legrand sortit une fiche, la tendit à Quiliccini. Celui-ci lut à haute voix :

– Bonaldi, Pascal... vingt-deux ans. Né à Pietracorbara. Études de droit. Directeur commercial... C'est bien ce que je pensais.

– On demande un mandat d'arrêt au juge?

Quiliccini se tordit le nez.

– Je sais pas...

– Mais puisqu'on l'a identifié! Sur la photo, il a même une arme à la main!

– Un calibre! Mais tout le monde a un calibre en Corse! Toi, moi, mon cousin!

– On est flics, nous!

Quiliccini haussa les épaules.

– Je connais le père de ce type. Paul Bonaldi! C'est un des pontes de la chambre de commerce de Bastia...

– Et alors?

– Après tout, le sous-préfet s'en est sorti, non? Avec la trouille de sa vie, d'accord, mais indemne!

– Et les CRS blessés?

– Les risques du métier, mon vieux!

Il lui tendit une autre photo.

– Si tu veux bien, on va d'abord s'occuper de celui-là. Santucci, Louis. Il est vaguement syndicaliste agricole. Mais il n'est pas blanc bleu. Son oncle est un des patrons du racket des jeux sur la Côte et lui-même a déjà été soupçonné d'avoir participé à un hold-up sur le continent!

– Et les deux autres?

– Inconnus au bataillon. Jamais vus, jamais fichés! Mais on ne désespère pas, hein? On cherche! On cherche!

Il rit bruyamment, écrasa son mégot, alluma une nouvelle cigarette et souffla la fumée en direction de son collègue. Legrand se leva pour ouvrir l'imposte.

14

PARIS, 20 FÉVRIER 1973

Oraziu secouait obstinément la tête. Pas elle, pas aujourd'hui ! Le grand vieillard avait la conviction qu'Ernella ne mourrait vraiment qu'à la minute où lui-même accepterait cette mort. Tant qu'il n'y croirait pas, elle continuerait à vivre...

Réchauffer ses mains glacées dans les siennes, étreindre son cœur, rattraper la mort... « Nous avons toujours tout partagé, Ernella ; tu as cheminé si longtemps à mes côtés... Tu ne peux pas partir sans moi... Rappelle-toi, Ernella : pas avant que nous ayons tous deux retrouvé la lumière de la Corse. Ensemble ! »

C'était une psalmodie, une longue plainte, un murmure lancinant. Oraziu, au chevet du lit, se balançait d'arrière en avant. A côté de lui, épouvantée, une petite femme en noir se triturait les mains.

– Mon oncle !... Je vous en prie !

Mais le vieillard ne pouvait entendre sa nièce Sacramaria. Il était loin, si loin. Une fois, déjà, en Tunisie, la mort s'était moquée d'eux... Oraziu voyait encore le grand paquebot blanc à quai dans le port de la Goulette. Ernella était étendue sur une civière. Comme aujourd'hui, Oraziu lui tenait la main. Sur l'oreiller, ses cheveux d'or flottaient ainsi qu'à la surface d'un lac. Elle respirait avec difficulté. « Si elle n'est pas immédiatement transportée en France, elle mourra ! » Sa pauvre main décharnée... Combien de kilos avait-elle perdus ? Le médecin parlait de pleurésie tuberculeuse... Il lui fallait changer au plus tôt de climat, échapper à cette chaleur mortelle s'il était encore temps. Le regard de ce médecin ! Celui d'un vaincu. Mais toi, Ernella... « En Corse, je veux aller en Corse ! » répétais-tu dans un souffle. « Je sais qu'il me suffira de respirer l'air de nos montagnes... »

Brusquement, deux indigènes avaient saisi les brancards de la civière. Il l'avait suivie jusqu'au pied de la passerelle. Un ultime baiser sur son front brûlant. Les larmes aux yeux, Oraziu l'avait laissée partir. Lui, ne pouvait l'accompagner. Sur le continent, c'était la guerre, la grande tuerie! La plupart des professeurs avaient été mobilisés... Les autres se devaient de rester à leur poste jusqu'aux vacances.

Le grand paquebot blanc avait pris la mer. Lorsque sa sirène avait déchiré l'air du port, Oraziu s'était dit qu'il ne reverrait jamais Ernella vivante.

« Souviens-toi!... »

Oraziu avait dû attendre encore trois longues semaines avant de s'embarquer lui-même pour la Corse. Trois semaines de deuil. Un trou noir. Interminable. « Tu te mourais loin de moi... Où donc ai-je trouvé moi-même la force de vivre? »

Sacramaria se pencha au-dessus de lui.

– Mon oncle, vous vous faites du mal! C'est inutile, elle ne reviendra pas à la vie...

Oraziu eut un geste d'impatience. Comme on chasse une mouche. Il serra encore plus fort les mains d'Ernella.

« Cette pauvre Sacramaria ne comprend pas. Bien sûr, elle ne peut pas comprendre... Toi, tu sais, Ernella. J'étais encore sur le pont du bateau qui venait d'accoster à Bastia. Je tremblais. Sans nul doute, dès que j'aurais débarqué, un parent me prendrait dans ses bras et, avec des sanglots dans la voix, m'annoncerait ta mort... Et soudain, je t'ai vue au pied de la passerelle! Sous ton ombrelle, tu m'adressais de grands signes... Tu étais vivante, Ernella, tu étais belle, tu m'étais revenue... Tu avais vaincu la mort! »

La Corse l'avait guérie! Oraziu ne pouvait en douter. « Partons, Ernella, retournons là-bas! »

Il se fit un remue-ménage dans la pièce voisine. Oraziu entendit à peine. Qui pourrait jamais oser interrompre son dialogue avec sa chère Ernella?

– Mon oncle! On vient pour les condoléances...

Oraziu haussa les épaules. « Mais ils ne savent donc pas que tu vis toujours... Bien sûr, c'est un secret entre toi et moi. »

Quelques minutes passèrent. Silencieuses. Soudain, il lâcha

les mains d'Ernella et se tourna vers Sacramaria. La petite femme en noir frémit malgré elle.

– As-tu téléphoné là-bas?

Sacramaria fit oui. Elle ne dissimula pas son soulagement. Enfin, Oraziu Acquaviva revenait sur terre, enfin il admettait que sa chère épouse avait passé de vie à trépas.

– Il viendra?

– Je ne sais, mon oncle... C'est Francesca que j'ai eue...

Une grimace parcourut le visage de prophète du vieillard. Puis il fit volte-face et reprit les mains d'Ernella dans les siennes.

« Souviens-toi, ma bien-aimée... »

15

BOGGIU DI FIUMORBU, 21 FÉVRIER 1973, 9 HEURES

Fenêtre ouverte sur le maquis, Roccu, torse nu, faisait sa toilette. Une cuvette, un broc d'eau glacée installés sur une table branlante : c'était leur salle de bains depuis leur fuite de Bastia.

Ici, à Boggiu di Fiumorbu, on avait l'impression qu'il suffisait de tendre la main pour toucher la montagne. Les maisons même semblaient faire partie du rocher, gris sur noir, grosses pierres à peine équarries, citadelles aux fenêtres-meurtrières qui résistaient depuis des siècles aux intempéries, aux envahisseurs venus de la mer et à toutes les soldatesques qui avaient tenté de soumettre le Fiumorbu.

Naturellement, les habitants de Boggiu di Fiumorbu avaient retrouvé les coutumes de leurs ancêtres. Comme au XIXe siècle, lorsque tout le pays était encore un brûlot et que le « peuple des cabanes » s'était réfugié dans la montagne plutôt que de se rendre aux Français, des tours de garde avaient été organisés. Des guetteurs surveillaient la vallée et la route escarpée qui peinait entre cistes et arbousiers. Toute voiture suspecte était immédiatement signalée. Les quatre clandestins étaient sous la protection du village. Même ceux du « parti français » étaient solidaires : Joseph Fieschi était un enfant du pays. Étudiant à Paris, admissible à l'École normale supérieure, il avait choisi contre toute attente de revenir à Boggiu di Fiumorbu avec sa femme et de poursuivre ses études par correspondance. C'était un des rares jeunes à vivre encore au village.

Roccu, Louis et Pascal étaient hébergés chez un oncle de Joseph. Sise au bout du village, la maison, inhabitée depuis des années, ouvrait directement sur le maquis. Chaque nuit, Joseph abandonnait leur refuge pour regagner la demeure familiale où l'attendait Françoise, sa femme. Il revenait avant le lever du jour. Les trois autres dormaient encore près de la cheminée, pelotonnés dans des sacs de couchage. Joseph ranimait le feu, préparait du café. Plus tard, Françoise leur apportait nourriture et surtout journaux, sur lesquels ils se précipitaient dès leur réveil.

Au lendemain des événements de Bastia, ils avaient vu les photos publiées dans la presse. Louis, qui tenait le sous-préfet à bras-le-corps, était parfaitement reconnaissable. « Je n'ai jamais su me faire tout petit... » riait-il. Pascal, pistolet au poing, était lui aussi identifiable. Les traits des deux autres étaient plus flous. Mais il ne faisait aucun doute que les policiers, tôt ou tard, pourraient mettre un nom sur ces visages.

Ces premiers jours s'étaient écoulés rapidement. Ils avaient « pris le maquis » comme les bandits d'honneur dont leur parlaient leurs pères. Les quatre jeunes gens communiaient dans ce romantisme de la clandestinité. Il leur restait quelque chose de la fièvre de l'action passée. Des images, toujours les mêmes, passaient et repassaient devant leurs yeux. Elles prenaient déjà des couleurs épiques. Ils avaient pris le parti de s'en moquer.

Seul parmi eux, Roccu parlait peu. Il écoutait, découvrait ses nouveaux compagnons, cherchait à les comprendre.

Louis Santucci semblait le moins compliqué. Bon vivant, affligé d'un appétit inextinguible, il riait gros et gras. Mais cette exubérance, Roccu s'en aperçut assez vite, était superficielle et dissimulait une sensibilité à fleur de peau. « Au fond, je suis un maigre dans un corps de gros ! » Ainsi, pour Louis, rien n'était plus important que l'amitié : ce bavard devenait muet comme une carpe s'il pensait qu'une indiscrétion ou une parole imprudente risquait de porter préjudice à l'un de ses proches. « *I boi si liani pa'i corni, l'omini si liani pa' a parola* [1] ! »

Joseph Fieschi, lui, gardait de sa fréquentation de l'Université et des milieux intellectuels une propension irréfragable à analyser et théoriser. Roccu ne comprenait pas toujours son discours. Louis non plus d'ailleurs, qui lui disait, mi-ironique, mi-admiratif : « Tu parles beau comme un avocat ! » Joseph, emporté par la passion du verbe, ne relevait pas. Convaincu d'avoir un auditoire, il était intarissable. Il savait même être captivant lorsqu'il parlait de son pays : « Les gens du Fiumorbu avaient une telle réputation de férocité qu'avant guerre, des gendarmes ont prétendu qu'ils avaient du poil sur les dents ! » En fait, Joseph ne semblait redescendre sur terre que lorsque sa jeune femme apparaissait. Devant Françoise, ses yeux s'écarquillaient, il redevenait un enfant et acquiesçait à tout ce qu'elle disait. « *Non dare i calzoni alla moglie* », maugréait Louis. « *A bona moglia face u bon maritu* », rétorquait Françoise, tout sourire [2]. Roccu, lui, enviait le bonheur tranquille de Joseph. Il devait être bon de poser sa tête sur le sein épanoui de la jeune femme.

En revanche, Pascal Bonaldi demeurait encore une énigme pour Roccu. Élégant et nonchalant, d'humeur toujours égale, ce fils de bourgeois ne paraissait s'étonner de rien. Participant sans rechigner à toutes les tâches ménagères, il semblait aussi à l'aise dans cette maison austère et sans confort que s'il eût été installé à une terrasse de la place Saint-Nicolas. Bref, c'était un compagnon parfait. Mais parfois, furtivement, une lueur ironique passait dans ses yeux bruns : c'était le vrai Pascal qui apparaissait alors.

Roccu, observant ses compagnons, s'amusait de les voir aussi différents. Il se disait que rien ne les destinait à se ren-

1. Les bœufs se lient par les cornes, les hommes se lient par la parole !
2. Ne donne pas des culottes à une femme... Une bonne femme fait un bon mari.

contrer. Leurs caractères, leurs origines sociales, leurs clans familiaux, tout les opposait. Pourtant, c'était la même conviction qui les avait rassemblés : la Corse était en danger. Son peuple était dispersé par la pauvreté. Sa terre menacée par les promoteurs et par l'argent. Sa beauté sacrifiée au tourisme. Sa langue condamnée à l'oubli. Son âme en perdition. Ils s'étaient retrouvés parce qu'ils refusaient cette mort annoncée.

Bien sûr, ils n'étaient pas les seuls. Soir après soir, dans leur retraite forcée, Roccu, Joseph, Pascal et Louis avaient longuement commenté un texte qui circulait en Corse depuis le début de l'année, *A Chjama de Castellara*, rédigé par des intellectuels régionalistes. Ils approuvaient les termes de cet appel. Mais ils se méfiaient des mots. L'urgence pour eux, c'était l'action. Leur révolte était instinctive, charnelle. Elle venait du plus profond. Et pourtant, confusément, ils savaient qu'un jour il leur faudrait aller plus loin.

La peau rougie par le froid, Roccu se rhabilla : un pantalon de velours, une chemise de grosse laine sur laquelle il passa sa veste de treillis. Accroché à un clou, il y avait un vieux fusil de chasse que Joseph lui avait confié, un Idéal Manufrance, calibre 16. Il prit l'arme, referma la fenêtre et s'engagea dans l'escalier glacial. Au grenier, une porte battait. Il entendit un bruit de voix venant du rez-de-chaussée. Roccu s'immobilisa. Il cassa le fusil, le chargea de deux cartouches. Puis il continua à descendre sans bruit.

Il reconnut la grosse voix de Louis. Et celle, plus nerveuse, de Joseph. Une autre leur répondit : une voix de femme. Mais ce n'était pas Françoise. Fusil sur l'avant-bras, Roccu poussa la porte de la grande salle où tous les quatre vivaient et dormaient à proximité de la cheminée.

La fille lui faisait face. Elle portait un blouson en peau assorti d'un col de fourrure. Ses jeans étaient enfoncés dans des bottes en cuir fauve. Il ne la connaissait pas. Elle était rousse. Et, autant qu'il pouvait en juger dans la semi-pénombre où était plongée la pièce, elle avait les yeux verts. Ils se regardèrent. Il vit son bref coup d'œil sur son fusil. Et l'imperceptible sourire qui naissait sur ses lèvres.

– C'est pour toi qu'elle est là, dit simplement Joseph. C'est une copine de Bastia.

Planté sur le seuil, son arme sur le bras, Roccu se sentit gauche. Par la seule présence de cette inconnue, la pièce lui parut nue et misérable : sacs de couchage rangés en boule contre le mur, journaux, papiers d'emballage qui traînaient par terre, assiettes sales, reliefs de leur dernier repas.

La fille s'avança vers lui.

– Je suis venue te chercher. Ta grand-mère est morte. Ta grand-mère de Paris...

CHJAMA DE CASTELLARE

Le peuple corse a droit à la parole. (...)

Bien que vaincue et soumise, la nation corse, qui trouve avec Pasquale Paoli son accomplissement et sa gloire, existe encore aujourd'hui. Elle ne peut disparaître que par la destruction de son peuple. C'est de cela qu'il s'agit précisément aujourd'hui. Nous accusons l'impérialisme français de détruire le peuple corse en le chassant de chez lui par des moyens détournés afin d'en faire une population dispersée de quémandeurs. Nous appelons tous les patriotes corses à se rassembler, dans une union de la Patrie, afin de conjurer cette menace. L'heure est venue d'en finir avec deux siècles de colonialisme et de prétendue assimilation, qui font obstacle à tout progrès politique, économique, social et culturel en Corse.

L'heure est venue de prendre en mains nous-mêmes nos moyens de production et d'échanges (...). L'heure est venue de faire la Corse nôtre, la Corse corse. (...)

Le peuple français (...) a établi dans son droit public les principes fondamentaux du droit des peuples à disposer d'eux-mêmes. Nous entendons simplement faire application de ces principes au peuple corse. Nous engageons aujourd'hui une action légale, conforme aux dispositions de la constitution française, pour assurer l'autonomie interne. (...)

Appel rédigé par Charles Santoni, Gisèle Poli, José Stromboni, Jean Ponteri, Ghjuseppe Leonelli, Jean Mannarini, Gérard Serpentini, Edmond Simeoni. 7 janvier 1973.

16

ROUTE DE GHISUNACCIA, 21 FÉVRIER 1973, 11 HEURES

Elle s'appelait Marie-Colombe Renaldi. Elle avait vingt-quatre ans. Et elle avait réellement des yeux verts.

Elle conduisait, les mains posées bien à plat sur le large volant de la 2 CV. Roccu était silencieux. Marie-Colombe lui avait déjà tout expliqué : avec la complicité de la concessionnaire de la cabine téléphonique de Boggiu di Fiumorbu, un ami de Louis, André Rochezzani, avait mis au point tout un système de communication afin que les parents des clandestins pussent avoir de leurs nouvelles. Ainsi Ange-Marie Acquaviva avait alerté son fils : Roccu devait revenir au village le plus vite possible.

– Les flics ne sont pas encore venus chez toi... Ça ne veut pas dire qu'ils ne te cherchent pas. Par contre, ils ont déjà perquisitionné chez Louis.

Roccu ne dit rien. Il pensait à Ernella Acquaviva, sa grand-mère. Elle avait été belle, elle avait été amoureuse. Il essayait de se souvenir de ce que Bianca Fiorelli lui avait dit à son propos. C'était tout ce qu'il en savait : chez lui, on ne prononçait ni son nom ni celui de son grand-père, Oraziu.

– Tu es toujours aussi bavard? demanda Marie-Colombe, amusée.

Il se contenta de hausser les épaules. Il respirait son parfum de femme. Une odeur de musc. Malgré lui, il était troublé. Il s'en voulait. Pourtant, de temps en temps, il la regardait à la dérobée. Ses pommettes hautes, son nez un peu fort, ses lèvres charnues et l'amande de ses yeux verts. Elle savait qu'il l'observait. Elle feignait de ne pas s'en apercevoir.

– *Posa e pensa, é un uomo di poche parole*[1] ! dit-elle, ironique.

La 2 CV franchissait le dernier défilé. On voyait déjà,

1. Il est tranquille et pense, c'est un homme qui parle peu.

au-delà des rangs de vigne de la plaine viticole, un trait éblouissant, la ligne bleue de la mer. Marie-Colombe freina brusquement, la voiture cahota sur le bas-côté.

– Il vaudrait peut-être mieux que tu te caches... Dans Ghisunaccia, on peut rencontrer des flics.

– Me cacher! Mais où? ricana Roccu.

– Il y a une couverture derrière. Tu te couches sur le plancher et tu te recouvres...

Roccu sortit, ouvrit la porte arrière.

– Et toi? Si on t'arrête? demanda-t-il.

– Moi? Mon père est flic!

Marie-Colombe éclata de rire. Roccu, vaguement humilié, se glissa derrière avec difficulté, coincé sur le sol entre la banquette et les sièges avant. Il commença à se dissimuler avec la couverture. Marie-Colombe, se retournant, finit de le recouvrir. Sa main frôla sa joue. Il était sûr que ce n'était pas fortuit.

La 2 CV repartit en hoquetant.

– Je sais ce que tu penses...

Marie-Colombe devait crier pour se faire entendre.

– ... Pour un petit mâle comme toi, c'est ennuyeux de dépendre d'une fille, hein?

Encore une fois, Roccu ne répondit pas. Là-haut, au moment de quitter la maison, la jeune femme lui avait demandé de laisser son fusil. Il avait dû obéir à regret. Les autres avaient ri.

Secoués, ses genoux, ses cuisses, ses coudes cognaient à chaque instant sur le plancher. La voiture ralentit. On devait arriver dans Ghisunaccia.

– Encore quelques kilomètres et tu pourras refaire surface.

Il y eut deux arrêts. Chaque fois, Roccu retint son souffle. Puis la 2 CV prit de la vitesse. Ils devaient rouler sur la grande route de la plaine orientale, en direction de Bastia. Marie-Colombe s'arrêta pour le faire repasser devant.

– Il y avait des gendarmes, dit-elle. Ils ne m'ont même pas regardée.

Ils roulèrent quelques instants en silence. Roccu ne tentait plus de l'observer en coin. Assis bien droit, l'air renfrogné, il regardait la route. En fait, ce qu'il lui reprochait surtout, c'était de ne faire aucun cas de leurs exploits. Elle ne s'était pas étonnée, elle n'avait posé aucune question. Comme s'il était banal de prendre un sous-préfet en otage et de le molester ! Que croyait-elle donc, cette mijaurée habillée comme une Parisienne ? Il avait envie de lui dire qu'elle ressemblait à ces filles de la diaspora qui ne se nippaient chaque été, à l'heure du retour, que pour épater les « paysans » restés au village !

– Tu vas aller à Paris ? interrogea Marie-Colombe.

– Je ne sais pas.

– Ça a l'air de ne te faire ni chaud ni froid...

– Quoi ?

– La mort de ta grand-mère.

– Je ne l'ai jamais vue !

Il y eut un long silence. Puis Marie-Colombe hocha la tête et se tourna vers lui.

– Je comprends que tu n'aies pas envie de parler. Les disparus qu'on ne connaît pas, on n'a rien à leur donner. C'est comme s'ils étaient morts depuis toujours.

Roccu, intrigué, la regarda. La jeune femme continua, comme pour elle-même. Il y avait un pli amer au coin de sa bouche.

– Ici, les morts prennent trop souvent la place des vivants. Ils sont jaloux, tyranniques ! Ils veulent leur poids de larmes, de sang ou de reconnaissance. Au fond, ils ne cherchent qu'une chose : nous entraîner avec eux !

Marie-Colombe rit. Un petit rire sec, désabusé.

– Tu dois penser que je suis folle, hein ?

Roccu, désarçonné, ne répondit pas. Marie-Colombe poursuivit :

– Moi, j'ai envie de vivre ! Je ne ressemblerai jamais à ces veuves en noir, jamais !

Le silence à nouveau. Les joues de Marie-Colombe étaient un peu plus roses. De chaque côté de la route, c'étaient des vignes, toujours des vignes. La plupart appartenaient à des rapatriés d'Afrique du Nord ou à des groupes financiers. Avec l'aide de l'État et des banques, elles avaient été plantées sur des terres communales. Pour Roccu, c'étaient des terres volées. Jamais l'État français n'avait consenti de tels moyens pour les mettre en valeur quand elles appartenaient aux Corses. Ce n'était pas par hasard si les premières bombes avaient éclaté ici, dès la fin des années 60. Depuis, la plaine orientale était devenue la poudrière de la Corse : les jeunes agriculteurs ne supportaient plus de voir prospérer ces exploitations de plusieurs centaines d'hectares alors qu'eux-mêmes continuaient à cultiver des lopins de terre.

Marie-Colombe, la première, vit les voitures bleues à l'entrée d'Aleria.

– Un barrage!

– Arrête-toi! dit calmement Roccu.

Ils étaient encore à quelques centaines de mètres des véhicules de gendarmerie.

– Ils vont nous repérer. Ils ont sûrement des jumelles...

– On tente le coup!

La 2 CV s'arrêta doucement dans l'herbe. Roccu ouvrit sa portière.

– Viens!

Marie-Colombe coupa le moteur, sortit à son tour. Sans un mot, Roccu lui prit la main. Elle se laissa faire. Ils traversèrent tranquillement la route. En face, un chemin montait dans les vignes. Ils s'y engagèrent. Lorsqu'ils furent hors de vue, Roccu voulut dégager sa main. Mais Marie-Colombe ne le lâcha pas.

17

PARIS, 22 FÉVRIER 1973, 14 HEURES

La porte du salon battait doucement. Un courant d'air faisait tinter le grand lustre de cristal qui se balançait au-dessus du cercle de fauteuils Louis-XVI défoncés. Dans la cheminée, des braises rougeoyaient encore. Un chat persan rôda quelques instants sur le tapis usé jusqu'à la corde. Oraziu Acquaviva se tassa un peu plus sur son siège. Décor de vieux, décor de sa vieillesse. Sur la console, le médaillon de l'Empereur n'en finissait pas de disparaître sous les chiures de mouches et, dans son cadre aux dorures ternies, la toile guerrière de David s'écaillait peu à peu. Tout un fouillis de meubles et de bibelots amassés une vie durant, par orgueil, pour symboliser sa réussite sociale. Quel gâchis!

D'un geste familier, le vieillard passa une main dans sa longue barbe blanche. Même le poil jaunissait.

Oraziu tendit l'oreille. Rien. Mais il viendrait, il voulait le croire.

Ernella reposait dans la pièce voisine. Depuis sa mort, les volets étaient clos. Ernella, son amour, sa femme depuis si longtemps que parfois il ne se souvenait plus d'avoir jamais vécu sans elle. Elle était partie sans un mot, sans une plainte. Depuis, elle dormait, visage d'ivoire, terrible et paisible tout à la fois. Pour elle, l'exil serait éternel. Elle resterait en terre étrangère. Faute d'amour plus que faute d'argent. Ses fils rechignaient à payer le voyage d'un cercueil.

Ses fils... Seul, Ange-Marie le rebelle aurait peut-être accepté... Pas les deux autres... Mariés à des continentales, Charles et Dominique avaient pourtant de belles situations. Mais ils vivaient à Paris, ils avaient oublié la terre sèche et caillouteuse sous les châtaigniers et la terre au parfum d'humus, près du torrent. Pour eux, toutes les terres se ressemblaient et celle du cimetière de Montmartre valait bien celle du maquis!

Ici, on ne dépensait pas pour les morts. C'était tout juste si on lâchait quelques sous pour les vieux. A seule fin de se donner bonne conscience.

Ange-Marie, lui, aurait compris. Mais Oraziu ne pouvait rien demander à celui de ses fils avec lequel il était brouillé depuis si longtemps.

Le vieil homme tendit à nouveau l'oreille. Le silence, toujours. Pourquoi n'était-il pas encore là?

Oraziu revoyait la mort de Nicolas, son propre père. Lui s'était éteint dans sa maison, au village, parmi les siens. Jusqu'au bout, il était resté le maître. Jusqu'à son dernier souffle il avait dicté sa loi. Le matin de sa mort, en ce beau mois de juin 1912, il faisait encore un bruit de tous les diables et les femmes priaient, et tout le village écoutait, et les enfants se retenaient de respirer. Le père s'en allait et chacun l'aidait de son mieux. En ce temps-là, la mort était encore l'affaire de tous!

Aujourd'hui, on ne partageait plus rien. Surtout pas la mort. Oraziu savait que le moment venu il partirait seul, en silence. Comme un étranger.

Dehors, il bruinait, une pluie d'hiver sale et glacée. Le jour pâlissait. Il n'était toujours pas là.

Hier, toute la journée, et ce matin encore, le salon où il se tenait n'avait pas désempli. D'anciens collègues de l'Université, graves et compassés, rosette à la boutonnière. Et surtout, la famille : ses deux fils parisiens accompagnés de femmes et enfants, des neveux, des cousins qu'il n'avait plus vus depuis des années... Oraziu, le visage enfoui dans ses mains, pleurait en silence. Le sommeil venait parfois, doucement, le délivrer. Mais bien vite, on le réveillait. On lui serrait les épaules, on lui touchait la main, on l'embrassait sur le front. On lui parlait avec des trémolos dans la voix mais il ne répondait pas. Pourquoi tous ces bâtards ne parlaient-ils pas leur langue? Pourquoi parlaient-ils français? Oraziu maîtrisait difficilement sa colère. Il avait des gestes d'impatience qu'on mettait sur le compte du chagrin. On finissait par l'abandonner à sa douleur, seul dans un coin de la pièce, accroché à son fauteuil. La grande fête du deuil se poursuivait sans lui.

Les femmes, surtout, l'agaçaient. Élégantes, parfumées, la bouche pincée. Elles retenaient leurs mioches, de peur qu'ils ne se mêlent à ces démonstrations bruyantes, à ces transports outranciers. Petits singes trop propres, trop policés. Alors, soudain, Oraziu avait explosé : « *O lu mischinu* [1]! Que sainte Lucie leur voile les yeux! Que les chiens leur mangent le cœur! Race maudite, le Ciel ne vous pardonnera pas le malheur que vous avez fait aux miens! »

Oraziu avait lancé cette malédiction dans sa langue, d'une voix forte. Tout le monde s'était tu, surpris. Charles s'était approché, lui avait tapoté l'épaule tandis que dans le salon on chuchotait en le regardant du coin de l'œil. « Le pauvre vieux,

1. Malheureux que je suis!

il est bouleversé... Il baisse de jour en jour... Quand on pense qu'il a fallu plus d'une journée pour le persuader que sa pauvre femme était décédée. Il n'est plus lui-même. Bientôt, c'est sûr, il faudra trouver une solution... Les maisons de retraite ne sont plus ce qu'elles étaient, il y en a de très bien! »

Une petite femme en noir mit fin à ces murmures. C'était Sacramaria.

– Ne vous inquiétez pas pour lui! Moi, je reste là! Je ne l'abandonnerai jamais!

La voix, rocailleuse et ferme, avait gardé la couleur de l'île. On se tut aussitôt. Quelque temps plus tard, Sacramaria invita tout le monde à laisser Oraziu se reposer.

Le vieillard resta seul avec sa nièce, fille unique de sa sœur chérie, Laurina.

On montait dans l'escalier. Le cœur d'Oraziu battit soudain plus fort. Il cria :

– Sacramaria! Mais, Sacramaria, qu'est-ce que tu fiches? Va donc ouvrir!

Mais très vite, le silence retomba dans l'appartement.

18

VOL BASTIA-PARIS, 22 FÉVRIER 1973, 15 HEURES

Roccu regardait la mer. Sous ce soleil d'hiver oblique, elle était grise, craquelée de minuscules rides, comme une peau d'éléphant. Déjà, on ne voyait plus les déchirures de la côte corse mais, devant, on devinait dans les lointains, encore nimbé de brume, le continent.

Ses oreilles bourdonnaient. Il avala sa salive. A côté de lui, sanglé dans son complet des jours de fête comme dans un uniforme, il y avait son père, Ange-Marie. Tous deux étaient assis au fond de la Caravelle. Les réacteurs faisaient un bruit assourdissant. C'était la première fois que Roccu prenait l'avion.

« Tu es l'aîné, tu viens avec moi ! » Roccu n'avait même pas eu à discuter l'ordre paternel : tout avait déjà été organisé. Il était entendu que la mère de Roccu et ses deux sœurs resteraient à Campu di Croce et que seuls le père et le fils représenteraient la famille à l'enterrement d'Ernella. « Et si les flics m'arrêtent à l'aéroport ? » avait quand même objecté Roccu. « On n'arrête pas un garçon qui va enterrer sa grand-mère ! » avait répondu Ange-Marie, péremptoire. A Poretta, les quelques policiers qui battaient la semelle ne leur avaient pas même adressé un regard.

– A votre gauche, le golfe de Saint-Tropez...

Dans le port, les bateaux ressemblaient à des jouets. Ange-Marie Acquaviva s'était endormi. Il ronflait légèrement. Roccu sourit en observant son père. Le visage d'un brave homme. C'était la première idée qui venait quand on rencontrait Ange-Marie Acquaviva, tant cet homme semblait incapable de dissimuler. Le feu du rasoir avait encore avivé la couleur rouge brique de ses joues. Au sommet du front, il y avait une ligne blanche entre la peau recuite et les cheveux noirs : la marque de la casquette qu'il ne quittait qu'en de rares occasions. Ange-Marie respirait paisiblement, ses grosses mains croisées sur sa poitrine. A la base de son poignet, un point bleu dépassait de la manche empesée de sa chemise : l'amorce d'un tatouage. C'était tout ce qui lui restait de ses nombreuses années passées dans l'infanterie coloniale. Ange-Marie Acquaviva avait tiré un trait sur cette période de sa vie. Il avait jeté aux orties son uniforme, ses galons de sergent-chef et même ses médailles. Il était redevenu le paysan qu'il n'aurait jamais dû cesser d'être.

La Caravelle survolait maintenant les Alpes, ses plis et replis immaculés. On avait l'impression d'une grande feuille de papier blanc froissé. Roccu regardait avec des yeux d'enfant. Puis l'image de Marie-Colombe s'imposa à lui avec violence. Il sentait encore dans sa main l'empreinte de la jeune femme. Ils avaient marché jusqu'à un escarpement d'où on dominait Aleria. Les ceps de vigne moutonnaient jusqu'à la mer, mauves sous le soleil. Plus loin à gauche l'étang de Diane scintillait. Roccu avait attiré Marie-Colombe vers lui. Ses lèvres étaient fraîches. Elles avaient un goût d'anis. Ils s'étaient embrassés longuement. Roccu avait glissé une main sous le blouson en peau. A travers le tissu soyeux du corsage, il avait senti la forme de son sein, éprouvé la chaleur brûlante de sa chair.

Après ce premier baiser, Marie-Colombe l'avait écarté. Il n'avait pu s'empêcher de montrer son étonnement sinon sa déception. Elle avait ri : « Tu crois que c'est le moment ? » Ils avaient fait demi-tour. A l'entrée d'Aleria, les voitures bleues avaient disparu. Ils étaient repartis. Mais prudemment, quitte à faire un long détour, Marie-Colombe avait choisi la route de la montagne pour rejoindre Campu di Croce.

Roccu aurait voulu ne jamais s'arrêter. Mais ils s'étaient quittés à l'entrée du village. La jeune femme n'avait pas voulu aller plus loin. « On se reverra ? » avait demandé Roccu. « Pourquoi pas ? » Il l'avait à nouveau prise contre lui. Marie-Colombe avait passé une main sur le visage du jeune homme, caressant son front, ses paupières, ses joues. « Va, maintenant ! »

– Nous allons commencer notre descente vers Paris-Orly...

Ange-Marie Acquaviva grogna et se réveilla en sursaut. Il se tourna vers son fils, posa sa grosse main sur celle de Roccu et dit, comme s'il sortait d'un rêve :

– *Corciu a ch'un hà ghjente*[1] !

19

PARIS, 22 FÉVRIER 1973, 18 HEURES

Tout était maussade : le temps, les rues, les gens. Roccu et Ange-Marie, depuis leur sortie du métro, marchaient à pas

1. Malheureux qui n'a personne.

pressés. Ils ne s'étaient pratiquement rien dit depuis leur descente d'avion.

Ange-Marie regarda les numéros des immeubles.

– C'est là...

Ils poussèrent la porte. Le hall sentait la cuisine. Sur un carton affiché à côté de la loge de la concierge, Roccu lut : « M. et Mme Acquaviva, troisième étage. » Un instant, il s'étonna de voir son nom écrit ici.

L'ascenseur était en panne, le tapis rouge de l'escalier était râpé.

– Depuis combien de temps tu ne l'as pas vu ? demanda Roccu.

Pour toute réponse, Ange-Marie soupira. Mais son visage tanné par les intempéries était soudain devenu très pâle.

Sur le palier du troisième, il y avait un porte-parapluies et une banquette en velours. D'une main mal assurée, Ange-Marie appuya sur le bouton de la sonnette. Une petite femme âgée vêtue de noir vint ouvrir. Ils se regardèrent.

– C'est toi, Ange-Marie ! chevrota Sacramaria. Et lui...

– Lui, c'est Roccu, mon aîné !

– Roccu ! répéta Sacramaria en observant le jeune homme.

Et Ange-Marie, flatté, lut une lueur admirative dans les yeux de sa cousine. Elle se tourna à nouveau vers lui. Ils hésitèrent un instant, également émus. Enfin Ange-Marie se baissa pour serrer Sacramaria contre lui et l'embrasser sur les joues.

Dans l'appartement, il régnait une odeur douceâtre, relents de fleurs fanées et d'atmosphère confinée. Une odeur de vieux, une odeur de mort, pensa Roccu. Sacramaria marchait devant eux, sans bruit. Avant d'ouvrir la porte vitrée du salon, elle se retourna vers Ange-Marie.

– Tu vas le trouver bien changé... Le pauvre ! Il t'attendait. Si tu savais comme il t'attendait...

Elle renifla. Poussa la porte. Le salon était plongé dans la pénombre. Lorsque leurs yeux furent accoutumés à l'obscurité, ils le virent. Un grand vieillard à barbe blanche dont la tête retombait sur la poitrine. Assis dans un fauteuil, Oraziu Acquaviva s'était assoupi.

– *Duv'e a mama?* demanda Ange-Marie à voix basse.
– Elle est là, à côté.
Silencieusement, les deux cousins quittèrent le salon. Roccu, lui, resta. Fasciné, il regardait toujours Oraziu.

20

PARIS, 22 FÉVRIER 1973, 19 HEURES

Enfin ! Il était là. Son fils. Celui qu'il avait renié, il y avait déjà tant d'années. Carré, solide. Il le voyait de dos, devant la cheminée. Légèrement penché, un tisonnier à la main, il attisait le feu. Ce geste était celui des siens depuis toujours. Geste magique qui avive la flamme du *fucone* [1] et repousse dans l'ombre les *streghe*, les esprits du mal.
Oraziu s'émerveillait. Ange-Marie semblait être resté le même, tel qu'il demeurait dans son souvenir. Au pays, on vieillissait moins vite qu'ailleurs.
– Ange-Marie !
Devant lui, la silhouette tressaillit.
– Ange-Marie, si tu savais comme...
Les mots moururent sur les lèvres du vieillard. L'autre s'était retourné : ce n'était pas Ange-Marie mais un jeune homme aux larges épaules, aux traits durs. Oraziu frissonna : c'était le jeune homme de son rêve ancien, celui qui jetait une rose sur son cercueil, celui que le destin avait choisi pour lui annoncer sa propre mort.
– Je suis Roccu, dit l'inconnu en corse.
Son petit-fils. Le sang de son sang. Oraziu vit devant lui Nicolas, son père. La même stature, le même regard noir et brûlant. Les murs du temps craquaient. Oraziu était arraché au présent, entraîné dans le passé brumeux de sa jeunesse.

1. Atre traditionnel des anciennes maisons corses, disposé au milieu de la pièce principale.

Roccu était un *païsanu*, cela se voyait tout de suite. Et Oraziu, curieusement, en conçut de la fierté. Lui qui, autrefois, avait si violemment reproché à Ange-Marie de manquer d'ambition intellectuelle, au rebours de ses frères Charles l'avocat et Dominique le médecin, constatait aujourd'hui avec satisfaction que le dernier de sa lignée était un vrai villageois de la montagne.

Ils s'observaient. Et peu à peu, le vieillard lisait sur le visage taillé à la serpe du jeune homme quelque chose qui ressemblait à de la complicité. Sans avoir besoin de parler, ces deux-là se reconnaissaient.

A côté, dans la chambre, il y eut un gros bruit de sanglots. C'était la première fois que Roccu entendait pleurer son père. Soudain, Oraziu leva la main droite. Roccu ne le savait pas encore, mais il en était toujours ainsi lorsque le vieillard s'apprêtait à prendre la parole.

– Je te reconnais, mon garçon. Et pourtant, il y a si longtemps que je ne t'ai vu... Tu ne peux pas comprendre. Mais sache qu'il y a tant d'années que je te parle...

Oraziu s'exprimait en corse. Sa voix était sourde. Les mots roulaient dans sa bouche.

– ... Et en te parlant dans ma tête, je me rends compte que c'est aussi à moi que je parlais. Au garçon que j'étais autrefois en Corse, avant que je ne quitte le village... Alors, je me prends à espérer que tout recommence... Tu crois que je déraisonne, n'est-ce pas? Non, Roccu! Je rêve et je ne sais plus ce qui est songe ou réalité. Il y a quelques jours, peu avant la mort de ma pauvre Ernella, je me voyais chez nous à Campu di Croce... Je marchais sur le sentier de la cascade et j'arrivais au séchoir à châtaignes... Sous l'*arrata* [1], le fucone était éteint. Et il n'y avait personne. Je ne comprenais pas pourquoi j'étais seul. Où étaient donc les habitants du village? Dis-moi, Roccu, où sont-ils?

Le visage du vieux grimaça comme s'il était soudain la proie d'une violente douleur. Il ferma un instant les yeux. Puis il les rouvrit et continua :

1. Plancher à claire-voie sur lequel on mettait les châtaignes à sécher au-dessus du fucone.

– Ghjuliu Marfisi est-il toujours le maire?

Roccu fit oui de la tête. Oraziu esquissa un sourire.

– Il a raison, il ne faut pas quitter le village. Jamais... Regarde-moi, Roccu. Qui suis-je ici? Un arbre mort. Ernella est partie et désormais, je serai seul, partout! Je suis perdu.

– Reviens avec nous, *babone* [1].

– Babone! Tu es le premier de mes petits-enfants à m'appeler ainsi. Les autres ne savent pas parler corse.

Il se tut, violemment ému. Puis il reprit à mi-voix comme pour lui-même :

– Tu sais que j'ai été instituteur, puis professeur au lycée et même plus tard à l'université... J'aimais mon métier. Je sens encore les planches de l'estrade sous mes pieds lorsque je marchais de long en large... Et aussi l'odeur d'encre fraîche et de craie, le matin. Je vois des visages d'élèves depuis longtemps disparus. Et je m'entends parler : mais je ne comprends pas ce que je dis : le français me quitte! Cette langue que j'ai enseignée si longtemps, je finis par l'oublier. Mon âme est corse, Roccu! Et c'est elle qui parle quand je m'adresse à toi... A moins qu'elle ne se venge d'avoir été tant d'années oubliée!

– Reviens au village, babone?

Oraziu ne répondit pas tout de suite. Les flammes de la cheminée projetaient sur son visage et sa barbe des lueurs fauves et tremblotantes.

– Il est trop tard, mon fils... *I morti incù i morti, i vivi incù i vivi* [2]!

Ange-Marie se tenait sur le seuil du salon. Mais ni l'un ni l'autre ne l'avaient vu. Des larmes coulaient silencieusement sur ses joues.

Plus tard, beaucoup plus tard, Oraziu se réveilla en sursaut. Roccu. Son petit-fils était donc le messager de sa propre mort!...

Mais pourquoi toi, Roccu, à qui j'ai tant à apprendre?

1. Grand-père.
2. Les morts avec les morts, les vivants avec les vivants.

21

ROUTE DE GHISUNACCIA, 25 FÉVRIER 1973, 9 HEURES

Ça sentait le mouton et la paille. Et à travers le plancher rouillé on pouvait voir défiler le macadam. Joseph et Pascal étaient installés à l'arrière d'un fourgon tôlé emprunté à un berger de Boggiu di Fiumorbu. Louis conduisait. Par prudence, ils avaient quand même choisi de ne pas utiliser la belle mais trop voyante Alfa-Romeo de Pascal.

Louis avait craqué le premier : « On étouffe ici ! » Il n'avait fait qu'exprimer le sentiment général. Depuis le départ de Roccu, les trois compères supportaient mal de vivre en reclus. Ils brûlaient de renouer avec l'action alors que toute l'île bruissait et s'agitait, traversée par une bouffée de fièvre anti-jacobine. Oubliés les violences, les CRS blessés, le sous-préfet humilié : pour l'opinion insulaire, seul importait l'outrage de l'emprisonnement de quelques compatriotes après la prise d'assaut de la sous-préfecture de Bastia.

Louis sifflotait et faisait hurler le moteur. Il bruinait. Les pneus chuintaient sur le sol mouillé. Soudain, le colosse enfonça la pédale de frein. Le fourgon glissa, se mit en travers. L'arrière cogna lourdement contre le rocher et s'immobilisa de l'autre côté de la chaussée.

– Merde !

Joseph et Pascal se précipitèrent vers l'avant. Ils virent d'abord le camion bâché stationné à l'entrée du virage, puis la herse qui barrait la route. Des gendarmes mobiles casqués, armés de mitraillettes, avaient pris place de chaque côté.

– Foutez le camp ! hurla Louis.

– Et toi ?

– Je me démerderai !

Il se baissa, fouilla sous le siège, en sortit un pistolet qu'il tendit à Pascal.

– Prends, ça risque de m'encombrer !

Les deux autres hésitaient.

– Foutez le camp, je vous ai dit ! On se reverra à Bastia. C'est pas la première fois que j'ai affaire aux flics ! *Indu e pignate vechje si face a bona suppa* [1] !

Pascal et Joseph sautèrent dans l'herbe humide et s'enfoncèrent rapidement dans le maquis. Ils entendirent le fourgon qui manœuvrait puis roulait à petite allure vers les gendarmes.

22

PARIS, 25 FÉVRIER 1973, 19 HEURES

La cicatrice qui entamait sa joue droite lui donnait un drôle d'air cannibale dès qu'il tentait de sourire. Toussaint le savait et en abusait. La cinquantaine élégante, cheveux argentés et complet de bonne coupe, Toussaint Filippi était le frère de Francesca Acquaviva, la mère de Roccu. La famille disait pudiquement qu'il faisait des affaires sur le continent. Mais chacun savait que l'oncle Toussaint appartenait au milieu.

Il écrasa sa cigarette blonde dans le cendrier. Roccu était assis en face de lui. Ils s'étaient donné rendez-vous dans un bar corse du XIIe arrondissement où Toussaint avait ses habitudes. Roccu avait choisi de demeurer quelques jours encore à Paris qu'il ne connaissait pas. Ange-Marie Acquaviva, lui, était reparti pour la Corse dès la fin des obsèques de sa mère.

Autour d'eux, dans l'atmosphère enfumée, une clientèle disparate de fonctionnaires et de malfrats communiait en langue corse à coups de petits verres de Casanis. Tout était étrange : les gestes, les mots même semblaient exagérés,

1. Dans les vieilles marmites, on fait la bonne soupe !

comme si chacun essayait désespérément de recréer le climat du bar de son village.

Toussaint, narquois, observait son neveu.

– Des pauvres cons, hein? C'est bien ce que tu penses? Des pauvres cons d'exilés! Mais là-bas, fiston, ils crèveraient de faim. Alors...

Il sourit une nouvelle fois, accentuant à dessein sa grimace carnassière. Il sortit de sa poche de veston un briquet Dupont en or et un étui à cigarettes en argent.

– Tu fumes, petit?

Roccu fit non. Toussaint alluma sa cigarette. Malgré la fumée qui empoissait le bar, Roccu sentait le parfum d'eau de toilette de son oncle. Ongles manucurés, cravate et chemise de soie : Toussaint avait fait son chemin depuis qu'il avait débarqué à Marseille quelque trente ans plus tôt. La guerre venait de finir. Un de ses cousins, à la différence de certains autres qui avaient pris le chemin de l'Amérique du Sud, avait eu le bon goût de choisir le camp victorieux : médaillé de la Résistance, il avait participé à la constitution du service d'ordre du RPF, tout en étant le directeur d'un cercle de jeux renommé. Le jeune Toussaint, fort de cette protection familiale, avait rapidement gravi les échelons de la hiérarchie du milieu : l'ancien porte-flingue était aujourd'hui un homme respecté qui arborait ses deux non-lieux comme d'autres leurs décorations.

– Tu as des projets, fiston?

Roccu haussa les épaules. Ses projets pouvaient-ils intéresser Toussaint et ses semblables pour qui la Corse n'était qu'une maison de retraite? Un sanctuaire où les ennemis d'hier pouvaient sans trop de risques trinquer ensemble?

– Si tu voulais, ici je pourrais te trouver quelque chose... J'ai des relations, tu sais.

Les relations de Toussaint Filippi! Roccu les imaginait. Des Corses, maires ou conseillers généraux sur l'île, chefs de gang sur le continent. Des voyous qui avaient monnayé leur impunité en fournissant à la classe politique des hommes de main. Ce n'était pas la première fois que Toussaint essayait de ferrer Roccu : « Tu n'as pas froid aux yeux et tu sais te servir d'un calibre... » L'image d'Épinal! Flics ou truands, les

Corses avaient ça dans le sang. Ils étaient nés avec! Beaucoup de jeunes tombaient dans le panneau et contribuaient malgré eux à conforter cette caricature.

– 350 francs par jour... Peut-être même 500! Il y a des gens qui en ont marre du désordre, de cette chienlit étudiante et gauchiste. Ils sont prêts à payer!

Roccu posa les avant-bras sur la table, les poings serrés. Il se pencha vers Toussaint et dit d'une voix sourde :

– Tu as de la chance d'être le frère de ma mère!

L'autre rit.

– Tu es bien comme ton père, toi! Un pur, hein? Moi aussi, quand j'étais plus jeune, j'étais comme ça : je n'avais peur de rien!

Roccu n'écoutait plus. Il avait pris sa décision : dès le lendemain matin, il reprendrait l'avion pour la Corse.

23

BASTIA, 25 FÉVRIER 1973, 23 HEURES

Assis sur une chaise métallique, une main attachée au radiateur, Louis somnolait. L'inspecteur Quiliccini entra dans le bureau, soupira et alla s'asseoir derrière sa machine à écrire. Il décapsula une bouteille de bière, but une longue gorgée au goulot, s'essuya les lèvres du revers de la main. Et soudain, il frappa violemment du poing sur la table. Louis ouvrit un œil paresseux.

– Vous avez des aigreurs d'estomac, inspecteur?

– Ici, Santucci, c'est moi qui pose les questions!

Louis referma paisiblement les yeux. Quili abattit à nouveau son poing sur le bureau métallique et engagea une liasse de feuilles dans le rouleau de la machine à écrire.

– Santucci, on reprend tout à zéro!

– Pour l'état civil, rien n'a changé depuis tout à l'heure, vous pouvez recopier!

– *Manghjamé, t'aghu da cuncià pà i to nati ghjorni*[1] *!*

Louis se dressa, balançant sa chaise d'un coup de pied.

– *Toccami ghjà si tu sè omu*[2] *!*

Debout devant le policier, et malgré les menottes qui le retenaient au radiateur, il paraissait immense. Les deux hommes se défièrent quelques instants du regard.

– Arrête de jouer au con, Santucci! Tu connais la musique aussi bien que moi!...

De sa main libre, le colosse saisit la chaise renversée, la leva au-dessus de sa tête comme s'il allait la jeter sur le policier. Puis il la reposa en douceur sur ses pieds et s'assit. Quiliccini n'avait pas cillé.

– Qu'est-ce que tu faisais à Bastia, le 17 février?

– Je l'ai déjà dit : je suis un fan de bagnoles, j'étais venu voir la Giraglia[3]...

Quiliccini tapa quelques mots. Releva la tête.

– Continue!

– Ç'a été une grande déception : quand je suis arrivé devant les stands, j'ai appris que l'épreuve était annulée!

– Et après?

– Après? Eh bien, j'allais rentrer au village lorsque j'ai entendu crier...

La machine à écrire crépita. Quili, contrairement à la plupart de ses collègues, tapait avec tous ses doigts.

– Ces cris?

Les petits yeux de Louis se plissèrent.

– Ça parlait de « peaux rouges »...

– De « boues rouges », tu veux dire.

– Si vous savez mieux que moi, c'est pas la peine de continuer... Moi, j'ai entendu « peaux rouges »!

Quiliccini s'était arrêté de taper. Louis le regardait droit dans les yeux. Sa grosse bouille ronde exprimait maintenant la plus grande naïveté.

– Moi, j'ai toujours aimé les histoires de cow-boys et d'Indiens. Alors, je suis allé voir d'un peu plus près! Et là, j'ai été pris dans une véritable marée humaine...

1. Littéralement : Mange-merde, je vais t'arranger pour les jours qui te restent à vivre!
2. Touche-moi si tu es un homme!
3. Tour de Corse.

– Et c'est comme ça que tu t'es retrouvé dans la sous-préfecture! En somme, tu faisais du tourisme!

Louis hocha la tête.

– Tu me prends pour un imbécile?

Le colosse opina derechef.

– Et ça? rugit l'inspecteur.

Il lui mit une photo sous le nez. Dans le grand escalier de la sous-préfecture, on voyait au premier plan Louis qui tenait le sous-préfet par le collet devant les CRS rangés contre le mur. Louis regarda le document comme s'il le découvrait.

– Eh bien quoi? Ce type venait de tomber! Je l'aide à se relever. Sans moi, il aurait pu être piétiné! Et vous avez vu, tous ces policiers qui nous font une haie d'honneur!...

– Ce type, comme tu dis, c'est le sous-préfet...

– Première nouvelle! Sans sa casquette à feuilles de chêne, on peut pas savoir, hein?

Louis, bonhomme, souriait. Le policier, fou de rage, se leva. A cet instant, la porte s'ouvrit. C'était Legrand.

– Quili, tu peux venir une seconde?

L'inspecteur rejoignit son collègue dans le couloir.

– Quili, c'est dingue mais on laisse tomber! Le patron vient d'avoir Paris. L'heure est à l'apaisement, le procureur va abandonner les poursuites! Décidément, on peut tout faire dans ce putain de pays! Envoyer des flics à l'hosto! Mettre à sac des bâtiments publics! Et même molester un sous-préfet!

Quiliccini explosa :

– Ce putain de pays?... Ces putains d'élus, tu veux dire! C'est clair, ce sont eux qui ont fait pression sur Paris pour calmer le jeu! Ces types me dégoûtent!

Il revint en trombe dans le bureau et jeta la clef des menottes en direction de Louis.

– Tu peux partir, Santucci, mais je te retrouverai! Aujourd'hui, tu joues les gros bras pour les autonomistes... Tu fais du syndicalisme bidon! Mais tu es d'abord un voyou : tu finiras bien par retourner à tes premières amours et là, je te jure que je te ferai plonger!

24

ROUTE DE CAMPU DI CROCE, 28 FÉVRIER 1973, 10 HEURES

Le vieil autocar peinait. Les tôles vibraient. La boîte de vitesse grinçait. L'attaque de chaque nouvelle rampe lui arrachait des grognements. Roccu était assis à l'arrière sur une banquette défoncée. Il avait l'impression d'être parti depuis très longtemps. Il regardait le paysage comme s'il le voyait pour la première fois : les pentes duveteuses de la montagne, la ramille violine des châtaigniers, l'eau verte des sources qui ruisselaient sur la mousse et jusque sur la route.

Dès son arrivée à Bastia, Roccu avait retrouvé Louis, Joseph et Pascal. Dans la ville, l'atmosphère était à la liesse. Pour la première fois, le pouvoir central – les plus radicaux disaient le pouvoir colonial – avait reculé : ce qui avait commencé comme une farce se terminait par une véritable victoire politique. Les quatre garçons avaient fait la preuve que la violence payait !

Pendant près de deux jours, ils avaient goûté leur succès et leur prestige tout neuf. Roccu le solitaire avait découvert que des inconnus le saluaient dans les cafés de la place Saint-Nicolas. Sans le montrer, il en avait ressenti de l'orgueil. Ces journées bastiaises n'avaient été assombries que par l'absence de Marie-Colombe. La jeune femme était introuvable. Roccu ressentit de façon impérieuse le besoin de rentrer à Campu di Croce. Il n'était pas chez lui dans cette ville où l'on pouvait passer des soirées entières dans les cafés à remuer des idées et à échafauder d'innombrables et improbables stratégies politiques. Roccu, d'instinct, avait la conviction que son combat ne trouverait sa raison d'être que s'il faisait lui-même la preuve qu'on pouvait vivre et travailler en Corse. Les insultes du maire, Ghjuliu Marfisi, l'avaient marqué au fer rouge. Pour être convaincant, Roccu devait être exemplaire. Cette idée le taraudait. Mais il n'en avait pas encore parlé à ses trois nouveaux amis. Il emportait son secret vers Campu di Croce.

Le lourd véhicule grimpait les derniers lacets. La crête semblait reculer toujours plus loin. Lorsqu'il avait l'âge du petit Vincensiu, Roccu imaginait qu'au-delà des monts commençait un monde nouveau, aussi différent que mystérieux.

Les premières maisons de Campu di Croce apparurent. Roccu eut un brusque serrement de cœur. Il imaginait la haute silhouette de son grand-père qui arpentait les rues du village. Le bout ferré de sa canne frappait le sol en cadence. Oraziu Acquaviva s'arrêtait pour humer l'air vif. Il caressait sa barbe blanche, repartait d'un pas vigoureux. Des enfants couraient dans les ruelles. Des femmes bavardaient d'une maison à l'autre. Un berger, bâton à la main, gourde en peau accrochée à la ceinture, sifflotait en conduisant ses chèvres au pacage. Et si l'on tendait l'oreille, on pouvait entendre le chant du rabot du menuisier Leandri. Le village vivait. « Babone ! » La silhouette du vieux s'était déjà estompée. Dans la rue principale de Campu di Croce, il n'y avait pas âme qui vive !

25

CAMPU DI CROCE, 28 FÉVRIER 1973, 20 HEURES

Sur la table, une grosse soupière fumait. Roccu avait retrouvé les odeurs familières de la maison. Debout, sa mère, Francesca, servait le potage. Ange-Marie, tenant la miche de pain contre sa poitrine, coupait d'épaisses tranches. Les filles, Joséphine et Lucie, faisaient passer les assiettes. Francesca s'assit enfin. Ange-Marie avait déjà commencé à manger.

Roccu sentait le regard de sa mère. Depuis qu'il était

revenu, elle ne cessait de l'observer, comme si elle essayait de deviner ce qui avait changé en lui ces derniers jours.

Ses sœurs, vexées de ne pas avoir accompagné les hommes de la famille aux obsèques d'Ernella, observaient un silence boudeur. Ange-Marie mangeait bruyamment et vite. Soudain, il balaya son assiette d'un morceau de pain, posa sa cuiller, se servit un verre de vin qu'il lampa d'un trait. Un sourire satisfait éclaira son visage. Et il dit à la cantonade, comme si ça allait de soi :

– Elle a beau ne pas voter comme nous. Moi, je trouve qu'elle a raison !

Il parlait de Bianca Fiorelli. L'épisode des trois cochons tués avait réveillé la guerre des clans et divisait tout le village, c'est-à-dire les quelques dizaines d'habitants qui y demeuraient encore l'hiver. A peine arrivé à Campu di Croce, Roccu avait été informé : on ne parlait que de cela, tant à l'épicerie Carbuccia qu'au café Valecale. La justice avait été saisie. Le plaignant, Santu Traveriu, réclamait non seulement le prix des trois gorets abattus mais aussi des dommages et intérêts considérables. Nul n'ignorait que le juge qui instruisait le dossier appartenait au clan du maire, Ghjuliu Marfisi, et était donc un adversaire politique du clan Fiorelli.

Roccu, dès son retour au village, avait voulu rendre visite à Bianca. Mais elle était absente. Sur la porte de la maison Fiorelli, on avait écrit à la peinture rouge : « *Ghjacara* [1] ! »

– Elle a peut-être raison, mais ce ne sont pas nos affaires ! dit Francesca de sa voix flûtée.

Depuis toujours, la mère de Roccu redoutait les emballements de son mari. En général, à force de persuasion, cette femme apparemment effacée réussissait à les juguler, sinon à les prévenir. Ange-Marie, qui était un brave homme et détestait par-dessus tout contrarier son épouse, lui concédait ces petites victoires comme autant de gages de sa propre bonne volonté. Il feignait d'en faire le compte, accumulant un capital de générosité qui lui vaudrait un jour, il n'en doutait pas, de triompher sans coup férir et d'imposer sa volonté. Il en était ainsi depuis qu'ils étaient mariés. Mais jamais encore Ange-Marie n'avait écorné son bien.

1. Chienne !

Francesca se leva. Les filles lui passèrent les assiettes sales. Ange-Marie soupira. Et se tourna vers son fils. Roccu, les yeux baissés, semblait absorbé par la contemplation du motif de la toile cirée de la table.

– Roccu, tu n'es pas d'accord avec moi?

A cet instant, une violente explosion retentit. Les vitres de la maison tremblèrent. Puis ce fut le silence. Francesca et les deux filles étaient livides. Roccu n'avait pas bougé.

– On dirait de la dynamite! dit tranquillement Ange-Marie sur le ton du connaisseur. Deux kilos, peut-être trois...

Il repoussa sa chaise, décrocha sa veste de chasse de la patère de la porte d'entrée. Roccu le suivit.

26

CAMPU DI CROCE, 28 FÉVRIER 1973, 21 HEURES

Les ruines fumaient encore et, à la lueur du seul lampadaire demeuré intact, une sorte de brume nimbait les murs calcinés. La plupart des habitants, à l'exception de quelques femmes, étaient sortis de chez eux. Le plus véhément était Ghjuliu Marfisi : en détruisant « sa » mairie, c'était lui qu'on voulait abattre! Mais c'était la République qui était atteinte. Et la Corse tout entière qui était blessée!

Natale Tribulini, Santu Traveriu et les autres affidés du maire acquiesçaient et hochaient la tête en cadence. De l'autre côté de la place, les adversaires du premier magistrat de Campu di Croce ricanaient. Ange-Marie Acquaviva, accompagné de Roccu, avait tenu à rester au milieu. Si Marfisi était bien de son clan, il n'en désapprouvait pas moins l'attitude du maire dans l'affaire des cochons. A sa manière, il tenait à le faire savoir publiquement.

– *Bouh! I so panni brutti si lavanu in famiglia*[1]*!*

1. Le linge sale se lave en famille.

C'était la grosse voix de Domenicu Piverone.

Le carrier débouchait à son tour sur la place de la mairie et regardait, rigolard, les décombres du petit bâtiment. Marfisi lui lança un regard irrité et reprit ses imprécations : avec force gestes, il jurait vengeance et en appelait aux mânes de ses ancêtres. Le carrier leva les yeux au ciel, tordit son gros nez. Et apostropha le maire.

– Ghjuliu, je t'ai toujours entendu dire que la mairie était trop petite pour un homme aussi important que toi ! Tu devrais être content ! Tu la renconstruiras plus grande que Saint-Pierre de Rome !

Domenicu éclata d'un gros rire, tourna les talons et s'approcha des Acquaviva. On entendait, montant de la vallée, la sirène de la voiture des gendarmes. Tout en bourrant sa pipe, Domenicu Piverone jeta un coup d'œil suspicieux en direction de Roccu.

– Je me doutais bien que tu étais revenu, toi !

Puis il alluma son brûle-gueule. Et un instant, la flamme éclaira son visage de pirate.

Dans la maison de Domenicu Piverone, on n'y voyait pas à un mètre. Au milieu de l'unique pièce, le fucone dégageait une fumée âcre qui stagnait longtemps sous le toit avant de s'échapper entre les lauzes.

Le carrier, une cruche à la main, emplissait deux petits verres d'un liquide incolore, une grappa qu'il bouillait lui-même et qui titrait bien plus que soixante degrés. Roccu goûta du bout des lèvres, grimaça.

– Béjaune, va !

Domenicu but cul sec, se resservit. Les yeux de Roccu lui piquaient. Dans la fumée, le vieux riait en silence.

– Ça me rappelle une histoire...

Il prit son temps, ralluma une nouvelle fois sa pipe, but une gorgée de grappa et poursuivit en regardant l'âtre.

– Le gamin devait avoir huit ans. Peut-être neuf... S'il n'était pas à l'école, il était avec moi à la carrière, près de la mer. C'était un drôle de gosse. Il observait tout ce que je faisais, il n'en perdait pas une miette... Parfois, quand il devait avoir du vague à l'âme, il regardait vers le large, là où se trouve la grande île... Ça devait le démanger d'aller là-bas. Enfin, moi qui ne suis pas très malin, c'est ce que je croyais.

Domenicu Piverone cogna le fourneau de son brûle-gueule sur la grille du fucone. Il continua, toujours sans regarder le jeune homme.

– Ce qui l'intéressait surtout, ce sacré fureteur de gamin, c'était quand je me servais de dynamite pour faire sauter des blocs de pierre! Moi, j'ai pas un naturel méfiant. Je faisais tout au grand jour sous les yeux de cette pie!

Il soupira :

– *Un' ti fidà maidi to camisgia* [1]! Et un jour, il a profité de ce que j'allais jusqu'au village voisin. Boum! Et dire qu'il n'avait que huit ans.

– Neuf, Domenicu

Le vieux hocha la tête. Roccu reprit :

– C'est vrai que le gamin brûlait d'envie d'aller voir cette grande île inconnue... Mais il n'avait pas de bateau. Alors, il a essayé d'en construire un. Là-bas, à la carrière, il y avait une belle bille de bois. Énorme! Impossible à scier pour un enfant de neuf ans!

Domenicu Piverone rit.

– Alors, c'était bien ça... Et la bille de bois?

Roccu haussa les épaules.

– Il y avait sans doute trop de dynamite, il n'en est rien resté!

Domenicu finit son verre à petits traits. Roccu, après la première gorgée, n'avait plus touché au sien. Le carrier sortit sa blague à tabac de la poche de sa veste.

– Heureusement que c'est resté entre nous, hein?

Roccu sourit. Les yeux du vieux riaient.

1. Ne te fie jamais à ta propre chemise!

27

CAMPU DI CROCE, 2 MARS 1973, 10 HEURES

La porte avait été grattée. Mais il restait une marque rougeâtre à l'endroit du barbouillage injurieux. C'est Vincensiu qui ouvrit. Il bondit de joie en apercevant Roccu.

– Je suis allé à Paris! On a pris l'avion!

– Moi aussi, j'étais là-bas... On aurait pu se croiser!

L'enfant raconta son voyage. Roccu, amusé, le laissa babiller un moment.

– Monsieur Acquaviva, quelle surprise!

Bianca Fiorelli venait d'apparaître dans le hall. Son regard était sévère. D'un geste, elle fit signe à Vincensiu de les laisser seuls. Puis elle précéda Roccu dans le salon où, déjà, un grand feu illuminait la cheminée.

– J'espère que vous ne vous attendez pas à être félicité! Et encore moins à être remercié!

Le jeune homme blêmit. Bianca reprit plus doucement :

– Je voudrais que les choses soient claires : je ne vous ai rien demandé! Je vous aime bien, Roccu, alors je vais vous donner un conseil : ne multipliez pas les imprudences! Poser une bombe au village, ce n'est pas très fin, surtout après l'affaire de Bastia! Vous étiez très photogénique sur le journal!

– Parce que vous désapprouvez notre action? se rebiffa Roccu.

– Je ne dis pas ça... Mais, à l'avenir, je vous suggère d'être plus malin. Et de ne plus vous mêler de mes affaires. D'ailleurs la justice est saisie...

– La justice! Vous y croyez, vous?

– J'ai encore cette faiblesse, oui. J'ose espérer qu'il arrivera un jour où dans ce pays, on cessera de régler ses querelles à coups de fusil ou d'explosifs!

Roccu ne put s'empêcher de rire.

– Le fusil! Vous êtes mal placée pour en parler!

Bianca rit à son tour. Ses traits s'adoucirent. Une nouvelle fois, Roccu fut saisi par la beauté tranquille de son visage.

– C'est vrai, dit-elle. Mais nous ne sommes pas tout à fait quittes!

Elle prit un livre sur un guéridon et l'ouvrit là où un signet avait été placé.

– C'est un ouvrage sur la Corse écrit par un voyageur continental au début de ce siècle... Écoutez : « Dans l'état actuel des esprits, une nécessité fatale oblige d'appartenir à l'un ou l'autre des deux clans qui divisent la commune. L'homme indépendant qui voudrait ne relever que de sa conscience paraîtrait également suspect aux deux [1]! »

– Rien n'a changé, dit simplement Roccu.

– Si. Il existe aujourd'hui des jeunes qui refusent ce système absurde!...

Roccu la regarda avec étonnement. Elle ajouta avec un sourire malicieux :

– Même si je ne suis pas tout à fait d'accord avec les moyens qu'ils emploient!

28

PARIS, 2 MARS 1973

Oraziu l'entendait aller et venir dans l'appartement. Infatigable Sacramaria. Que serait-il devenu sans elle?

Un proverbe corse lui revenait : « *Quandu u cane hé vechju, a volpe li piscia adossu* [2]*!* » Qui était-il aujourd'hui, sinon ce vieux chien auquel plus personne n'accordait d'attention?

1. Albert Quantin : *La Corse*, Librairie Académique Perrin, 1914.
2. Quand le chien est vieux, le renard lui pisse dessus.

Machinalement, il s'était assis à son bureau. Les coudes posés sur la table, la tête plantée dans ses mains, il regardait les rayonnages de livres qui couvraient les murs. Autant d'ouvrages inutiles désormais. Il ne les lirait plus. Jamais plus il n'en caresserait les couvertures amoureusement reliées en peau. Ces livres appartenaient à une vie révolue. Le personnage qui les possédait était mort.

Oraziu Acquaviva avait l'impression d'avoir vieilli d'un seul coup. Comment était-ce arrivé? Quand? Tout s'embrouillait, les dates, les noms. Seuls les souvenirs les plus lointains refaisaient surface... Ils devenaient étrangement présents, exigeants. Ils lui demandaient des comptes!

Il ouvrit un tiroir du bureau, en sortit une liasse de papier à lettres. Ce simple effort l'épuisa. Il resta un long moment devant les feuilles blanches où était gravé en haut et à gauche : « Oraziu Acquaviva, Agrégé de Lettres, Professeur honoraire de la Sorbonne. » Il dévissa le capuchon de son stylo. « *Mon cher Roccu...* » Il prononça ces trois mots à voix haute avant de les écrire. Roccu. Instinctivement, il pensait à son petit-fils lorsqu'il évoquait son passé au village. Comme si un lien invisible les unissait depuis qu'il avait reconnu en lui le messager qu'il attendait depuis tant d'années. Comme si, en transcendant les générations, Oraziu essayait de réparer sa propre vie.

> *Caru Roccu,*
>
> Léghjerai stà lettarà [1]? *Je ne le sais pas moi-même puisque je ne suis pas sûr de te l'envoyer de mon vivant. Peut-être la découvriras-tu après ma mort... Je le souhaite de tout mon cœur. Mais je le redoute tout autant.*
>
> *Avant tout, sache, aussi étrange qu'il t'en semble, que je t'attendais... Oui, autrefois, au début de ce siècle, je t'ai vu en rêve! Et ma sœur Laurina, dont je te reparlerai souvent, m'a dit le lendemain :* « Ce garçon de ton rêve sera ton plus grand bonheur! »

Oraziu n'ajouta pas que Laurina lui avait aussi prédit que Roccu serait le messager de sa mort. A quoi bon! Roccu, tel

1. Liras-tu cette lettre?

qu'il lui était apparu, était un autre lui-même. Désormais, Oraziu Acquaviva ne saurait mourir tout à fait... Et malgré la gravité de ce qu'il avait à écrire, le vieillard reprit son stylo avec une sorte de jubilation.

Ce que j'ai à te révéler n'est pas agréable à écrire. Car c'est d'abord la somme de mes regrets. Et donc de mes erreurs. Et à plus de quatre-vingt-dix ans, comme il est cruel de reconnaître qu'on s'est trompé une vie durant! Les mots, ces mots-là, font mal. Tant pis pour moi qui n'ai pas, malgré mon âge, le cuir encore assez dur.

Je te parlerai d'abord de mon père, Nicolas. Je ne cherche pas de vaines excuses. Mais c'est avec lui que tout a commencé... C'est lui qui, le premier, nous a montré le chemin de l'exil. Nicolas Acquaviva. Il me suffit de fermer les yeux pour le revoir. Sa silhouette massive, ses traits arrogants et fiers. J'entends encore son pas énergique sur les cailloux de la place devant notre maison de Campu di Croce. Et tout de suite après, ses éclats de voix dès qu'il était entré. Ma mère, la pauvre, subissait le tyran sans rien oser dire. Nicolas était le maître, sans partage.

C'était sous Napoléon III. L'armée commençait à dévorer la Corse. Elle promettait la richesse et la gloire : en fait, elle n'enrôlait que des chiens de garde!

Nicolas s'est engagé un beau matin sans même prévenir sa femme, Andréa. Pourquoi est-il parti? Pour la solde dont il n'oubliait jamais d'envoyer une part à ma mère?... Mais, avant de s'enrôler, il n'avait même pas essayé de cultiver sa terre! Pour voir du pays? Mais ce matamore connaissait-il seulement la Corse? Alors, penses-tu peut-être, pour l'amour des armes? Sans doute. Et pourtant, lui-même en était si peu convaincu qu'il s'était sur le tard trouvé une bonne raison de faire le soldat : Nicolas Acquaviva était devenu bonapartiste! En somme, il n'avait fait que répondre à l'appel de l'Empereur en acceptant d'aller s'engager sous le drapeau tricolore! Napoléon le Grand n'avait-il pas été le premier des Français?...

Nicolas n'avait pas été le seul à réagir ainsi. Mais cet aveuglement collectif allait coûter bien cher à la Corse et toute notre famille en pâtirait!

Les illusions politiques de mon père en même temps que sa carrière militaire sont mortes à Sedan. Après la défaite, il s'est querellé avec un officier qui avait insulté Badinguet. L'affaire s'est terminée par un coup de baïonnette. Nicolas a dû quitter l'armée. Mais il n'en est pas pour autant rentré au village. A peine démobilisé, il s'est engagé dans la gendarmerie. Brigadier! Avec des galons qui lui montaient jusqu'aux coudes : la belle affaire! De temps en temps, il revenait au pays, faisait un enfant à Andréa et repartait sur le continent pour faire le joli cœur ou le fier-à-bras! Dix longues années ont passé ainsi. Mon pauvre père, peu à peu, était devenu un autre homme... Je me souviens encore de la première fois où je l'ai vu. Il ne m'a pas même embrassé sur le front. J'ai demandé : « Qual e questo? » *J'ai failli recevoir une gifle de ma mère. Mais c'était vrai, je ne connaissais pas cet inconnu qui n'avait jamais tenu son rôle de père.*

Oraziu s'arrêta d'écrire. Son cœur battait à tout rompre. Son cœur d'enfant. Pouvait-il avouer qu'il avait toujours eu peur de son père? Et que cet homme était resté à jamais un étranger pour lui? Il reprit d'une plume mal assurée :

Dès son retour à Campu di Croce, nous ne fûmes plus les seuls à supporter le caractère despotique de Nicolas Acquaviva : fort de son prestige de gendarme, il s'est fait élire maire du village. Il y est resté vingt-cinq ans. Un quart de siècle de règne sans partage. Personne ne bronchait. Sous sa férule, Campu di Croce marchait au pas!

Dans mes souvenirs, je ne vois qu'un être qui ait osé lui tenir tête : ton père, Roccu! C'était encore un enfant. Nicolas avait entrepris de corriger mon fils aîné, Charles, accusé à tort d'avoir commis quelque vétille. Ange-Marie s'est aussitôt porté au secours de son frère. Il a lancé son ardoise d'écolier contre son grand-père. Toute la famille a retenu son souffle. Et soudain, le terrible Nicolas a éclaté de rire : « Quèstu qui hè dègnu di portà u me nòme, u mio sangue scorre in e só vène [1]! »

1. Celui-là est digne de porter mon nom! Mon sang coule dans ses veines!

La plume s'immobilisa de nouveau. Oraziu, inconsciemment, n'en avait-il pas voulu à Ange-Marie d'être celui qui ressemblait le plus à Nicolas, ce père redouté et haï? N'était-ce pas la vraie raison de leur brouille? Ange-Marie était le seul de ses trois fils qui lui avait désobéi, le seul qui avait osé revendiquer son indépendance...

On frappa à la porte.

– Mon oncle, le repas est prêt.

– J'arrive, Sacramaria.

Il reprit son stylo. La grande écriture semblait hacher la page. Il lui fallait aller au plus profond, extirper ce qu'il voulait oublier depuis si longtemps.

Tu sais, bien sûr, que nous sommes originaires du Niolu [1]*. Le vieux Nicolas en était fier. Il était resté attaché à cette région où les hommes sont farouches et encore plus susceptibles que n'importe quels autres Corses. Quand il s'est vu mourir, il a exigé d'être porté en terre par quatre hommes descendus tout exprès de notre village d'origine, Albanu. Mais ces quatre Niolins ont été prévenus trop tard et le cercueil de Nicolas Acquaviva a été porté par des bras « étrangers ».*

J'ai toujours pensé que Nicolas était ainsi symboliquement puni. Dieu, s'il en existe un, ne pardonne pas à ceux qui abandonnent leur pays.

Moi aussi, aujourd'hui, j'expie. Je paie mon reniement. En partant, c'est mon âme que j'ai vendue. Aujourd'hui, la solitude est mon lot. Mon enfer. Pour toujours.

A prèstu, caru méiu Roccu.

Le vieillard laissa tomber son stylo. Son corps décharné était trempé de sueur.

1. Haut plateau du nord de la Corse environné par les plus grands sommets de l'île.

29

CAMPU DI CROCE, 2 MARS 1973, 17 HEURES

Les heures avaient passé. Bianca Fiorelli avait retenu Roccu à déjeuner. Puis ils avaient pris le café, parlé et parlé encore.

Le garçon était impressionné par la culture de son hôtesse. Surtout, c'était la première fois qu'on lui parlait ainsi de son propre pays. Roccu se rendait compte avec humilité qu'il ignorait à peu près tout du passé de la Corse. Bianca racontait les insurrections et les révoltes qui avaient émaillé la longue histoire de l'île; elle évoquait Paoli, la trop courte période de l'indépendance, l'expérimentation de la première constitution démocratique au monde inspirée par les philosophes des Lumières, avant même l'Indépendance américaine et la Révolution française.

Roccu écoutait passionnément. Mais il ressentait en même temps une profonde irritation : pourquoi ne lui avait-on jamais enseigné l'histoire de son pays? Bien sûr, il avait quitté prématurément le lycée après la classe de première et avant un échec annoncé au baccalauréat. Mais, comme tous ses condisciples, il avait dû apprendre année après année l'histoire de France. Une histoire où la Corse, à part la date de son achat à la république de Gênes et la relation de l'épopée napoléonienne, n'existait pas. Pourquoi, en Corse, dans un lycée insulaire, continuait-on d'ignorer délibérément la Corse?

Roccu, écoutant Bianca, ne put s'empêcher de penser à ce grand-père qu'il venait de découvrir. Que n'avait-il à lui apprendre? Et pourquoi ne l'avait-il pas rencontré plus tôt?

Quant à Bianca, d'emblée, elle avait perçu les lacunes de Roccu. Mais, avec beaucoup de délicatesse, elle avait feint de les ignorer. Et ce fut sans avoir l'air d'y penser qu'elle lui proposa de lui prêter des livres.

Mis en confiance, Roccu, pour la première fois, se livra et osa révéler le projet qui lui tenait tant à cœur : il serait berger! A sa grande surprise, Bianca ne se moqua pas. Le jeune homme, encouragé, poursuivit. Il voulait vivre comme ses lointains ancêtres du Niolu. Et tant pis si d'aucuns ricanaient. Berger, surtout ici en Corse, c'était anachronique, presque caricatural. Seuls demeuraient bergers ceux qui n'avaient pas fait d'études et qui avaient renoncé à aller tenter leur chance sur le continent... Des pauvres types, quoi. Des êtres frustes que les Corses de la diaspora considéraient avec commisération et mépris. Roccu savait tout cela et n'en avait cure : malgré les sarcasmes, il serait berger.

– Gamin, dès que je pouvais m'échapper, j'allais traire les brebis!

Bianca Fiorelli écoutait en silence, émue par la fougue du jeune homme.

– Je travaillerai dur mais j'y arriverai... Je trouverai des terres, je démaquiserai. Autrefois, tout ce pays était cultivé, il n'y a pas de raison!...

– Si je le peux, je vous aiderai, Roccu! Les Fiorelli avaient des terres... Aujourd'hui, avec les partages successifs, je ne sais plus ce qui me reste. Mais je demanderai au notaire.

– Merci.

A cet instant, Roccu aperçut le petit Vincensiu dans l'entrebâillement de la porte. Il y avait de l'admiration dans le regard du gamin.

30

CAMPU DI CROCE, 3 MARS 1973, 12 HEURES

Ghjuliu Marfisi était tout miel. Francesca s'agitait autour de la table, apportant bouteilles d'apéritif, olives, gâteaux secs. Ange-Marie, visage fermé, observait sans rien dire. Le maire s'adressa à lui :

– Toi et moi, on a presque le même âge, n'est-ce pas?

Ange-Marie hocha la tête. Il attendait. Marfisi ne venait jamais pour rien. Combien de temps tournerait-il autour du pot?

– Et autant que je me souvienne, nous avons toujours été du même bord. Et avant nous, nos pères. Et même nos grands-pères... Le temps efface toujours les vaines querelles. Tu es bien d'accord, Ange-Marie?

Bouteille de pastis à la main, Francesca, inquiète, scrutait alternativement le visage des deux hommes.

– Mais sers donc! grogna Ange-Marie.

Elle s'exécuta. Le maire, un large sourire aux lèvres, poursuivit :

– Autant te dire que je pourrais facilement oublier que ton fils Roccu m'a manqué de respect... Car ce qui nous unit est plus important : *chi perde a ghente cun raghjô hé un cuglio* [1] *!*

Ghjuliu Marfisi prit la cruche d'eau, emplit son verre et le leva.

– Santé!

Ange-Marie l'imita. Les deux hommes restèrent quelques instants silencieux. Francesca avait reculé dans un coin de la pièce. Enfin, Marfisi se pencha vers Ange-Marie.

– Demain, on vote... Les législatives!

Bien sûr, comment n'y avait-il pas pensé plus tôt? Marfisi venait réclamer son dû, comme avant chaque élection. Acquaviva était comptable des voix de sa famille. Aucune ne devait manquer au candidat du clan, le député sortant Jean-Charles de Montara-Leccia.

Le maire croqua une olive, cracha le noyau dans sa main.

– Tu sais que Montara-Leccia a le bras long. Il ne nous a jamais manqué, ce n'est pas un ingrat. Quand on s'adresse à lui...

– Je ne demande rien! le coupa Ange-Marie.

– Toi, d'accord! Mais pense à ton fils, ça fait mal au cœur de voir un garçon solide comme lui ne rien faire de ses dix doigts! S'il le voulait, ce serait facile de lui procurer une bonne place sur le continent.

– Roccu veut rester au village!

1. Qui perd les gens (ses amis) avec raison est un couillon!

– Au village!

Ghjuliu Marfisi rit brièvement. Il répéta :

– Au village... Mais ici, il n'y a plus que des vieux comme nous... Des retraités, des pensionnés.

– Roccu veut être berger!

Marfisi parut d'abord effaré. Puis, très vite, un petit sourire se dessina sur son visage :

– Je pourrais peut-être lui trouver quelques bonnes terres à louer.

– Et en échange, il faudrait que je vote pour votre candidat pourri?

Roccu venait d'apparaître sur le seuil. Marfisi sursauta. Le jeune homme entra dans la pièce. Il pointa son index vers le maire.

– Moi, on ne m'achète pas!

– Roccu!

Francesca essaya de repousser son fils. Mais Roccu, fermement, la prit par les épaules.

– Laisse, maman!

A regret, Francesca s'écarta. Ange-Marie, lui, n'avait pas bronché. Marfisi s'était collé au dossier de sa chaise.

– Je serai berger et je vous prouverai que vous et vos amis, vous êtes les fossoyeurs de ce pays!

Marfisi, pas très rassuré, se tourna vers Ange-Marie comme pour lui demander d'intercéder. Mais ce dernier, mâchoires serrées, ne se décidait toujours pas à réagir. Roccu se planta devant le maire.

– Maintenant, ça suffit! Dégagez!

Ghjuliu Marfisi, blanc de rage, se leva.

– Méfie-toi, Acquaviva! Les gendarmes t'ont à l'œil : tout le monde sait que c'est toi qui as plastiqué la mairie!

Roccu saisit le maire au collet. Alors seulement, Ange-Marie s'interposa :

– Roccu, recule et tais-toi! Ghjuliu est notre hôte!

Le père et le fils se regardèrent, les yeux dans les yeux. Soudain, Roccu haussa les épaules et tourna les talons. La porte d'entrée claqua. Puis il y eut un long silence dans la maison des Acquaviva.

31

CAMPU DI CROCE, 4 MARS 1973, 8 HEURES

Au-dessus de la porte d'entrée de l'école, un drapeau tricolore flottait. Traditionnellement, c'étaient les femmes âgées qui venaient voter les premières. Vêtues uniformément de sombre, un mezzaru noir sur la tête, elles trottinaient de l'église où elles venaient d'assister à la messe jusqu'au bureau de vote. Les hommes, eux, se déplaçaient plutôt à l'heure de l'apéritif.

Un vent glacé emportait les derniers nuages qui couronnaient encore le San Pedrone. Roccu passa devant les ruines de la petite mairie. Le café Valecale ouvrait. Mateu, pas rasé, les yeux encore lourds de sommeil, adressa un salut au jeune homme. Roccu répondit machinalement.

A l'intérieur de l'unique salle d'école, le gros poêle en fonte ronronnait. L'usage voulait que l'hiver chaque écolier apportât sa bûche.

Le maire trônait derrière une table installée sur l'estrade à côté du bureau du maître. Santu Traveriu était assis à sa droite, devant l'urne en bois. De l'autre côté, visiblement tenu à l'écart, siégeait Leandri l'épicier, représentant du parti noir, c'est-à-dire du clan opposé à celui du maire.

Roccu marcha jusqu'à l'estrade. Marfisi ne le quitta pas des yeux. Santu Traveriu, le regard en biais, guettait les réactions de son chef.

– Tu viens voter, Acquaviva? dit enfin le maire, un mince sourire sur les lèvres. A moins que tu ne viennes faire sauter l'école?

Santu Traveriu rit. Roccu demeura impassible.

– Je vote et je viens faire l'assesseur! dit le jeune homme.

– Alors, c'est que tu représentes un candidat. Et, naturellement, tu as averti la mairie par lettre recommandée!

Le maire se tourna vers Santu Traveriu et dit le plus sérieusement du monde :

– Regarde donc si nous avons trace de cette lettre...

Roccu haussa les épaules.

– N'importe quel citoyen peut être assesseur... Ça se passe toujours comme ça.

Marfisi ricana. Et brandit une feuille sous le nez de Roccu.

– Je suis désolé, Acquaviva. Mais tu ne figures pas sur la liste!

– Alors, je reste ici pour vérifier la régularité du scrutin! J'ai le droit, non?

– Petit! dit une voix derrière lui.

Roccu se retourna. Deux hommes en complet veston se tenaient au milieu de la salle, main droite dans leur poche. Des voyous, sans aucun doute. Roccu ne les avait pas remarqués lorsqu'il était entré.

– Petit, reprit le plus âgé, il faut toujours respecter la loi. Je crois que tu es indésirable, ici...

Il avait l'accent des Corses de Marseille. Marfisi reprit la parole.

– Acquaviva, tu votes et tu disparais.

Roccu regarda dans la direction de Leandri. L'épicier avait baissé la tête et observait attentivement ses ongles.

– Alors toi aussi, Leandri, tu vas laisser bourrer les urnes comme d'habitude? Sans rien dire. Et par trouille, tu signeras même le procès-verbal!...

L'épicier ne répondit pas. Roccu planta ses mains sur le bureau devant le maire.

– Marfisi, tu es une crapule! Et tes maquereaux de pissotière ne me font pas peur!

Il sentit le canon d'une arme appuyé dans son dos.

– Sors, petit con!

Roccu se retourna brusquement. Le plus jeune des voyous fit un pas en arrière, sans cesser de le braquer. Roccu le dévisagea et cracha sur le plancher aux pieds des deux truands.

32

ALERIA, 7 MARS 1973, 11 HEURES

La maison était petite et basse. On y accédait par un chemin poudreux qui serpentait entre les vignes. Devant, des carcasses de voitures et des engins agricoles rouillés jonchaient une cour d'herbes folles. Malgré le soleil, l'air était encore vif.

Roccu appela. Personne ne répondit. La porte d'entrée était fermée. Il fit le tour de la maison. Il le trouva derrière sous une tonnelle de cannisses. Louis, assis dans un fauteuil en rotin, était installé devant une mauvaise table sur laquelle il avait disposé plusieurs armes, pistolets, fusils de chasse et même une carabine Lee-Enfield. En maillot de corps, ses bretelles tombant sur son pantalon, Louis nettoyait les pièces d'un Lüger à l'aide d'un chiffon et d'une brosse à dents. En face de lui, un type à lunettes, mince, presque chétif, le visage tout en angles, semblait rêver.

– Oh! Roccu!

Le colosse se leva précipitamment, rattrapa son pantalon, manquant renverser la table et les armes. Il donna l'accolade à Roccu.

– Tu es tombé de ta montagne?

Puis, d'un geste, il montra son compagnon.

– Voilà André Rochezzani... Je t'ai déjà parlé de lui. C'est un ami d'enfance, viticulteur lui aussi. Quand nous étions cachés à Boggiu di Fiumorbu, c'est lui qui nous ravitaillait...

Ils se serrèrent la main. Roccu se rendit compte que c'étaient les verres très épais de ses lunettes qui lui donnaient un drôle d'air pensif.

– Je vous laisse, dit Rochezzani.

Il se leva et partit sans un mot. Louis eut un petit rire.

– Ce gars, il a l'air de rien, hein? Mais plus combatif que lui, je connais pas! A part moi, bien sûr!...

Louis avait poussé les armes. Un jambon, une miche de pain et une bouteille de vin les remplaçaient. Ils avaient d'abord parlé des élections. Roccu avait raconté son altercation avec le maire. Louis avait ri : « Des tricheurs, tous des tricheurs... Mon grand-père a continué à voter vingt-cinq ans après sa mort! Un jour d'élection, j'ai mis un couvert de plus à table. Ma mère a demandé pourquoi. Je lui ai dit : " Mais tu ne sais donc pas que ton beau-père vient voter? " Ce jour-là, je suis allé au bureau de vote et j'ai déchiré tous les votes par correspondance! Personne n'a osé broncher! »

Louis aimait parler. Il accompagnait son discours de grands gestes, menaçant à chaque fois l'équilibre précaire de la table. Toutefois, son visage se renfrogna quand Roccu évoqua enfin ses projets.

– Berger... Berger... *Hè dura à stantà u pane* [1].

Dubitatif, Louis secouait la tête. Roccu était déçu. Il s'attendait à plus d'enthousiasme.

– Mais tu ne comprends pas que c'est à nous de donner l'exemple!

– Peut-être... Mais tous les bergers que je connais sont des crève-la-faim.

– Parce qu'ils ne font pas d'efforts! Ils se contentent de laisser leurs bêtes vagabonder dans le maquis. Moi, je ne vois pas les choses comme ça : je vais défricher, créer des prairies, construire une bergerie!...

– T'as de l'argent?

Roccu fit la moue.

– Je me débrouillerai...

– Je connais quelqu'un au Crédit agricole.

Roccu ne répondit pas. Louis sortit un couteau de sa poche, entama le jambon et emplit deux verres de vin.

– C'est ma production...

D'un geste large, il désigna les vignes tout autour de la maison.

– Moi, je sais ce que c'est, démaquiser... Tu vois, c'est mon père qui a défoncé tout ça! Onze hectares, ça te dit quelque chose? Et ensuite, comme on n'était pas riches, on n'a pas acheté de plants de vigne mais on les a produits nous-mêmes!

1. C'est dur de gagner son pain.

On a planté des sarments qu'on a greffés ! Calcule : faut compter 3 300 pieds à l'hectare. Et on en a une bonne dizaine !

Roccu le regardait, perplexe. Louis eut un geste d'agacement et reprit.

– Tu m'imaginais pas en paysan, hein? Ma mauvaise réputation, c'est comme ma taille, je peux pas la cacher !

– Je m'en fous de ta réputation !

– Eh bien, tant mieux ! Parce que c'est vrai que j'ai fricoté avec le milieu.

Ils s'observèrent. Roccu pensa à son oncle Toussaint.

– Je te raconterai un jour, ajouta Louis. Ces histoires de voyous, ça nous colle à la peau. Comme ici, on n'a rien à bouffer, on part sur le continent. Comme on a le mal du pays, on fréquente les bars corses. Et comme là-bas, on dépense plus qu'on ne gagne, ça finit comme tu sais !

Louis se leva, fit un pas vers le bout de la table. Il prit un pistolet.

– Moi, j'ai eu de la chance, j'ai pu me retirer à temps !

Il glissa le pistolet sur le côté droit entre sa ceinture et son maillot de corps. Puis il rajusta ses bretelles.

– Ce 7.65, tu vois, c'était le calibre de mon grand-père, celui qui votait encore après sa mort. Quand je ne l'ai pas sur moi, j'ai l'impression d'être tout nu !

Roccu sourit. La bonne santé de Louis était communicative. Il faisait chaud, il se sentait bien.

– J'attends Joseph, dit soudain Louis. Tous les deux, on monte à Marseille.

– Je peux savoir ?...

– C'est son petit frère, Clementu... Il a fait comme les petits gars dont je te parlais tout à l'heure.

– Voyou ?

– Julot, oui... Et en plus, ce couillon a piqué la femme d'un autre ! Alors, ça risque de mal se terminer.

– Qu'est-ce que vous allez faire là-haut ?

– Le ramener par le fond de son pantalon !

Louis éclata d'un rire tonitruant. Et ajouta :

– Sans compter les beignes qu'il mérite !

– Je vais avec vous, dit Roccu sans même prendre le temps de réfléchir.

– Et tes brebis?
– Elles attendront! Je ne les ai pas encore achetées!

33

PARIS, 10 MARS 1973

Sacramaria le regardait avec suspicion. Il avait à peine fini son café qu'il quittait la table.
– Mon oncle, vous devriez aller faire la sieste...
Oraziu ne répondait pas. Il avait hâte de retrouver son univers. Dès qu'il s'enfermait dans son bureau, les bruits extérieurs s'affadissaient. Parfois, il attendait avant de s'installer à sa table de travail. Il s'asseyait dans sa chaise-longue et rêvassait. Peut-être même somnolait-il. Mais, toujours, c'était la Corse qu'il retrouvait.
Plus tard, il reprenait sa longue lettre à Roccu. Et son interminable rêve éveillé se poursuivait. Les souvenirs s'égrenaient sans logique apparente. Oraziu s'abandonnait aux caprices de sa mémoire. Il y puisait la force de continuer à écrire.

Caru Roccu,
Les premières années de mon mariage, je n'étais qu'un modeste instituteur. J'avais été nommé à Bastia. Mais dès que je le pouvais, je montais à Campu di Croce. Je crois que c'était un besoin physique. Il fallait que je retrouve ma montagne. Nous, les Corses, nous sommes ainsi faits : la montagne nous attire irrésistiblement. Notre chair est pétrie de rochers et de torrents. La mer est une étrangère, nous la tolérons comme horizon, pas comme voisine. C'est d'elle que sont venus tous nos malheurs : soit qu'elle ait porté jusqu'à nous les envahisseurs, soit qu'elle ait emporté loin de nous ceux que nous aimions...

Nos étés au village étaient éblouissants. Ernella se blottissait entre nos vieilles pierres comme une caille au soleil. Je l'aimais, je l'aimais tant... Puis venait le mois de septembre, le mois des valises. Déjà, j'avais pris la décision de quitter la Corse. Un instinct absurde me poussait à rejoindre le nord, comme un oiseau migrateur devenu fou qui, l'hiver approchant, choisirait de remonter vers le froid.

Pourquoi n'ai-je pas voulu entendre Ernella? Pourquoi n'ai-je pas prêté attention à ses soupirs? Trop discrète Ernella! Je la vois encore là-haut, installée sous le platane devant la maison. La vallée bleutée s'ouvrait devant ses yeux. Tout son être respirait le bonheur. « Que je suis bien ici!... » Mais je ne savais pas l'écouter. Je ne comprenais pas qu'elle voulait me dire : « Mais restons ici, restons chez nous! » Et aujourd'hui, elle est morte à Paris, loin du pays qu'elle aimait. Je dois payer, Roccu. Je ne cesserai jamais de payer.

– Mon oncle!

Sacramaria frappait à la porte. Machinalement, Oraziu Acquaviva regarda le petit réveil sur son bureau. Mais il y a longtemps que le mécanisme n'avait pas été remonté.

– Mon oncle! Ouvrez!

Oraziu se leva. D'un pas lourd, il marcha jusqu'à la porte, tourna la clef.

– Cette manie de vous enfermer!... Un jour...

Sacramaria en resta là. Elle avait un plateau à la main. La tasse fumait. Sa tisane. Sacramaria croyait à la vérité des plantes. Comme si son pauvre organisme avait encore besoin de quoi que ce fût!

– Merci, Sacramaria.

Elle posa le plateau sur le bureau. Malgré elle, elle fut tentée de jeter un œil indiscret sur les feuillets recouverts de la longue écriture d'Oraziu. Mais, quelque grande que fût sa curiosité, elle n'osa pas.

– Il faut boire pendant que c'est chaud!

Le vieux hocha la tête. La porte se referma. Les fantômes revinrent aussitôt.

Campu di Croce est l'endroit sur terre que j'aime le plus au monde. Parce que j'y suis né, parce que ma mère, mon père y sont enterrés. Et aussi ma sœur et sa fille Marie-Angèle. Celle-là, comme elle était belle et intelligente! Elle est morte jeune. Chez nous, on a coutume de dire de ces enfants qu'ils ne sont pas faits pour la terre mais pour le ciel...

A la fin de sa vie, Ernella, comme moi aujourd'hui, vivait dans ses souvenirs. C'était tout ce qui lui restait puisque, par égoïsme, je ne lui avais pas permis de revenir au village. Elle avait constitué toute une collection de photographies de la famille et des êtres qui lui étaient chers. Chaque soir, après le dîner, dès que la table était desservie, elle étalait ses photographies sur la nappe, comme elle aurait fait d'un jeu de cartes. Elle les regardait longuement l'une après l'autre. Puis elle disait une prière pour chacune en faisant au-dessus un signe de croix avec l'ongle de son pouce. C'était une prière corse, une prière de protection qu'on récitait le soir de Noël, comme la prière contre le mauvais œil...

Cela durait une bonne heure. Ensuite, Ernella rangeait ses photographies dans un petit sac en cuir qu'elle glissait sous son oreiller avant de s'endormir... Il y avait aussi ta photo, Roccu. Ta photo quand tu n'étais qu'un enfant. Aujourd'hui encore je ne sais comment elle avait fait pour obtenir une photo de ce petit-fils qu'elle n'avait pratiquement pas connu... Oui, toi aussi, tu dormais sous son oreiller avec toute notre parentèle.

Avant de se glisser dans le lit, Ernella défaisait sa tresse. Ses longs cheveux devenus blancs tombaient sur ses reins en une masse foisonnante. Elle était fière de ses cheveux qu'elle brossait longuement. Puis, couchée, elle disait sa prière. Je la vois encore, tournée sur le côté et j'entends, lancinant, son marmonnement. Elle comptait sur ses doigts : neuf « Ave Maria », neuf « Pater », neuf « Credo »... Neuf. Pour elle, c'était un chiffre magique. Elle était d'ailleurs née le 9 du neuvième mois de l'année 1890... Neuf! Ernella vivait derrière cet écran protecteur. Je te dirai un jour combien cette catholique était demeurée attachée à toutes nos vieilles croyances païennes...

Oui, elle rêvait, elle aussi. Dans ses yeux qui étaient devenus si clairs, des yeux d'enfant, il y avait une prière muette comme lorsqu'elle contemplait la vallée sous le platane de Campu di Croce. Mais j'étais incapable de déchiffrer sa prière.

Quand il s'arrêta d'écrire, Oraziu n'avait pas encore touché à la tisane de Sacramaria. Sur la table, à côté des feuillets où sa main avait couru, il y avait maintenant le petit sac de cuir contenant les photographies d'Ernella.

34

MARSEILLE, 10 MARS 1973, 22 HEURES

« Tu es de quel village, toi? » Ça commençait toujours de la même façon. On se mesurait du regard, on échangeait des signes de reconnaissance, on évoquait les filiations, les alliances réciproques. On se reniflait, pensait Roccu qui n'avait que mépris pour ces petits caïds des bars de Marseille.

Tous trois étaient arrivés l'après-midi même par le ferry. Louis, d'emblée, avait pris les choses en main. Il les avait aussitôt installés dans un appartement confortable proche de la Canebière. Roccu, ébahi, y avait découvert une immense salle de bains entièrement carrelée de pavés noirs. « On est chez qui? » Louis avait fait le mystérieux : « Chez une copine... » Joseph, lui, était resté silencieux. Depuis le départ, Roccu le sentait tendu. L'étudiant avait hâte de retrouver son frère et de repartir vers la Corse.

Après avoir dîné, ils étaient sortis. Dehors, sous les lumières crues des néons, il y avait des filles trop maquillées qui fumaient et aguichaient les passants. Louis plaisantait et promenait avec aisance son impressionnante carrure dans les petites rues du quartier du Panier. Roccu et Joseph suivaient sans un mot. Tous les trois étaient armés.

Louis Santucci était connu dans la plupart des bars où ils entraient. Jovial, il présentait ses amis, Roccu Acquaviva et Joseph Fieschi. Souvent, à l'énoncé du patronyme de l'étudiant, les visages se fermaient. Joseph devenait de plus en plus nerveux. Une fois de plus, Louis tenta de le rassurer :

– Il se planque mais on finira bien par lui mettre la main dessus !

– A condition qu'on arrive les premiers !

– *Sin'ā ch'è nun hè l'ora, nè si nasce nè si more*[1] *!*

Joseph haussa les épaules. Son frère était vraiment en danger, il le sentait, il le voyait dans les regards entendus des malfrats. A Marseille, chacun savait que Clementu Fieschi était à l'amende et qu'il devrait payer d'une façon ou d'une autre.

Ils pénétrèrent dans un autre bar. Mêmes lumières tamisées, mêmes consommateurs interchangeables. Au comptoir, deux types en chapeau jouaient aux dés. Plus loin, assise sur un tabouret, une jeune femme au visage blafard semblait attendre un improbable chaland.

Louis alla saluer le patron, un gros homme chauve qui bâillait. Joseph et Roccu restèrent en retrait. Le colosse parlait à voix basse. L'autre écoutait et hochait la tête. Quand ils étaient entrés, la fille avait levé les yeux. Puis son regard était vite retombé. De temps en temps, d'un geste machinal, elle prenait son verre, buvait une toute petite gorgée et le reposait. On sentait qu'elle voulait le faire durer le plus longtemps possible.

Louis revint vers eux.

– J'ai une piste. Mais il faut attendre une heure ou deux. On s'assoit ?

Joseph et Louis commandèrent des whiskies. Roccu, lui, demanda un jus d'orange. Le patron ricana. Le jeune homme le regarda droit dans les yeux. L'autre, gêné, cessa aussitôt de rire et se tourna vers Louis :

– Toi et tes copains, vous êtes habillés ? interrogea-t-il.

– Oui ! Et on le reste !

Le patron haussa les épaules.

1. Tant que ce n'est pas l'heure, on ne naît ni ne meurt.

– Je dis ça pour vous. Parce que s'il y a une descente des flics...

Il regagna son comptoir. Louis riait.

– C'est un con! Moi, si j'avais un bar, je ramasserais les calibres, que les types le veuillent ou non!

Ils burent. Sur son tabouret, la fille soupirait. Pour passer le temps, Louis se racontait. Lorsque son père était mort, un de ses cousins, un ancien berger devenu croupier, lui avait proposé de le rejoindre sur le continent.

– C'est un gars que j'avais toujours vu en pantalon et veste de gros velours... J'arrive ici, sur le continent, je retrouve un type en costume croisé, portant nœud papillon! Le grand style, quoi! Ça m'a drôlement impressionné, j'étais encore un gamin ou presque...

Le cousin avait le bras long. Très vite, Louis fut admis pour six mois dans une école clandestine des jeux. Son « directeur », un ancien croupier italien reconnu et respecté, avait installé son établissement et ses élèves (sept jeunes gens qui payaient quinze mille francs par mois) dans le sous-sol de l'immeuble qu'il possédait à Monaco. Après ses « universités », Louis, grâce à un oncle commissaire de police, fut aussitôt engagé dans un casino de la côte normande. Là, comme dans la plupart des autres cercles et casinos français sinon européens, la quasi-totalité du personnel était corse.

– On était entre compatriotes, vous comprenez! Alors j'ai pas mis longtemps à apprendre tous les coups tordus!

Et d'expliquer en riant comment on arnaquait dans les casinos.

– Un exemple : il y a une grosse plaque de cent mille francs, sur une couleur... Avec ton râteau, tu la fais venir; tu la dégages bien. Un coup bien sec faussement maladroit : hop! « Pièce à terre à la banque! » Personne, à part le valet de pied, ne peut y toucher. Lui est de connivence avec toi. C'est le seul qui a le droit d'avoir des billets ou des plaques à la main, car il change pour les clients. Il a préparé une plaque de cinquante mille... Alors il se baisse, il ramasse la plaque de cent mille, la fait remonter dans sa manche et pose l'autre plaque sur la table : « Pièce à la banque rentrée ! » Le tour est joué!... Et le valet de pied repart en se grattant la tête pour ne pas faire tomber la plaque qui se trouve dans sa manche...

Louis éclata d'un gros rire. La fille du comptoir se retourna. Les types en chapeau avaient cessé de jouer aux dés. Ils parlaient avec le patron et jetaient de fréquents regards en direction du trio. La fille leva la main pour demander une nouvelle consommation. Quand elle souriait, elle avait comme une moue d'enfant. Roccu pensa soudain à Marie-Colombe. Joseph lui avait appris qu'elle était étudiante à Aix-en-Provence. Si près de Marseille... Une fois Clementu récupéré, il pourrait peut-être pousser jusque là-bas.

Louis parlait toujours. Après les casinos, il avait assez naturellement rejoint le milieu.

– J'ai choisi la solution de facilité... Comme ton frère Clementu, Joseph! Dans ces cas-là, tu rencontres toujours un con de parent ou un ami de ton village prêt à te rendre service...

Il rit à nouveau, engloutit la fin de son verre de whisky.

– *A' corpu viotu, l'anche s'incavichjanu* [1] *!* J'avais faim, vous comprenez! Mais avant, on m'a demandé de faire mes preuves...

Louisa alors à peine dix-neuf ans. Avec cinq autres Corses, il participe à un hold-up dans un modeste supermarché. Petit butin, grandes conséquences! Alors qu'ils vont repartir avec le contenu de la caisse, un employé essaie de leur barrer le chemin. Un des compagnons de Louis tire, le type s'écroule. Mort.

– La déveine, quoi! Je suis resté planqué pendant une quinzaine! Au-dessous, il y avait la plus grande rôtisserie de Toulon. J'en pouvais plus, toutes ces odeurs appétissantes... Et puis j'ai fini par sortir. La gourmandise. Et c'est comme ça que je suis tombé. Les autres, eux, couraient toujours. Alors les flics ne m'ont pas ménagé : vingt-quatre heures de tabassage! Je savais qu'il fallait que je tienne. Parce que si j'avais parlé, mes complices m'auraient réglé mon compte d'une façon ou d'une autre!...

Au terme de la garde à vue, comme il n'y a pas de preuves contre lui, seulement des présomptions, Louis est relâché. Mais il est à peine sorti du commissariat qu'il est à nouveau

1. Le ventre vide, les jambes s'affaiblissent!

arrêté : « Vos papiers ! » Impossible de les montrer : sa carte d'identité est restée dans les mains des enquêteurs qui l'ont interrogé ! Et Louis de repartir pour vingt-quatre heures de tabassage !

– J'en ai bavé. Ils se relayaient, les salauds ! J'ai serré les dents et j'ai encaissé ! Alors, plus tard, quand j'ai retrouvé les autres, ç'a été la fête ! On n'avait rien à me refuser ! J'avais fait mes preuves ! Mais j'avais surtout compris qu'il fallait décrocher !... Aussitôt, je suis rentré en Corse. J'ai eu raison. Sur les cinq types qui étaient avec moi, deux sont morts et les trois autres sont en taule !

Au comptoir, le téléphone sonna. Le patron fit un signe dans leur direction. Louis se leva. Roccu se pencha vers Joseph.

– Tu savais, toi, cette histoire de hold-up?

– Je m'en fous ! C'est du passé ! Louis est peut-être le meilleur d'entre nous !

Le colosse revenait vers eux. Il arborait un sourire éclatant.

– Debout ! On va récupérer Clementu. J'ai hâte de lui botter les fesses !

35

ENVIRONS DE MARSEILLE, 10 MARS 1973, 23 HEURES 30

Ils roulaient sur une petite route de la campagne marseillaise. Parfois, la lune échappait un instant aux nuages et découpait sur les collines calcaires des forteresses laiteuses et fantomatiques.

Installé à l'arrière, Roccu était pensif. Le passé de Louis le préoccupait. En s'engageant à leurs côtés, le colosse n'avait-il pas échangé une certaine violence contre une autre ? Et surtout avait-il vraiment rompu tout lien avec le milieu ? Par exemple, cet appartement où ils étaient hébergés, à qui appartenait-il? Et la Mercedes dans laquelle ils roulaient? D'où venait-elle? Louis avait trop d'amis, Roccu en était sûr. Et pourtant ces soupçons lui faisaient honte. Car ils étaient comme un premier accroc dans l'amitié qu'ils avaient scellée lors des événements de Bastia.

Louis conduisait. Assis à côté de lui, une carte routière sur les genoux, Joseph le guidait.

– Ça doit être à gauche...

La Mercedes vira. Les phares éclairèrent une oliveraie nichée au creux d'un vallon. Plus loin, au bout du sentier, on distinguait une maison haute dont quelques fenêtres étaient encore éclairées.

Sur la porte, il y avait un écriteau « Chambres à louer ». Joseph ouvrit sans frapper. Une petite femme en chignon et robe de chambre apparut dans l'entrée. Elle prit un air apeuré en les apercevant.

– Vous en faites pas, on n'est pas des flics!

En montant l'escalier, Louis leur expliqua que c'était la femme d'un fameux « chimiste » de la drogue qui purgeait une longue peine de prison aux Baumettes. Pour arrondir ses fins de mois, « la veuve », comme on l'appelait dans le milieu, hébergeait quelques clients discrets.

Ils frappèrent à une porte du deuxième étage. Silence.

– Clementu! C'est moi, Joseph!

Ils attendirent encore quelques instants. Puis une clef tourna dans la serrure.

Clementu, en chemise, la tête dans les mains, était revenu s'asseoir sur le lit de la petite chambre. Ça sentait l'encaustique et la fumée de cigarette. L'armoire en merisier était grande ouverte. Joseph, mâchoires serrées, enfournait dans une valise les vêtements de son frère. Louis, goguenard, regardait.

– Tu te rends compte, dit-il soudain à Clementu, il ne nous a fallu que quelques heures pour te retrouver! Ceux qui te cherchent sont vraiment des pieds-plats!

L'autre se rebiffa.

– Je vous ai rien demandé!

Louis s'avança, leva sa grosse main.

– Si tu n'étais pas le frère de Joseph...

Clementu avala sa salive, se tourna vers les deux autres comme pour chercher du secours. Mais ni l'un ni l'autre ne bronchèrent.

Les serrures de la valise claquèrent.

– Allez, debout! dit Joseph.

Clementu obéit, enfila son veston. Il portait un complet cintré qui avait dû coûter cher. Dans l'armoire, il restait d'autres costumes et plusieurs paires de chaussures.

– Et tout ça? brailla-t-il. Je ne vais quand même pas laisser mes fringues ici!

– Au village, tu n'en auras pas besoin! dit Joseph.

– Julot, c'est fini! ajouta Louis en riant. Là-haut, il n'y a pas de trottoirs!

Clementu haussa les épaules. Il avait soudain l'air désemparé, comme un gosse qui retiendrait ses larmes, pensa Roccu. D'une bourrade, Joseph le poussa dehors. La porte se ferma toute seule derrière eux.

36

PARIS, 11 MARS 1973

C'était maintenant plus fort que lui : il fallait qu'il écrivît. Dès son réveil, c'était une obsession. Oraziu savait qu'il luttait contre le temps et son propre organisme qui ne cessait de s'affaiblir. Roccu devait savoir. Un jour, il lirait ces lignes tracées d'une grande écriture tremblante.

Sacramaria surveillait de loin ses mystérieux travaux. Tantôt avec inquiétude, tantôt avec commisération. Oraziu savait ce qu'elle pensait : « *Ch'invechjisce mattisce*[1] *!* » Il s'en moquait bien. Lorsque sa mémoire se réveillait, c'était un peu

1. Qui vieillit devient fou!

de sang neuf qui coulait dans ses artères. Comme s'il réchauffait son vieux corps au contact de celui de son petit-fils.

Caru Roccu.

Andréa, ma pauvre mère, n'est jamais allée à l'école. Le peu de français qu'elle a appris, c'est au jour le jour, par bribes... Par contre, outre le corse, elle parlait un italien très pur. Tu es étonné, n'est-ce pas? Mais sais-tu qu'enfant, j'ai connu des bergers tout à fait illettrés qui connaissaient par cœur des passages entiers de la Divina Comedia *de Dante? A l'instant même où je t'écris, il me revient en mémoire la figure du « Mage ». U Maggu! Un étrange bonhomme un peu sorcier, noueux comme un tronc d'olivier mais encore vif malgré son grand âge. A quatre-vingts ans, il grimpait encore aux arbres pour couper « a frasca », c'est-à-dire des feuilles fraîches pour ses chèvres. Un jour, alors que j'étais déjà lycéen, il m'arrête :* « Oraziu, toi qui es si instruit, j'ai besoin de tes lumières! » *Et de sortir de la poche dorsale de sa veste de velours, là où il rangeait son casse-croûte et le fruit de ses braconnages, un petit livre à la reliure patinée,* La Gerusalemme liberata *du Tasse.* « Oraziu, comment interprètes-tu ce vers? Pour moi, voilà ce que je comprends... »

T'ai-je déjà dit que ma mère était une merveilleuse conteuse? Elle connaissait des centaines d'histoires et de légendes et sa réputation dépassait de bien loin les limites de notre village.

Il me semble aujourd'hui que c'est à elle, et à elle seule, que je dois le meilleur de ce que je suis devenu.

Il faut te dire aussi que lorsque je suis allé à l'école pour la première fois, à l'âge de six ans, je ne savais pas un mot de français. Mon instituteur – il s'appelait Ange Battesti – était excellent mais sévère. A l'école, même à la récréation, il était interdit de parler le corse. Celui qui s'y risquait recevait le jeton. C'était un symbole infamant. On ne pouvait s'en débarrasser qu'en surprenant un autre camarade s'oubliant à parler notre langue maternelle. Gare au dernier possesseur du jeton : il était promis à recevoir une raclée ou, au mieux, une sérieuse « onglée », c'est-à-dire quelques bons coups de règle sur le bout des doigts.

Quoi qu'en pût souffrir ma modestie, je dois t'avouer que je n'ai cessé d'être le premier en classe. Mon maître a suggéré à mes parents de m'envoyer au lycée. L'orgueilleux Nicolas a aussitôt acquiescé. Il y allait de l'honneur des Acquaviva. C'est ainsi que je suis allé pour la première fois de ma vie à Bastia. Je logeais chez une dame Battesti qui était une lointaine parente de mon maître de Campu di Croce. Pour payer ma pension, je donnais des leçons à de jeunes élèves. Ça ne me coûtait pas. Déjà, j'aimais enseigner, c'est-à-dire partager ce que je savais.

A chaque congé scolaire, je remontais au village. C'était une véritable expédition. Je prenais le train jusqu'à Folelli. Et ensuite, je partais à pied car la diligence était rare et surtout trop chère. Pour économiser mes chaussures, comme la plupart des gens de ce temps, je marchais pieds nus, les souliers posés sur ma tête. Ça te fait sourire, bien sûr. Mais rassure-toi, dès que j'apercevais les premières maisons de Campu di Croce, je me rechaussais afin de faire honneur à ceux qui m'avaient donné le jour.

Oui, mon petit Roccu, l'époque était rude. Mais, comme nous ne connaissions rien d'autre, personne ne s'en étonnait. A la maison, il n'y avait pas de lits. Nous couchions sur le pilone [1] *à même le sol. Un petit banc de bois très bas nous servait d'oreiller. Nous n'avions pas de jouets sinon ceux que nous fabriquions nous-mêmes. Quelques bouts de bois, des herbes tressées... Un rien nous amusait : par exemple, à l'extrémité d'un bâton, nous épinglions une fleur d'asphodèle à l'aide d'un clou. Elle tournait au moindre souffle de vent comme, plus tard, les moulinets en celluloïd des fêtes foraines. Je me souviens que nous appelions ce modeste jouet* « sparaventura [2] ».

Pour la nourriture, ainsi que tu l'imagines, nous n'achetions rien. Nous mangions les légumes de notre potager, surtout des haricots. Mais la base demeurait la châtaigne, cuisinée de mille façons. Et puis il y avait le lait de nos

1. Cape traditionnelle des bergers, tissée en poil de chèvre.
2. Littéralement : « Part à l'aventure ». Ou « éventail ».

trois chèvres et la charcuterie. A cette époque, tout le monde au village possédait des porcs. Mais pas de vaches, beaucoup trop chères. Enfant, je n'ai jamais vu de vaches. Même les mulets et les chevaux étaient des animaux trop dispendieux pour nos modestes familles. Pour le transport du bois, des châtaignes et de la farine, nous disposions seulement d'un âne. L'eau, c'étaient les femmes qui la portaient sur leur tête tandis que les hommes paradaient avec leur fusil. La plus mauvaise part de travail, la plus dure, était toujours réservée à la femme corse. Pour elle, il n'y avait jamais de repos, jamais de temps mort. Quand l'homme partait sur le continent, ainsi que l'avait fait mon père, la femme demeurait : elle gardait la maison en vie, elle en était à la fois l'âme et le bras. Lorsque le maître revenait pour prendre sa retraite, tout était en ordre. C'était comme s'il n'était jamais parti.

Vois-tu, Roccu, tant que les femmes corses sont restées au village, la Corse a survécu. Mais il a suffi que cette génération-là mourût pour que notre patrie s'éteignît peu à peu. Ces femmes étaient notre mémoire et notre cœur. Elles furent admirables. Comme la Corse autrefois...

Des cloches sonnèrent au loin. Oraziu posa son stylo. Sans y penser, il dénoua le cordonnet qui tenait fermé le petit sac de cuir d'Ernella.

LA GRANDE ENQUÊTE

(Rapport de M. Georges Clemenceau, président du Conseil, sur la situation actuelle de la Corse)

« La pauvreté du pays est extrême. Rien de comparable. Ni la Bretagne, ni les Hautes-Alpes, ni peut-être aucun pays d'Europe ne peuvent donner une idée de la misère et du dénuement actuels de la Corse... La fortune d'un peuple ne peut avoir des bases sérieuses que dans des sources permanentes de revenus, c'est-à-dire dans les bénéfices tirés du travail sous toutes ses formes, industrie, commerce ou agriculture. Or, en Corse, il n'y a ni industrie, ni commerce, ni agriculture. »

***Journal officiel* du 4 juillet 1909**

37

AIX-EN-PROVENCE, 12 MARS 1973, 10 HEURES

Un rai de soleil flamboyait dans ses cheveux roux. Marie-Colombe dormait. Parfois, un imperceptible tressaillement courait sur sa peau laiteuse, comme un frisson sur la vasque d'une source. A quoi rêvait-elle? Roccu, accoudé à côté d'elle, ne cessait de la regarder depuis qu'il était lui-même réveillé. Il avait envie de poser ses lèvres sur son épaule dénudée par le drap, mais il n'osait commettre le sacrilège.

Rien ne s'était passé comme il l'avait prévu. Au moment de monter avec ses amis dans le bateau, il leur avait faussé compagnie et était parti en auto-stop pour Aix-en-Provence. Il s'était aussitôt mis à la recherche de Marie-Colombe mais c'était elle qui l'avait trouvé! Après avoir longuement erré dans la ville, il s'était arrêté à la devanture d'une librairie. Une main s'était soudain posée sur son épaule. Roccu s'était violemment retourné. Et il avait reconnu ses yeux verts.

Marie-Colombe nicha sa tête sur sa poitrine, lova ses jambes contre lui. Elle était brûlante. Il n'osait toujours pas bouger.

Tout de suite après s'être rencontrés, ils étaient allés au restaurant. Roccu avait l'impression qu'ils s'étaient quittés la veille. Marie-Colombe racontait Aix, ses études, ses copains de fac. Il écoutait, un pincement de jalousie au cœur. Quand on leur présenta l'addition, Roccu se rendit compte qu'il avait tout juste de quoi la régler. Mais Marie-Colombe n'avait pas voulu qu'il payât. Il avait dû s'incliner : on ne résistait pas longtemps à Marie-Colombe Renaldi.

Le ciel était étoilé lorsqu'ils étaient sortis du restaurant. Marie-Colombe s'était serrée contre lui : « J'ai froid! » Roccu, un peu naïvement, avait eu l'impression qu'elle voulait qu'il recouvrât sa fierté de mâle. Elle avait enfoui son visage sous sa veste en toile. A travers le tissu de sa chemise, il avait senti ses lèvres et son haleine.

La suite, Roccu avait encore du mal à y croire. Il y avait d'abord eu cette promenade dans les petites rues de la ville. Combien de temps? Il ne le savait pas. Il aurait pu marcher jusqu'au bout du monde en la tenant enlacée contre lui.

Marie-Colombe avait poussé la porte d'un immeuble. Dans la pénombre du couloir, elle avait couvert son visage de baisers. Ils avaient trébuché dans l'escalier. Il n'avait rien vu de son studio tant ils se dévêtirent en hâte.

Ils avaient fait l'amour. Ils s'étaient assoupis. Éveillés à nouveau. Dévorés encore. La nuit blanchissait. Leur plaisir gagnait en plénitude. Le visage de Marie-Colombe devenait grave, presque douloureux. Elle fermait les yeux et ses gémissements se muaient en prière. A la fin, elle roulait sur lui en enfonçant ses ongles dans la chair de ses épaules. Et Roccu, malgré lui, était effrayé par la violence de sa jouissance.

Sur les murs, de chaque côté de l'unique fenêtre, il y avait des rayonnages de livres. Un rideau à carreaux dissimulait le coin cuisine. Sur la porte de la salle de bains, à côté d'un long miroir mural, était épinglé l'agrandissement d'une ancienne photo en noir et blanc représentant une jeune fille au nez droit, au regard hardi, coiffée d'un mezzaru noir : la seule note qui rappelât la Corse. Du lit, Roccu voyait aussi leurs vêtements mêlés qui jonchaient la moquette tabac. Il voulait fixer chaque détail dans sa mémoire, ne jamais oublier...

– Je ne dors plus...

Marie-Colombe gardait les yeux clos. Un sourire ourlait ses lèvres. Elle s'étira.

– J'ai mal partout!

Pourtant, elle soupira d'aise. Puis elle ouvrit les yeux, plongea son regard vert dans celui de Roccu.

– Et j'ai faim aussi! Une faim d'ogresse!

Elle le mordit à l'épaule. Il la repoussa brutalement. Elle sauta hors du lit, se campa, nue, devant le miroir, et passa une main enveloppante sur le haut de sa cuisse.

– Sais-tu, dit-elle, que Verlaine a écrit dans je ne sais quel poème que les fesses sont les grandes sœurs des seins! C'est joli, non?

Leurs regards se croisèrent dans le miroir. Devant l'air décontenancé de Roccu, Marie-Colombe éclata de rire.

– Petit Corse !

Elle disparut dans la salle de bains et Roccu se laissa couler dans la tiédeur des draps. Il lui semblait qu'elle avait laissé son empreinte sur chaque centimètre de sa peau. Déjà, il avait hâte qu'elle revînt.

38

AIX-EN-PROVENCE, 15 MARS 1973

Ils ne se quittaient plus. Leurs mains, leurs lèvres, leurs corps se cherchaient sans cesse. Enfermés dans le studio de Marie-Colombe, ils ne sortaient que pour acheter à manger. Dès qu'ils étaient dans la rue, ils n'avaient qu'un désir : remonter au plus vite, recouvrer la touffeur de leur cocon.

Ils mangeaient, assis en tailleur à même la moquette. Le soleil coulait sur les reins nus de Marie-Colombe. Des miettes de gâteau tombaient sur ses cuisses. Roccu les lapait avec gourmandise.

Marie-Colombe était naturellement impudique. Roccu s'y habituait. Elle ne cachait rien non plus de sa vie amoureuse passée. Roccu accueillait ces libres aveux avec moins de sérénité qu'il ne l'aurait souhaité. Marie-Colombe n'en continuait pas moins. Non pour le choquer, mais pour l'aider à se débarrasser de ses supposés préjugés de jeune mâle corse ! Il y avait de la pédagogie dans les confessions de la jeune femme. Roccu ne lui en demandait pas tant. Mais il écoutait quand même, partagé entre le désir d'en savoir plus et l'envie de se boucher les oreilles.

– La première fois que j'ai vécu avec un garçon, ma mère a hurlé, je m'y attendais. La peur du scandale, bien sûr ! Si on apprenait ça dans la colonie corse... Mon père, lui, a feint d'en rire. Après tout, devait-il se dire, mieux valait accepter ce mariage à l'essai – *matrimonii di volpi* [1] – sans faire de drame puisque la mode, aujourd'hui, était ainsi faite. Mais un peu plus tard, lorsqu'il a compris que cette liaison ne se terminerait nullement par un mariage, il s'est fâché. « Je vais aller parler à ce godelureau qui ne veut pas t'épouser ! » « Mais, papa, lui voudrait bien !... c'est moi qui ne veux pas ! » J'ai eu toutes les peines du monde à le convaincre. C'était comme si son univers mental s'écroulait d'un seul coup.

Elle riait. Et Roccu finissait par l'imiter. Il imaginait son père dans la même situation. Il ne doutait pas qu'Ange-Marie réagirait ainsi avec ses filles si le cas se présentait.

– Depuis, mes parents ont abandonné toute idée de me voir regagner le droit chemin !

Elle le prit par le cou, ils roulèrent sur la moquette. Ils firent l'amour au milieu des reliefs de leur repas.

Plus tard, elle expliqua pourquoi, fille de la diaspora (son père était commissaire de police sur le continent), elle avait renoncé au temps de l'adolescence à participer à la traditionnelle migration estivale vers la Corse. Dans son village niolin, garçons et filles demeuraient strictement à l'écart et ne se rencontraient qu'à l'occasion de certaines fêtes traditionnelles. Il en avait toujours été ainsi. Et personne ne pouvait croire qu'il en serait un jour différemment. Pourtant, peu à peu, à l'initiative de la fillette et de quelques autres, des activités, des jeux avaient été organisés entre jeunes gens des deux sexes. Un pont était jeté. C'était déjà une révolution. Toutefois, garçons et filles, afin de conserver l'estime des adultes, s'interdirent ne serait-ce que l'esquisse d'un flirt, même si tous brûlaient de prolonger leurs jeux de façon moins enfantine. La structure villageoise était encore si forte, si prégnante, qu'ils ne pouvaient enfreindre le tabou sans risquer d'être immédiatement jugés et donc mis à l'écart...

– Moi, pendant plusieurs années, j'ai préféré ne pas venir au village. Je ne supportais plus ces interdits qui expliquent

1. Mariages de renards : mariages sans l'autorisation parentale.

pourquoi tant de jeunes Corses ont du mal à assumer leur sexualité !

– Je fais partie du lot ? demanda Roccu, ironique.

– Pourquoi serais-tu différent des autres ? répondit Marie-Colombe du tac au tac.

Roccu éclata de rire.

– C'est vrai, ces derniers jours, j'ai été au-dessous de tout, tu as l'air terriblement frustrée !

Elle se serra contre lui.

– Idiot !

Il prit son visage dans ses mains et l'obligea à le regarder.

– Tu ne crois pas que tu en fais un peu trop ? Au fond, tu as tous les défauts des Corses que tu prétends critiquer : tu t'écoutes parler, tu es excessive, tu es injuste ! Toutes nos traditions ne sont pas à rejeter. C'est grâce à elles que nous sommes restés nous-mêmes !

– C'est de l'archaïsme ! Ce n'est pas la Corse dont je rêve ! Pas celle du repli sur soi ! Moi, je veux un pays libre ! Un pays ouvert !

– Commence donc par y venir plus souvent !

– Et qui te dit que je n'y viens pas souvent ? C'est avec la morale villageoise que j'ai rompu, pas avec la Corse !

Marie-Colombe secoua sa longue chevelure. Toujours nue, elle était couchée à plat-ventre au beau milieu du lit. Elle chercha sa main. Il se laissa faire.

– La grande différence entre nous, c'est que moi j'ai choisi de vivre et travailler en Corse. Notre génération n'a plus le droit de s'exiler ! Elle a même le devoir de chasser les pinzuti car bientôt, nous serons en minorité chez nous.

– Tu veux les jeter à la mer ?

– Les obliger à repartir, oui !

– Attention, Roccu, méfiez-vous du racisme ! Je suis d'accord avec ce que vous défendez ! Chassez les profiteurs, chassez les exploiteurs, d'accord ! Mais ceux qui travaillent en Corse ont le droit d'y rester. N'oublie pas que nous sommes les fruits d'un mélange. Nous avons du sang arabe, italien, sarde... Pourquoi pas du sang de pinzuti ?

Roccu ne répondit pas. Dehors, la nuit mangeait peu à peu la ville. Pour la première fois depuis qu'ils s'étaient enfermés entre ciel et terre au sommet de cet immeuble, Roccu pensa à Campu di Croce.

Un « fait colonial corse »

Beyrouth, 5 juin 1973 (AFP)

Au colloque sur la pollution organisé par les villes méditerranéennes, le représentant corse José Stromboni, délégué du Comité anti-boues rouges, a fait la déclaration suivante : « *Il faut savoir que notre peuple subit depuis des lustres toutes sortes d'agressions tendant à le faire disparaître, jusqu'à ce jour en vain. C'est la confrontation d'agressions contre les choses et contre les hommes dans leurs viscères, mais aussi leur personnalité et leur dignité, qui est la raison profonde de cette réaction. Oui, le Corse ressent intensément sur sa terre un fait colonial.* » Cette déclaration a été ovationnée par les 16 représentants des pays du tiers monde. Elle a provoqué une vive réaction du délégué français quand M. Stromboni a ajouté : « *Ne pouvant compter sur la France, nous demandons aux nations ici présentes, au nom d'un peuple muselé, de porter ces problèmes devant l'organisation des Nations-Unies. La Corse appelle les pays de la Méditerranée à la défense de la Corse !* »

39

CAP CORSE, 12 SEPTEMBRE 1973, 23 HEURES

L'Alfa-Romeo s'arrêta juste avant le chemin de la plage. Des aloès se découpaient sur le ciel violet. Le sable commençait derrière le bouquet de tamaris. On entendait distinctement le clapotis des vagues.

De l'autre côté de la route se dessinaient les formes massives de deux villas. Aucune lumière n'y brillait. Leurs occupants devaient déjà être couchés. Roccu et Pascal restèrent quelques instants silencieux. Puis ils progressèrent vers la plage. Pascal sortit une torche de la poche de son blouson et braqua le pinceau lumineux sur une rangée d'embarcations qui avaient été remontées jusqu'à la limite de la végétation. Quand ils arrivèrent sur le sable, Roccu ôta ses chaussures.

– Le Zodiac, là-bas...

Son propriétaire, un continental à la retraite, l'utilisait chaque matin de mer calme pour aller à la pêche. Pascal le connaissait de vue. Il surveillait l'endroit depuis plusieurs jours.

Roccu souleva la bâche qui protégeait le bateau. Le moteur était en place. Les avirons reposaient sur le plancher.

– Va chercher le réservoir.

Pascal lui laissa la torche et retourna à la voiture, Roccu inspecta attentivement le moteur. Il avait l'air en excellent état. Il ne manquait que la pièce de sécurité qui permettait d'établir le contact. Roccu posa la torche sur un des boudins, prit un morceau de fil électrique et une pince multiprises dans la trousse qui était fixée à sa ceinture. Déjà, Pascal revenait. Il posa le réservoir à l'intérieur du bateau pneumatique.

– Ça ira?

Roccu ne répondit pas. Il avait soulevé le capot du moteur et dénudait des fils, afin de court-circuiter le système de sécurité. L'air était tiède, la nuit étoilée. Au loin, sur la mer, on voyait un halo de lumière, sans doute un ferry qui croisait au large. Roccu remit le capot en place. Puis il fixa le tuyau du réservoir sur le moteur.

Sans un mot, les deux garçons saisirent les poignées latérales du bateau et commencèrent à le tirer sur le sable. Lorsqu'ils arrivèrent au bord de l'eau, ils étaient trempés de sueur.

Roccu sauta dans l'embarcation et s'éloigna du rivage en quelques coups d'avirons.

– Salut, marin!

– A tout de suite!

La silhouette de Pascal s'estompa peu à peu. Comme un immense décor de velours, la montagne sortit de la nuit. Et Roccu se sentit étrangement heureux. L'obscurité l'enveloppait, chaude et presque familière. Il voyait au loin danser les dernières lumières de Bastia. La mer lui appartenait. S'il le voulait, il pouvait réaliser son rêve d'enfant, aller visiter les îles...

Il tira sur la poignée du lanceur. Après trois essais, le moteur toussa. Roccu mit les gaz. Il navigua parallèlement à la côte vers le nord. La surface de l'eau était lisse et réfléchissait une pluie d'étoiles.

A deux reprises, il croisa des barques de pêche. Il barra vers le large pour ne pas les gêner. Sur la côte, il distingua enfin un promontoire rocheux qui avait la forme caractéristique d'un bec. Presque aussitôt des phares s'allumèrent. Ils clignotèrent à trois reprises : Pascal l'attendait. Roccu réduisit les gaz. Il gagna la crique à petite allure. A une vingtaine de mètres du rivage, il coupa le moteur. Le bateau continua sur son erre jusqu'au sable. Pascal l'aida à hisser l'embarcation jusqu'à une grotte. Ils poussèrent le Zodiac au fond, dissimulèrent l'entrée avec des branchages qu'ils avaient préalablement coupés.

Pascal alluma une cigarette.

– Dix kilos, ça devrait suffire, non? demanda-t-il.

Roccu lui tapa joyeusement sur l'épaule. Ils remontèrent vers la route en sautant de rocher en rocher. Roccu se surprit à siffloter.

– Tu me jettes à Bastia?

Il avait hâte de retrouver Marie-Colombe. Il l'imaginait endormie. Il se glisserait à côté d'elle. Sans même donner l'impression de s'éveiller, elle jetterait ses bras autour de lui et l'étreindrait.

Pascal leur avait prêté son appartement de la Citadelle. Mais depuis le début des vacances, ils résidaient surtout à Campu di Croce où Bianca Fiorelli avait mis à la disposition de Roccu une petite dépendance.

Jour après jour, ils avaient battu la montagne, sillonné la grande châtaigneraie, nagé dans les torrents, reconnu les futurs pâturages de Roccu qui n'étaient encore que champs inextricables de cistes, de ronces et de fougères. Et partout, ils s'étaient aimés, semant souvenirs et bonheurs.

Marie-Colombe découvrait la Corse de Roccu. Mais, à son tour, il lui tenait à cœur de lui faire partager ses goûts, ses amitiés. Le soir, il leur arrivait de prendre la 2 CV de la jeune femme et de se rendre à Bastia ou Aiacciu. Marie-Colombe connaissait des peintres, des chanteurs, des écrivains. Tous des gens engagés, tous plutôt à gauche. Elle voulait que Roccu fût à ses côtés lors de ces rencontres improvisées. Elle était fière de lui.

Ni l'un ni l'autre n'osaient parler du terme qui approchait, la fin des vacances universitaires. Mais tous deux y pensaient. Roccu avait maintenant du mal à imaginer une vie sans Marie-Colombe.

40

CÔTE DU CAP CORSE, 13 SEPTEMBRE 1973, 22 HEURES 45

Ils se trouvaient à un bon mille de la côte corse. Et ils attendaient depuis plus d'un quart d'heure à bord du Zodiac volé la veille où ils avaient chargé quelques kilos d'explosifs! Une houle légère balançait le pneumatique qui dérivait lentement en direction du cap.

– Mais qu'est-ce qu'il fout?

Cela faisait trois fois que Pascal regardait sa montre. A côté de lui, Roccu, revêtu d'une combinaison de plongée, tapotait sur le boudin de l'embarcation. Le ciel était voilé, la nuit presque totale. Seule, la mer semblait mystérieusement éclairée de l'intérieur.

– Il a peut-être eu la trouille au dernier moment, dit enfin Roccu.

– Lui? Ça m'étonnerait!

Ange Antonetti était un ami d'enfance de Pascal. Son père possédait une prospère entreprise d'accastillage. Roccu ne le connaissait pas.

– Je me méfie des bourgeois qui veulent se donner des frissons...

Roccu devina plus qu'il ne vit le sourire ironique de son ami.

– Méfie-toi des simplifications hâtives, Roccu! Il y a des bourgeois qui savent prendre des risques.

– Je ne parle pas pour toi, Pascal ! Mais pour ces soi-disant autonomistes qui paradent aux terrasses des cafés de la place Saint-Nicolas !

– Cesse de regarder ton nombril corse ! La place Saint-Nicolas n'est pas le centre du monde ! Regarde ce qui se passe au Chili ! Là-bas, il y a même des bourgeois qui savent mourir les armes à la main ! Que je sache, Allende n'était ni un prolo ni un paysan !... Au fait, toi, le fils de militaire, si tu étais chilien, tu serais où en ce moment ?

– Eh bien, je serais aux côtés de mon père ! Enfermé dans un stade ! Il y a longtemps que le vieux a compris de quel côté était la justice.

Pascal lui tapa sur l'épaule.

– Eh bien voilà, tu as tout compris ! Si aujourd'hui, toi le berger et moi le bourgeois, on se bat contre la France, ce n'est pas seulement parce qu'on est corses mais parce qu'on sait de quel côté est la justice !

Il y eut un silence. L'eau battait doucement contre les flancs du Zodiac. Pascal reprit :

– Lis donc *La Guerre d'Algérie* d'Yves Courrière. Quatre gros bouquins qui se dévorent comme un polar... Pour nous, il y a des leçons à en tirer !...

Soudain, on entendit un bruit de moteur.

– Si c'est les flics, qu'est-ce qu'on fait ?

– On pêche ! dit Pascal en rigolant. Moi, ce que je préfère, c'est le gros !

Le grondement sourd et régulier se rapprochait. Ils distinguaient maintenant les feux de position rouge et vert et un reflet blanc qui courait sur la mer.

– Il est émir, le père de ton pote ? demanda Roccu.

Au même instant, un puissant phare blanc fut braqué sur le Zodiac. Instinctivement, Roccu et Pascal se plaquèrent au fond du bateau. Ils entendirent un éclat de rire. Relevant la tête, ils aperçurent à quelques encablures l'étrave blanche d'un superbe Chris-Craft qui se rapprochait à petite allure de leur embarcation, moteur au ralenti.

– Attrapez !

Roccu se saisit du cordage, tira. Il attacha le bout à l'une des poignées. Les deux bateaux étaient maintenant flanc contre flanc.

Pascal fit rapidement les présentations. Ils se serrèrent la main par-dessus le bastingage du Chris-Craft.

– Le mieux, dit Antonetti, c'est de hisser le Zodiac à bord. Si on l'attache derrière, il va nous ralentir.

Roccu se pencha, prit au fond du bateau un gros sac en toile de l'armée américaine, le tendit à Antonetti.

– Attention, fragile!

L'autre sourit, sûr de lui. C'était un grand type bronzé aux dents très blanches.

– Éteins ton bazar, lança Roccu d'un ton rogue. On n'est pas au spectacle!

41

MER TYRRHÉNIENNE, 13 SEPTEMBRE 1973, 23 HEURES 45

Tous feux éteints, ils naviguaient depuis une heure à vive allure. De chaque côté de l'étrave, l'écume était phosphorescente. Les embruns giflaient la coque. Roccu sentait les trépidations du moteur dans tout son corps.

Deux fois déjà, ils s'étaient arrêtés pour faire le point. Ils longeaient maintenant la côte de l'île d'Elbe. A plusieurs reprises, ils avaient croisé des bateaux de pêche. Debout sous le taud du poste de pilotage, Antonetti barrait avec aisance en fumant cigarette sur cigarette. Roccu et Pascal étaient assis derrière lui sur un banc recouvert de cuir. Le bruit était tel qu'il était même impossible de parler.

Le Chris-Craft dépassa l'île d'Elbe. Ils allaient bientôt entrer dans la baie de Follonica. Antonetti réduisit les gaz. D'après les renseignements obtenus auprès d'un ami italien qui avait effectué un repérage dans les installations de la Montedison, Roccu savait que les fameuses boues rouges [1]

1. Il s'agit des déchets essentiellement acides de la fabrication du bioxyde de titane, un produit utilisé pour la confection de peintures et de vernis.

étaient acheminées par des tuyaux depuis la côte jusqu'à un ponton spécial où deux bateaux venaient s'amarrer. Tandis que l'un des bâtiments était chargé, l'autre déversait ses déchets en mer. Roccu avait donc prévu de s'attaquer à celui des deux tankers qui serait à quai.

Au fond de la baie, on voyait les lumières du port de Scarlino. Soudain, une masse sombre, énorme, se dressa devant eux. Aussitôt, Ange Antonetti mit en panne.

– Qu'est-ce que c'est, nom de Dieu? jura Roccu.

– A première vue, on dirait un bateau à l'ancre, non?

Roccu ne répliqua pas. Il apostropha Antonetti.

– Éloigne-toi! On va mettre le Zodiac à l'eau.

Le Chris-Craft vira lentement de bord.

42

BAIE DE FOLLONICA, 14 SEPTEMBRE 1973, 0 HEURE 15

Les avirons s'enfonçaient sans bruit dans une mer d'huile. Pascal ramait.

Ils entendirent d'abord, irréelle, une musique.

– Adriano Celentano, dit simplement Pascal.

Puis la silhouette du bateau se découpa au-dessus de l'eau. A la proue, ils virent une forme humaine. Un marin qui pêchait. Quelques hublots étaient allumés. Pascal et Roccu s'approchèrent encore. Ils lurent sur l'étrave en lettres blanches : *SCARLINO II*.

– Merde! murmura Roccu. Qu'est-ce qu'il fout au large, ce putain de bateau? Il devait être à quai...

– Alors on fait quoi? demanda Pascal, placide.

– On improvise! Mais ça va être coton! Où est-ce que je vais mettre la minuterie?

– Sur une chaîne d'ancre!

– A condition que le cordon soit assez long. Et puis on va perdre l'effet de renvoi contre le quai...

Là-haut, Celentano braillait toujours. En quelques coups d'avirons, le Zodiac se rapprocha silencieusement de la coque du *SCARLINO II.* Le pêcheur de la proue remontait sa ligne : malgré la musique, ils reconnurent le bruit caractéristique du moulinet.

Roccu se sentait étrangement calme. Il déballait son matériel : deux mines à charge creuse de trois kilos chacune qu'il avait conçues lui-même et sur lesquelles il avait fixé des aimants récupérés sur de vieux haut-parleurs, plus une grosse boîte Tupperware qui contenait le système de minuterie. Pascal maintenait le boudin du pneumatique contre la paroi métallique du tanker. Il y eut un claquement sec lorsque la première mine se colla à la coque. Au même instant, la musique cessa. Les deux garçons retinrent leur souffle. Ils écoutèrent. On parlait sur le pont. Ils attendirent. Tous deux pensaient à la même chose : pourvu que le bateau ne lève pas l'ancre!

Enfin, un air de jazz succéda au crooner italien. Roccu, aussitôt, fixa la deuxième mine. Il relia les deux charges par un cordon détonant puis Pascal dirigea le Zodiac vers la chaîne d'ancre la plus proche tandis que Roccu continuait à dérouler le fil.

– Tu auras au moins gagné de ne pas te mettre à l'eau! remarqua Pascal à voix basse.

Le plan initial prévoyait qu'à l'entrée du port, Roccu plaçât son matériel sur une planche qu'il aurait ensuite poussée en nageant jusqu'au quai.

Roccu avait ouvert la boîte en plastique. A l'intérieur, il y avait un gros réveille-matin et un bâton de dynamite reliés par des fils. Pascal le regardait faire, sans émotion apparente. Roccu travaillait avec méticulosité, comme un bon artisan, pensait Pascal. Les branchements terminés, il remonta le réveil et referma le couvercle.

– Passe-moi un Sandow!

Il attacha la boîte Tupperware à la chaîne d'ancre. Dans les entrailles du *SCARLINO II,* une clarinette miaulait. C'était lugubre.

– On file! dit Roccu.

Pascal donna une série de coups d'avirons énergiques.

– On y va au moteur, maintenant?
– Pourquoi pas? répondit Roccu.
Il se sentait fatigué, comme après une longue marche.

Ange Antonetti les attendait en fumant.
– Mission accomplie?
Roccu fit oui. Il n'avait pas envie de parler. Il monta à bord du Chris-Craft. Pascal, toujours dans le Zodiac, sortit un couteau de sa poche. Il creva les deux boudins et sauta à son tour sur l'échelle du bateau d'Antonetti. L'air sortit en sifflant du Zodiac. Et, très vite, emporté par le poids du moteur, le pneumatique coula. Déjà, Ange avait mis le contact. Le puissant moteur in-bord ronronna aussitôt.
– Dommage, dit Pascal, j'aurais bien assisté au feu d'artifice!

43

BASTIA, 14 SEPTEMBRE 1973, 3 HEURES 30

Pascal était sur le point de raccrocher. C'était au moins la dixième sonnerie. Dehors, Roccu faisait les cent pas sur le trottoir. Enfin, une voix ensommeillée répondit :
– J'écoute!
– L'Agence France-Presse?
La voix grogna plus qu'elle n'acquiesça.
– Le bateau déverseur de boues rouges, le *SCARLINO II* a été plastiqué cette nuit.
– Comment le savez-vous?
Pascal rit.
– Parce que j'ai de bonnes raisons pour ça!
– Qui êtes-vous? demanda la voix sur un ton plus ferme.
– Un patriote corse!
– Et qu'est-ce qui me prouve que ça n'est pas une plaisanterie?

– Une des deux chaînes d'ancre du *SCARLINO II* a été coupée par une charge.

Pascal raccrocha en souriant. Il sortit de la cabine téléphonique, rejoignit Roccu.

– Tu avais raison, ils sont méfiants ces journalistes!

Ils se donnèrent l'accolade.

– Tu pourras récupérer ton appartement dès demain, dit Roccu. Je monte au village avec Marie-Colombe.

– Elle s'installe avec toi?

Pascal s'en voulait déjà d'avoir posé la question. Roccu eut un geste vague.

– Non, elle repart sur le continent à la fin du mois. Ses études...

Il s'éloigna à grandes enjambées. Ses pas résonnaient dans le boulevard Paoli désert. Il était pressé d'arriver à la Citadelle. Là-haut, fenêtres ouvertes sur la mer, Marie-Colombe l'attendait. Il allait la prendre dans ses bras, découvrir ses yeux verts comme la première fois. Elle ne poserait pas de question. Il ne dirait rien de leur expédition nocturne. Ce serait son premier mensonge. Par omission.

URGENT

Attentat contre un bateau de la Montedison

Bastia, 14 septembre 1973 (AFP)

Le *Scarlino II*, un des bâtiments de la compagnie italienne Montedison accusée de polluer gravement la mer Tyrrhénienne en déversant des produits toxiques, a été plastiqué la nuit dernière. Un des compartiments a été éventré et le bateau s'est couché. Il n'y a aucune victime. L'équipage a néanmoins été évacué. Le bâtiment sera remorqué dans la journée vers le port de Scarlino. L'attentat a été revendiqué par un mystérieux correspondant corse.

44

CAMPU DI CROCE, 21 SEPTEMBRE 1973, 11 HEURES

Roccu se releva. Il tendit l'oreille. Torse nu, une masse à la main, il ruisselait de sueur. Venant du fond de la vallée, on entendait le halètement sourd d'un moteur. Vincensiu écoutait aussi attentivement.

– C'est lui! Je suis sûr que c'est lui.

L'enfant tenait à deux mains un piquet de bois écorcé dont la pointe était fichée en terre. Roccu sourit.

– Attention!

Il leva la masse au-dessus de sa tête. Après un moulinet parfait, l'outil s'abattit sur le sommet du piquet. Vincensiu n'avait pas cillé. Ils se trouvaient au-dessus du village, sur une plate-forme déboisée. Roccu y avait restauré une ancienne bergerie construite en pierres sèches. Le toit avait été remonté, les murs rebouchés. Tout autour, il finissait d'installer un corral. Il avait passé les trois dernières semaines à couper des piquets de châtaignier dont il avait brûlé les pointes. Le petit Vincensiu le rejoignait dès qu'il avait terminé ses devoirs. Mais aujourd'hui, mercredi, l'enfant était monté avec lui aux premières heures du jour.

Roccu cracha dans ses mains. Le gamin le regardait avec de grands yeux.

– Je pourrai t'aider à traire?

– Je t'apprendrai! Mais tu sais, c'est pas une vraie partie de plaisir...

– Moi aussi, Roccu, plus tard je serai berger!

– Tu en as parlé à ta tante? demanda Roccu, amusé.

Vincensiu leva les yeux au ciel, comme si ça allait de soi.

– Bianca? Si c'est toi qui lui dis, elle sera d'accord!

– Dans le village, ils me prennent tous pour un fou!

– Pas elle! répondit l'enfant avec fougue. Et si on se moque de toi, faut pas les écouter! D'ailleurs, c'est toujours comme ça quand on fait quelque chose que les autres ont pas le courage de faire!

Roccu rit, s'épongea le front, leva à nouveau sa masse. Plus bas, dans un lacet, il aperçut le camion qui transportait les brebis qu'il venait d'acheter : cinquante mères, un début... Il faudrait attendre le premier agnelage pour avoir un vrai troupeau et espérer gagner un tout petit peu d'argent.

Roccu finit d'enfoncer son dernier piquet. La montagne commençait à se couvrir de taches fauves. L'automne, déjà. Roccu avait prévu de démaquiser quelques hectares loués par Bianca Fiorelli. Impossible d'y aller avec un tracteur : il faudrait arracher les arbustes à la main, dessoucher, ramasser pierre après pierre. Ensuite seulement, après avoir labouré en surface et griffé le sol, il serait possible d'ensemencer en herbe au printemps prochain.

Roccu posa sa masse, s'assit sur un muret de pierres. Vincensiu fit de même. Roccu, qui n'avait pas l'habitude de fréquenter des enfants, était touché par l'application du gamin à l'imiter. Parfois, lorsque le gosse était à l'école, il se surprenait à attendre avec impatience le moment où Vincensiu, après ses devoirs, monterait le retrouver.

De temps à autre, Roccu recevait aussi la visite de Domenicu Piverone. Le vieux carrier, sans avoir l'air d'y toucher, venait voir où en étaient les travaux. En grognant, il donnait un conseil, rétablissait l'équilibre d'une pierre, ajustait une lauze. Il ne manquait pas non plus d'apporter quelques tranches de lonzu ou de coppa de sa fabrication. « Ne crois surtout pas que je t'encourage! » disait le vieux en tétant le tuyau de son brûle-gueule. Puis il secouait la tête en regardant Roccu et marmonnait : « *Un' hà micca sali in zucca* [1] *!* »

Le lendemain de son expédition italienne, Roccu était allé s'entretenir avec un spécialiste de l'élevage ovin à la chambre d'agriculture de Bastia. L'autre l'avait reçu en riant : « Berger? Mais vous ne gagnerez rien! Moi à votre place, je ferais plutôt maquereau sur la place Saint-Nicolas! » Roccu, fou de rage, avait balayé d'un revers de la main tous les dossiers qui se trouvaient sur son bureau. Quand il avait raconté sa mésa-

1. Littéralement : « Il n'a pas de sel dans la gourde! » C'est-à-dire : « Il n'a pas de sel dans la salière. » Au sens « pas d'intelligence dans la tête ».

venture à Domenicu, le vieux avait ri : « Tu n'es qu'un naïf, Roccu ! Qu'est-ce que tu crois ? Pour nous, y a plus rien à faire dans ce pays ! Bientôt, on viendra nous visiter comme on fait en Amérique dans les réserves d'Indiens. On mettra le chapeau, le costume de velours, on prendra la guitare et après on tendra la main ! »

Le camion surgit dans l'avant-dernier lacet. Vincensiu était de plus en plus fébrile.

– On y va ?

Roccu se leva. Il avait essayé d'expliquer à Domenicu Piverone pourquoi il se faisait berger. « C'est aussi un acte de militantisme ! Tu devrais comprendre ça, toi le communiste ! » Mais le vieux avait feint de ne rien entendre.

La bétaillère était arrêtée au bout du chemin ; elle ne pourrait pas aller plus loin. La chaussée avait été ravinée par les orages. Vincensiu tournait autour de la bétaillère où étaient entassées les brebis noires et blanches. Roccu discutait avec le chauffeur lorsqu'il aperçut son père qui montait vers lui en coupant à travers cistes et bruyères. Ange-Marie lui lança un clin d'œil. Même s'il n'en montrait rien, Roccu se sentait fier. Il eut une pensée pour son grand-père, Oraziu. Campu di Croce revivrait, il le jurait !

Mais il songeait surtout à Marie-Colombe. Dès ce soir, il lui écrirait : « L'an prochain, le printemps sera en avance. » Elle comprendrait aussitôt. Désormais pour la jeune femme, elle le lui avait dit, tout se mêlait : la saveur de leurs étreintes, les odeurs du maquis, la ferveur de Roccu et sa propre conviction que le regain était proche. Lui-même savait par cœur la première phrase de la lettre qu'elle lui avait écrite le jour même de son retour sur le continent : « Il me semble que grâce à toi, j'ai redécouvert charnellement la Corse... »

45

PARIS, 4 OCTOBRE 1973

La porte claqua. Le médecin était parti. C'était Sacramaria qui l'avait appelé. Pour quoi faire? La mort ne l'effrayait plus. Il avait rendez-vous avec elle. Elle rôdait déjà autour de lui tel un animal familier. Parfois, son aile le frôlait. Un battement, un souffle, comme pour se rappeler à son bon souvenir. Mais, brave fille, elle lui laissait encore quelques jours, peut-être quelques mois. Sans doute savait-elle qu'il n'en avait pas encore fini...

Haletant, Oraziu Acquaviva se leva. Il alla jusqu'à la porte en titubant, ferma à clef. Il reprit sa respiration, appuyé contre le battant. Puis, à petits pas, il gagna son bureau.

Caru Roccu,

Un' cunosci più a filetta [1]. *Tu connais sans doute l'expression. On aurait pu me l'appliquer tant je me suis efforcé de rompre les liens avec la Corse. Comme si mon île, ma patrie, me faisait honte! C'est la vérité, Roccu. Pendant des dizaines d'années, je n'avais plus de corse que le nom! J'avais renié mes origines... Je pensais, ingrat, qu'un homme nouveau était né en moi, débarrassé à jamais de sa gangue natale. Lavé du péché de ses origines terriennes et misérables.*

Mon enfance, toujours... Elle seule peut encore me sauver du naufrage que j'ai provoqué moi-même. Aujourd'hui, il m'en reste surtout le souvenir d'une vie collective. Il existait alors le sentiment très fort (parfois exagéré)

1. « Il ne connaît plus la fougère. » Cette expression de la Castagniccia s'applique aux Corses de la diaspora qui ont oublié (ou feignent de l'oublier) la vie de leur pays natal.

d'appartenir à une même communauté qui partageait tout, heurs et malheurs, fêtes et travaux.

Les enfants étaient libres d'aller et venir : il se trouvait toujours quelqu'un pour épier leurs jeux ou prévenir leurs bêtises. Le village tout entier les élevait et les surveillait. Et vois-tu, c'était une époque où il ne venait à l'idée de personne de pleurer ou de rire seul !

Oraziu Acquaviva s'arrêta un instant. Des images lui revenaient : ces vieux et ces vieilles qui guettaient en permanence derrière leurs persiennes... Comme ils lui semblaient âgés alors ! Des morts-vivants aux mains parcheminées, aux visages griffés de rides profondes. Avec leurs paupières de caméléon qui ne s'ouvraient que pour saisir le geste furtif du chapardeur ou du maraudeur... Si vieux ! Et pourtant, ils l'étaient sans doute moins que lui aujourd'hui. Tous les gamins craignaient et respectaient à la fois ces sentinelles. Les maisons d'alors résonnaient de cris d'enfants...

Au fond, il n'y avait que la politique pour nous désunir. La politique et les clans. Mon père, le terrible Nicolas, était du parti des blancs, comme tu le sais sans doute. C'est-à-dire du clan de gauche, héritier de la tradition jacobine et bonapartiste, et qui est devenu plus tard celui des landrystes et des giaccobistes. En face, il y avait les noirs, les gavinistes. Mais gauche, droite, ça ne voulait rien dire pour les Corses... En cette fin de siècle, même le mot « République » *ne signifiait pas grand-chose. Il réveillait au contraire une vieille aversion historique qui devait dater de l'Empire ou peut-être de l'époque génoise. Je me souviens d'une malédiction qu'on se jetait à la tête :* « Chi Republica sìa en casa tua [1] ! »... *Non, on se moquait bien de la République et des batailles qui se livraient en son nom sur le continent... Seuls comptaient la politique locale et ses jeux subtils et pervers qui jetaient les familles les unes contre les autres ! Ainsi, quand Nicolas a décidé de faire campagne pour être maire, il a fait appel à nos cousins*

1. Que la République soit dans ta maison !

du Niolu. Ils sont descendus de leur montagne avec leurs scopetu, *leurs fusils à un coup. La crainte (ou le respect) qu'ils ont inspirée aux villageois de Campu di Croce a été telle que ton grand-père a été élu et qu'il est devenu par la même occasion un notable du clan blanc... Ensuite, dans le village, on ne l'a plus appelé que* « Monte Cintu [1] »*!*

Ce que je te raconte doit te sembler archaïque et sans doute bien peu vraisemblable. Je ne doute pas que la Corse d'aujourd'hui a dû rompre avec ces mœurs d'un autre temps. Mais c'était encore l'époque où une simple insulte ne pouvait se laver que dans le sang. Le meurtrier prenait ensuite le maquis et rejoignait la cohorte des bandits. Nourri et protégé par la population, il continuait à jouir d'une grande considération et s'il lui arrivait de se présenter dans une maison, on lui offrait l'hospitalité et la meilleure place pour manger et dormir. Mais, à son tour, le bandit se devait de respecter ses hôtes.

Un jour, le célèbre bandit Rocchini frappa à la porte de notre maison. Il l'avait choisie en connaissance de cause : il ne pouvait trouver meilleure retraite que chez le maire. Mon père, malgré qu'il fût ancien gendarme, le reçut et lui offrit aussitôt le gîte et le couvert. « J'ai les gendarmes à mes trousses. Demain matin, tu me donneras tes armes et tes munitions ! » dit Rocchini. Nicolas refusa avec la plus grande fermeté : « Tu mangeras et tu dormiras ici mais tu n'auras jamais mes armes ! » Le bandit, fou de rage, a levé son fusil vers mon père. Nicolas n'a nullement perdu son calme. Il a simplement dit à Rocchini : « Retourne-toi ! » Sur le pas de la porte, ma sœur Laurina tenait un fusil pointé sur la poitrine du bandit. Celui-ci n'a pas insisté. Il a eu raison : Laurina tirait bien, elle l'aurait tué sans aucune hésitation. Rocchini a donc posé son arme et mon père lui a offert à manger. De tout le repas, ils ne se sont pas adressé la parole. Et dès la dernière bouchée, Rocchini a pris la porte. Un peu plus tard, nous avons appris qu'il avait été

1. Mont du Niolu, le plus élevé de la Corse (2 710 mètres).

capturé. Ce fut, je crois, le premier bandit corse guillotiné. Nous ne l'avons pas regretté : il avait manqué gravement aux lois de l'hospitalité !

Il me souvient que ce Rocchini était d'origine sarde. Il y avait alors beaucoup d'Italiens en Corse. Tous travaillaient très dur. Beaucoup étaient forestiers. D'autres étaient colporteurs, des bancarròtti. *Je vois encore leur caisse en bois attachée sur leur ventre par une courroie qu'ils passaient derrière leur cou. Ils allaient de village en village, vendaient des épingles, du fil, des clous... Parfois, les plus riches disposaient d'un mulet. Ceux-là vendaient des tissus chatoyants qui faisaient rêver les femmes. Mais peu d'entre elles avaient les moyens de les acheter. Elles devaient se contenter de nos étoffes en poils de chèvre qu'elles tissaient elles-mêmes le soir, devant le fucone.*

Il me revient aussi que lorsqu'une femme avait fauté et qu'elle devenait difficile à marier, elle trouvait toujours un époux italien. « A fini di tanti guaï, un Lucchesi ni manqua maï[1] ! » *Oui, Roccu, cette société que je regarde aujourd'hui avec les yeux de mon enfance n'était pas sans défauts. Mais notre intolérance était fille de notre dénuement et de notre isolement. Piètres excuses, sans doute, de la part d'un homme qui n'a cessé, une vie durant, de lutter contre l'exclusion et pour la fraternité.*

Le bruit de la porte à nouveau. Sacramaria avait dû aller chez le pharmacien. Il faudrait ingurgiter de gré ou de force toutes ces maudites drogues. Les imbéciles ! Pourquoi ne comprenaient-ils pas que son corps l'avait déjà abandonné et qu'il le leur laissait bien volontiers.

– Oui, Sacramaria, entre !

Il se leva, chemina jusqu'à la porte, ouvrit. Elle le regarda, inquiète. Elle avait des yeux de chien battu. Brave Sacramaria !

1. Après tant de malheurs, un Italien fera toujours son bonheur !

LE CLANISME

Pour les Corses, l'homme est un coupable dès la naissance qui doit porter son destin avec courage et ne trouve la force de survivre que dans la meute que dirige le vieux loup. (...)

Solution de repli, le clanisme remplit un grand vide affectif. Il maintient la Corse à une distance précise du continent, veillant à ce qu'elle ne dérive ni trop loin ni trop près. Ce difficile exercice de godille exige un peuple soumis et une économie sans grand dynamisme. Voilà posé le paradoxe de ce système traditionnel : trouver l'immobilité parfaite dans un monde en changement perpétuel. Constitutionnellement dépendant du pouvoir continental, la clanisme est cette lune qui renvoie la lumière de l'État-soleil. Que cette source de clarté vienne à pâlir et c'est le clanisme qui faiblit. Or l'État français, aujourd'hui, ne tient plus son rang bonapartiste et montre des signes inquiétants de pourrissement...

Gabriel Xavier Culioli, *Le Complexe corse*, Gallimard, 1990

46

ROUTE DE CORTI, 5 OCTOBRE 1973, 23 HEURES 30

Adossés à la voiture, Pascal et Louis les regardaient faire. A la lumière des phares, Roccu et Joseph, en bleus de travail, pots de peinture et pinceaux à la main, traçaient de grandes lettres sur toute la largeur de la chaussée.

– *IFF* [1] ! C'est pas mal ce qu'il a trouvé Roccu, dit Louis. Et puis ça sonne bien!

– Mouais! murmura Pascal.

– T'es pas d'accord?

– Je ne suis pas antifrançais, je suis anticolonialiste!

Louis lui tapa sur l'épaule.

– Moi, je vois pas de différence!

1. *IFF I Francesi Fora*, les Français dehors.

Roccu et Joseph revenaient vers eux.

– En route!

Louis ouvrit le coffre de l'Alfa-Romeo. Ils rangèrent leur matériel. Pascal s'installa au volant.

– Où on va?

– Roule!

Ils reprirent la route. Cela faisait trois heures qu'ils étaient partis de Bastia. Ils s'étaient promis de parcourir jusqu'à l'aube une grande partie de la Corse.

– Arrête!

Un pont de chemin de fer enjambait la route de Corti à Aiacciu. Pascal rangea l'auto sur le bas-côté. Il coupa un instant les phares. La nuit était noire. Il n'y avait aucune circulation. Pascal ralluma. Joseph et Roccu sortirent et s'attaquèrent aussitôt aux piliers du pont.

– Si tu n'es pas d'accord, demanda Louis à Pascal, pourquoi es-tu venu avec nous ce soir?

Pascal rit.

– Parce que je ne désespère pas de vous faire évoluer.

Louis, piqué au vif, reprit :

– Je ne comprends pas pourquoi tu es contre ce slogan! Faut bien virer les Français si on veut être chez nous!

– Être corse, c'est pas forcément un label de qualité!

– Qu'est-ce que tu veux dire?

– Qu'il y a par exemple autant de cons chez nous que chez les autres!

– Alors, d'après toi, faudrait écrire : « Dehors les cons! »

– Pourquoi pas?

Louis secoua la tête.

– Tu es un drôle de type, Pascal!

Joseph et Roccu badigeonnaient maintenant le deuxième pilier. Pascal tendit son paquet de cigarettes à Louis.

– Une bagnole!

– Et alors, dit Joseph sans se retourner, on fait rien de mal, non?

Ils continuèrent à peindre. Roccu fignolait une représentation stylisée de l'île. Des phares se rapprochaient, balayant le versant montagneux de la route. Roccu en avait terminé. Il revint vers l'Alfa, y déposa son pinceau et son pot de peinture.

A l'intérieur, Louis, machinalement, sortit son pistolet. Sous le pont, Joseph, accroupi, finissait le jambage du deuxième *F*.

Soudain, la voiture fut sur eux. Il y eut un crissement de frein. Sur la 4L, le gyrophare était bien visible.

Sans bruit, Roccu et Pascal se glissèrent derrière l'Alfa. Des portières claquèrent. Joseph ne s'était toujours pas retourné.

– Qu'est-ce que vous foutez là? aboya une silhouette en uniforme.

– Vous le voyez bien, je peins! répondit tranquillement Joseph.

Dans la lumière des phares de la 4L, Roccu et Pascal virent le gendarme sortir son arme de son étui. Aussitôt, Louis bondit hors de l'Alfa.

– Merde! jura Roccu à voix basse.

Mais, lorsqu'il traversa la route, ils eurent le temps de voir qu'il avait rangé son 7.65. Autour de Joseph, ils étaient trois gendarmes. Un seul le braquait.

– Arrête de peindre! dit le gendarme au pistolet.

Il avait un fort accent pied-noir. Au même moment, Louis posa sa grosse main sur son épaule. Le gendarme, surpris, se retourna, découvrit l'énorme masse de Louis, dirigea le canon de son pistolet contre lui. De l'autre côté de la route, invisibles, Roccu et Pascal, eux aussi, avaient chacun une arme à la main. Et soudain, Louis éclata d'un rire tonitruant. Roccu avait l'impression que la scène était irréelle.

– Et maintenant, qu'est-ce que tu fais? demanda Louis au gendarme. Quand on sort un calibre, il n'y a que deux solutions possibles : ou on tire ou on a l'air d'un con!

Joseph, son pot de peinture à la main, se releva, apostropha à son tour le gendarme.

– Mon ami a raison! Faut choisir!

Le pistolet tremblait dans la main du pied-noir. Louis se retourna vers Joseph.

– Alors, je crois qu'il préfère la deuxième solution!

Derrière, un des gendarmes dit à son collègue :

– Hernandez, déconne pas!

Celui-là était corse. Le pied-noir, malgré lui, baissa le canon de son arme. Le troisième gendarme retourna à la 4L. On l'entendit parler à la radio.

– On vous laisse, dit Joseph. Parce qu'on a encore du boulot.

Sans se presser, il se dirigea vers l'Alfa. Louis l'imita, bousculant au passage le pied-noir. Roccu et Pascal étaient déjà installés à l'intérieur de l'auto. L'Alfa démarra en trombe. Tous les quatre riaient.

47

CAMPU DI CROCE, 7 OCTOBRE 1973, 8 HEURES

Elle était arrivée deux jours plus tôt sans crier gare. « J'avais le mal de Corse ! » Et, cherchant ses lèvres, elle avait ajouté : « J'avais surtout envie de toi ! » Dès que Marie-Colombe était là, Roccu devenait un autre.

Le petit Vincensiu, son compagnon de tous les jours, se sentait dépossédé. Soudain, son grand ami n'avait plus d'yeux que pour Marie-Colombe. L'enfant s'efforçait de faire contre mauvaise fortune bon cœur. Il regardait le couple avec une sorte d'indulgence amusée : cet attachement exclusif lui paraissait démesuré et pour tout dire assez puéril.

Francesca, la mère de Roccu, ne disait rien mais n'en pensait pas moins. Non pas que la jeune femme lui fût antipathique mais cette liaison fiévreuse, vécue et affichée au vu et au su de tout le village, ne pouvait manquer de froisser ses convictions. « Qu'ils se marient donc ! » semblait signifier chacun de ses soupirs.

Toutefois, pour ménager la pudeur de sa mère, Roccu abritait toujours ses amours dans la dépendance de la maison Fiorelli prêtée par Bianca.

Marie-Colombe dormait encore lorsqu'à 5 heures du matin Roccu se leva pour aller traire ses brebis. Il revint de la bergerie avec un pot de lait encore fumant. Le lait crémeux dessina des moustaches blanches autour des lèvres de Marie-Colombe. Il la débarbouilla d'un baiser, goûta le lait sur ses lèvres et se glissa tout habillé dans le lit.

Plus tard, elle lui dit :

– Ce soir, j'ai un rendez-vous !

Roccu fronça les sourcils. Marie-Colombe poursuivit avec un sourire :

– Mais tu m'accompagnes. C'est pour toi que j'ai organisé cette rencontre... Il s'appelle Jean Casabianca, je l'ai vu pour la première fois à Aix... Il était venu participer à un colloque sur le réveil du sentiment national en Corse... J'ai tout de suite été impressionnée par la qualité du bonhomme.

Roccu l'embrassa.

– Merci quand même !

48

ROUTE DE FOLELLI A BASTIA, 7 OCTOBRE 1973, 18 HEURES 30

Domenicu leur avait prêté son antique auto. Roccu conduisait. La tête posée sur l'épaule du garçon, Marie-Colombe expliquait : Jean Casabianca, un haut fonctionnaire international, était revenu vivre en Corse il y a un an. Désormais, il ne quittait son village de San-Martino di Nebbio que pour de rares voyages à l'étranger. Casabianca, qui avait à peine 20 ans en 1940, avait été l'un des chefs de la Résistance dans le nord de l'île. Après la Libération, il était devenu, presque naturellement, membre du bureau fédéral du Parti communiste, ce qui lui avait valu quelques difficultés avec son administration. Puis, longtemps après, la publication du rapport Khrouchtchev sur les crimes de Staline avait fini par avoir raison de son engagement communiste sinon de ses convictions marxistes.

Marie-Colombe se redressa. Le soir tombait mais le ciel était encore clair. Roccu retardait le moment d'allumer les phares comme s'il hésitait à briser cette magie du crépuscule où le jour en s'effaçant insensiblement adoucit contours et reliefs.

Ils roulaient sur la route du littoral. La mer n'était plus qu'une immense flaque couleur de nuit.

– Aujourd'hui, continua Marie-Colombe, Casabianca est proche de nos idées... Il travaille, il réfléchit beaucoup. C'est d'hommes tels que lui dont vous avez besoin ! Des théoriciens qui ont en même temps une expérience de la clandestinité. Les autres, tous ces régionalistes de salon, ne sont que des braillards ou des velléitaires. Des petits-bourgeois.

Roccu ne répondit pas. D'emblée, il se méfiait de ces Corses de la diaspora qui, au soir de leur vie, redécouvraient l'île comme un paradis perdu après l'avoir si longtemps abandonnée ou reniée.

Joseph les attendait à l'entrée de Bastia. Roccu avait voulu qu'il assistât à cette rencontre. Comme s'il doutait de son propre jugement et de ses capacités intellectuelles à affronter un homme dont Marie-Colombe faisait si grand cas.

– Françoise n'a pu venir ? demanda Roccu, lorsque Joseph monta à l'arrière de la voiture.

– Elle aurait bien aimé. Mais en ce moment, mon frère Clementu a le mal de Marseille et elle ne le quitte pas de l'œil !

L'auto filait vers San Fiurenzu. Roccu se sentait nerveux. Marie-Colombe posa une main sur sa cuisse. Parfois, elle jetait un coup d'œil dans le rétroviseur, croisait le regard farouche de Joseph. Sur les rochers qui bordaient la route, il y avait des *IFF*. Ils surgissaient soudain dans la lumière des phares et disparaissaient vite dans la nuit.

– C'est vous, ça ? demanda Marie-Colombe.

– Oui, c'est nous ! dit Joseph.

Il avait l'air sombre. Marie-Colombe songea qu'ainsi, il ressemblait à son grand-père, Mateu Fieschi, un célèbre bandit du Fiumorbu dont elle avait vu une photo dans un livre des années 30 sur la Corse.

49

SAN-MARTINO-DI-NEBBIO, 7 OCTOBRE 1973, 22 HEURES

Bâti en force, Jean Casabianca était de taille moyenne. Il avait un visage régulier, un nez droit, des cheveux blancs coupés très court. Roccu imaginait que les premiers patriciens romains devaient ressembler à cet homme-là.

La pièce était vaste. Les murs chaulés mettaient en valeur le bois sombre des meubles et des grosses poutres du plafond. Casabianca les invita à s'asseoir. Il était vêtu d'un costume en velours couleur miel. Toute sa personne respirait une discrète élégance et une autorité naturelle. Il sortit quelques instants pour aller chercher des rafraîchissements.

Marie-Colombe, assise sur un canapé à côté de Roccu, chercha la main du garçon.

– Joli décor, non?

Une fenêtre cintrée s'ouvrait dans le mur qui leur faisait face.

– Quand il fait jour, on découvre toute la baie de San Fiurenzu, dit Marie-Colombe.

Casabianca revenait avec un plateau chargé de bouteilles. Il s'assit à son tour sur un siège en bois qui ressemblait à un fauteuil d'évêque. Malgré l'absence de dossier, il se tenait droit, un léger sourire sur les lèvres. Les deux garçons l'observaient.

– Marie-Colombe m'a parlé de votre petit groupe, dit l'ancien résistant. Elle a été discrète, comme d'habitude, mais j'ai cru comprendre que vous n'étiez pas étrangers aux événements des derniers mois en Corse...

Roccu hocha la tête. Casabianca poursuivit.

– Non seulement je suis votre aîné mais j'ai un long passé politique. Je ne dis pas cela pour revendiquer une quelconque supériorité, ce serait stupide. D'ailleurs, mes cheveux blancs n'ont rien à voir à l'affaire. Non, si je vous parle ainsi, c'est parce que je suis depuis mon plus jeune âge un militant internationaliste. Et qu'à la réflexion, il m'est apparu que votre combat actuel pouvait rejoindre des préoccupations qui sont les miennes...

– Nous, nous sommes d'abord des nationalistes ! l'interrompit Joseph. Nous voulons mener une lutte de libération nationale !

– D'accord ! Mais il s'agit de savoir quelle Corse vous voulez construire ! Et quel est le contenu politique de votre combat !

Il se leva lentement. Debout, il paraissait encore plus solide. Il fit quelques pas, se retourna :

– Je vais vous dire quelque chose qui va peut-être vous surprendre sinon vous choquer... J'ai combattu ici dans le maquis. Et plus tard, sur le continent. Mais je n'ai jamais été un résistant ! J'étais un révolutionnaire ! Moi, je ne me suis pas battu contre les Italiens ou les Allemands mais contre le fascisme ! Vous comprenez ?

Il souriait à nouveau.

– Servez-vous !

Marie-Colombe se leva, passa les verres.

– Je vais ajouter autre chose, reprit Casabianca. Je ne parle pas pour vous, je ne vous connais pas... Mais d'après ce que j'en sais, ces prétendues revendications régionalistes ou autonomistes, ce sont surtout des histoires qu'on se raconte dans les bistrots corses... Prendre le fusil, conduire une véritable action militaire, c'est une autre paire de manches ! « *U curaghju si vendi in Ulmetu*[1] *!* » Au temps du maquis, j'ai bien connu la génération de vos pères. Ils parlaient aussi fort que vous, les jeunes. Mais pour leur faire prendre le fusil contre l'ennemi, il fallait les sortir à coups de pied dans le cul !

Joseph avait blêmi. Casabianca rit. Un grand rire chaleureux qui fit retomber un instant la tension.

– Les légendes en prennent un coup, hein ? Mais tant pis ! Moi, je n'ai jamais été idolâtre !

– Où voulez-vous en venir ? demanda Roccu.

Casabianca but une gorgée d'alcool. Étrangement, il avait des mains puissantes, des mains de paysan.

– Vous êtes des isolés, des francs-tireurs... D'autres que

1. Du courage, on en vend à Olmeto ! Dicton utilisé pour se moquer des matamores qui parlent beaucoup mais agissent peu.

vous s'organisent. Ils ont créé un mouvement clandestin qui s'appelle le FPCL, le Fronte Paesanu Corsu di Liberazione. Je suis en contact avec eux. Pourquoi ne pas les rejoindre?

Roccu se pencha en avant, les coudes posés sur ses genoux, et fixa Casabianca.

– Est-ce qu'ils vous ont mandaté pour nous contacter? demanda-t-il.

– C'est à peu près ça, répondit Jean Casabianca.

– Vous en êtes?

– Disons que je n'en suis guère éloigné...

Roccu se tourna vers Joseph. Celui-ci fit la moue.

– Jusqu'à maintenant, reprit Roccu, mes amis et moi avons toujours refusé de nous laisser enrôler. Aussi bien par les gens de l'ARC que par d'autres...

– Nous sommes des électrons libres! renchérit Joseph.

– Sans doute parce que vous n'avez pas encore trouvé une structure qui vous satisfasse. Et en laquelle vous ayez confiance...

Il leva à nouveau son verre, comme pour les inviter à trinquer avec lui. Puis il rit :

– Je cite de mémoire, mais un homme, un Français, a écrit autrefois : « Pour un Corse, un groupement unique apparaît comme un embrigadement intolérable [1]! »

50

ROUTE DE CAMPU DI CROCE, 8 OCTOBRE 1973, 1 HEURE

Roccu avait mis fin à l'entretien : comme chaque jour, il devait se lever à 5 heures pour aller traire ses brebis. Sur le chemin du retour, Joseph ne cessait de maugréer.

– Tous les mêmes, ces anciens communistes! Des orphelins de Staline! Moi, je ne marche pas.

1. Albert Quantin, *op. cit.*

Roccu ne disait rien. Il avait donné le volant à Marie-Colombe et réfléchissait. Il était curieusement partagé. L'attitude cassante et un peu condescendante de Casabianca ne l'avait pas rebuté. Il avait même été sensible à l'autorité et à la séduction qui se dégageaient du personnage.

– Nous n'avons pas besoin de mentors! poursuivit Joseph.

– Mais vous avez peut-être besoin d'une structure politique! lança Marie-Colombe. Et de quelques soutiens matériels...

– D'accord, mais pas question de se laisser enrôler!

– On va d'abord en parler à Louis et Pascal, si tu veux bien, dit Roccu.

Ils restèrent silencieux quelques instants. Roccu bâilla, il était fatigué. Marie-Colombe lui jeta un bref regard. Il lui sourit dans l'ombre de la voiture. Roccu savait qu'un jour ou l'autre, il devrait rejoindre ou créer une organisation. Jusqu'à maintenant, à eux quatre, ils avaient réussi à faire illusion en sillonnant l'île en tous sens : mais combien de temps encore pourraient-ils faire croire que le sentiment indépendantiste grandissait en Corse?

Ils arrivaient à Bastia. Dans les rues désertes, des véhicules de CRS patrouillaient lentement. Joseph, qui avait prévu d'aller passer la nuit chez Pascal, descendit à l'entrée de la citadelle.

– Joseph, dit Roccu, quoi qu'on fasse, on le décidera à quatre!

Lorsque la voiture arriva enfin à Campu di Croce, Roccu dormait. Marie-Colombe le secoua en riant. Il descendit, passa un bras autour des épaules de la jeune femme et la guida dans le chemin caillouteux qui conduisait à leur petite maison.

D'un coup de pied, Roccu poussa la porte, frotta une allumette. La lampe à pétrole charbonna un peu avant de produire une lumière orangée et tremblotante. Sur le lit de l'unique pièce, il y avait un mot. Roccu reconnut l'écriture scolaire de son père. « Des flics sont venus te demander. Un certain inspecteur Quiliccini et un autre, un pinzutu. Je leur ai dit que je ne savais pas où tu étais. Ils veulent te voir à Bastia. Ils ont laissé une convocation. »

51

GHISUNACCIA, 9 OCTOBRE 1973, 2 HEURES

Louis jubilait.

– Pourquoi pas? Moi, je suis un vrai *paesanu*! Alors, « Front paysan de libération », ça me va tout à fait.

A la lumière d'une torche que tenait André Rochezzani, l'ami viticulteur de Louis, Roccu branchait le dernier fil sur le détonateur. De son côté, le colosse avait sorti une bombe de peinture de sa poche. Il commença à écrire en lettres noires sur le mur blanc : FPCL.

– C'est comme un examen d'entrée, faut s'appliquer!

Roccu observait, amusé.

– On ajoute IFF? demanda Louis.

– Si ça te fait plaisir! Mais dépêche-toi, la patrouille va finir par nous tomber dessus!

Roccu était déjà repassé de l'autre côté de la clôture en compagnie de Rochezzani. Le myope, mâchoires serrées, ne disait rien.

– A quoi tu penses? demanda Roccu par jeu.

– Aux Arabes qui se battent en ce moment sur le canal de Suez! C'est là-bas qu'on devrait être! A leurs côtés.

– Tu parles sérieusement?

Rochezzani ne répondit pas. Roccu souleva le grillage cisaillé. Louis se faufila en peinant.

– On fout combien de millions en l'air, là? demanda-t-il.

– Tu as peur pour tes impôts? lança Roccu en riant.

– Je m'en fous, je suis pas imposable!

Rochezzani éteignit sa torche. Tous trois s'éloignèrent en silence de la balise radio. Sous un mince croissant de lune, on voyait les bâtiments de la base aérienne. Il n'y avait aucune lumière.

Ils marchèrent pendant un bon quart d'heure à travers champs et maquis. Ils entendirent l'explosion au moment où ils montaient dans la voiture de Louis. Le bruit roula longtemps contre les montagnes du Fiumorbu. Là-haut, Joseph avait dû entendre.

– *Fà è disfà hè sempre travaglià* [1] *!* rugit le géant.

Ils regagnèrent la ferme de Louis en suivant des chemins de terre. Marie-Colombe les y attendait en lisant. Elle n'eut pas besoin de les interroger : il lui suffit de voir leurs visages.

– Vous savez qu'on est le 9 octobre? demanda-t-elle.

Louis et Roccu, intrigués, se regardèrent.

– Oui, et alors?

– C'est l'anniversaire de Borgo! Il y a deux cent cinq ans, nos troupes battaient l'armée française! dit Rochezzani.

52

SAN-MARTINO-DI-NEBBIO, 11 OCTOBRE 1973, 15 HEURES

La douche froide. L'accueil de Jean Casabianca fut glacial.

– Un attentat qui n'est pas expliqué est un attentat inutile!

Un grand soleil illuminait le salon de la maison de San-Martino-di-Nebbio. Casabianca, en bras de chemise, marchait de long en large. Parfois, il s'arrêtait devant la fenêtre, jetait un bref coup d'œil sur la mer, revenait vers Roccu. Un autre homme assistait à la conversation : assis près de la cheminée sur une chaise droite, il était jeune, les cheveux blonds coupés très courts; rasé de près, plutôt beau gosse, il y avait quelque chose de militaire dans son maintien. Casabianca avait simplement donné son nom, Ghjacumu Natali, en ajoutant que l'on pouvait parler sans crainte devant lui.

– Une action militaire, reprit Casabianca, ne peut être que la ponctuation d'une action politique! Tu entends! La ponctuation! C'est-à-dire que l'action politique doit précéder l'action militaire.

1. Faire et défaire c'est toujours travailler.

– Mais cet attentat était symbolique! Nous nous en sommes pris au pouvoir colonial en faisant sauter ce truc...

– Eh bien il fallait le dire, le marteler! Et ensuite, boum!

Roccu bouillonnait. Joseph avait raison : pourquoi s'embarrasser de mentors? Avait-il eu besoin qu'on lui fît la leçon avant d'attaquer la sous-préfecture de Bastia? Et pourtant, lui et ses trois amis avaient ridiculisé le pouvoir. Désormais, grâce à eux, chacun en Corse savait que le gouvernement pouvait céder.

Là-bas, Natali, celui qui ressemblait à un militaire, affichait une expression ironique. Roccu, exaspéré, se leva.

– Merci. Mais j'ai passé l'âge de m'asseoir sur un banc d'école!

Casabianca reprit sur un ton plus mesuré :

– Tu te méprends, Roccu... Je suis le premier à penser qu'il faut s'attaquer au pouvoir colonial. Mais d'abord il faut préparer l'opinion. L'activisme ne peut tenir lieu de politique! Ceux qui aliènent ce pays depuis des décennies ne céderont pas aussi facilement que vous le pensez. Surtout si vous ne justifiez pas votre combat...

– Être corse, ça me suffit comme justification!

– Parce que tu crois qu'il y a encore beaucoup de corse en nous? Notre langue se meurt, nos écrivains s'expriment en français, nos traditions communautaires ont disparu depuis des lustres... Voilà la vérité, Roccu. Notre premier combat, il faut d'abord le livrer contre nous-mêmes! Il faut réapprendre à être corse, en finir avec notre mentalité de colonisés!

Ghjacumu Natali se leva à son tour. Il n'y avait plus trace d'ironie sur son visage. Il prit la parole. Il avait une voix de basse, mélodieuse.

– J'étais officier encore très récemment... Je suis resté longtemps en Nouvelle-Calédonie et je viens de donner ma démission de l'armée...

Roccu, étonné, le regarda. Natali poursuivit :

– Je suis parti parce que j'ai compris là-bas que moi aussi j'étais un colonisé! J'ai vu comment les Français se comportaient avec ceux qu'ils appellent les indigènes! Et peu à peu, je me suis reconnu dans les yeux des Canaques... C'était moi, c'étaient nous, les Corses! Voilà, c'est tout!

Il y eut un silence. Puis Jean Casabianca se tourna vers Roccu.

– C'est ça pour moi, la conscience nationale! Découvrir qu'on est corse en occupant les Canaques. C'est le contraire du repli sur soi. C'est une renaissance au sein de la conscience internationale! Frantz Fanon a écrit que la conscience nationale est la forme la plus élaborée de la culture. Elle est donc aux antipodes d'un nationalisme haineux et revanchard! Tu vois, je m'emballe...

Il passa une main sur son front. Comme on efface un souci, songea Roccu. Il dit encore :

– Mais sommes-nous encore une nation? Autrefois, oui... Jamais la Corse n'a autant rayonné qu'à l'époque de Paoli quand nous avons été fugitivement indépendants... Mais aujourd'hui? Avons-nous seulement envie de devenir une nation? Est-il encore temps?

Tout au long de la route du retour, Roccu repassa dans sa tête le discours de Casabianca. Jamais encore on ne lui avait expliqué avec une telle netteté les raisons de son propre combat. Lui, avait toujours agi par instinct. C'était sa chair qui s'était révoltée. Sans doute parce qu'à la différence des jeunes gens de son âge, il avait su résister aux sirènes du continent et qu'il avait ressenti au plus profond de lui le délabrement de son pays.

Il repensa aussi aux aveux de Ghjacumu Natali. Mais pourquoi tous ces Corses, tel son père, qui avaient par milliers construit l'Empire colonial français n'avaient-ils pas réagi comme lui? Pourquoi n'avaient-ils pas compris eux aussi qu'ils étaient des Canaques?

Ange-Marie Acquaviva était assis sur un banc à l'entrée du village. Roccu sut aussitôt qu'il l'attendait.

– Les flics sont revenus, dit-il.

Il y eut un silence. Puis il ajouta dans un murmure :

– Et Marie-Colombe a laissé ça pour toi.

Il lui tendit une lettre.

– Elle est partie?

Ange-Marie ne répondit pas. Roccu déchira l'enveloppe. Il

n'y avait que deux phrases, écrites de la main de Marie-Colombe : « Je hais les adieux! Je t'aime. »

Ultimatum du FPCL

Bastia, 23 octobre 1973 (**AFP**)

Le FPCL (Fronte Paesanu Corsu di Liberazione), une organisation clandestine qui vient de revendiquer plusieurs attentats commis ces derniers jours, adresse un véritable ultimatum au pouvoir dans un communiqué transmis à l'AFP. « *Si dans soixante jours les colons ne sont pas expulsés, les fonctionnaires continentaux remplacés par des fonctionnaires corses et la langue corse enseignée dès l'école primaire, nous passerons à l'action!* »

53

PARIS, 1er NOVEMBRE 1973

Des tombes. Un océan de tombes. Appuyé au bras de Sacramaria, Oraziu Acquaviva s'était arrêté au beau milieu d'une allée du cimetière de Montmartre. Autour d'eux, on se promenait en famille, les bras chargés de pots de fleurs. Des gosses couraient entre les tombes. D'une gifle, les mères les ramenaient dans le droit chemin. Les enfants pleurnichaient un instant et repartaient. Les pères sortaient des cigarettes qu'ils n'osaient allumer par respect pour les défunts.

Une heure par an, ils se souviennent de leurs morts. Ils leur font l'aumône d'une visite... Et quand ils ont passé la porte du cimetière, ils s'estiment quittes. Oraziu, songeur, n'avait toujours pas bougé. Mais il se faisait plus lourd sur le bras de Sacramaria.

– Ça ne va pas mon oncle?

– Ce n'est pas chez elle, ici...

Oraziu refusa d'aller plus loin. Ils retournèrent chez eux à pas lents.

– Quand Roccu viendra, je le lui dirai... *U povara Ernella...*

Sa voix s'étrangla. Dans le vieil ascenseur, il fut pris d'une quinte de toux. Tandis que Sacramaria ouvrait la porte de l'appartement, il s'assit quelques instants sur la banquette du palier. « *So ù ultimi vivu* [1]... »

– Mon oncle!

Elle lui tendit son bras. Il l'écarta et entra tout seul. Sacramaria lui ôta son manteau. Il partit aussitôt vers son bureau.

Caru Roccu,

Ernella, elle aussi, m'a demandé de t'écrire. Peut-être est-ce elle qui guide en ce moment même ma main...

La mort est née en Corse, Roccu. La mort est chez elle dans notre île depuis la nuit des temps. Et nous ne sommes jamais autant nous-mêmes que lorsqu'elle menace et qu'elle fauche.

As-tu remarqué que les défunts s'invitent au bord de nos routes dans des chapelles qui rivalisent de somptuosité? As-tu observé que nos enterrements rassemblent plus d'assistants que n'importe quelle autre fête de famille? As-tu enfin noté que nos plus beaux poèmes sont des chants funèbres, lamenti *et* voceri*?...*

La mort, vieille déesse méditerranéenne à qui nous rendons un culte si jaloux!

Étions-nous croyants? Catholiques, oui... Mais d'un catholicisme que nous cuisinions à notre façon, le saupoudrant çà et là de quelques pincées de nos anciennes croyances. Bref, nous en gardions ce dont nous avions besoin. Juste assez pour exorciser la peur de l'inconnu, de la maladie et de l'invisible... Tu l'as compris, nous étions plus superstitieux que religieux.

J'ai déjà évoqué la figure de ma sœur Laurina, celle qui a tenu en respect le bandit Rocchini. Laurina était un peu

1. Je suis le dernier vivant...

sorcière. Non seulement, elle savait « faire l'occhju [1] », *mais elle avait des dons de divination. Sans doute était-elle un peu* mazzera [2], *elle savait prédire les morts et entretenait avec la cohorte de nos saints des rapports très singuliers. Je la vois encore retourner face au mur la statuette d'un saint qui avait refusé d'exaucer l'une de ses prières. Au piquet, San Martino! Puni. Il ne faisait pas bon résister à Laurina, même si, sanctifié, l'on siégeait quelque part à la droite de Dieu!*

Sœur vénérée, sœur adorée, sœur crainte aussi : nous respections à la lettre ses commandements. Ainsi nous avait-elle interdit de boire à même une source avant le lever du soleil et après son coucher. Peut-être le sais-tu, Roccu, mais toutes les sources en Corse sont habitées par des fées qui peuvent se saisir des âmes à la nuit tombée... Nous y croyions tous, tant nous étions certains que les cours d'eau étaient les routes des morts et délimitaient le passage entre le royaume des vivants et celui des défunts.

Cependant, les fées, surtout celles qu'on pouvait surprendre en plein jour, n'étaient pas toutes redoutables. Le frère de ma mère, Natale Venturelli, affirmait avoir rencontré près d'une source trois jolies filles qui dormaient en plein midi. Enchanté de sa bonne fortune, le galant Natale avait confectionné un abri de feuillage pour protéger les belles des ardeurs du soleil. Puis il avait veillé sur leur sommeil. Lorsqu'elles se réveillèrent, elles s'étonnèrent : « Qui nous a construit ce paravent? » *Natale répondit plaisamment. Les trois filles le remercièrent et soudain disparurent. Mais à partir de ce jour-là, mon oncle Natale eut la vie la plus facile qui fût; tout ce qu'il entreprenait réussissait.*

Tu souris, n'est-ce pas, de ces croyances naïves. Et moi aussi, qui avais fini par les oublier... Aujourd'hui les

1. Voir prologue, page 16. Pratique magique destinée à découvrir si une personne est *innochiatu*, c'est-à-dire victime du mauvais œil. La praticienne (la *signatora*) verse une goutte d'huile dans une écuelle d'eau, tout en murmurant des prières. Si la goutte se dilue, c'est que le sujet est ensorcelé. Si la goutte surnage, le sort est effacé.

2. Le *mazzeru* est une sorte de sorcier qui, la nuit, chasse les âmes et, malgré lui, provoque la mort de ceux, transformés en animaux, qu'il rencontre. Tueur, il peut être aussi annonciateur de mort.

superstitions de mon enfance me rattrapent, je n'y peux mais... T'avouerai-je qu'un jour, moi aussi, j'ai rencontré le surnaturel? J'étais encore enfant. C'était un après-midi d'été. Je me trouvais avec un camarade à quelque distance du village, sous les châtaigniers. Nous bavardions. Soudain, en contrebas, nous avons aperçu un cortège à la tête duquel se trouvaient quatre hommes munis de bâtons qui portaient un cercueil sur leurs épaules. Pourtant, à notre connaissance, il n'y avait pas eu d'enterrement au village. Longtemps, nous avons suivi des yeux le cortège funèbre qui apparaissait et disparaissait au gré des tournants du sentier... Il faisait chaud, très chaud, un de ces après-midi d'été torrides qui vous laissent la bouche sèche et la tête bourdonnante. Le cortège s'est évanoui une fois de plus derrière un escarpement. Et mon camarade et moi ne l'avons pas revu. Quand nous sommes remontés au village, nous avons eu la confirmation que personne n'était mort ni a fortiori enterré. Et lorsque nous avons raconté notre vision, tout le monde s'est moqué de nous. Mais peu de jours après, une femme est morte dans un village voisin. Comme sa famille était originaire de Campu di Croce, elle a été enterrée chez nous. Et, stupéfaits (et plutôt effrayés), mon camarade et moi avons revu exactement le cortège que nous avions déjà observé lorsqu'il descendait tout au long du sentier sinueux du cimetière. Et pourtant, quand nous avons eu notre première vision, cette femme vivait encore!

Seule, Laurina a accepté de nous croire. Mais je te l'ai déjà dit, elle était sans doute mazzera...

Il reposait, la tête affalée sur son bureau. En le découvrant, Sacramaria poussa un cri. Mais, très vite, elle s'aperçut qu'Oraziu s'était seulement assoupi.

La grande main décharnée du vieillard, toujours armée de son stylo, recouvrait presque entièrement une feuille couverte d'une écriture anguleuse. Sacramaria chaussa ses lunettes. Elle ne put s'empêcher de jeter un œil sur ce que son oncle avait écrit. Lorsqu'elle déchiffra la dernière phrase, elle se signa.

54

CAMPU DI CROCE, 2 NOVEMBRE 1973, 7 HEURES

– Alors, c'est toi!

Roccu se mordit les lèvres. Occupé à traire ses brebis, il ne les avait pas entendus monter. L'inspecteur Quiliccini se tenait dans l'embrasure de la porte. Un peu en retrait, sa courte silhouette se découpant sur le jour sale, il y avait un autre flic en imperméable.

Roccu déplaça son tabouret. Sans un mot, il commença à traire une autre brebis. Quiliccini fit un pas et lui mit sa carte de police sous le nez.

– Comment il faut te les envoyer les convocations pour que t'y répondes? Avec une faveur autour?

Il se retourna vers l'inspecteur Legrand.

– Viens voir, ça se visite! Un authentique berger corse!

Legrand entra à son tour dans la bergerie. Le lait coulait en jets réguliers dans le seau en fer-blanc.

– Ça fait un bout de temps qu'on t'a à l'œil, Acquaviva!

Roccu s'appliquait à ne penser qu'à son travail. Quiliccini s'approcha encore. Roccu voyait la pointe de ses souliers tout près du seau étamé. Et, malgré l'odeur entêtante de la bergerie, il percevait le parfum de son eau de toilette.

– On te parle, Acquaviva!

Mais Roccu ne leva pas les yeux. Il poussa son tabouret, empoigna les mamelles de la brebis suivante.

– T'es un dur, hein? Enfin, c'est ce que tu crois...

L'un des souliers de Quiliccini toucha le seau. Roccu serra les mâchoires et continua de traire.

– *Pastòre e un mistiéri de stercaghju!*

– *Flic e mistiéri de currighjò*[1] *!*

D'un coup de pied, Quiliccini renversa le seau. Roccu bon-

1. Berger, c'est un métier de mange-crottin! Flic, c'est un métier de péteux!

dit sur ses pieds. Legrand s'avança derrière lui. Il avait glissé la main sous le revers de son imperméable.

– Pas de bêtises, Acquaviva !

Roccu l'entendit à peine. Il faisait face à Quiliccini qu'il dominait d'une demi-tête.

– Embarque-moi si tu as quelque chose à me reprocher ! Mais c'est la dernière fois que tu fous les pieds chez moi !

Quiliccini grimaça.

– Tu as tort de le prendre comme ça ! On te fera tomber quand on voudra ! C'est pas les motifs qui manquent !

– Donc, si je comprends bien, vous êtes simplement venus prendre l'air !...

Quiliccini se retourna vers son collègue.

– Dis-lui, toi, le pinzutu !

– On est venu t'avertir, Acquaviva ! Toi et tes petits copains, le gros Louis Santucci, Pascal Bonaldi et Joseph Fieschi ! Tu vois qu'on est au courant...

Pour se donner une contenance, Roccu se baissa, ramassa le seau qui baignait dans une mare de lait. Il se releva lentement sous l'œil goguenard des deux policiers.

– Alors, vous êtes venus m'avertir de quoi ? demanda-t-il enfin.

Quiliccini regarda Legrand.

– Attends-moi dehors, tu veux ?

L'inspecteur sortit. Quiliccini se laissa tomber sur une botte de paille. Il commença en corse :

– *Sta a sente, Acquaviva, tu e eiu duveremu intende ci* [1]... Devant l'autre, je suis obligé de faire semblant. Parce qu'au fond, tu sais... Je suis un fils de paesanu, moi aussi. Et ma femme est de Campana. C'est pas loin d'ici, hein ? Et puis je vais te dire : flic, je suis obligé d'être du côté du manche. Mais quand vous protestez contre ces salopards de Lucchesi qui salopent la mer, je suis d'accord avec vous... Tu vois, je te parle franchement !

Il soupira, avala sa salive et reprit :

– Alors ce que je te dis, ne le prends pas mal ! Mais tous les deux, on pourrait chacun faire un effort. Moi, je t'oublie et

1. Écoute, Acquaviva ! Toi et moi, on devrait se comprendre...

toi, tu me rends des petits services... Juste de quoi sauver la face.

Roccu sourit. Quiliccini, soulagé, répondit à son sourire.

– Je le savais bien, c'est pas si difficile que ça de s'entendre entre compatriotes!

Brusquement, Roccu le prit au collet.

– Je t'emmerde! J'ai pas une tête d'indic! La prochaine fois, je te fous une balle dans la peau, flic ou pas flic!

Il le lâcha. Quiliccini, blanc de rage, se leva.

– Tant pis pour toi, Acquaviva! Mais tu ne perds rien pour attendre! *T'aspettu à l'appollu*[1]*!* Maintenant, toi et tes copains on ne vous lâchera plus!

Il fit un pas vers la porte. Se retourna. Il esquissa une sorte de sourire.

– Mais à ta place, je ferais quand même gaffe à Santucci... Quand on a appartenu au milieu, on décroche jamais!

55

CAMPU DI CROCE, 2 NOVEMBRE 1973, 8 HEURES

Ils étaient repartis. Roccu finit de traire et sortit. Sous le soleil naissant, la grande châtaigneraie fumait. L'air était vif mais il n'y avait pas un souffle de vent. Pas un bruit. Roccu aimait par-dessus tout ces premières heures de la matinée quand le temps, plus encore que le paysage, semblait miraculeusement figé.

Il s'assit sur une pierre à l'entrée de la bergerie. Ses brebis paissaient un peu plus loin. Il entendit des cloches dans le lointain. Roccu recouvrait peu à peu son calme. Le doute, insidieusement, lui avait fait oublier sa colère. Il s'en voulait d'avoir prêté plus d'attention qu'il ne l'aurait voulu aux

1. Je t'attends au perchoir! Ce qui veut dire : « Je t'attends pour te tirer comme un oiseau! » Ou, plus directement : « Je t'attends au tournant! »

accusations du flic contre Louis. Ces insinuations réveillaient ses propres interrogations après leur voyage-éclair à Marseille. Quiliccini avait touché un point sensible et Roccu en avait honte. Soupçonner Louis, c'était manquer à leur amitié.

Un épervier tournoyait lentement dans le ciel bleu. Roccu le suivit des yeux. Puis le rapace disparut derrière un escarpement de la montagne. Il lui resta longtemps l'image magique du grand oiseau aux ailes immobiles.

Tout à l'heure, il lui faudrait téléphoner aux autres. Les prévenir. Désormais, ils devraient être encore plus prudents. La ligne de la cabine publique était sans doute sur écoute. Dès la sortie de l'école, il descendrait avec Vincensiu jusqu'au village voisin en coupant à travers le maquis.

Depuis le départ de Marie-Colombe, l'enfant avait recouvré toutes ses prérogatives et se précipitait vers Roccu dès qu'il avait un instant de libre. Bianca Fiorelli s'amusait de les voir ensemble : « Désormais, j'ai deux enfants... »

Souvent, Roccu dînait chez elle. A la veillée, lorsque le gamin était couché, Bianca parlait de son grand-père, le sgiò Fiorelli, et des vieilles histoires du village. Roccu aimait le son de sa voix et la passion qui animait cette femme dès qu'elle commençait à évoquer les siens. « C'est mon grand-père qui a fait construire cette orgueilleuse maison en dehors du village... Il a choisi cette terre qui nous appartenait en disant : " Je veux pouvoir cracher aux quatre vents sur mon terrain ! " Quand il était plus jeune, il avait été mêlé à des querelles de village, des vendettas... Des proches s'étaient entretués... Depuis, il rêvait de vivre à l'écart et de manifester ainsi son mépris pour ces antagonismes locaux... Et moi, en choisissant de faire revivre cette maison où je suis née, je fais vœu de fidélité à mon grand-père et à tous ceux qui ont aimé et qui sont morts ici ! Parfois, j'ai l'impression d'être une vestale... Je garde ces murs pour Vincensiu et sa descendance... »

Lorsque les dernières bûches finissaient de se consumer, Roccu prenait congé. Il habitait toujours la petite maisonnette que lui avait prêtée Bianca lors du premier séjour de Marie-Colombe. Quand il était seul, il lui suffisait de fermer les yeux pour s'imaginer que la jeune femme était encore là. Elle était présente partout. Même les rideaux qu'elle avait installés à l'unique fenêtre conservaient des effluves de son parfum.

56

ALERIA, 20 DÉCEMBRE 1973, 22 HEURES

Un jeune homme armé d'un fusil de chasse montait la garde à l'entrée de la propriété de Louis. Il braqua sa torche électrique sur le visage de Roccu.

– Salut!

Du chemin, on entendait un brouhaha. Roccu fit le tour de la maison et poussa la porte sous la véranda. Outre Louis, Joseph, Pascal et André Rochezzani, ils étaient trois. On les appelait les « Niçois ». Des étudiants corses de Nice. Là-bas, à l'université, un fort noyau autonomiste s'était peu à peu constitué. Très tôt, les chefs de l'ARC avaient compris que ces étudiants remuants et exaltés devaient être pris en main. Quelques-uns avaient même été admis à siéger dans les instances dirigeantes du mouvement qui, abandonnant ses revendications régionalistes, venait de se déclarer clairement pour l'autonomie.

Joseph, qui était passé brièvement par l'université de Nice, connaissait la plupart de ces étudiants. Il avait eu maille à partir avec la plupart d'entre eux : des activistes d'extrême droite choyés par Jacques Médecin, le maire de Nice. Aussi avait-il tenté de s'opposer, en vain, à l'entrée de ces « Niçois » au Fronte Paesanu Corsu di Liberazione.

Petru Ottaviani parlait. Nez busqué, c'était un type râblé, très brun. Il était étudiant en histoire. Roccu, sans bruit, se glissa dans le cercle. Louis lui adressa un clin d'œil.

– Nous devons impressionner l'opinion, faire croire que nous sommes nombreux et que les nationalistes peuvent frapper partout, quand ils le veulent...

– Combien de divisions? demanda Joseph.

Ottaviani lui lança un regard irrité et poursuivit :

– Il faut réussir une vraie nuit bleue!

– Comme au bon vieux temps de l'OAS? ironisa encore Joseph.

Ottaviani se leva, menaçant.

– Tu me cherches, Fieschi?

Roccu se dressa entre les deux garçons et fit face au Niçois. Il y eut un silence. Ottaviani haussa les épaules et finit par se rasseoir. Soudain, Rochezzani éclata :

– C'est ringard, une nuit bleue! Si on avait des couilles, on ferait comme les Palestiniens! Trente et un morts à l'aéroport de Fiumicino! Ça, ça frappe l'opinion!

Les autres le regardèrent, atterrés.

– Tu déconnes ou quoi?

Rochezzani retira ses lunettes machinalement. Il avait de petits yeux enfoncés dans leurs orbites, très mobiles. Il essuya ses verres avec son pull et dit calmement :

– Il faudra bien y venir un jour... Vous verrez!

– Revenons aux choses sérieuses, dit soudain Pascal en souriant. Il y aurait une solution technique pour pallier notre manque d'effectifs...

Tous se tournèrent vers lui.

– Il faut des mèches lentes. Avec ça, un seul type peut poser plusieurs paquets! A quelques-uns, on couvre toute l'île!

– Il a raison, dit Roccu. On va utiliser de l'amadou. C'est le meilleur des « retardants ». Et puis on peut exactement calculer le moment de l'explosion en fonction de la longueur... Vingt centimètres, ça doit faire à peu près une heure!

Louis partit d'un grand rire.

– Roccu, il a appris tout ça en tétant le sein de sa mère!

– Et tu vas le trouver où, ton amadou? demanda sèchement Ottaviani. Il nous en faut des quantités... On va se faire repérer tout de suite.

– Il faut aller sur le continent, dit Pascal. On doit pouvoir s'en procurer dans les grands magasins...

– A la Samaritaine, bien sûr! rigola encore Louis.

Les Niçois et Rochezzani étaient partis.

– Je pourrais demander à Marie-Colombe, dit Roccu.

– Et puis ça te ferait une occasion de la voir! dit Louis.

Roccu haussa les épaules. Joseph se servit un verre de vin. Il maugréait.

– Il faut faire gaffe avec ces Niçois... Déjà qu'on ne rate pas une occasion pour nous accuser d'irrédentisme !

– Laisse tomber ! répondit Louis. On n'est pas si nombreux, faut faire avec tout le monde !

– Même avec Rochezzani ? Il est complètement délirant, ton copain ! Les Corses ne comprendront jamais qu'on tue d'autres Corses !

– On peut choisir uniquement des continentaux, dit Louis en riant.

Joseph soupira et ajouta :

– En tout cas, je te dis que cet Ottaviani, c'est un facho ! J'ai un copain qui a fait un voyage avec lui en Italie. Tout ce qui l'intéressait à chaque étape, c'était la permanence du MSI [1] !

57

BASTIA-PORETTA, 31 DÉCEMBRE 1973, 15 HEURES

Elle était revenue.

Dès la descente d'avion, elle s'était précipitée vers lui. Ils se trouvaient toujours au pied de la passerelle, enlacés. Les autres passagers devaient les contourner pour gagner l'aérogare. Roccu et Marie-Colombe ne les voyaient pas. Ils étaient seuls et riaient.

– J'ai dévalisé le BHV et tous les grands magasins : je suis sûre qu'il n'y a plus un seul centimètre d'amadou sur le continent !

Roccu la soulevait dans ses bras, la faisait tourner. Une brise tiède baignait l'aérodrome. On sentait les parfums du maquis. Marie-Colombe, le nez frémissant, fermait les yeux pour mieux les respirer.

– A cause de toi, jamais la Corse ne m'a autant manquée !

1. Parti néo-fasciste italien.

Ils patientèrent de longues minutes pour récupérer les bagages de la jeune femme. Roccu n'osait lui demander combien de temps elle resterait. Il espérait, sans trop y croire, qu'un jour elle lui dirait : je ne repars pas! Mais, malgré le lien très fort qui les unissait, malgré son regain de passion pour la Corse, elle retournerait, c'était certain, sur le continent. Quelque chose l'y attirait inéluctablement. Roccu ne comprenait pas, mais il s'efforçait de respecter la liberté de Marie-Colombe.

La guimbarde de Domenicu était garée devant l'aéroport. L'ancien carrier qui ne l'utilisait plus l'avait pratiquement cédée à Roccu. Celui-ci avait démonté les sièges arrière pour la transformer en fourgonnette. A l'intérieur, ça sentait maintenant le foin.

– Ce soir, Françoise et Joseph nous ont invités pour le réveillon...

– Non, dit Marie-Colombe, nous restons tous les deux!

58

BASTIA, 4 JANVIER 1974, 1 HEURE

Les barques de pêche se balançaient à peine. Sur l'eau noire, on voyait çà et là des moirures d'huile. Le vieux port était endormi. Un fourgon de CRS passa silencieusement devant les terrasses fermées. Quand il eut disparu vers le quai des Martyrs, Roccu siffla. Pascal sortit de l'ombre d'une ruelle. Il portait un sac de marin sur l'épaule.

– Ça y est?

Roccu fit signe que oui. Quelques instants plus tard, ils roulaient vers la sortie de Bastia.

A l'entrée de Lupino, Pascal arrêta sa voiture le long d'un immeuble récent. Il coupa le moteur. Ils attendirent avant de descendre, scrutant les rues et les bâtiments. Dans ce quartier neuf et populaire, on se couchait tôt : aucune fenêtre n'était allumée.

– Pourquoi tu tiens tellement à faire sauter celle-là? demanda Roccu.

– Parce que j'y ai fait un stage! Le directeur est une relation de mes parents. Mais c'est surtout un sale con, odieux avec le petit personnel!

Roccu rit en silence. Aucune voiture suspecte, aucun passant : ils sortirent de l'auto. Pascal prit son sac dans le coffre de l'Alfa. Sans bruit, ils firent une centaine de mètres à pied. Depuis son aventure du *SCARLINO II*, Roccu avait pris goût aux moments qui précédaient l'action. Il se rendait compte que c'était comme une drogue qui aiguisait ses sens et ses réflexes. Chaque fois, son cœur battait un peu plus fort, son organisme tout entier semblait vivre plus vite. Mais jamais, avant et pendant l'action, il n'éprouvait d'appréhension. Ce n'était qu'ensuite, une fois la tension retombée, qu'il ressentait une sourde crainte, toujours la même : il ne pouvait s'empêcher d'imaginer l'imprévisible, l'accident, le passant qui surgit au moment de la déflagration...

Devant eux, ils virent l'enseigne de la banque, au rez-de-chaussée d'un petit bâtiment. Roccu se posta au coin de la rue, la main sur la crosse de son pistolet. Personne. Pascal sortit la charge du sac. En quelques foulées, les deux garçons bondirent vers l'entrée de la banque. Pascal déposa son paquet au pied de la porte blindée tandis que, sur le mur voisin, Roccu signait « *FPCL* » en lettres rouges.

– Vite!

Des phares de voiture éclairèrent le bloc voisin. La flamme du briquet illumina un bref instant le visage impassible de Pascal. Ils repartirent en courant vers l'Alfa. A Aiacciu, à Ghisunaccia, au même instant, Joseph, Louis, les Niçois et André Rochezzani posaient eux aussi des bombes. Leur première « nuit bleue », comme avait dit Petru Ottaviani.

L'auto roulait sur la route du cordon littoral en direction de Marana lorsqu'ils entendirent la première explosion. Pascal arrêta la voiture. Presque aussitôt, une lueur rouge embrasa le ciel au nord-ouest. Puis, après quelques secondes, le bruit sourd d'une deuxième explosion leur parvint. Déjà la nuit avait repris possession du ciel.

Malgré les nombreux nids-de-poule, Pascal roulait vite. L'auto projetait des gerbes d'eau boueuse qui venaient s'écraser sur le pare-brise. Il leur fallait traverser la route nationale à Casamozza avant que les barrages ne fussent mis en place.

Ils étaient silencieux. La silhouette blafarde et fantomatique de la Canonica se dressa soudain devant eux.

– Demain matin, dit Roccu, les flics seront chez moi à la première heure!

– Et ils trouveront un honnête berger en train de traire ses brebis! Et puis, Marie-Colombe est là, non? Une fille de flic, c'est un solide alibi!

– Et toi?

Pascal sourit.

– Je crois que je vais prendre des vacances! Il y a longtemps que je n'ai pas fait de ski...

Ils approchaient du carrefour de Casamozza. Pascal ralentit.

– Au fait, dit Pascal, j'ai repéré un nouveau gisement de dynamite...

Roccu savait que son ami avait une sorte de flair pour découvrir les dépôts d'explosifs. Durant les dernières semaines, il avait sillonné la montagne, visitant discrètement chantiers de travaux publics et carrières. Paradoxalement, pour des raisons de sécurité, les explosifs étaient toujours entreposés dans des bâtiments légers recouverts de tôles. Il suffisait donc de pénétrer sur le chantier et de démonter une partie de la toiture pour s'emparer des caisses de dynamite. La nuit de Noël, Joseph et Pascal avaient ainsi dérobé une bonne centaine de kilos d'explosifs aujourd'hui dissimulés dans des caches du maquis autour de Boggiu di Fiumorbu et de Campu di Croce.

Sur la route nationale, la voie était libre. Pascal accéléra, l'auto bondit en direction du sud. Encore quelques kilomètres et ils arrivèrent au croisement de la route de Vescovato. La 4L de Domenicu était là, dissimulée dans un sentier.

Roccu regarda les feux rouges s'éteindre dans la nuit. Puis, à son tour, il monta en voiture. Il avait hâte de retrouver Marie-Colombe, de la serrer une fois encore dans ses bras. Combien de temps pourrait-il agir en toute impunité? Un jour ou l'autre, il le savait, le mécanisme de la répression se mettrait en marche. « Des militants doivent tomber afin que d'autres se lèvent! » Il entendait encore la voix prophétique de Jean Casabianca... Et, tout doucement, lucidement, Roccu se préparait au pire.

Dissolution du FPCL

Paris, 30 janvier 1974 (AFP)

Le Conseil des ministres, réuni sous la présidence de M. Pompidou, vient de décider la dissolution du FPCL (Fronte Paesanu Corsu di Liberazione). Cette organisation clandestine a revendiqué la paternité de la récente « nuit bleue » corse (9 bombes à Aiacciu, Ghisunaccia et Bastia). Les autorités judiciaires et policières estiment que le FPCL dispose d'une organisation politico-militaire importante et que ses commandos bénéficient de soutiens logistiques bien structurés. Toutefois, à la suite de la saisie de la Cour de sûreté de l'État, plusieurs suspects ont été interpellés. Deux d'entre eux, José Stromboni, un audio-prothésiste de 36 ans, président de la Jeune Chambre économique, et Mathieu Filidori, un viticulteur de la plaine orientale, ont été transférés à Paris par un avion spécial du GLAM. Charles Ribière, avocat général de la Cour de sûreté, venu en personne sur l'île, a déclaré qu'il était persuadé que le FPCL était décapité à la suite de ces interpellations.

59

NIOLU, 6 FÉVRIER 1974, 12 HEURES

Le Monte-Cinto, gigantesque statue de glace, se découpait sur un ciel uniformément bleu. Plus bas, la moraine qui s'étageait à ses pieds était mangée par la neige. Les rochers, énormes, semblaient posés sur un édredon blanc qui amollissait cette rugueuse cascade de pierres.

Roccu et Marie-Colombe étaient partis au petit matin, tout de suite après la traite des brebis. « Je veux te montrer mon pays ! » avait dit la jeune femme. « Je te rappelle que c'était aussi celui de mon arrière-grand-père ! » avait répondu Roccu.

Après Lozzi, ils avaient encore parcouru quelques kilomètres en voiture sur un chemin de terre mité de plaques neigeuses qui serpentait à flanc de collines. Puis ils avaient poursuivi à pied. Marie-Colombe s'était emmitouflée dans un gros anorak et avait coiffé un bonnet de laine. Roccu avait simplement relevé le col de sa veste. Ils avançaient main dans la main. Autour d'eux, la végétation était rare, rase. Seuls émergeaient dans les creux et les failles des bouquets d'aulnes. On devinait dessous l'eau vive d'un ruisseau.

Ici et là, on apercevait des traces de construction en pierres sèches, bergeries ou abris de chasseurs. Ils passèrent un torrent à gué en sautant de rocher en rocher. Ils devaient maintenant marcher dans la neige. Roccu s'amusait à relever les empreintes d'animaux, pistes de renards ou de lièvres, traces en étoiles de pattes d'oiseaux. Toute une vie clandestine livrait ses secrets sur la neige bleutée.

– C'est comme si on lisait un livre, dit Marie-Colombe.

Un peu essoufflée, elle s'arrêta. Le froid avait coloré ses joues. Sur la pointe de ses cils, de minuscules larmes de givre s'étaient formées. Devant eux, la vallée se rétrécissait peu à peu. Au fond, une gigantesque muraille rocheuse barrait l'horizon.

– Derrière, dit Marie-Colombe, il y a un lac creusé dans la montagne. J'y suis déjà montée en été... On dirait un bijou dans son écrin. Mais l'eau y est fichtrement glacée.

Roccu pensait à Oraziu et aussi à toute la lignée de ses ancêtres qui avaient vécu au milieu de ces montagnes sauvages. Le Niolu, de tout temps, avait été la citadelle naturelle de la Corse, ultime refuge des insurgés et des rebelles qui fuyaient devant les envahisseurs ou les conquérants.

Marie-Colombe se pressa contre lui.

– J'ai froid partout, mais je suis heureuse...

Roccu la prit dans ses bras. Une question, toujours la même, lui brûlait les lèvres. Il hésitait pourtant à briser la beauté du moment. Il glissa une main à l'intérieur de l'anorak de Marie-Colombe, fouilla sous le gros pull, trouva sa peau, bouillante. Il la sentit frissonner.

– Menteuse !

– Tu crois que je ne suis pas heureuse?

– Non, mais tu es brûlante !

Elle éclata de rire. Il caressait son ventre, sa paume roulait dans le creux de ses hanches.

– Toi, tu es gelé ! Mais continue quand même...

Elle se serrait contre lui du plus fort qu'elle le pouvait, creusant avec sa cuisse entre ses jambes. Dans la brume des mèches rousses qui s'échappaient de son bonnet, Roccu voyait la montagne qui veillait sur eux.

Ils redescendirent en courant dans le pierrier enneigé. Lorsqu'ils arrivèrent à la 4 L, ils étaient hors d'haleine.

– Tu crois qu'à Lozzi, on trouvera à manger? demanda-t-elle.

– A Calacuccia, plutôt !

– Alors, vite, j'ai une faim de loup !

– Tu as toujours faim !

– C'est de ta faute !

Il mit le moteur en marche. Elle se débarrassa de son bonnet, passa une main dans ses cheveux.

– C'est fou d'être aussi amoureuse !

La voiture commença à cahoter sur le chemin. Roccu essayait d'éviter les fondrières.

– Quand repars-tu? demanda-t-il brusquement.

Il n'osa pas la regarder. Il faisait soudain très froid dans l'auto.

– Je dois être à Paris après-demain ! dit-elle enfin. J'arrête la fac, j'ai trouvé un travail...

Ils ne parlèrent plus jusqu'à l'entrée de Calacuccia. Malgré sa déception, Roccu n'arrivait pas à lui en vouloir. Il l'aimait libre. Et il savait que si elle ne l'était plus, elle finirait à son tour par cesser de l'aimer.

60

CAMPU DI CROCE, 12 FÉVRIER 1974, 9 HEURES

Livide, Ange-Marie Acquaviva assistait sans mot dire à la perquisition. L'inspecteur Quiliccini, gêné, essayait en vain de capter son regard tandis que les gendarmes fouillaient la maison. De la fenêtre, on voyait le transformateur électrique couvert d'inscriptions autonomistes.

« *Liberate i patriotti!* » José Stromboni et Mathieu Filidori étaient toujours détenus dans une prison de la région parisienne et les murs de l'île avaient à nouveau la fièvre. Barbouillés de peinture, ils criaient l'indignation d'une population qui, toutes opinions mêlées, se rangeait d'instinct du côté des deux proscrits : leur transfert vers le continent était un affront à l'orgueil insulaire. Et la récente nomination d'un nouveau préfet, partisan de la manière forte, n'avait fait qu'aviver les passions. Les Corses, dans leur grande majorité, n'étaient pas autonomistes. Mais ils n'entendaient pas qu'on leur interdît de le devenir.

Les policiers étaient arrivés à l'aube : deux véhicules de la gendarmerie et une auto de la PJ de Bastia. Ange-Marie avait lu et relu le mandat de perquisition : l'inspecteur principal Quiliccini agissait sur commission rogatoire de la Cour de sûreté de l'État. « C'est nous faire beaucoup d'honneur! » avait grogné l'ancien militaire. Francesca, elle, après avoir ordonné à ses filles de gagner leur chambre, s'était murée dans un silence hostile tandis que le maire, alerté par ce déploiement de forces insolite, venait aux nouvelles. « *Chì matacina*[1]*!* » s'était exclamé Ghjuliu Marfisi, en exhibant sa bedaine municipale. Ange-Marie l'avait refoulé sans ménagement : « Il y a suffisamment de cafards ici! *Vattini in Zinefria*[2]*!* »

1. Quel tohu-bohu!
2. Va-t'en au diable!

Après avoir fouillé inutilement la maison, les policiers se dirigèrent vers l'appentis. Ange-Marie, mains dans les poches, impassible, les suivit. Quiliccini poussa la porte branlante du cabanon. Au-dessus de l'établi étaient accrochés des objets disparates, quelques outils, une lampe Pigeon, un vieux collier d'âne, un antique tromblon rouillé... A côté, Ange-Marie avait rangé ses instruments de jardin et des pots de peinture. L'inspecteur soupira. Il y avait aussi une caisse en bois sous l'établi. Quiliccini se baissa, souleva le couvercle. Encore des outils rangés en vrac. Sans conviction, le policier commença à en extraire des marteaux, des clefs, une paire de tenailles. Au fond, quelque chose brillait... Quiliccini plongea la main, en ressortit une médaille à laquelle était accroché un ruban rouge rayé de quatre bandes vertes.

– Croix de guerre 39-45 ! s'étonna-t-il. C'est à vous ?

– En cherchant bien, vous trouverez aussi la Valeur militaire et d'autres colifichets de ce genre...

Quiliccini s'était relevé. Tranquille, bien campé sur ses deux jambes, Ange-Marie lui faisait face.

– Je ne les porterai plus jamais !

Dehors, les gendarmes et l'inspecteur Legrand écoutaient, bouche bée.

– Je comprends pas !... dit enfin Quiliccini. Un ancien militaire de carrière comme vous...

– Depuis que des flics français se conduisent ici comme en pays conquis, je n'ai plus rien à voir avec tout ça !

Il tourna le dos à l'inspecteur, se fraya sans beaucoup de précautions un chemin à travers le groupe de gendarmes. Quiliccini haussa les épaules.

– On rentre !

Puis il lança à l'adresse d'Ange-Marie :

– On finira par le coincer votre fils. Il y en a qui commencent à parler...

Ange-Marie ne se retourna pas et entra chez lui.

Legrand se dit que son collègue insulaire avait sa figure des mauvais jours.

A trois cents mètres de là, Roccu, à plat ventre dans les fougères sèches, jumelles aux yeux, avait observé la scène.

Une carabine, une Ruger 44 magnum équipée d'une lunette, était posée à côté de lui. En bas, les portières claquèrent. Roccu attendit que les voitures des gendarmes et des policiers eussent disparu. Puis il se leva, prit son arme et descendit vers le village en sautant de terrasse en terrasse.

61

PARIS, 14 FÉVRIER 1974

La rue était grise. Paris était gris. Oraziu, lorsqu'il pensait à la Corse, et désormais il ne cessait d'y songer, ne la voyait qu'en couleurs. C'était un ébouissement, une fantaisie incomparable de nuances. Même l'hiver qui, ici, accablait la ville, ne cessait de chatoyer dans son souvenir. Les sources ruisselaient sur des scolopendres vernissées d'un vert profond et irisaient les feuilles de schiste des rochers. Plus bas, l'eau de la cascade rebondissait en éclaboussures d'arc-en-ciel tandis que le soleil caressait de son aile dorée les vieilles pierres du village. Et, quand le soir venait, le San Petrone tout entier s'empourprait sous un ciel de feu.

Oraziu quitta la fenêtre pour gagner son bureau. Il reprit son stylo comme on ramasse un outil un instant abandonné.

Caru Roccu,

Je vais sans doute encore te surprendre : moi le rationaliste, moi le dignitaire franc-maçon, j'étais ami avec une sorcière !

C'était aux temps très anciens de mon enfance. On l'appelait Zia Farraghjatta, « la tante qui ferre les chats ». *Tout le monde en avait peur car on la disait magicienne. Et pourtant, jamais moi-même je n'en ai été effrayé. Sans doute parce que, surmontant craintes et préjugés, j'étais d'abord avide de pénétrer ses secrets.*

Zia Farraghjatta avait une connaissance intime du

monde qui nous entoure. Dépositaire d'une science immémoriale, elle lisait dans la nature à livre ouvert. Elle savait tout autant les vertus des plantes que les noms des constellations. Elle voyait ce que nous ne pouvions voir, elle entendait ce que nous n'entendions pas... Ainsi, la nuit, les esprits lui parlaient. Et elle leur parlait.

Il me revient une histoire extraordinaire qui, à l'époque, avait frappé l'imagination de tous les habitants de Campu di Croce. Une nuit, Zia Farraghjatta entend du bruit devant la porte de sa maison. Malgré l'heure tardive, elle allume une lampe à huile, sort et découvre un énorme sanglier. La bête est immobile. A la lueur de son quinquet, elle devine plus qu'elle ne voit l'éclat méchant de ses petits yeux. « Va-t'en! Va-t'en! » *Le solitaire continue à la fixer et ne bouge pas. Alors Zia Farraghjatta, qui était aussi une fière matrone, lâche sa lampe, se saisit d'une pioche et en assène un grand coup sur la nuque du cochon. La bête, cruellement blessée, hurle de douleur. Et soudain, au milieu de ses cris, Zia Faraghjatta entend :* « Tu m'as tué! » *Épouvantée, elle reconnaît la voix de son jeune voisin tandis que le sanglier s'enfuit et disparaît dans la nuit. Dès le lendemain matin, Zia Farraghjatta se précipite chez son voisin. Elle lui raconte ce qui s'est passé. L'autre rit et se moque d'elle. La sorcière, loin de se vexer, le supplie de ne pas sortir de chez lui. Nouveau rire, nouvelle moquerie. Ce voisin était un jeune homme solide qui n'avait peur de rien... A peine Zia Farraghjatta partie, il s'en va à la pêche en montagne. Ce jour-là, il faisait très beau, très chaud. Mais soudain, comme ça arrive souvent chez nous, le ciel s'est brouillé, de lourds nuages noirs ont noyé le San Petrone et un violent orage a criblé toute la montagne. Le torrent dans lequel le jeune homme pêchait s'est gonflé en un instant. Et le malheureux a été emporté par le flot. On l'a retrouvé deux kilomètres plus loin, mort. Une* « spinsoni [1] » *était fichée dans son cou, à l'endroit même où Zia Farraghjatta avait frappé le sanglier la nuit précédente.*

1. Éclat pointu d'arbousier ou de bruyère qui reste à la surface du sol après que l'on a coupé le maquis.

La vieille, qui était mazzera, savait bien que les âmes sortent parfois la nuit et prennent l'apparence d'animaux. Légendes, crois-tu?... Mais de telles histoires se sont aussi passées dans notre propre famille. Je t'ai déjà parlé de ma bien-aimée sœur Laurina... Une nuit, l'une de mes cousines, Lésia, peinait à trouver le sommeil. Elle sort sur la place, devant la maison. Et soudain, elle voit une poule qui se promène. Une poule en pleine nuit! Et qui caquette bravement. Mais ce n'est pas le plus surprenant. Car bientôt, Lésia reconnaît dans ces caquètements la voix de ma sœur Laurina. Affolée, elle suit la poule qui disparaît dans la châtaigneraie. Alors, malgré sa frayeur, elle a la présence d'esprit de faire « u scambiu », *l'échange. Sentant la vie de ma sœur menacée, elle offre en échange sa chèvre préférée, une bête superbe qu'on appelait* « Nasina », *Grand-nez. Et le lendemain matin, effectivement, les deux cousines, cherchant la chèvre, l'ont trouvée morte, accrochée à un figuier. Nasina avait tant tiré sur sa longe qu'elle s'était pendue! L'échange avait réussi.*

Histoires de bonnes femmes? Oui, Roccu, c'est ce que j'ai pensé dès que je me suis éloigné du village, dès que j'ai renoncé à être moi-même... Alors, pour rien au monde je n'aurais accepté de reconnaître que ma sœur était mazzera et sortait la nuit sous la forme d'une poule! J'essayais au contraire de toutes mes forces d'oublier ce que, désormais, je n'appelais plus que superstition. J'avais honte. Honte de mon village, de mon pays, de mes origines. Dans un même élan, je repoussais notre misère et notre crédulité. Mais j'ignorais qu'ainsi je niais nos vertus et nos croyances.

Oraziu laissa un instant son stylo. Magique, le beau visage calme de Laurina venait d'apparaître dans les entrelacs de son écriture. L'eau claire de ses yeux avait illuminé l'enfance d'Oraziu. On avait envie de s'y perdre...

Comme un rêve s'efface, la vision s'évanouit. Oraziu reprit sa plume.

En ce temps-là, vois-tu, le surnaturel était notre quotidien. Il était enfoui au plus profond de nous-mêmes. Nous y croyions comme nous respirions. Laurina, puisque c'est elle sans nul doute qui m'inspire aujourd'hui cette lettre, entretenait des rapports particuliers avec les plantes et les animaux. Il suffisait qu'elle touchât un arbre pour que celui-ci s'épanouît. Quand on lui demandait son secret, elle disait : « Mais je lui parle, je lui parle très doucement... » Et c'est vrai que lorsqu'elle jardinait, elle ne cessait de parler aux plantes. Il en était de même avec les animaux. Elle ne tuait pas une volaille sans lui avoir expliqué préalablement pourquoi elle devait la mettre à mort. Plus étonnant, elle savait se faire obéir des animaux, même des plus redoutables. Il me souvient qu'un jour, elle a affronté un gros sanglier qui menaçait de mettre à mal notre potager. Seule, armée d'un simple bâton, elle lui a fait la leçon : « Qui es-tu, toi qui viens saccager mon jardin? Crois-tu que c'est pour toi que je m'échine à travailler cette terre? Va traîner ton vilain groin ailleurs si tu ne veux pas tâter de mon bâton! » Le plus extraordinaire, c'est que l'énorme bête écoutait sans bouger, sans charger... Et lorsque Laurina lui a ordonné de laisser la place, le sanglier a rebroussé chemin et s'en est retourné tranquillement vers la châtaigneraie.

Un autre jour, je l'ai vue revenir à la maison, tenant par la queue un magnifique renard. Elle l'avait surpris dans le poulailler où, malheureusement, il avait pris ses habitudes. Devant Laurina, le renard n'avait pas songé à fuir. Parfaitement immobile, il avait écouté sa condamnation à mort pour pillage répété. Et, toujours subjugué, il s'était laissé tuer à coups de bâton.

Las, Oraziu cessa d'écrire. La tête dans les mains, il essaya une nouvelle fois de ressusciter l'image de Laurina. Mais la vision se dérobait. Il n'entendait dans le lointain que la voix un peu rauque de sa sœur : « Oraziu, je t'en supplie, si jamais une bête te parle, ne répète jamais ses propos! Tu mourrais à la prochaine lune! »

Aujourd'hui, quelque quatre-vingts ans plus tard, Oraziu regrettait encore qu'aucun animal n'eût daigné lui parler.

62

BASTIA, 15 MARS 1974, 22 HEURES

Il faisait chaud, trop chaud, et la pièce était trop petite. Roccu se leva pour ouvrir une fenêtre, libérant un nuage de fumée bleutée. Quelques rares lumières piquetaient encore la montagne à l'est.

Ils étaient une quinzaine, réunis dans un appartement inoccupé qui appartenait à un ami de Pascal. Si les flics surgissaient, songea Roccu en reprenant sa place, ils arrêteraient en un instant la plupart des clandestins corses. Jean Casabianca était arrivé le dernier, accompagné par Ghjacumu Natali. Impassible, l'ancien officier suivait les débats sans intervenir. A ses côtés, Louis bâillait ostensiblement.

Petru Ottaviani avait pris la parole. Nerveux, tendu, le chef des « Niçois » plaidait pour une intensification immédiate de l'action.

– Le pouvoir colonial a une nouvelle fois cédé en libérant les patriotes prisonniers. Nous devons lui montrer que nous ne sommes pas dupes et que sa prétendue clémence ne nous abuse pas. Nous devons lui prouver que le sentiment national corse est aujourd'hui incontournable.

Roccu l'observait. Ottaviani aimait les mots. Il aimait surtout voir l'effet qu'ils produisaient sur les autres. Ce type était fait pour battre les estrades. Il était paradoxal qu'il eût choisi l'action occulte. Mais un jour, Roccu n'en doutait pas, son ambition le conduirait inéluctablement à jeter le masque de la clandestinité.

Petru Ottaviani parlait toujours. Roccu se sentait étrangement détaché. Il regardait ses compagnons comme s'il les découvrait pour la première fois. En face de lui, André Rochezzani cillait furieusement derrière les verres épais de ses lunettes et ne cessait de triturer ses mains aux ongles rongés. Roccu songea qu'il y avait du Marat dans cet être à vif.

– D'accord pour l'action ! dit Joseph. Mais nous, pour l'instant, on est hors-jeu, les flics ne nous lâchent pas d'une semelle !

Louis et Pascal échangèrent un sourire. Ce soir, une nouvelle fois, ils avaient déjoué la filature des policiers en passant par un immeuble à double entrée de la vieille ville. Quant à Roccu, sans grandes difficultés, il avait semé ses anges gardiens sur les petites routes sinueuses de la Castagniccia en prenant des chemins de traverse.

Casabianca se leva. Le silence se fit aussitôt.

– Ottaviani a raison ! Il est temps de relever la tête. Cette dissolution du FPCL est une farce. Comment peut-on sérieusement dissoudre un mouvement clandestin? Donc il faut frapper à nouveau. Et plus fort. En choisissant des cibles symboliques, des cibles qui parlent : camps de vacances, promoteurs, agences immobilières, tous ceux qui salopent nos côtes. Mais j'irai plus loin : par notre action, nous devons contraindre les mouvements légaux à bouger enfin, à rejoindre nos positions... C'est ça notre véritable objectif : car nous ne susciterons une véritable adhésion populaire que si nous disposons de vrais relais politiques !

Les assistants acquiescèrent. C'était essentiellement l'ARC, la formation des frères Simeoni, qui était visée. On lui reprochait sa mollesse sinon son attentisme. Mais Roccu savait qu'en dépit de ces accusations, des liens discrets subsistaient entre légaux et clandestins.

– Une occasion se présente à nous, reprit Casabianca. Pierre Messmer va faire un voyage officiel dans l'île ! Il faut impérativement en profiter !... Explique, Natali !

Les regards se tournèrent vers l'ancien officier.

– J'ai soigneusement repéré les lieux ces derniers jours. Il faudrait deux équipes de trois hommes. L'une en soutien, l'autre opérationnelle. Une charge d'un kilo devrait largement suffire.

Il y eut un silence. Tous attendaient.

– L'objectif, dit enfin Natali, c'est Poretta. La Caravelle du soir reste toute la nuit sur le tarmac de l'aérodrome. On peut y accéder sans problèmes en venant à pied du bout de la piste après avoir cisaillé le grillage d'enceinte.

– Et il n'y a pas de garde autour de l'avion ? demanda Pascal.

– Les CRS font des rondes à heures régulières. J'ai tout noté.

– Le Premier ministre arrive le 25. Il faut taper juste avant... ajouta Casablanca. Je rédigerai le communiqué, si vous le voulez bien.

Puis il donna le signal du départ.

– Attendez! dit Roccu. J'ai une proposition à vous faire!

De toute la soirée, il n'avait pas pris la parole.

– FPCL, c'est bien! Et il faut continuer. Mais ceux qui ne sont pas paysans risquent de ne pas s'y retrouver... Je pense qu'il faudrait trouver un autre nom...

– Un autre nom ou un autre mouvement? interrogea sèchement Ottaviani.

– C'est comme tu le sens!

Ils s'affrontèrent du regard. Les autres observaient sans rien dire.

– Si on change de nom, on donne l'impression de se coucher devant le pouvoir et d'accepter la dissolution, dit Ottaviani.

Roccu allait répliquer quand Casabianca intervint.

– Tu as un nom à proposer, Roccu?

– Oui! « *Ghjustizia Paolina* [1] *!* » Tous les Corses comprendraient!

Casabianca hocha la tête. Manifestement, il approuvait la référence historique. Les autres murmuraient.

– Moi, je suis pour la proposition de Roccu, dit Ghjacumu Natali.

– Moi aussi! firent ensemble Pascal et Joseph.

Ottaviani et ses amis se levèrent.

– On en reparlera. Mais nous, on est d'abord FPCL et on le reste!

Louis tapa sur l'épaule du Niçois.

– Justicier! Ça, c'est un truc qui me plaît!

Tous éclatèrent de rire. Seul Roccu perçut ce qu'il y avait de menaçant dans la boutade de Louis.

1. Au XVIIIe siècle, pendant la brève période où la Corse fut indépendante, la justice de Pasquale Paoli fut d'une extrême rigueur. Pendaisons, mutilations punissaient les acteurs d'une vendetta. Le propre cousin de Paoli, reconnu coupable d'une action de « pure violence », c'est-à-dire d'une vengeance à l'encontre de parents indirects de son ennemi, fut pendu et sa maison fut démolie.

63

BASTIA, 21 MARS 1974, 23 HEURES 30

Joseph ne cessait de regarder sa montre. Ils étaient pratiquement les derniers consommateurs. Derrière le comptoir, le garçon donnait des signes de fatigue.

– J'ai l'impression d'être au piquet! dit Louis.

– Tais-toi, on est en représentation. Tu crois qu'en face, ils sont plus heureux que nous? ironisa Pascal.

Ils parlaient des deux policiers qui stationnaient dans une voiture banalisée de l'autre côté du trottoir.

– C'est l'heure, murmura Joseph. Ils doivent placer la charge.

– Encore quelques minutes et on fiche le camp! lâcha Roccu.

Il avait hâte de rentrer à Campu di Croce, d'en terminer avec cette comédie. C'était Jean Casabianca qui leur avait suggéré cette mise en scène : « Attablez-vous ostensiblement dans un café de la place Saint-Nicolas pendant toute la durée de l'opération! » Roccu n'avait accepté qu'à une condition : c'était « *Ghjustizia Paolina* » qui revendiquerait cet attentat et signerait ainsi son acte de naissance.

Au fond de la salle, deux hommes se levèrent. Passant près d'eux, le second, profil bourbonien et coiffure léonine, leur adressa un signe amical. Seul Roccu ne le connaissait pas.

– Qui est-ce?

– Le futur président de la République corse, dit Pascal en riant. Me Charles Santoni.

Roccu regarda l'avocat qui marchait lentement vers la sortie. Sur son visage de patricien, il y avait comme un sourire immobile, énigmatique.

– Sans lui, dit Joseph, on n'en serait certainement pas là...

– On joue, on boit, on fait quelque chose? Moi, j'en ai marre! grogna Louis.

Le colosse n'avait toujours pas digéré la frustration d'être écarté d'une opération aussi spectaculaire. « C'est vrai qu'avec les flics aux trousses, avait-il dit à ses compagnons, on ne peut pas bouger. Mais ce Casabianca et ce Natali sont des “ professionnels ” ! Ça ne me plaît pas trop qu'ils agissent à notre place ! » Personne n'avait bronché. Ils étaient tous d'accord.

Joseph jeta à nouveau un œil sur sa montre.

– On va pouvoir y aller.

Ils se levèrent. Pascal lança quelques pièces sur la table. Louis sortit le premier. Il fit un geste en direction de la voiture des policiers.

– On va leur souhaiter une bonne nuit ?

– Pas de provocation ! Viens !

Roccu le prit par le bras. L'air était doux. Du port tout proche montaient des odeurs d'huile et de goudron. Pascal et Joseph les rejoignirent. Ils marchèrent en direction de l'avenue Pietri. Derrière eux, l'auto démarra.

– Vous savez que c'est le printemps ? dit Louis tout à trac.

Et soudain, la nuit se brisa. Plusieurs sirènes retentirent simultanément. Des moteurs, lancés à pleine puissance, rugirent. Puis des gyrophares griffèrent un instant les murs de la sous-préfecture. Roccu se retourna : la voiture des policiers avait disparu.

Tous les quatre se donnèrent l'accolade.

UNE LETTRE DES AUTEURS DE L'ATTENTAT

Une lettre du groupe « *Ghjustizia Paolina* » qui a revendiqué l'attentat contre la Caravelle d'Air Inter à Bastia a été rendue publique hier. Dans cette lettre, ce groupe annonce que la justice de Paoli « *sera implacable. Elle frappera dans leurs biens et dans leur vie nos ennemis, qu'ils soient étrangers ou Corses de nature* ». La lettre lance un avertissement aux « *élus de la France* », MM. Rocca-Serra et Giacobbi, en leur interdisant « *de parler au nom de notre pays, car ils n'ont jamais su le faire et nous en payons les conséquences* ».

Le Figaro, 25 mars 1974

64

CAMPU DI CROCE, 3 AVRIL 1974, 9 HEURES

Roccu finissait de traire. Il trempa ses mains dans un seau d'eau claire, coiffa son chapeau, un vieux feutre tout cabossé, et sortit sur le seuil de la bergerie. Le soleil était déjà haut dans le ciel. Tout autour du corral, c'était une éruption de couleurs. Vert tendre des feuilles de châtaigniers, taches violines des touffes de cyclamens, jaune duveteux des crosses de fougères, aigrettes roses des sérapias.

– Roccu ! Roccu !

On était mercredi, c'était le petit Vincensiu.

Le gamin grimpa quatre à quatre le raidillon qui menait à la bergerie.

– Roccu, y a Pompidou qu'est mort.

Vincensiu, tout essoufflé, arrivait enfin.

– T'as entendu? C'est la radio qui le dit.

Roccu sourit, amusé par la fébrilité de l'enfant. Il songea qu'il en était ainsi de tous les porteurs de nouvelles. Mais était-ce vraiment une nouvelle? Pompidou, pour lui, c'était loin. Un autre monde, une autre planète. Le président d'un pays étranger qui, parfois, envoyait en Corse ses légionnaires et ses flics. Il n'y avait nulle affectation dans l'indifférence que Roccu affichait : ici, accroché à sa montagne, il avait vraiment largué les amarres. Le continent n'était plus qu'un bout de terre noyé de brume.

– Tu veux un morceau de fromage, Vincensiu?

Le gamin paraissait déçu.

– Ça te fait rien, toi? Ma tante, elle, dit qu'il a été courageux jusqu'au bout...

Roccu hocha la tête, passa la main sur sa joue râpeuse.

– Sans doute, oui... Mourir demande toujours du courage, Vincensiu.

– Ça dépend! On peut aussi mourir par hasard... Par exemple, sans être au courant qu'on va mourir.

Roccu savait que les parents de Vincensiu étaient morts dans un accident de voiture. L'enfant poursuivit en chuchotant, le visage grave :

– Mais peut-être qu'il y a toujours au moins une seconde où on sait...

Assis sur le seuil de pierre, ils restèrent silencieux quelques instants. Roccu mit un bras sur les épaules de Vincensiu.

– Tu as des projets aujourd'hui ?

– On pourrait peut-être aller à la pêche ?

Roccu regarda le ciel. Il n'y avait aucun nuage, il ferait chaud.

– Trop tard, il fallait te lever à l'aube quand il y avait encore du brouillard...

– Pourquoi ? Parce que les poissons nous voient pas ?

Roccu rit.

– Non ! Mais c'est juste au moment où la brume va se lever qu'on fait toujours les meilleurs coups de truite.

– Alors demain ! Je mettrai le réveil de ma tante.

– Demain, il n'y aura peut-être pas de brume... Et puis je crois qu'il y a école.

Vincensiu fit la grimace.

– C'est toujours pareil ! Alors, on va à la chasse aux merles. Toi, tu prends ton fusil et moi mon lance-pierres.

– Si tu veux...

L'enfant bondit et battit des mains. Puis soudain, fronçant les sourcils, il demanda :

– Elle va venir pour les vacances de Pâques ?

– Qui ?

– Tu sais bien.

Roccu se força à sourire.

– Tu es jaloux ?

– C'est pas ça. Mais quand elle est là, plus personne n'existe !

Roccu ne répondit pas. Il se leva. Ensemble, ils descendirent vers la maison Fiorelli.

– Dis, quand tu sors la nuit, qu'est-ce que tu fais ?

– Tu m'espionnes ?

L'enfant rit.

– Alors, tu me dis ?

– Non.

– T'as pas confiance? Je peux tenir ma langue, tu sais... Un secret, c'est sacré!

Bianca bêchait une plate-bande devant la maison. Elle sourit en les apercevant.

– On dirait deux aventuriers!

– On est des vrais bergers! répliqua fièrement Vincensiu. Comme autrefois!

65

ROUTE DE BUSTALICU, 2 MAI 1974, 11 HEURES

La route ne cessait de monter. A gauche, cramponné sur une étroite presqu'île rocheuse, un village dressait fièrement ses hautes maisons de schiste. Des troncs noirs et tourmentés émergeaient çà et là du maquis, souvenirs lugubres des incendies des années passées. Malgré les repousses de genévriers, on devinait encore de part et d'autre de la vallée les stries d'anciennes terrasses, tel l'emmarchement d'un escalier géant. Roccu imaginait les efforts de ces paysans qui avaient patiemment domestiqué la montagne jusque dans ses recoins les plus inaccessibles.

C'était ici, au cœur du Boziu, que s'était levé contre les seigneurs le légendaire Sambuccio d'Alando [1]. Ici encore que la révolte des impôts contre Gênes avait commencé au XVIIIe siècle.

La 4L peinait. A travers le plancher rouillé, Roccu pouvait voir la route grise, mangée d'herbes folles. Sur les bornes kilo-

1. Révolte dite du Temps du Commun : insurrection antiféodale du XIVe siècle qui déboucha sur une ébauche d'organisation collective et démocratique (terra del comune) des communautés corses de « l'Au-delà-des-monts », c'est-à-dire la Haute-Corse actuelle.

métriques, sur les panneaux routiers, des affiches électorales recouvraient les inscriptions nationalistes. Le crâne déplumé de Giscard le disputait au visage faussement bonhomme de Mitterrand. Déjà, Chaban-Delmas, avec ses airs de vieux jeune homme, semblait distancé. On allait voter en France. Et Roccu s'en moquait.

Il aperçut les premières maisons. Véritable défi à l'équilibre, Bustalicu, comme tous les villages du Boziu, était juché sur un promontoire. Roccu gara l'auto devant l'église et partit à la recherche de Ghjacumu Natali. Venelles étroites, passages voûtés : les hautes maisons étaient imbriquées les unes dans les autres. « Ghjacumu est au moulin ! » lui dit une vieille. Roccu emprunta un sentier tortueux qui descendait vers le torrent. Des cailloux roulaient sous ses grosses chaussures de cuir. Pour passer, il fallait écarter les épineux, se couler sous de vrais tunnels végétaux où le soleil pénétrait à peine. Des sources de plus en plus nombreuses gorgeaient d'eau la terre du chemin. Il faisait frais, presque froid. Une couleuvre aux reflets dorés traversa furtivement le sentier et se faufila derrière une touffe de fougères. Bientôt, Roccu fut en vue d'un pont génois jeté en travers du cours d'eau. Sous le dos-d'âne, l'arc demi-cyclindrique se reflétait dans une vasque naturelle d'un pur vert émeraude et dessinait un cercle parfait entre ciel et eau. Le moulin se trouvait un peu plus loin, vieille bâtisse recouverte de lauzes qui enjambait le torrent dans son passage le plus étroit, entre deux escarpements rocheux.

Roccu se rapprocha. L'eau sortait en bouillonnant d'une voûte de pierre. Sous l'ouvrage, dans les remous, une roue horizontale à pales de bois tournait. Plus haut, par l'une des fenêtres ouvertes, on entendait la plainte des meules.

Il fit le tour du bâtiment. Ghjacumu Natali se trouvait à l'étage. En chemise et pantalon, couvert de farine, il était en train d'enfourner un seau de châtaignes séchées dans la trémie du moulin. Il se retourna lentement et Roccu, pour la première fois, remarqua ses yeux clairs, entre vert et bleu.

Les meules crissaient, la machinerie trépidait, le plancher de bois tremblait. Il flottait dans les rais du soleil une fine poussière de farine. Natali entraîna Roccu à l'extérieur.

– C'est beau comme du Giono, hein?

Il y avait une expression vaguement malicieuse sur le visage de l'ancien officier.

– J'ai commencé à retaper ce moulin quand je suis revenu au village... Le mécanisme était pourri, la baraque tombait en ruines. Mais cette année, j'ai déjà fait trois tonnes de farine. Un début...

Ghjacumu passa une main sur ses joues poudrées de farine.

– Les vieux ricanaient en me voyant faire. Mais ce n'est pas du folklore : quand le moulin sera au point, on pourra moudre plus d'une vingtaine de tonnes!

Natali mettait une sorte de passion contenue dans ses propos. Il parlait de la farine comme d'un être vivant.

– Je ne suis pas un maniaque de la tradition mais il n'y a que les moulins à eau pour produire une farine de qualité. Les moteurs électriques sont trop puissants, la farine s'échauffe et prend un goût...

Soudain, il rentra dans le bâtiment. Roccu le vit débrayer la roue et les meules cessèrent de tourner.

– Tu déjeunes avec moi?

Sans attendre la réponse de Roccu, il partit d'un pas vigoureux en direction du village. En chemin, il parla encore de ses projets. La châtaigneraie était à l'abandon, ses fruits ne nourrissaient plus que les cochons sauvages. Natali envisageait de rationaliser la collecte, le séchage et le battage des châtaignes.

– Aujourd'hui, la farine de châtaignes est un produit de luxe... Si on arrive à grouper les producteurs, on peut gagner de l'argent. Tu vois que je ne rêve pas!

Roccu non plus n'avait pas eu l'impression de rêver lorsque, contre toute attente, il avait décidé de se faire berger.

Quand ils débouchèrent à l'extrémité du sentier, la chaleur faisait trembler la route. Sur la place du village, il régnait une fournaise de plein été. Le ciel avait pris une couleur de plomb. Ils gagnèrent la maison de Natali, une grande bâtisse austère plantée à flanc de montagne.

– Le midi, je suis seul, ma femme travaille à Bastia.

Il posa un faitout sur la gazinière, alluma puis commença à

mettre le couvert. Ses gestes étaient calmes, précis. Au-dessus de la porte, sur le bandeau, il y avait une phrase calligraphiée : « Je ne sais qui est le plus méprisable, de celui qui nous achète ou de celui qui nous vend. Pasquale Paoli. »

– Il y a longtemps que tu connais Casabianca ? demanda brusquement Roccu.

Natali eut un petit rire sec.

– Tu te méfies, hein ? C'est l'ancien officier qui ne passe pas... Je pensais pourtant t'avoir expliqué...

– Je t'ai simplement posé une question.

– Alors je te réponds simplement : mon père a été résistant, aux côtés de Jean. Ça te va ?... Une autre question ?

– Oui... Tu es avec nous ? Ou à côté ?

– Compagnon de route, c'est ce que tu veux dire ? Pourquoi pas ?

Il eut à nouveau ce même rire bref. Puis il reprit :

– Peut-être que je me méfie de l'amateurisme !

– Tu parles pour moi ?

– Non, Roccu. Pas pour toi ! Mais pour d'autres, oui... La clandestinité, ce n'est pas un jeu de boy-scout ! Ça impose des règles, des mesures de sécurité strictes, des cloisonnements. En face, il y a un appareil policier considérable. Efficace... Le jour où ils voudront...

– On est en Corse, Ghjacumu ! Ici, on ne parle pas, on ne dénonce pas !

– Tu crois ça ? Pour l'instant, ils n'ont pas arrêté de vrais clandestins. Mais attends la première rafle !

Il n'en dit pas plus sur ce sujet. Ils se mirent à table.

– Tu veux du vin ? Moi, je ne bois que de l'eau.

– Ça me va très bien...

Ghjacumu souleva le couvercle du faitout et servit une soupe épaisse et parfumée dans les assiettes. Il y avait de gros haricots, des morceaux de jambon, des pommes de terre. Roccu coupa le pain. Ils commencèrent à manger. Tous deux, levés depuis l'aube, avaient très faim. Ghjacumu, le premier, parla de l'élection présidentielle. Roccu haussa les épaules.

– J'ai entendu Giscard quand il est venu en Corse ! « Souvenez-vous de moi, je me souviendrai de vous ! » Tu parles d'une blague ! Ces élections ne nous concernent pas !

– Je ne suis pas d'accord. Mitterrand, lui, a fait des avancées... Sur la langue corse, en particulier.

– C'est de l'esbrouffe, tu as vu qui il a choisi comme représentant personnel en Corse? Giacobbi! Un chef de clan!

– Il n'empêche que les pourparlers avec les autonomistes n'ont pas été entièrement négatifs! Si Mitterrand est élu, il fera des concessions!

– S'il est élu, il oubliera aussitôt ce qu'il a promis!

Ghjacumu sourit.

– Tu es toujours aussi intransigeant, Roccu?

– Pas toujours! Je fais parfois de réels efforts!

Cette fois, Ghjacumu Natali rit pour de bon.

UNE LETTRE DE FRANÇOIS MITTERRAND

La régionalisation démocratique que nous envisageons s'oppose radicalement à la caricature de réforme régionale octroyée avec réticence par le gouvernement Messmer-Giscard. (...) Il s'agit d'élire une assemblée régionale au suffrage universel direct et à la proportionnelle. L'exécutif régional procédera des élus régionaux et non plus de l'administration centrale. (...)

La circonstance que l'entité Corse est à la fois région et département conduira à faire bénéficier la Corse d'un statut particulier que les Corses préciseront dans le cadre de l'unité nationale : j'ai dit à Ajaccio que les formes politiques que pouvait revêtir l'exercice du droit à la différence était une question qui regardait les Corses. (...)

Le droit à la différence s'exprime par l'affirmation de l'identité culturelle. La promotion des langues et des cultures minoritaires sera assurée dans le sens de la proposition de loi déjà déposée par MM. Le Pensec et Alfonsi.

Par ailleurs, il est clair qu'il n'y a pas de régionalisation effective sans l'existence d'une Université de plein exercice. (...)

François Mitterrand, 11 mai 1974.

(Lettre adressée à quatre mouvements autonomistes ou nationalistes : *Partitu du u Populu Corsu, Parti Corse pour le progrès, Unione di a Patria, Azione per a Rinascita Corsa.*)

66

ROUTE DE BASTIA À AIACCIU, 31 AOÛT 1974, 8 HEURES

Des arbres calcinés lançaient leurs moignons vers le ciel. Comme des appels au secours. Partout le même spectacle, partout la même désolation : des collines de deuil, mises à nu par le feu, des flancs de montagne balafrés par l'incendie, des bergeries aux ruines encore fumantes. Vingt mille hectares avaient déjà brûlé. Et le préfet Delaunay avait cru ou voulu y voir la main des autonomistes.

Roccu, assis à l'arrière de la voiture de Pascal, ferma les yeux. Jamais l'été n'avait semblé aussi torride. Sous le cagnard de midi, le maquis craquait comme un feu de brindilles sèches. La nuit, les incendies dessinaient des guirlandes meurtrières sur les crêtes. C'était fascinant, c'était horrible. Des flammèches volaient jusque dans les villages. Les soirées avaient un goût de cendres.

Il y avait eu aussi la fête de Corti, ces milliers de jeunes rassemblés pour la première fois sous les chapiteaux géants de l'autonomisme légal. Edmond Simeoni, soulevé par l'enthousiasme ambiant, avait dénoncé pêle-mêle les fraudes des gros viticulteurs de la plaine orientale, la mainmise des clans, le pouvoir colonial et son principal représentant en Corse, le préfet. Mais c'était « *Ghjustizia Paolina* » qui avait tiré le bouquet final en faisant sauter les domiciles du premier président de la cour d'appel et du procureur général.

Pour Roccu, tout se bousculait, tout allait trop vite depuis quelques mois. Les nuits passées à courir l'île, d'attentats en attentats. Les petits matins sales où il fallait être de retour au village avant l'éventuelle arrivée des flics... Souvent, Roccu allait directement à la bergerie, sans même passer chez lui. Si Quiliccini ou l'un de ses sbires pointait le nez, il trouvait un honnête berger au travail. Venaient ensuite les journées, longues, somnolentes. Vides. Marie-Colombe n'était pas revenue. Ni à Pâques ni cet été. Les lettres étaient devenues plus rares, plus courtes, plus anodines... Marie-Colombe ne reviendrait peut-être jamais.

A l'avant de la voiture, Pascal et Joseph bavardaient à voix basse. Sans doute pensaient-ils qu'il dormait... Carré contre la portière, Roccu garda les yeux fermés. Où s'arrêterait cette course en avant? La nuit, il vivait plus vite, plus fort. Mais le plaisir qu'il y prenait ne manquait pas de l'inquiéter. L'action agissait comme une drogue. Pourrait-il jamais s'en passer? Il faudrait en parler un jour avec Jean Casabianca. Prendre le temps de réfléchir. Prendre le temps de se retrouver.

Mais aucun répit n'était possible : aujourd'hui, il y avait la manifestation d'Aiacciu après l'arrestation de Louis. Plusieurs autres dirigeants agricoles venaient d'être appréhendés. Chacun en Corse avait pu voir les images à la télévision régionale, chacun s'était indigné : enchaînés, les syndicalistes avaient été transférés par avion à Marseille. Ils étaient toujours incarcérés aux Baumettes. On leur reprochait d'avoir humilié et déculotté le directeur départemental de l'Agriculture qui n'avait pas tenu les promesses faites quelques mois plus tôt par Pierre Messmer. L'opinion insulaire ne comprenait pas qu'un péché aussi véniel eût pour conséquence un tel traitement. Après tout, les agriculteurs continentaux avaient depuis longtemps donné l'exemple en incendiant des sous-préfectures, en mettant à sac des villes, sans encourir de poursuites sérieuses.

L'auto ralentit. Roccu ouvrit les yeux. Un épais brouillard roussâtre noyait la route. Pascal s'arrêta derrière une caravane. Ils descendirent tous les trois. Le maquis brûlait en contrebas. Parfois, de longues flammes crevaient les volutes de fumée et fusaient en un feu d'artifice. Projetés à plusieurs mètres, des brandons incandescents allumaient de nouveaux foyers. L'incendie progressait ainsi par bonds successifs dans le lit du torrent.

Les occupants de la caravane, toute une famille de Hollandais, observaient, hypnotisés.

67

AIACCIU, 31 AOÛT 1974, 17 HEURES

Il y eut un bruit mat. Et soudain, dans un grand fracas cristallin, la vitrine de *Nice-Matin* s'effondra. La foule applaudit. Joseph avait déjà disparu.

Ils étaient des milliers massés autour de la préfecture. Le cours Napoléon, la place du Diamant étaient noirs de monde. Les manifestants hurlaient des slogans réclamant la libération des syndicalistes. Il faisait très chaud. Des drapeaux à tête de Maure flottaient au-dessus des têtes. Il y avait des auréoles de sueur sur les chemises des garçons et l'on devinait la poitrine libre des filles sous leurs tee-shirts. C'était encore le temps des vacances.

Joseph, Pascal et Roccu, qui brandissait un petit drapeau corse attaché à l'extrémité d'une barre à mine, progressèrent vers l'entrée de la préfecture. Beaucoup de visages leur étaient familiers.

Une délégation d'agriculteurs parlementait avec un commissaire retranché derrière les grilles, dans le jardin du palais Lantivy. Les syndicalistes voulaient rencontrer le préfet. On leur proposait de passer discrètement par une petite porte. Refus indigné : les délégués exigeaient l'entrée principale ! Roccu et ses deux amis écoutaient d'une oreille distraite tout en examinant les chaînes qui verrouillaient le portail. Les palabres se prolongeaient. La foule hurlait. Tranquillement, Pascal sortit une massette de son sac à dos. Joseph, lui, avait déjà un burin à la main. Ils commencèrent à attaquer le cadenas tandis que Roccu faisait levier avec sa barre à mine. Soudain, alerté par le bruit, le commissaire bondit.

– Arrêtez ! Arrêtez tout de suite !

Le cadenas allait céder. Pascal, sa massette levée, dévisagea le policier. Pendant une longue seconde, de part et d'autre de la grille, ils se regardèrent. Puis, sans un mot, Pascal lança son outil. Le commissaire, frappé à la tête, s'écroula. Il avait la figure en sang. Il se releva en titubant et courut vers le bâtiment. Roccu le vit sortir une arme.

– Attention!

Ils se baissèrent. Le commissaire leva son pistolet et pressa sur la détente. Une fusée monta dans le ciel.

– La belle rouge!

Les manifestants applaudirent. Aussitôt, des gendarmes mobiles, fusils lance-grenades en avant, surgirent des abords du palais Lantivy.

68

AIACCIU, 31 AOÛT 1974, 21 HEURES

On se battait partout. De la route des Sanguinaires jusqu'au port. Les plus déterminés des manifestants avaient choisi de s'éparpiller par petits groupes afin de disperser les forces de police et de faire de tous les Ajacciens des spectateurs des affrontements.

Sur la place du Diamant, des jeunes gens masqués dépavaient. Les CRS attaquaient par vagues. Ils repartaient sous une pluie de projectiles. Foulards sur la bouche, les manifestants évoluaient dans un brouillard de gaz lacrymogènes. Les explosions ininterrompues de grenades secouaient les maisons de la vieille ville. Çà et là, des feux brûlaient au milieu de la chaussée.

Roccu avait été séparé de Joseph et Pascal lors de la première charge devant la préfecture. Armé de sa barre à mine, il participait au dépavage de la place du Diamant. Soudain, un bruit énorme, sourd et saccadé, descendit sur la ville. Un hélicoptère. Il se rapprochait rapidement. Le vacarme devint insupportable. Bientôt les pales fouettèrent l'air à quelques mètres seulement au-dessus des manifestants. Le nuage lacrymogène fut balayé en un instant. Roccu vit un bras qui dépassait de la portière droite de l'appareil. Un projectile puis un autre explosèrent en touchant le sol. Aussitôt, une atroce odeur chlorée envahit la place.

Les manifestants refluèrent en désordre vers l'avenue du Premier-Consul. Mais déjà, un peloton de gendarmes mobiles remontait du port tandis qu'un cordon de CRS tenait l'entrée de la rue du Cardinal-Fesch. Roccu se sentit pris au piège. Il se mit à courir en faisant des moulinets avec sa barre à mine. Hurlant, profitant de l'effet de surprise, il réussit à passer au milieu des CRS, évitant tant bien que mal les coups de matraque. Il reprit son souffle une centaine de mètres plus loin. Des manifestants masqués de foulards venaient à sa rencontre.

– Roccu ! T'es blessé !

C'était Joseph, une fronde à la main.

Roccu porta la main à sa tête. Il l'en retira pleine de sang. Il haussa les épaules. Il n'avait rien senti. Soudain, des grenades explosèrent derrière eux. Les CRS s'étaient retournés et chargeaient. Joseph arma sa fronde.

– Les salauds, à tir tendu !

Dans le brouillard jaune, on voyait les flammes qui sortaient du canon des lance-grenades. L'air devenait irrespirable. Soudain, Joseph poussa un cri de douleur.

– Merde, ma cheville !

Une grenade fumait à ses pieds. Roccu la renvoya d'un coup de pied. Les CRS se rapprochaient.

– Appuie-toi sur mon épaule !

Derrière eux, on se battait au corps-à-corps. Joseph fit quelques pas à cloche-pied.

– Je suis sûr que j'ai quelque chose de cassé ! Laisse-moi !

Un policier, matraque à la main, surgit du brouillard. Avec son masque à gaz, il ressemblait à un monstre aux yeux vides.

Roccu n'eut pas le temps de lever sa barre à mine. Une haute silhouette s'interposa. Projetant brutalement sa jambe gauche, l'homme, de la pointe de sa chaussure, frappa le CRS à la poitrine. Sans un cri, le policier s'écroula. Son agresseur se retourna : c'était Ghjacumu Natali. Il vint se placer de l'autre côté de Joseph.

– Qu'est-ce qu'il a?
– La cheville... Une grenade. C'était pas mal, ton numéro!
– A l'armée, on n'apprend pas qu'à marcher au pas!
Ils soutinrent Joseph jusqu'au bout de la rue. On y respirait mieux. Mais on entendait un peu partout le fracas des explosions, à peine couvert par le halètement haché de l'hélicoptère. Des ambulances, gyrophares allumés, stationnaient sur le quai.
– Je l'accompagne, dit Ghjacumu. J'ai un copain chirurgien à l'hôpital...
Joseph, grimaçant, adressa un clin d'œil à Roccu.
– Si tu rencontres un téléphone, donne un coup de fil à Françoise...
Une colonne de fourgons bleu nuit passa en trombe sur le quai. Aidé par Ghjacumu, Joseph s'allongeait sur le brancard. Roccu attendit que la porte arrière de l'ambulance fût refermée.

69

AIACCIU, 31 AOÛT 1974, 23 HEURES 30

Ça sentait le pneu brûlé et le chlore. Sous les foulards, les visages ruisselaient de sueur. Les traits étaient creusés, mangés de barbe. Roccu avait soif, la gorge le piquait, ses yeux pleuraient. Il avait perdu sa barre à mine en fuyant devant une nouvelle charge.
Toute la soirée, les sirènes avaient hurlé dans la ville. A travers la fumée et la nuit, les manifestants passaient comme des zombies. Ils se ressemblaient tous.
Roccu fit halte quelques instants près du port afin de reprendre sa respiration. L'air de la mer était tiède. Puis, une ultime fois, il remonta vers la préfecture. Il la vit au dernier moment : une fille en jean très serré et tee-shirt. Mince,

presque une fillette. Elle débouchait d'une petite rue et courait coudes au corps. Derrière elle, il y avait deux uniformes noirs. En prenant un virage, elle perdit une sandale et trébucha. Déjà, les deux policiers fonçaient sur elle. Roccu prit son élan. Les flics ne l'avaient pas vu. Tassé sur lui-même comme un pilier de rugby, il les heurta de pleine fouet, sur le côté. Ils tombèrent comme des quilles. La fille, éberluée, était encore à terre. Roccu lui prit la main, la releva :

– Ma chaussure!

Il la tira violemment vers lui. Ils s'enfuirent en courant. Dans la grosse main de Roccu, la main de la fille ne semblait pas plus épaisse qu'une patte de chat.

Elle s'appelait Xaviera, elle avait de longs cheveux raides, une frimousse d'oiseau et de grands yeux étonnés. Ils étaient adossés contre un mur et haletaient encore. Roccu avait gardé la main de la fille dans la sienne.

Soudain, Xaviera éclata de rire.

– Deux flics d'un seul coup d'épaule! Pas mal, non?

Elle rit encore, regarda Roccu comme si elle ne voulait jamais oublier ses traits. Puis elle mouilla de salive son index et, délicatement, elle essuya les traces de sang séché sur le front du garçon. Sa tâche terminée, d'un mouvement parfaitement naturel, elle posa sa tête contre la poitrine de Roccu. Ils restèrent ainsi un long moment tandis que, plus haut en ville, résonnaient les détonations sèches des dernières grenades offensives.

70

PARIS, 1er SEPTEMBRE 1974

Ils rentrent! Avec leurs voitures aux galeries surchargées de valises et de paquets. Avec leurs trognes pain d'épice. Avec des étoiles dans les yeux et des grains de sable dans leurs revers de pantalon. Ils rentrent après s'être gavés de ciel bleu !

Malgré son interdiction, Sacramaria avait ouvert les fenêtres. Dehors, dans le square tout proche, des gosses piaillaient. Oraziu avait toujours détesté le mois de septembre. Le mois du retour. Et pourtant, avec quelle célérité ne troquait-il pas ses oripeaux insulaires pour le maintien strict du professeur ! Il se coulait aussitôt dans ses habitudes continentales comme on revêt un uniforme. Il retrouvait ses confrères, le silence de son bureau, le charme poussiéreux de la bibliothèque de la Sorbonne... L'île s'éloignait vite, disparaissait dans les brumes automnales.

Oraziu finit de boire sa tisane. Il se leva lentement. Ses jambes peinaient à le porter. Sacramaria interrompit un instant sa vaisselle pour jeter un coup d'œil dans le salon. Elle l'épiait. Non, elle veillait sur lui. Mais cette surveillance incessante l'agaçait.

Il ouvrit la porte de son bureau. Les rideaux étaient tirés. Une odeur de vieux le prit à la gorge. Son odeur. Désormais, il avait en horreur son propre corps.

Sur sa table de travail, le petit sac en cuir d'Ernella était ouvert, les photos répandues... A sa façon, il perpétuait le culte. Tant qu'il vivrait lui-même, ces visages fanés échapperaient à l'oubli du tombeau. Avec une sorte de conviction naïve, il s'efforçait d'effacer les jalousies et les inimitiés d'autrefois en consacrant le même temps à chacun ou chacune. Il puisait dans ses souvenirs, luttait désespérément contre sa mémoire défaillante.

Caru Roccu,

La nuit, le jour, les ombres m'assaillent. J'ai l'impression qu'elles me demandent des comptes. Ma mère, la première, revient souvent dans ces songes éveillés. Maman! « Pè di " Mamma " s'impiccianu e labbre duie volte[1]*. » Pour moi, Andréa a toujours le visage de ses trente ans à l'âge où, gamin, je m'accrochais encore à ses jupes. Son œil est noir, ses traits énergiques. C'est une femme de la montagne. Elle ne quittera le village qu'une seule fois*

1. Pour dire « Maman », les lèvres se joignent deux fois.

pour aller à Bastia. A cette occasion, elle découvrira la mer qu'elle n'a encore jamais vue. « Ce n'est pas beau, c'est bleu comme de la lessive ! » *Et la farouche Andréa de remonter vers son village ! Un autre jour, un parent bien intentionné croira lui faire plaisir en lui apportant de la langouste. Ma mère refusera avec hauteur :* « Jamais on ne me fera manger d'araignée ! »

Sans doute as-tu envie de rire... Mais je t'ai déjà dit que pour nous autres, Corses, la mer était une ennemie qui ne nous avait jamais apporté que la mort ou des visiteurs indésirables. Nous devions la supporter puisqu'elle bornait notre horizon mais, toujours, nous nous méfiions de cette compagne arrogante et fantasque.

Même lorsque nous passions encore nos vacances estivales au village, il ne nous serait jamais venu à l'idée de descendre patauger au bord de la mer. Ernella et moi préférions la fraîcheur du torrent, son eau de cristal, ses gros rochers plats sur lesquels, aux heures les plus chaudes du jour, nous paressions à l'ombre verte des aulnes.

T'ai-je déjà raconté comment j'ai fait la connaissance de ta grand-mère? A l'époque, j'étais encore élève de l'École normale et je donnais des leçons particulières afin de pouvoir manger et me vêtir décemment. Un dimanche après-midi, j'étais assis en compagnie d'un camarade à une terrasse de la place Saint-Nicolas. Et soudain, je l'ai vue ! Une jeune beauté de quinze ans, élégamment vêtue. Bien cambrée, la poitrine haute, elle avait un port de reine. Ses cheveux blonds étaient ramassés en une superbe tresse encore plus longue et plus épaisse que celle de ma très chère Laurina. On avait aussitôt envie de la saisir, de baigner ses mains dans cette opulence, de caresser. Plus tard, elle me dit que sa tresse était en effet un objet de convoitise pour tous les garçons. Mais Ernella avait la main leste et n'hésitait pas à gifler les plus entreprenants.

Et puis il y avait ses yeux, violets, couleur de nuit d'été, semés de fines paillettes d'or. Dès le premier regard qu'elle porta sur moi, j'étais ébloui. Et ce fut dans une sorte d'état second que j'entendis mon camarade nous présenter l'un à l'autre. J'étais déjà amoureux, je bafouillais des banalités et je me maudissais de paraître si gauche.

Désormais, je guettais sa promenade hebdomadaire sur la place. Malheureusement, elle était le plus souvent accompagnée par ses parents, des bourgeois bastiais, des armateurs qui depuis plusieurs générations possédaient une flotte qui croisait en Méditerranée. Pour le petit-fils de berger et fils de gendarme que j'étais, ils paraissaient immensément riches. La situation sociale si dissemblable de nos familles était telle que je désespérais de pouvoir conquérir un jour Ernella, bien que les discrets signes amicaux qu'elle ne manquait jamais de m'adresser m'encourageassent à persévérer.

Un jour, bien mystérieusement, je reçus un mot d'elle. Ernella me faisait savoir que, contrairement à une rumeur persistante, elle n'était en aucune façon fiancée au fils du gouverneur militaire de la place. Mon cœur bondit de joie. Le message était clair. Ernella était libre et elle voulait que je ne l'ignorasse point. C'était donc moi, sans nul doute, qu'elle choisissait. J'exultais!

Oraziu s'arrêta un instant. Il prit devant lui un petit carton sur lequel une photo format carte d'identité était collée. Ernella. Ce jour-là, elle avait roulé sa tresse autour de sa tête, ainsi que la prude directrice de son école le lui avait recommandé. Pieusement, le vieillard posa ses lèvres sèches sur la photo jaunie. Ernella lui souriait.

J'ai répondu en secret à son mot. Et nous avons convenu d'un code pour échapper à l'étroite vigilance de ses parents. Lorsqu'elle se promenait sur la place Saint-Nicolas, il lui suffisait de toucher le bord de son chapeau. Aussitôt, je quittais mon poste et je filais jusque chez elle où je grimpais dans les étages. Bientôt je l'entendais monter quatre à quatre. Elle avait distancé ses parents sur le chemin du retour... Nous disposions alors de quelques courts instants pour parler, nous embrasser, avec l'exalta-

tion et les frustrations que tu peux imaginer... Dès que nous entendions les pas de ses parents dans la cage d'escalier, je montais à l'étage supérieur afin de ne pas être surpris. Et j'attendais qu'ils fussent entrés dans leur appartement pour redescendre.

Les bonheurs que j'ai vécus sur ces simples marches de pierre... Nous arrachions des secondes à l'éternité, nous nous promettions la félicité. Nous ne doutions pas que l'avenir nous appartenait. Même si, tous deux, nous savions que nous devrions vaincre bien des préjugés et des résistances. Mais... « Si hà bellu che separà dui inamurati, trovanu sempre a manera d'intendesi [1] *!* » *Ernella, tes lèvres avaient un goût de vanille...*

– Mon oncle!...

Le soir tombait lorsque Sacramaria poussa la porte du bureau. A la télévision, on évoquait la Corse. Une véritable émeute avait secoué Aiacciu...

– Mon oncle!

Mais une nouvelle fois, Oraziu Acquaviva s'était assoupi alors qu'il était en train d'écrire. Elle souleva doucement la tête du vieillard. Son front reposait sur une petite photo de la taille d'une vignette. Sacramaria la prit dans sa main. L'image était fanée mais il semblait que le visage lumineux d'Ernella transgressait le temps.

1. On a beau vouloir séparer deux amoureux, ils trouvent toujours le moyen de s'accorder.

**LES MESURES GOUVERNEMENTALES
EN FAVEUR DE L'ÎLE
SONT ACCUEILLIES SANS ENTHOUSIASME**

Ajaccio. – « *Il aura donc fallu manifester pour obtenir qu'un comité interministériel prenne la décision de tenir les engagements annoncés cinq mois auparavant par M. Pierre Messmer.* » Tel est le sentiment qui prévaut en Corse au lendemain de la publication du communiqué gouvernemental du lundi 2 septembre. On considère au surplus, qu'exception faite de deux mesures, le communiqué n'apporte guère d'éléments réellement positifs et qu'il n'est en réalité qu'un nouveau catalogue de bonnes intentions. (...)

Dans l'immédiat, tous les regards sont tournés vers la prison des Baumettes, à Marseille, où sont détenus M. François Musso, président de la FDSEA de la Corse, et cinq agriculteurs.

(...) A Marseille, les six détenus ont refusé de répondre aux interrogatoires, se contentant de faire leur déposition aux inspecteurs de la police judiciaire. (...) Il ne fait pas de doute que de nouvelles manifestations de rue auront lieu si les mesures d'apaisement attendues n'interviennent pas rapidement.

Lundi, les agriculteurs du sud de l'île ont, pendant trois heures, barré la route à Porto-Vecchio, mais aucun incident n'a été à déplorer, le service d'ordre n'étant pas intervenu, contrairement à ce qui lui avait été prescrit de faire à Ajaccio les 28 et 31 août. Mais qui peut prévoir ce qu'il en sera les jours prochains dans une île où la tension ne cesse de croître?

Paul Silvani, *Le Monde*, 4 septembre 1974.

71

GHISUNACCIA, 5 SEPTEMBRE 1974, 15 HEURES

La rue était longue, large et droite, bordée de maisons basses. Une rue de l'Ouest américain, pensait Roccu. Vite poussée, mal bâtie. Comme dans les villes de western, il y avait aussi des banques de chaque côté de la route. Un vent chaud soulevait des nuages de poussière jaune. Au fond, vers Solenzara, des tracteurs barraient la rue. Derrière les engins, sous une forêt de banderoles, on devinait une foule compacte. Pas un casque, pas un képi à l'horizon.

Il arrivait de Vizzavona où il avait passé quatre jours en compagnie de Xaviera, la jeune fille qu'il avait rencontrée à la manifestation d'Aiacciu. Corse de la diaspora, vivant à Paris, Xaviera avait vingt ans et en paraissait quinze. Roccu avait été troublé par cette impression d'extrême jeunesse, même si, à l'évidence, elle l'exagérait et en usait avec malice. Sans le vouloir, la jeune fille avait donné de bonnes raisons à Roccu pour s'éclipser. « Moi, avait-elle dit, je n'ai encore jamais été amoureuse. Enfin, pas vraiment. Ou alors, trop souvent, c'est-à-dire pas longtemps. » Sa voix s'était fêlée. Il y avait eu un silence. Roccu avait cru qu'ils pouvaient se quitter bons amis.

Il avait fait la route de Vizzavona à Ghisunaccia en auto-stop. Le premier à le prendre à bord de son véhicule était un camionneur qui parcourait quotidiennement la route d'Aiacciu à Bastia. Le dernier fut un paysan qui, comme lui, allait manifester à Ghisunaccia. Tous avaient évoqué les récents événements. Le sentiment était général : la Corse, éternelle sacrifiée, apparaissait plus que jamais méprisée sinon honnie par la métropole. Seuls son soleil et ses plages intéressaient deux mois par an les continentaux. Le complexe insulaire, toujours prompt à renaître, enflammait les esprits. Perpétuel offensé, conquis sans s'être vraiment donné, le Corse revendiquait son exception tout en accusant l'État français de le traiter en être singulier. Bref, il y avait aussi du dépit amoureux dans la révolte qui couvait. Ce que le camionneur, avec son gros bon sens, avait traduit ainsi : « S'ils se fichent autant de ce qui se passe ici, je ne vois pas pourquoi ils s'entêtent à nous refuser l'autonomie ! »

Roccu avait écouté ses propos sans rien dire. D'instinct, il comprenait que l'éclosion du sentiment national devait en passer par ces réactions purement épidermiques.

Il franchit le barrage des tracteurs et se mêla aux manifestants. Beaucoup portaient le fusil à l'épaule. Visages rudes, joues grisaillées de barbe, quelques-uns avaient revêtu le traditionnel costume de velours des bergers. Beaucoup étaient descendus des villages du Fiumorbu. Roccu aperçut les frères Simeoni. Mais c'étaient ses amis qu'il cherchait.

Il les retrouva confortablement installés sous une treille. Pascal discutait avec André Rochezzani et Petru Ottaviani. A côté d'eux, se tenait Joseph, pied plâtré, appuyé sur une canne.

– Tu as vu, Roccu, les escopettes sont de la revue! lança Ottaviani, pour une fois détendu et souriant.

– Facile quand il n'y a personne en face! répondit Joseph.

– C'est tout l'ARC, ça! grogna Rochezzani. On montre les fusils pour faire peur. Mais on croise les doigts pour ne pas avoir à s'en servir!

– D'ailleurs, on est indésirables, poursuivit Ottaviani. Max Simeoni ne voulait voir que des agriculteurs!

– Et qu'est-ce que je suis moi? rétorqua Roccu.

– Ce soir, on va les secouer un peu! murmura le Niçois.

– Des paquets?

– Mieux!

Soudain, Joseph se leva et, clopinant, entraîna Roccu à l'écart.

– Elle est revenue! Je l'ai vue tout à l'heure, lui dit-il à l'oreille.

Le cœur de Roccu battit plus fort. Un afflux de sang monta à son visage.

72

GHISUNACCIA, 5 SEPTEMBRE 1974, 20 HEURES 45

Avec des gestes presque religieux, André Rochezzani ouvrit la cantine. Il posa le couvercle métallique, souleva le papier huilé qui recouvrait le contenu de la malle. Les pistolets-mitrailleurs Sten brillaient d'un éclat mat. Rochezzani se releva. Il avait l'air très content de lui.

– C'est un vieux de mon village qui me les a donnés, un ancien résistant... Il les a planqués après un parachutage, à la fin de la guerre. Ces mitraillettes sont comme neuves !

Ils étaient une vingtaine autour de lui. Tous arboraient des tenues militaires camouflées. Roccu, sans enthousiasme, avait dû lui aussi revêtir un treillis. Mais Joseph, handicapé par sa blessure, avait été obligé de renoncer à l'expédition. Quant à Pascal, il avait étrangement disparu après la manifestation de l'après-midi. Roccu soupçonnait son ami, volontiers individualiste et jaloux de son indépendance, d'avoir voulu échapper à une opération au caractère trop militariste.

Rochezzani et Ottaviani commencèrent à distribuer armes et chargeurs. Ceux qui ne reçurent pas de Sten s'équipèrent de fusils de chasse ou de carabines automatiques. Roccu était certainement le plus détaché d'entre eux.

Bruits de culasses, claquement de chargeurs dans leurs logements. Rochezzani expliquait :

– Attention, ces trucs-là, comme toutes les armes à culasse ouverte, ça part tout seul si ça tombe !

Il y eut des rires. Roccu notait l'excitation des regards, la fébrilité des mains qui touchaient, caressaient les canons et les crosses.

Le soleil couchant embrasait le Fiumorbu. Ils montèrent dans les voitures. Les quatre moteurs rugirent en même temps. Sur le chemin de terre, les autos soulevaient un long panache de poussière. Roccu songeait à Marie-Colombe. Tout au long de l'après-midi, il l'avait cherchée dans la foule des manifestants.

Les autos s'arrêtèrent avant la route nationale. Sans un mot, tous coiffèrent des cagoules ou des passe-montagne. Puis les voitures repartirent dans la direction de Ghisunaccia.

La nuit tombait lorsqu'ils pénétrèrent en ville. Des consommateurs étaient attablés aux terrasses des cafés. L'air était encore poisseux de la chaleur du jour. Il y avait des odeurs de cuisine. Les portières claquèrent. Ils s'alignèrent en deux colonnes au milieu de la chaussée. Aux terrasses, sur les trottoirs, on les regardait avec curiosité. Comme au spectacle, pensa Roccu. Et il fut mal à l'aise. Surtout parce qu'il était masqué.

La première rafale claqua dans la nuit. Ce fut Ottaviani qui tira. Roccu vit les petites flammes orange au bout du canon du Sten. Les balles crépitèrent sur le rideau de fer d'une banque. Derrière le métal tordu, il y eut des bruits de vitres cassées. Les badauds regardaient, bouche bée. Une deuxième rafale, puis une autre encore. L'enseigne au néon, pulvérisée, s'éteignit. Sur le trottoir opposé, on entendit quelques applaudissements. Plus loin, deux gendarmes en faction devant la poste disparurent aussitôt.

Toujours en colonnes, le commando continua à progresser lentement, mitraillant les banques les unes après les autres. Aux fenêtres des maisons, des femmes regardaient. Aucune ne semblait effrayée.

Roccu tira quelques rafales, posément. Le canon du pistolet-mitrailleur avait tendance à se relever. Il fallait tenir l'arme avec fermeté. Toute cette scène lui semblait irréelle. Dans la rue, on ne sentait plus les relents de friture mais l'odeur âcre de la poudre.

Sans hâte, ils regagnèrent les voitures. Roccu fut le premier à se dépouiller de sa cagoule. La tension était retombée. Dans l'auto où il avait pris place, l'exubérance succédait à la nervosité. On parlait fort, on riait. Roccu, lui, n'avait qu'un regret : les forces de l'ordre massées tout près de Ghisunaccia, au pénitencier de Casabianda, n'étaient pas intervenues... D'un seul coup, tout aurait pu basculer. Au premier sang versé, plus rien ne serait comme avant. Roccu le savait, il attendait, il était prêt.

Après ces quelques jours d'absence, il était pressé de rentrer chez lui. Il poursuivait le rêve d'y retrouver Marie-Colombe.

73

CAMPU DI CROCE, 7 SEPTEMBRE 1974, 17 HEURES

Vincensiu racontait fièrement :

– Tous les jours, j'ai aidé Domenicu à traire tes brebis... On se débrouillait bien tous les deux.

Il mima le vieux, se tordant le nez et tirant sur son brûle-gueule. Roccu, maussade, ne souriait pas. Assis sur un tabouret, remâchant ses déceptions, il trayait machinalement. Tout se mêlait. L'absence de Marie-Colombe, la manière dont il avait lui-même abandonné la petite Xaviera, le faible retentissement de leur opération armée de Ghisunaccia... Il fallait s'y attendre ! Une chape de plomb pesait sur la Corse : les journaux locaux avaient tout juste mentionné l'événement. Quant à la presse continentale... Seule éclaircie : la libération de Louis et des syndicalistes agricoles emprisonnés à Marseille. Le gouvernement avait dû céder. Mais pouvait-il en être autrement ?

Et puis il y avait l'hiver qui s'annonçait. Les feuilles des châtaigniers se piquaient de rouille, les brumes matinales stagnaient plus longtemps dans la vallée et les « touristes » de la diaspora étaient déjà repartis. Volets fermés, portes cadenassées, rues désertées, Campu di Croce retournait à sa désolation. Un village de vieux, un village de presque morts ! Même Vincensiu s'en irait bientôt : Bianca Fiorelli avait décidé qu'il poursuivrait ses études à Bastia.

Soudain, Roccu se leva. Il s'essuya les mains et commença à se rouler une cigarette. Cela lui était venu brusquement, la veille. Lui, qui n'avait jamais fumé de sa vie, avait acheté un appareil à rouleaux, des feuilles de papier à cigarette et un paquet de tabac gris.

– Raté !

Vincensiu éclata de rire. Le papier humide avait éclaté. Des brins de tabac s'en échappaient piteusement.

– Tu devrais faire comme Domenicu, t'acheter une pipe...

Roccu déchira la cigarette manquée, récupéra le tabac dans son paquet et fit un nouvel essai. La cigarette qui apparut était à peu près présentable. Roccu adressa un clin d'œil à l'enfant.

– C'est moi qui allume!

Vincensiu gratta une allumette qui s'éteignit aussitôt.

– Raté! dit Roccu.

Il lui prit la boîte d'allumettes. Le gamin baissa les yeux.

– Je t'ai pas dit, mais...

Brusquement, il ressemblait à un élève mis au piquet.

– Elle est venue quand t'étais parti... Marie-Colombe.

Roccu serra les poings.

– Qu'est-ce qu'elle t'a dit?

– Rien... Enfin, si... Elle venait te voir, c'est tout. Elle n'est pas restée longtemps.

– Tu es sûr qu'elle n'a rien dit d'autre? interrogea Roccu plus brutalement.

Vincensiu fit non. Il était sur le point de pleurer. Roccu tourna les talons, s'assit, reprit son travail. Vincensiu, lentement, s'approcha. Roccu l'entendit renifler. Puis il sentit une petite main qui se posait sur son épaule.

– Je voulais pas te faire de peine, Roccu...

Il y eut un silence et l'enfant ajouta du bout des lèvres :

– Si j'ai bien compris, je crois qu'elle doit passer quelques jours à Bastia...

74

BASTIA, 10 SEPTEMBRE 1974, 2 HEURES DU MATIN

Parfois, il la regardait en silence et semblait lui demander : « Pourquoi es-tu revenue? J'essayais de t'oublier même si je savais que c'était impossible... Je m'efforçais de te rejeter dans le passé... Peu à peu, notre amour aurait ressemblé à un bouquet de fleurs séchées au parfum d'immortelles... » Mais dans le même temps son cœur débordait de joie : elle était là, enfin ! Et rien d'autre ne comptait.

Leurs mains se nouaient, leurs lèvres se cherchaient. Ils voulaient rattraper le temps perdu, effacer désespérément ce grand froid qui les avait tenus séparés pendant de si longs mois. Mais le pouvaient-ils encore ?

Pascal, à la demande de Roccu, l'avait retrouvée. Il n'avait eu aucun mal : Marie-Colombe était descendue chez l'une de ses tantes qui habitait Pietranera, à côté de Bastia. Aussitôt prévenu, Roccu s'était précipité chez son ami, dans son pigeonnier de la Citadelle. Marie-Colombe l'y attendait. Pascal, lui, s'était discrètement éclipsé. Ils étaient si préoccupés d'eux-mêmes qu'ils ne l'avaient pas vu disparaître.

Pourquoi étaient-ils séparés depuis si longtemps ? Que s'était-il passé dans leurs vies respectives ? Tant de questions leur brûlaient les lèvres, mais ni l'un ni l'autre n'osait les formuler, devinant que le silence était leur meilleur complice.

La tête de Marie-Colombe roulait sur sa poitrine. Il fouillait à pleines mains dans sa chevelure de rousse. Il respirait son odeur. Elle criait son désir. Il l'empoignait. Elle gémissait. Ils se possédaient l'un l'autre. Le temps était fluide, les minutes n'existaient plus. Ils ne s'étaient jamais quittés.

Roccu ne voulait pas savoir de quoi demain serait fait. Il ne voulait surtout pas y penser. Même l'aube qui s'annonçait lui semblait mensongère.

– Viens ! Viens vite !

Il s'était levé pour ouvrir la fenêtre. On entendait le ressac. La mer était noire.

– Viens, Roccu !

Il fit semblant de se boucher les oreilles. Elle rit et lui tendit la main. Il bascula sur le lit. Elle l'attendait, elle était faite pour lui. Leurs corps n'attendaient que le moment de s'épouser. Roccu avait l'impression de revivre les heures brûlantes d'Aix.

Il se leva au petit jour. Il n'avait pas dormi, encore moins somnolé.

– Je t'accompagne ! dit soudain Marie-Colombe.

75

ROUTE DE CAMPU DI CROCE, 10 SEPTEMBRE 1974, 5 HEURES 30

Ils roulaient vitres ouvertes. La montagne sentait le maquis mouillé, un bouquet d'odeurs neuves qui embaumait. Roccu observait Marie-Colombe à la dérobée. Elle regardait devant elle, un sourire grave sur les lèvres, comme si l'amour lui avait conféré une plénitude, une sérénité nouvelles.

Elle posa une main sur la cuisse de Roccu. Soudain, au détour de la route, le San Petrone apparut, auréolé de lambeaux de brume qui dessinaient une monstrueuse chevelure autour de son sommet. Enfant, Roccu croyait que c'était un roi pétrifié, un ancien seigneur de la montagne.

Il arrêta un instant l'auto sur le bas-côté pour mieux observer le géant. Presque aussitôt, il sentit la bouche de Marie-Colombe sur son cou et la légère morsure de ses dents.

Quand Roccu repartit, il se mit à parler comme on se jette dans le vide. Parce qu'il ne supportait plus ce trop-plein de silence. Parce qu'il y avait des mois qu'il s'adressait en secret à Marie-Colombe. Parce qu'il ne pouvait plus attendre pour lui dire ce qu'il avait sur le cœur.

– En Corse, aujourd'hui, ce sont les femmes qui trahissent... Elles rêvent d'une autre vie. Alors, elles partent sur le continent, elles désertent... Elles se marient là-bas! Lorsqu'elles reviennent, si elles reviennent, elles nous regardent de haut, nous les paesani! Nous sommes incultes, arriérés, mal habillés, des pauvres types... Des cloches!

Il se tut un moment, avala sa salive. Marie-Colombe regardait le paysage, elle ne semblait pas l'entendre.

– Si les femmes de ce pays ne parlent plus en corse à leurs enfants, la Corse n'existera plus... Si les femmes renoncent à tenir leur place, nos discours et nos actions politiques seront voués à l'échec!

Marie-Colombe ne réagissait toujours pas. Roccu poursuivit :

– Il ne s'agit pas de vous imposer le mezzaru. Il ne s'agit pas de vous forcer à rester debout près de la table quand les hommes mangent... Je me fous de ces caricatures du passé! Chez nous, tu le sais très bien, c'est la femme qui a toujours commandé, qu'elle soit épouse, mère ou grand-mère! *L'omu prupune è a donna dispone*[1] *!*

Marie-Colombe se tourna brusquement vers lui.

– Maintenant, c'est toi qui caricatures! L'épouse qui commande, c'est un alibi! La femme qui dispose, c'est une mauvaise excuse! Il serait plus intelligent de partager les responsabilités...

Roccu, déjà, regrettait cette vaine querelle à l'heure même de leurs retrouvailles. Marie-Colombe continua avec passion :

– C'est d'ailleurs ce qui se passait autrefois : l'homme et la femme partageaient tout! Il n'y avait pas de préséance. Le cliché de l'homme assis sur son bourricot et de la femme qui marche derrière est une connerie! Si, dans le maquis, c'est l'homme qui a travaillé le plus dur à scier, à fendre, pourquoi, au retour, ne devrait-il pas s'asseoir sur l'âne? Par galanterie? Certainement pas. La galanterie est une invention de nantis! Une façon d'enfermer les femmes dans une cage dorée, la forme la plus perverse du machisme!

Ils arrivaient à Campu di Croce. Roccu, surpris par la violence soudaine de Marie-Colombe, ne put s'empêcher de sourire. La jeune femme fit semblant de ne pas le remarquer et poursuivit avec plus de calme, tandis que l'auto traversait le village endormi et prenait la direction de la bergerie de Roccu.

– Je te le répète, Roccu, la femme corse autrefois était plus libre qu'aujourd'hui... Parce qu'elle prenait part à toutes les décisions, parce qu'elle gérait les affaires de la famille, parce qu'elle se mariait avec qui elle voulait. Il lui suffisait de s'enfuir avec celui qu'elle avait choisi! Lorsqu'elle revenait, aux yeux de tous, elle était mariée!

Elle marqua un temps. Puis elle ajouta à voix basse :

– Jolie tradition, hein? Mais c'est fini. Contrairement à ce que tu disais tout à l'heure, ce sont les hommes qui ont trahi. Ils ont capitulé. Ils ne partagent plus, ils délèguent. Désor-

1. L'homme propose, la femme dispose!

mais la femme corse est davantage la mère des enfants que l'épouse du mari ! Ce n'est pas une amante, c'est un chef de famille ! Une figure votive. On lui voue un culte mais on oublie trop souvent qu'elle est d'abord une femme...

Et, brusquement, elle se serra avec force contre lui.

– J'aime ce pays, Roccu ! Je l'aime comme s'il était ma propre chair ! Mais il me fait peur ! J'y étouffe parce que je suis une femme... C'est beaucoup de contradictions, tout ça... Tu comprends ? Non, tu ne le peux pas.

Ils arrivèrent à la bergerie avec les premiers rayons du soleil. Marie-Colombe bâilla, s'étira, et se laissa tomber dans l'herbe humide devant le bâtiment. Roccu l'observa. Bras en croix, yeux clos, elle donnait pourtant l'impression de s'offrir au bonheur.

76

SAN-MARTINO DI NEBBIO, 13 OCTOBRE 1974, 12 HEURES

Jean Casabianca parlait. Il était debout, le dos appuyé à la rambarde de la terrasse. Devant lui, Ghjacumu, Roccu et ses trois amis. Sur une petite table métallique, il y avait des verres et des bouteilles de vin et d'apéritif. Sous la treille jaunie, on sentait la caresse de la brise de mer.

– Quand j'étais enfant, dès que j'ai été en âge de comprendre, mon père m'a conduit à Ponte-Novu [1]... Pourtant, je peux en témoigner, jamais je n'ai senti chez mon père un quelconque sentiment antifrançais... Mais il voulait que je n'ignore rien de notre histoire... Une autre fois, nous sommes allés ensemble au couvent de Talasane... A cette époque, il y avait encore là-bas d'énormes châtaigniers desséchés ou brû-

1. Le 8 mai 1769, les patriotes corses de Pasquale Paoli sont écrasés par les troupes françaises. Cette sanglante défaite marque la fin de la brève indépendance corse.

lés. Et il m'a expliqué que ces arbres avaient servi de potences au temps de la conquête. Nombreux avaient été les patriotes rebelles qui y avaient été pendus... Mais encore une fois, non, je n'ai pas senti de rancœur chez lui. Il désirait que je sache, c'est tout... Les Corses connaissent tellement peu leur propre histoire.

Il y eut un silence et Casabianca poursuivit :

– Pour être tout à fait franc, un jour, pourtant, mon père m'a étonné. C'était avant la guerre. Il était en train de lire *A Muvra* [1]. Il a brusquement arrêté sa lecture. Et il m'a dit, désignant le journal : « Ils appellent la France, la marâtre!... la marâtre! » Et à cet instant, j'ai vu sur sa figure un sourire énigmatique... J'aurais dû lui demander pourquoi mais je ne l'ai pas fait et aujourd'hui encore, je le regrette. Car il me semble toujours le voir sourire en répétant : « La marâtre! »

Il n'en dit pas plus. Il alla vers la table, se servit un verre de vin blanc, invita les autres à l'imiter. Puis, soudain, il prit Roccu par le bras et l'entraîna à l'écart.

– Pardonne-moi si je suis indiscret... As-tu des nouvelles de Marie-Colombe?

Roccu se rembrunit.

– Je viens de la laisser à l'aéroport.

Casabianca hésita, puis reprit en regardant la baie de San Fiurenzu :

– C'est quelqu'un que j'aime beaucoup...

Il se tourna vers Roccu.

– Mais je doute qu'elle soit prête à venir s'installer définitivement en Corse.

Que savait-il? Roccu sentit la morsure de la jalousie. Pourquoi Marie-Colombe s'était-elle confiée à un autre que lui-même?

Jean Casabianca laissa à nouveau son regard errer sur la mer. On voyait au large, tels des éclats de silex fichés dans l'azur, les flammes blanches de quelques voiliers.

– Je la comprends parce que moi aussi, j'ai longtemps habité le continent. Mais ma génération a été élevée ici... J'ai été nourri au lait corse! Ce n'est pas le cas de Marie-

1. Journal nationaliste puis irrédentiste de l'entre-deux-guerres, dirigé par Petru Rocca.

Colombe. Elle est tiraillée entre deux cultures comme tous nos compatriotes qui sont nés et qui ont vécu ailleurs... Ils ont trop idéalisé la Corse pour se satisfaire aujourd'hui de ses travers, de ses archaïsmes... Au fond, ils se font les avocats d'une île qu'ils connaissent mal! Mais qu'ils voudraient tant aimer!

Roccu ne répondit pas. S'il était irrité, c'était d'abord parce qu'il savait que Casabianca avait raison. Marie-Colombe était partie, elle était revenue. Et ce matin, elle s'en était allée encore une fois.

Jean posa son bras sur l'épaule du garçon.

– Tu ne m'en veux pas?

Roccu fit non machinalement. Ils revinrent vers les autres. Louis, un verre à la main, écoutait Joseph. Pascal et Ghjacumu parlaient à voix basse. Roccu, pour la première fois, songea que ces deux-là avaient beaucoup de points communs, à commencer par un goût inné pour la discrétion.

– On passe à table, les enfants? dit joyeusement Casabianca.

Ils se dirigèrent à l'intérieur. Mme Casabianca, une petite femme ronde et souriante, apporta charcuterie, olives et crudités. Jean, naturellement, s'assit au bout de la table.

– *Aghju corpu à lampione*[1] *!* dit Louis en roulant de gros yeux.

Et tous éclatèrent de rire. Casabianca sortit un couteau de sa poche, le déplia et commença à couper le pain. Assise à ses côtés, sa femme l'observait. Il y avait une petite lueur ironique dans son regard. Comme si elle s'amusait de voir son mari au milieu de ces jeunes gens. Casabianca distribua le pain. Tandis que Louis racontait une nouvelle fois avec force détails sa brève captivité à la prison des Baumettes.

– Beaucoup de matons étaient corses... Autant vous dire qu'on n'a pas été trop malheureux! Mais ce qui nous mettait la tête à l'envers, c'était de savoir que vous foutiez Aiacciu à feu et à sang et que nous, en cellule...

– T'en fais pas, l'interrompit Joseph. A chaque fois qu'on tapait sur un CRS, on pensait à toi!

Ils rirent et commencèrent à manger. Après la charcuterie,

1. J'ai le corps comme un lampion (creux comme un lampion) : je meurs de faim!

il y eut *u sanghu d'herbe*, du boudin d'herbe avec ses dés de lard, ses blettes coupées assaisonnées de menthe poivrée et de clous de girofle. Et encore un *migisca* de chèvre, mariné au vinaigre, séché au soleil, fumé dans la cheminée et que Mme Casabianca fit griller à la flamme avant de le servir au milieu de tranches de pain. Jean avait sorti les meilleures bouteilles de sa production.

Plus tard, ils prirent le café dans le bureau de Casabianca. C'était une pièce douillette aux murs tapissés de livres. Jean trônait derrière sa table de travail, un meuble en chêne dont l'épais plateau était encombré de dossiers et de revues. Roccu, un peu engourdi par la bonne chère et les vins capiteux, avait pris place dans un large fauteuil.

– L'agitation, disait Jean, ce n'est pas la révolution!

Ils savaient qu'un jour, leur action devrait déboucher sur autre chose. Dépasser ces plastiquages de villas ou de boutiques. Aboutir à un véritable combat politique. S'attaquer enfin vraiment aux racines du pouvoir colonial...

– Et le fric! Vous oubliez le fric!

C'était Louis. Tous le regardèrent.

– Quoi, j'ai dit une grossièreté?

– Louis a raison, enchaîna Joseph. Jusqu'à maintenant, on s'est débrouillé en vidant nos poches et en tapant les sympathisants. Mais on ne peut pas continuer comme ça! On a besoin de moyens logistiques, on a besoin d'armes...

– Le plus simple, dit calmement Pascal, c'est de faire un hold-up!

– Pas question de voler! répliqua Roccu. L'opinion ne nous suivrait pas.

– Il suffit d'expliquer, répondit Pascal sur le même ton tranquille. Vider les coffres de banques, c'est s'attaquer au colonialisme. Voler les voleurs, ce n'est pas voler!

– Je suis d'accord, dit Jean Casabianca. Moi, l'idée d'un hold-up ne me choque pas... Sur le continent, pendant la guerre, les résistants ne s'en sont pas privés!...

– Et puis il y a des spécialistes pour ça! ajouta Louis.

– Qu'est-ce que tu veux dire? demanda sèchement Roccu. Des voyous?

– Faut savoir ce qu'on veut! Quand ma bagnole a le hoquet, je vais chez le garagiste, quand je suis patraque, je vais chez le médecin...

– ... Alors pour réussir un hold-up, on fait appel au milieu! enchaîna Roccu.

– Pourquoi pas? Nous, on indique le coup. A la rigueur on donne un petit coup de main et on partage cinquante-cinquante!

Roccu chercha le regard de Casabianca. Mais l'ancien résistant, les yeux baissés, semblait réfléchir. Roccu se leva d'un bond.

– Moi, je ne marche pas... Fricoter avec des truands, c'est accepter toutes les dérives! Quand on se bat pour un idéal, il faut garder les mains propres!

Ghjacumu, d'un battement de cils, l'approuva. Louis haussa les épaules. Joseph se rangea du côté de Roccu.

– Ici, en Corse, pendant l'occupation, laissa tomber Casabianca, les résistants ont payé de leur poche. Alors, le mieux, pour l'instant, serait de trouver des donateurs.

Pascal eut un petit rire et ajouta :

– Des donateurs, volontaires ou non!

77

PARIS, 15 OCTOBRE 1974

Oraziu respirait difficilement. Il devait puiser jusqu'au plus profond de lui-même pour trouver un peu d'air. Un effort qui le laissait anéanti à chaque inspiration.

– Mon oncle, votre médicament...

Des drogues, encore des drogues. Il avala le comprimé avec une gorgée d'eau. Sacramaria l'aida à se redresser. Il s'agrippa à ses épaules. Elle cala deux oreillers dans son dos. Ses bronches sifflaient. Oraziu imaginait ses poumons, deux vieilles éponges ratatinées... C'était toute la machine qui s'en allait à vau-l'eau !

– Appelle Roccu, veux-tu ? murmura-t-il en grimaçant.

– Roccu ? Mais pourquoi Roccu ? dit Sacramaria en secouant la tête.

Elle ne comprenait pas, bien sûr. Mais Oraziu, lui, savait que son petit-fils Roccu était seul capable de l'entendre. « Tu es mon témoin, Roccu ! Le dépositaire de mes souvenirs. De la mémoire des Acquaviva. »

– Il faut vous reposer... Attendre que la crise passe.

La crise ! Mais elle ne cesserait plus jamais. C'était la mort qui s'avançait... *La latra Pediniella* [1] *!* Oraziu la repoussait tant qu'il le pouvait. Mais ses forces déclinaient vite. Bientôt, il devrait rendre les armes.

– Téléphone à Ange-Marie ! Je veux parler à Roccu.

Enfin, elle obéit. Elle est sortie de la chambre, elle compose le numéro. Là-bas, au village, une sonnerie allait retentir... Campu di Croce. Tout autour, la châtaigneraie flamboie. Les feux de l'automne. Sur le sol, dans les fougères roussies, on ramasse les premiers fruits. Aussi brillants que si on les avait cirés. Le goût sucré, passée la brève amertume de la première peau, quand on croque. Les enfants se bombardent à coups de châtaignes. La forêt bruit de leurs cris.

– Roccu n'est pas là, mon oncle, il s'occupe de ses brebis.

Ses brebis ! Les yeux d'Oraziu brillaient de plaisir. Celui-là est un vrai Acquaviva. Un Niolin.

– Donne-moi un sous-main ! Du papier, mon stylo !

Son souffle s'apaisait. Un sursis, encore un sursis.

Caru Roccu,

Pourras-tu jamais réparer les fautes que j'ai commises ? L'injustice que j'ai faite à ton père, à notre famille, à mon pays ? Je le crois, fidèle Roccu. Et c'est pour cela que je t'écris... Je te vois, comme si tu étais devant moi, dans ta bergerie des hauts de Campu di Croce. Car c'est bien là-haut que tu as choisi de t'installer... Là où l'herbe est plus tendre, là où de mémoire d'homme on a toujours mené paître les bêtes. Je te vois et je me réjouis d'observer tes

1. La voleuse au pied noir : la mort. Celle qui vient dérober le corps des vivants.

bras solides, ton visage rude... Tu es celui que je n'ai pas eu le courage d'être!

Quand trouveras-tu ton Ernella? Lorsque tu la découvriras, je t'en prie, écoute-la! Les femmes corses sont la meilleure part de nous-mêmes. Elles savent d'instinct où sont le bien et le mal. Elles sont le sel de notre pays.

Dès que nous avons échangé nos premiers baisers, Ernella et moi, il fut entendu que notre destin était scellé: nous vivrions ensemble. Encore fallait-il surmonter l'hostilité de sa famille. Moi, je te le rappelle, je n'étais que fils de gendarme! Et les Pacini étaient des sgiòs! Une illustre famille alliée à quelques-uns des noms les plus fameux de l'île. Songe qu'une arrière-grand-mère d'Ernella possédait une flotte. Veuve, elle s'occupait elle-même de ses affaires. J'ai vu son portrait, un tableau à l'huile peint par un Italien. Habillée en homme, pistolets à la ceinture, elle avait fière allure. Il paraît qu'elle commandait aux équipages et que ses bateaux n'hésitaient pas à s'attaquer aux galères berbères qui infestaient alors la Méditerranée afin de s'emparer de leurs rapines. Armateur et corsaire... Illustre famille, oui, que celle des Pacini! Ils avaient connu tantôt la gloire tantôt l'adversité. Et chez eux se perpétuait, enraciné de génération en génération, un orgueil incommensurable.

Un jour, Nicolas, le terrible Nicolas, mon père, a endossé une redingote, coiffé son meilleur chapeau et enfilé des gants blancs. Et il est descendu à Bastia visiter les Pacini, afin de demander la main d'Ernella pour son fils bien-aimé. Il se sentait engoncé dans sa redingote, ses gants le serraient. Mais il en allait de l'honneur de sa lignée. Les Pacini ne lui ont pas fait mauvaise figure. Ils ne lui ont pas reproché d'être pauvre, ni de ne pas être « né ». Ils ne lui ont même pas fait remarquer que je n'étais qu'un modeste instituteur... Non, ils lui ont simplement dit qu'Ernella était trop jeune. Et qu'elle était déjà promise à un autre, un excellent parti, fils d'une très recommandable famille. Nicolas, mortifié, a rangé pour toujours sa redingote et ses gants blancs: jamais encore, on ne lui avait fait subir pareille humiliation...

Des années durant, les Acquaviva en ont voulu à Ernella qui pourtant, la pauvre, n'y pouvait mais... Bien au contraire, résistant aux injonctions de son père et aux multiples pressions de sa parentèle, elle ne cessa de faire la preuve qu'elle m'aimait et souhaitait de toutes ses forces devenir ma femme. Mais il en fallait beaucoup plus pour effacer l'humiliation de Nicolas et laver l'affront fait à son nom.

La suite te paraîtra peut-être d'un romantisme échevelé, mais ce n'est que la vérité. Comme l'hostilité des Pacini à mon endroit ne désarmait pas et comme il était simplement inimaginable de demander à mon père d'effectuer une nouvelle tentative, Ernella et moi avons décidé d'agir. Je me suis procuré un cheval. Une belle fin d'après-midi, Ernella a annoncé à sa mère qu'elle allait rendre visite à une nièce. Je l'attendais quelques rues plus loin sur mon cheval. Je l'ai prise dans mes bras, je l'ai soulevée et l'ai assise devant moi. Elle s'est accrochée à mon cou, sa tête contre ma poitrine. Aussitôt, j'ai piqué des deux. Nous sommes partis au galop. C'était un enlèvement. En plein centre de Bastia! Nos cœurs battaient à rompre. Notre destin, enfin, s'accomplissait. Et notre amour aurait raison de ceux qui voulaient s'y opposer.

J'avais tout préparé : nous nous sommes cachés dans une maison amie, pas très loin de Campu di Croce. Ce fut notre maquis. Je crois que nous avons vécu là les moments les plus heureux de notre existence. Nous n'étions préoccupés que de nous-mêmes, vivant l'un pour l'autre, l'un par l'autre. Les jours, les nuits se chevauchaient, le soleil ne se couchait jamais, il était dans nos cœurs. « Per sapè fà l'amore, un c'hè bisognu d'andà à la scola [1] ! »

Plusieurs semaines se passèrent. Ernella envoya un mot à ses parents : « Ne vous inquiétez pas, je suis avec Oraziu. Je ne reviendrai pas. J'attends un enfant ! » Cette dernière phrase dans sa brutale simplicité fut le sésame qui ouvrit grandes toutes les portes. Dès lors, pour les Pacini, plus

1. Pour faire l'amour, il n'est point besoin d'aller à l'école!

rien ne s'opposait au mariage. Il fallait au contraire faire diligence et le célébrer au plus tôt !

Un enfant !... Leur premier enfant. La fierté d'Ernella lorsqu'elle promenait son ventre rond ! Elle n'avait cure des ragots, des commérages... Elle resplendissait. Et puis, quelques mois plus tard, il y avait eu le drame !... La pieuse Ernella avait cru y voir une punition divine. Le ciel châtiait leur audace. Mais Oraziu savait qu'il portait seul la responsabilité de cette tragédie. Et aujourd'hui encore, ce secret lui pesait.

Nous vivions à Calvi où j'avais été nommé. Nous y étrennions nos habits de jeunes mariés. L'enfant est né. C'était un beau garçon. Notre amour était béni. Ernella était plus belle que jamais...

Un jour, pour la première fois, notre enfant a dit « Babbu [1] ! » *Au milieu de la nuit qui a suivi, des chats ont fait un vrai tintamarre sous nos fenêtres. Exaspéré, je suis allé jusqu'à la cheminée où j'ai rempli un seau de braises. Et j'ai dispersé ces maudites bestioles en leur lançant des tisons. Il me semble que j'entends encore leurs miaulements effarouchés... Comme des voix humaines au cœur de la nuit. Et puis soudain le silence. Les chats avaient décampé. Je me suis coulé près d'Ernella dans la tiédeur du lit, mais j'ai mis longtemps à trouver le sommeil.*

Au petit matin, notre enfant était mort. Une mauvaise angine, nous a dit le médecin. Le bébé s'était étouffé. Alors, je me suis souvenu de la nuit, des chats et des croyances de ma chère sœur Laurina. Sans nul doute, ces animaux étaient des mazzeri. Ils venaient m'avertir, m'annoncer un danger imminent. Et moi, sottement, je les avais chassés... Alors ils s'étaient vengés en tuant notre fils !

Jamais je n'ai osé faire part de mes soupçons à Ernella. Et jamais non plus je ne me suis pardonné la mort de notre premier enfant.

1. Papa !

Toutefois, le chagrin ne parvint pas à défaire ce que l'amour avait tissé...

Oraziu rejeta le sous-main. Les feuilles s'éparpillèrent sur le tapis. Il hésita à appeler Sacramaria. A quoi bon? Ses souvenirs s'en allaient par lambeaux. Mais ils brûlaient encore lorsqu'il les réveillait, comme ces braises qu'il avait autrefois lancées sur les chats de Calvi.

Roccu, pourras-tu jamais me croire? Pourras-tu comprendre que je porte toujours le deuil de cet enfant conçu dans la joie d'un amour incandescent?

78

CAMPU DI CROCE, 20 NOVEMBRE 1974, 10 HEURES

Deux nouvelles brebis étaient mortes. Roccu les avait trouvées le matin même couchées au beau milieu de la pâture. Depuis le début du mois, il avait ainsi perdu douze bêtes.

Debout près des cadavres, Ange-Marie Acquaviva hochait la tête.

– Elles se sont goinfrées d'herbe mouillée...

– Non, dit Roccu, c'est un virus, j'en suis à peu près sûr. Je vais appeler le vétérinaire...

De l'autre côté de la bergerie, le vent soufflait avec force dans la châtaigneraie. On entendait des gémissements, des craquements. Des feuilles tourbillonnaient. Et de lourds nuages noirs filaient dans un ciel brouillé.

Roccu, aidé de son père, tira les cadavres et les chargea dans une brouette.

– Douze mères! soupira Ange-Marie. Tu sais, il y a des moments où je me demande...

Il s'interrompit. Roccu, mâchoires serrées, empoigna les brancards. Ange-Marie souleva sa casquette, se gratta la tête pour se donner une contenance. Et lâcha tout à trac :

– Tu as choisi le pire des métiers, mon fils!

– Je n'abandonnerai pas! Marfisi et compagnie seraient trop contents!

– Je dis pas ça, mais j'ai de la peine quand je te vois trimer autant... Et pour quoi, hein? Une misère!

– *A' ch'ùn hà danari, ùn' hà più vogli*[1]*!* dit rageusement Roccu. Moi je ne dois rien à personne! Et je ne vis pas d'allocations ou de pension bidon comme certains!

– T'énerve pas! C'est pour toi que je dis ça...

– Je ne m'énerve pas, papa...

Il regarda Ange-Marie. Sur le visage buriné de son père, il y avait une infinie tendresse. Roccu eut envie de le prendre dans ses bras. Il se dit qu'un jour, peut-être, il regretterait de ne pas l'avoir fait. Mais il était trop pudique pour oser un tel geste.

– Au fait, dit le père, j'y repense, l'autre jour, tante Sacramaria a téléphoné de Paris. C'est toi qu'elle demandait. Mon père qui désirait te parler!

– Babone?

Le cœur de Roccu se serra. La silhouette du grand vieillard s'imposa à lui. Il le revoyait dans l'atmosphère confinée de son appartement parisien... Oraziu Acquaviva qui, tout au long des jours, remâchait la douleur de son exil volontaire...

– Sacramaria m'a dit qu'il commençait à perdre un peu la tête... Le pauvre vieux! Il devrait revenir se réchauffer une dernière fois. Mourir sur sa terre...

Roccu se rendit compte qu'il ne se passait guère de journée sans qu'il pensât à son grand-père, tant cette rencontre l'avait marqué.

Soudain, il dressa l'oreille. Un bruit de moteur. Une voiture montait vers la bergerie. Instinctivement, Roccu mit la main sur le pistolet qui était glissé sous sa veste de toile. Son geste n'échappa pas à Ange-Marie.

– Attends, je vais voir!

L'auto devait s'être arrêtée à la limite du chemin carrossable. Une portière claqua. Ange-Marie disparut au premier lacet du sentier tandis que Roccu se dissimulait derrière la bergerie. Les flics, curieusement, semblaient avoir relâché

1. Qui n'a pas d'argent, n'a plus d'envies!

leur surveillance mais Roccu savait que ce n'était qu'un répit. Les attentats que lui et ses amis signaient indifféremment « *Ghjustizia Paolina* » ou « *FPCL* » ne pouvaient laisser la police durablement passive.

Un murmure de voix. Roccu ne bougea pas. Puis, entendant des brindilles craquer, il se pencha et découvrit la haute silhouette de Louis qui remontait le sentier. Depuis le déjeuner chez Casabianca, les deux amis se battaient froid. Roccu était convaincu qu'on ne pouvait impunément frayer avec les voyous. Ce n'était pas seulement une question de morale : les gangsters, à leur manière, étaient aussi des rebelles. La tradition corse le voulait ainsi depuis l'époque des bandits d'honneur. Ici, on pardonnait aux truands parce qu'ils défiaient l'autorité, parce qu'ils vivaient en marge des lois. Voyous sur le continent, ils redevenaient respectables dès qu'ils traversaient la mer et retrouvaient leur village. Mais Roccu savait qu'au petit jeu des services rendus les gangsters l'emporteraient. Fatalement. Et discréditeraient pour toujours le mouvement.

Roccu se mit à découvert. Louis éclata de rire.

– Tu te caches?

Roccu ne répondit pas et lui tendit la main.

Le géant, essoufflé, se laissa tomber sur une pierre plate, devant la bergerie. Il s'essuya le front, déboutonna son col de chemise. Les yeux plissés, le visage rougi par l'effort, il eut un sourire d'enfant.

– On pourrait peut-être faire la paix, tous les deux, non?

– Je ne suis pas fâché, répondit Roccu.

– Alors, ça tombe bien, moi non plus!

Roccu enchaîna aussitôt :

– Mais tu sais très bien qu'il y a des choses que je n'accepterai jamais!

– D'accord, j'ai eu tort! C'était une mauvaise idée... Mais tu crois que lorsqu'un « Niçois » de la bande d'Ottaviani fait sauter la maison d'un type qui le gêne, c'est une meilleure idée?

– Qu'est-ce que tu racontes?

– La vérité! L'un des derniers attentats revendiqués par le FPCL, c'était pour régler un simple différend commercial!

Mais c'est plus commode de signer!... Voilà où on en est, Roccu! Je pense qu'il valait mieux que tu le saches! Parce que si on commence à régler nos petites affaires personnelles sous couvert du mouvement, on est mal parti!

Roccu resta silencieux quelques instants. Il savait qu'un jour ou l'autre, ce genre de dérives se produirait.

– Comment tu as appris?

– Je ne connais pas seulement des voyous!

Ses yeux riaient. Roccu ébaucha un sourire.

– Pardonne-moi, Louis...

– Pascal et Joseph sont montés avec moi... Ils nous attendent au village. On pourrait manger ensemble?

Roccu, brusquement, eut chaud au cœur.

LA MISSION DE LA DERNIÈRE CHANCE

Début janvier, Libert Bou donne d'emblée un premier aperçu de sa démarche qu'il veut originale. A la surprise générale, il lance aux dirigeants de l'ARC une invitation à se rendre à Paris pour écouter leur point de vue et prendre connaissance de leurs propositions. Après quelques hésitations, ceux-ci finissent par accepter ce geste, qui constitue alors aux yeux des observateurs une sorte de reconnaissance officielle du courant autonomiste corse. (...)

Dès l'annonce de la nomination de Libert Bou à la tête de la Mission interministérielle, les clandestins de « *Ghjustizia Paolina* » avaient en fait manifesté leur hostilité : le 23 décembre 1974, un commando perpétrait un attentat contre les locaux de la direction départementale de l'Équipement. Le 24 janvier 1975, c'était au tour du FPCL. (...) Du côté de la « *Consulta di i studienti corsi* » les positions sont tout aussi tranchées. Témoin cet éditorial du *Ribombu* (l'organe du CSC), paru en février 1975, qui laisse d'ailleurs augurer des événements futurs : « *Monsieur Bou! nous ne croyons pas en vous. Le problème corse reste un problème de rapports de forces que nous ne résoudrons que par un affrontement.* »

Pierre DOTTELONDE,
Corse, la Métamorphose, Albiana, 1990.

79

ROUTE DE PORTO-VECCHIU, 4 FÉVRIER 1975, 23 HEURES 30

La voiture filait sur la grande ligne droite de Solenzara. Pascal conduisait. Roccu, abruti de fatigue, sombra dans le sommeil. Dans ses rêves, toujours le même songe, obsédant : Marie-Colombe était de retour, mais il ne parvenait pas à l'approcher. Il l'appelait, mais elle ne l'entendait pas. A Noël, il avait reçu une carte. La tendresse des mots n'avait pu dissimuler la vérité : Roccu ne devait plus espérer voir Marie-Colombe s'installer définitivement en Corse. Son travail dans une agence de publicité la passionnait. Revenir, c'était abandonner un avenir professionnel prometteur. Revenir, c'était abdiquer, renoncer à une indépendance dont elle était particulièrement fière et jalouse... Roccu, malgré son chagrin, ne parvenait pas à lui en vouloir. « Je ne suis qu'une touriste, pardonne-moi ! » Cette carte qu'il avait lue et relue, il la connaissait par cœur.

L'air sifflait sur la carrosserie de l'auto, une 404 volée deux jours plus tôt à Aiacciu et munie de fausses plaques d'immatriculation. Roccu se réveilla en sursaut, la gorge nouée. Pascal, Louis et Joseph bavardaient.

– Ce type croit qu'il peut nous acheter ! disait Joseph. Mais nous ne sommes pas à vendre !

Il parlait de Libert Bou, un pied-noir qui s'était illustré sur le continent en réussissant le transfert des anciennes Halles de Paris à Rungis. Depuis la mi-décembre, le gouvernement lui avait confié une mission économique en Corse : la politique de la carotte après l'échec de la politique du bâton.

– Cette mission, c'est un nouveau gadget de Giscard... lança Louis.

La route suivait maintenant la mer au plus près. On devinait les flots noirs, immobiles sous cette nuit sans vent.

– En fait, poursuivit Joseph, le véritable objectif de Libert Bou est clair : réduire l'influence du mouvement nationaliste ! Il va distribuer des sourires, des poignées de main, des cadeaux... Certains iront à la soupe, bien sûr. Mais dans deux ou trois mois, il ne fera plus illusion !

Pascal ralentit. Porto-Vecchiu n'était plus qu'à quelques kilomètres. La 404 vira à gauche vers la mer. Roccu était maintenant tout à fait réveillé. Comme avant chaque action, doué d'une acuité nouvelle, il se sentait étrangement lucide.

Pascal s'arrêta derrière une Ami-6, stationnée tous feux éteints à l'entrée d'un petit chemin. De la route, les deux véhicules étaient invisibles. Ottaviani et trois « Niçois » attendaient. Roccu les rejoignit.

– Je viens d'aller y faire un tour, murmura le « Niçois ». Il y a encore de la lumière chez le gardien. Il vit seul, il est divorcé...

– N'importe comment, il faut l'évacuer. Alors, allons-y, ne perdons pas de temps !

Ottaviani avait eu l'initiative de l'opération, c'était lui qui avait fait les repérages et conçu le plan. Même si Roccu et ses amis se défiaient politiquement de lui, ils savaient que les actions préparées par le « Niçois » laissaient peu de chances au hasard.

Il n'y avait pas de lune. Aucun bruit. Ils n'échangèrent plus un mot jusqu'au moment où, équipés, armés, le visage dissimulé sous des cagoules, ils partirent à pied à travers le maquis.

Chacun connaissait sa mission.

80

PLAGE DE LECCI, 5 FÉVRIER 1975, 0 HEURE 15

Des vaguelettes léchaient silencieusement le sable. Ils progressaient entre les rochers. Leurs yeux s'étaient habitués à l'obscurité. Ils voyaient nettement les toits des bungalows se découper sur un ciel de velours.

Roccu fit jouer les muscles de ses épaules. Les bretelles du sac lui cisaillaient le dos. Il marchait en tête. Derrière, suivaient Louis, Pascal et Joseph. Les « Niçois », eux, s'étaient dirigés vers la maison du gardien avec pour mission de le neutraliser et de l'évacuer.

Ils s'arrêtèrent près d'un hangar à bateaux, posèrent leurs sacs sur le sable. Devant eux, le club de vacances : une quinzaine de petits bâtiments plantés au fond de la crique à même la plage. D'autres bungalows étaient en construction. Une centaine était prévue. Le tourisme les pieds dans l'eau ! C'était un promoteur continental qui construisait. Vite et cher ! Le soleil et la mer corses n'avaient pas de prix. Voilà l'avenir que Libert Bou et les autres leur promettaient : l'île était destinée à devenir un gigantesque solarium. Le « bronze-cul » de l'Europe... On bétonnerait, on occuperait chaque mètre carré de sable disponible...

– Saloperie ! jura Louis.

Roccu avait ouvert son sac, déroulait les mèches. Les autres l'imitèrent. Ils travaillaient rapidement et sans bruit. Tous les quatre avaient la même rage au cœur.

81

PLAGE DE LECCI, 5 FÉVRIER 1975, 0 HEURE 45

Les « Niçois » les attendaient à proximité de la maison du gardien. Deux d'entre eux finissaient de placer une charge contre le bungalow-témoin à l'entrée du site.

– Où est-il? demanda Roccu.

Petru Ottaviani pointa le canon de son pistolet-mitrailleur sur une forme allongée un peu plus loin sur le bas-côté du chemin. Roccu braqua sa torche. Il découvrit le corps ligoté d'un homme. Il s'approcha. Le gardien, un type d'une trentaine d'années, était inanimé. Un peu de sang poissait ses cheveux. Il était bâillonné.

– Ça s'est mal passé?

– Ce con a essayé de prendre son fusil. On a été obligé de l'assommer. Mais il n'y a rien de cassé.

Roccu haussa les épaules.

– Et vous? interrogea Ottaviani.

– Pas de problèmes... Ça saute dans un quart d'heure. Comme vous!

– Alors on file.

– Et lui?

– On l'embarque comme prévu... On le laissera près de la nationale. Après, il se débrouillera...

82

ENVIRONS DE PORTO-VECCHIU, 5 FÉVRIER 1975, 0 HEURE 55

Les deux voitures qui roulaient tous phares éteints s'arrêtèrent avant le carrefour de la nationale. Ottaviani et un autre « Niçois » descendirent. Ils avaient gardé leurs cagoules. Roccu, également masqué, les rejoignit. Ils ouvrirent le coffre de l'Ami-6. A l'intérieur, le gardien, toujours ligoté, gémissait sous son bâillon.

– Vous êtes sûrs que vous n'avez pas tapé un peu trop fort?

Ottaviani ne répondit pas et saisit l'homme par les pieds tandis que l'autre « Niçois » le prenait par les épaules. Ils soulevèrent le gardien qui geignait toujours. Soudain, le prisonnier rua, se débattit. Ils le laissèrent tomber sur le sol, au beau milieu de la route.

– Il faut le traîner sur le côté, dit Roccu.

Il éclaira le visage du gardien. L'homme roulait des yeux fous. Il s'agitait, se tortillait, grognait. Roccu, intrigué, s'accroupit, baissa le bâillon sur son menton.

– Mon fils! hurla l'homme. Mon fils! Il est resté là-bas!

Roccu sentit une sueur glacée couler dans son dos. Il courut vers la 404 au volant de laquelle Pascal attendait.

– Demi-tour, vite!

Derrière, Petru Ottaviani cria :

– Mais tu es cinglé, ça va péter!

83

ROUTE DE LA PLAGE DE LECCI, 5 FÉVRIER 1975, 1 HEURE DU MATIN

La 404 bondissait dans les ornières emplies d'une eau boueuse qui rejaillissait en flaques jaunâtres sur le pare-brise. Les essuie-glace fonctionnaient sans arrêt. Dans les phares, on n'apercevait toujours pas l'entrée du club.

– Plus vite !

Des branches épineuses giflaient la carrosserie. Roccu, agrippé au tableau de bord, regarda une fois de plus sa montre.

– Merde ! Fonce !

Il s'était débarrassé de sa cagoule. Derrière, Louis et Joseph étaient silencieux. Aussi tendus que lui. Un gosse, nom de Dieu, un gosse ! Mais pourquoi n'avaient-ils pas fouillé la maison avant de la miner ?

Enfin, devant eux se dressa le portail qu'ils avaient laissé ouvert et sur lequel on voyait, peint en grosses lettres noires : *FPCL.*

– Arrête-toi là !

Il avait déjà la main sur la poignée de la portière. La 404 pila au ras d'un poteau.

– On va avec toi !

– Non !

Il bondit hors de l'auto. Dans le faisceau des phares, ils le virent courir, coudes au corps, vers la maison du gardien.

– Si on ne s'est pas gourés, il n'y a plus qu'une minute, dit Joseph, la gorge serrée.

Soudain, le ciel s'illumina et devint incandescent. Aussitôt après, l'explosion secoua la 404. Instinctivement, ils se bouchèrent les oreilles.

– Les bungalows ! hurla Louis.

Les explosions se succédaient. Des débris retombèrent sur la voiture. Roccu n'était toujours pas ressorti de la maison du gardien. L'air était chaud, saturé d'odeurs âcres.

– Roccu! cria Joseph. Mais qu'est-ce qu'il fout?

Pascal les retint à l'entrée.

– Ça ne sert à rien d'aller plus loin!

Des flammes montaient dans la nuit, embrasaient la végétation alentour. Des brandons fusaient. Pascal ferma les yeux. Au même instant, la porte de la maison s'ouvrit à la volée : Roccu apparut. Il portait un enfant dans les bras. Il traversa la terrasse en courant. Louis et les autres entendirent le gosse qui sanglotait. Puis, brusquement, ce fut l'enfer! Ils eurent l'impression que la maison se boursouflait, que ses murs s'écartaient. Une grosse boule rouge pulvérisa le toit. Pendant quelques dixièmes de seconde, tout devint blanc. Le bruit, énorme, déchira leurs tympans. Et Roccu jaillit du nuage de fumée. Il courait toujours, serrant l'enfant contre lui. Il courait vers la nuit. Nulle part.

Quand ils le rejoignirent, loin dans le maquis, ils virent qu'il pleurait.

UN ARTICLE DE Mᵉ VINCENT STAGNARA :

« M. Libert Bou ou le charme discret de la bourgeoisie »

Le premier enseignement à tirer de la mission Bou sera la confirmation éclatante de la véritable nature du pouvoir colonial français... M. Libert Bou, fidèle à la plus parfaite orthodoxie du système Giscard d'Estaing, a réussi, du moins en apparence, un tour de passe-passe époustouflant : réduire un problème colonial à une banale question d'aménagement du territoire.

(...) Il ne s'agit que de renforcer les options essentielles du Schéma d'aménagement, tout en satisfaisant en partie les prétentions de la petite bourgeoisie corse. (...)

M. Bou, en homme intelligent, est un parfait illusionniste, mais il n'existe plus aucune boîte de Pandore pour le mouvement national corse.

Le Provençal, 4 avril 1975

84

BASTIA, 17 AVRIL 1975, 21 HEURES 30

La tension était palpable. Aussi réelle que la fumée bleutée qui flottait au-dessus des têtes.

Il était là, attablé au beau milieu de la salle de la Taverne. Le fameux Libert Bou ! Massif. Un cou de taureau. Le cheveu noir et lustré d'un danseur de tango. Bien carré sur sa chaise, œil de velours et sourire séducteur, il se préparait à l'assaut. Car ce soir, chacun le savait, le débat serait rude. José Stromboni, président de la Jeune Chambre économique et vétéran des arrestations arbitraires, s'y était préparé. Mais aussi Edmond Simeoni et Vincent Stagnara, un jeune et bouillant avocat qui, dans l'ombre politique de Me Charles Santoni, pionnier du réveil national, commençait à percer.

Au fond de la salle, Pascal et Roccu observaient, curieux. Ils n'étaient venus qu'en spectateurs à ce dîner-débat où les autonomistes, dirigeants, militants ou sympathisants, étaient visiblement majoritaires. Il s'y mêlait des cadres bronzés aux dents éblouissantes, blazer et col de chemise ouvert, des commerçants quadragénaires en complet-cravate et des jeunes gens aux joues rugueuses, pantalon et veste de toile bleue. Tous parlaient fort. Tous attendaient. Pascal connaissait la plupart d'entre eux. Il les désignait à Roccu et commentait, ironique.

– Celui-là possède un hôtel-restaurant de luxe sur la côte orientale... Beaucoup de fric, peu de scrupules...

– Il est autonomiste?

– Lui, je ne sais pas... Mais son portefeuille, oui! Une façon comme une autre de préparer l'avenir!

Roccu s'étonnait. Était-ce vraiment la Corse pour laquelle il se battait? Son île, une montagne parcourue de petites routes et plantée de hautes maisons noires, un pays rude, encore sauvage... La réalité était là, sous ses yeux. Et d'ailleurs, avait-il le droit de suspecter la sincérité de la plupart des gens rassemblés ce soir? Qui était-il pour pouvoir les juger?

José Stromboni, enfin, se leva, distribua quelques poignées de main et se dirigea vers le micro. Roccu vit Libert Bou se tamponner les lèvres avec sa serviette. Le brouhaha n'avait pas encore cessé. Pascal se pencha vers Roccu :

– Tu sais ce que Libert Bou a dit à Rocca-Serra [1]? « Ce qu'il faut, c'est faire parler les gens! Ensuite, eh bien on décide et l'on agit comme on veut! »

Stromboni tapota sur le micro. Le silence se fit peu à peu. Aussitôt, le président de la Jeune Chambre économique, souriant mais déterminé, commença par railler avec férocité la « méthode » Bou. Puis il poussa son avantage :

– Comment ne pas prédire d'ores et déjà l'échec de votre mission? La situation actuelle de la Corse découle des dix dernières années de politique coloniale qu'elle a subie. Il ne faut tromper personne : la situation économique est devenue politique, et ce n'est pas un pseudo « plan de Constantine » qui changera le cours des choses!

Roccu et Pascal virent Libert Bou grimacer. Certes, l'émissaire du gouvernement savait qu'il serait critiqué. Mais il croyait avoir passé un pacte avec les autonomistes. Alors pourquoi une telle virulence?

Stromboni, tranquillement, donna l'estocade :

– Nos idées sont en marche. Leur cours est irréversible!

Une volée d'applaudissements salua le discours de Stromboni. Libert Bou, blême, se leva à son tour, tenta de répondre.

– On peut résoudre les problèmes de la Corse sans qu'il soit pour autant nécessaire d'en arriver à un statut d'autonomie interne...

Des huées lui répondirent. Et les questions fusèrent comme autant d'accusations.

– Monsieur Bou, vous promettez beaucoup, mais où sont les crédits pour assurer toutes ces belles réalisations?

– Monsieur Bou, croyez-vous vraiment qu'il y ait encore quelque chose à espérer de certains de nos élus?

Une nouvelle fois, Libert Bou essaya de faire front :

1. Député UDR de Propriano.

– Vos élus sont des planches pourries, dit-il. Moi, je ne les choisirais pas pour traverser un fleuve!

Des rires accueillirent cette profession de foi inattendue : tout le monde savait que Libert Bou avait dû composer avec les chefs de clan.

Alors, Edmond Simeoni se leva. La salle recouvra instantanément son calme. Le leader autonomiste, lui aussi, jouait une grosse partie. Depuis des mois, on lui reprochait ses contacts avec Libert Bou, son attentisme... Dans l'escalier de l'immeuble de l'ARC, un militant anonyme avait même récemment balafré un mur d'un slogan ironique : « Edmond, choisis, la canne à pêche ou le fusil! »

Simeoni, élégant, un foulard passé dans le col ouvert de sa chemise, se faufila entre les tables.

– Attention, Edmond! murmura Pascal.

C'était plus une menace qu'un conseil. Déjà Simeoni commençait. L'œil bleu, les traits vifs et mobiles, la voix métallique, il attaqua :

– Nous souscrivons pour l'essentiel aux propos sensés et naturellement passionnés de José Stromboni!

La salle éclata en applaudissements nourris. Libert Bou jeta des regards inquiets autour de lui. Il venait de comprendre en un instant qu'il avait échoué : les autonomistes renonçaient au flirt et choisissaient clairement la rupture.

Près de la porte du restaurant, on ne cessait d'aller et venir. De nouveaux spectateurs, des jeunes pour la plupart, entraient et se massaient près de l'entrée. Brusquement, Roccu l'aperçut. Xaviera. La fille de la manifestation d'Aiacciu. Elle donnait le bras à un type dont les longs cheveux blonds étaient ramassés en queue de cheval. Elle avait toujours cet air enfantin et vulnérable qui faisait qu'on avait aussitôt envie de la défendre contre un ennemi imaginaire. Roccu se dissimula derrière Pascal. Tandis qu'au micro, Simeoni continuait sur le même ton incisif :

– M. Bou est dans cette île pour désamorcer une situation déjà explosive mais sa mission vient trop tard. Et il n'est pour s'en convaincre que de constater le scepticisme des adultes, l'hostilité des jeunes et l'empressement des notables pour la solution de leurs petits problèmes personnels!... Non, la seule solution, c'est la reconnaissance juridique du peuple corse et l'obtention d'un statut d'autonomie interne!

Roccu jeta un coup d'œil vers la porte. Xaviera était toujours là. Comme les autres, elle applaudissait avec force. Comme les autres, elle était conquise par Edmond. Puis le regard de Roccu se porta vers la table centrale. Libert Bou avait sans doute le sentiment d'avoir été trompé sinon trahi. Il se leva une dernière fois et lança d'une voix blanche :

– Même deux cent mille Corses autonomistes ne pourront obtenir une modification de la Constitution faite pour cinquante-deux millions de Français!

Ce fut le tollé. On se mit soudain debout. On prit le chargé de mission à partie. Des spectateurs s'interposèrent.

– J'ai besoin d'un peu d'air! dit Libert Bou, livide.

Sous les invectives, il marcha vers la sortie. Roccu le vit passer tout près de Xaviera. La jeune fille riait, accrochée au bras de son compagnon.

Un peu plus tard, dans la rue, Roccu dit à Pascal :

– Edmond a franchi un pas important! A nous de faire en sorte qu'il continue d'avancer! Qu'il le veuille ou non!

Au même instant, il s'entendit appeler. Avant même de se retourner, il sut que c'était elle.

Xaviera se jeta à son cou. Ses lèvres étaient fraîches.

– Roccu, tu es un beau salaud! Mais je suis quand même drôlement contente de te voir...

85

PARIS, 18 AVRIL 1975

Un rayon de soleil frappait le coin de la fenêtre. Les rideaux étaient exceptionnellement ouverts. Sacramaria, chiffon à poussière et plumeau à la main, s'agitait. Assis dans son fauteuil, Oraziu Acquaviva observait avec agacement les allées et venues de sa nièce : elle menaçait le fragile désordre qu'il se plaisait à entretenir.

– Non, ne touche pas à ça, tu vas le casser !

Le métier à broder d'Ernella. Un joli métier à tambour, monté sur un trépied en noyer finement torsadé.

– Mais, mon oncle, c'est couvert de poussière...

La poussière ! Mais qu'est-ce que c'était que la poussière ? L'écume de la vie, des bribes de temps qui se déposaient lentement sur les objets, comme pour les protéger. Sur le tambour était encore tendu un ouvrage qu'Ernella ne terminerait jamais. Mais si Oraziu fermait à demi ses yeux, il voyait ses doigts de fée courir sur le canevas. Fils d'or et de soie entremêlés, d'étranges fleurs naissaient de l'imagination d'Ernella.

– Je referme la fenêtre, mon oncle ?

– Et les rideaux, oui !

– Mais il y a du soleil...

– Ferme les rideaux, te dis-je !

L'obscurité, enfin. Il la retrouvait comme on retrouve le sommeil... Il était à nouveau chez lui. Même cette odeur de neuf et de vie que Sacramaria avait laissé entrer un instant s'estompait. Le vieillard se leva, alla jusqu'à sa table, alluma la petite lampe de bureau. L'abat-jour dessina un rond de lumière juste au-dessus de la feuille blanche. Mais, tout autour d'Oraziu, régnait une pénombre rassurante.

Caru Roccu,

Induve canta u gallu, un' a gallina [1] !

Ton arrière-grand-père Nicolas aimait à dire et redire ce proverbe qui semblait avoir été fait pour lui... Sa femme, sa fille Laurina ne bronchaient pas devant lui. Perpétuellement habillées de noir, les mains abîmées par les travaux ménagers et le jardinage, elles étaient les servantes de ce tyran... Mais ma fière Ernella, elle, n'était nullement disposée à subir la loi de Nicolas. Aussi, dès notre mariage, lorsque nous nous sommes installés provisoirement dans la maison paternelle de Campu di Croce, la tension fut-elle vive entre la bru et le beau-père. Une

1. Là où chante le coq ne chante pas la poule !

tension d'autant plus prévisible que Nicolas avait toujours sur le cœur l'humiliation que la famille d'Ernella lui avait fait subir... Consciemment ou pas, il entendait donc faire payer à la fille les mauvaises manières des parents.

D'emblée, ma chère épouse affirma son indépendance. Pas question de s'affubler de ces horribles vêtements noirs qui endeuillent depuis si longtemps nos femmes... Ernella était coquette. Elle s'habillait à la mode. Et puisque nos moyens étaient modestes, elle achetait des patrons et faisait elle-même ses robes... Impossible de lui reprocher des dépenses inconsidérées. Alors Nicolas enrageait. Non qu'il ne fût secrètement fier d'avoir une bru si belle, mais ces robes courtes qui laissaient voir les chevilles, cet étalage de volants et de rubans, le faisaient désespérer de la condition féminine, lui qui ne la concevait dans son privé que comme une stricte dévotion au chef de famille.

Ernella, fine mouche, devinait que son élégance contrariait Nicolas. Elle s'en amusait. Un jour, mon père n'y tint plus et lui déclara que sa robe était décidément trop courte... Ernella ne dit rien. Mais le lendemain matin, avant d'aller faire sa promenade sur la place, elle augmenta l'ourlet de sa robe afin de la raccourcir... Et, sachant Nicolas embusqué à la fenêtre de son bureau, elle passa et repassa ostensiblement devant la maison. Le surlendemain, nouvel ourlet. Mon père grogna. « Encore plus court aujourd'hui! » Ernella répondit en riant : « Et demain, ce sera bien mieux! » Ce jeu continua encore quelques jours. A la fin, le terrible Nicolas finit par exploser : « Indua s'arristarà [1]? » *Alors, Ernella le regarda dans les yeux et lui dit : « Quand vous vous tairez! » Quoi qu'il en eût, Nicolas ravala sa rage. De ce jour, il ne fut plus jamais question de la hauteur des robes d'Ernella. Des robes qui, d'ailleurs, redescendirent sagement au-dessus des chevilles de leur propriétaire!*

Oraziu rit doucement. Qui pouvait résister à Ernella?

Il resta ainsi quelques instants, la plume en l'air... Il voyait encore Nicolas fourrager à pleine main dans sa barbe poivre

1. Quand cela va-t-il s'arrêter?

et sel. Il en était toujours ainsi lorsqu'il était en colère. Puis il saisissait son oignon dans la poche de son gilet en velours. Il feignait de regarder l'heure et partait soudain à grandes enjambées comme si un devoir impérieux l'appelait.

Ernella, si forte, si déterminée... Elle portait haut son étendard de femme... Oh, pas à la manière des féministes d'aujourd'hui, mais je t'assure que cette jeune femme savait se faire obéir et respecter. Elle s'imposait : sa seule présence suffisait.

Bien malgré moi, je devais aussi fermer les yeux sur ses petits travers : élevée dans une famille cultivée et bourgeoise, Ernella n'était pas moins superstitieuse que ma sœur Laurina. Mais nos femmes n'étaient-elles pas les dépositaires de croyances anciennes? N'étaient-elles pas de lointaines sorcières? Et le savent-elles encore?

A table, si un convive étourdi ou maladroit renversait de l'huile sur la table, ta grand-mère aussitôt se récriait : « L'oliu ghjittatu hè signu di disgrazia [1] ! » *Et, épouvantée, elle faisait un signe de croix. Moi, je feignais d'y voir un témoignage de l'antique respect pour l'huile d'olive, produit cher et raffiné. Ne dit-on pas « fin comme l'huile? » en parlant d'une personne délicate? Et encore :* « A donna hè fina, più fina chè l'oliu [2] ! »...

Vois-tu, jamais je ne me suis permis de me moquer d'elle. Parce qu'elle avait eu aussi à souffrir au plus profond d'elle-même de n'avoir pas respecté certains interdits dictés pas la superstition. Ainsi, si elle ne supportait pas que l'on fût treize à table, c'était qu'à deux reprises, la mort avait frappé son entourage. La première fois, ce fut aux environs de Campu di Croce... Nous étions en famille. Tes oncles étaient nés. Le père et la mère d'Ernella étaient exceptionnellement montés jusqu'à nous, scellant ainsi une quasi-réconciliation entre les Pacini et les Acquaviva. Pour le repas, nous étions donc treize. Et j'avais remarqué la nervosité d'Ernella. C'était au printemps. Il faisait très beau. Après le déjeuner, nous avons attelé la voiture de

1. L'huile renversée est signe de malheur.
2. La femme est fine, plus fine que l'huile!

mes beaux-parents et nous sommes partis sur la route du San Pedrone. Lorsque la route est devenue difficile, au col de Prato, Ernella et moi avons poursuivi à pied, laissant les enfants à la garde de leurs grands-parents maternels. Mais à peine étions-nous partis que la mère d'Ernella a fait un caprice : elle ne supportait pas de devoir être écartée et privée de promenade : « Je vais les rejoindre ! » Son mari l'a mise en garde. Les chemins étaient rudes, malaisés... Cependant elle ne l'a pas écouté et elle s'en est allée fièrement dans la forêt avec l'intention de nous rejoindre.

Mais nous ne l'avons pas rencontrée et, lorsque nous sommes redescendus, elle n'était toujours pas revenue. A l'évidence, elle s'était perdue. Nous l'avons cherchée, nous avons crié, je suis allé chercher des chiens. Jusqu'à la tombée de la nuit, nous avons espéré. En vain. Le lendemain matin, pensant qu'elle avait peut-être été enlevée par des bandits qui voulaient obtenir une rançon, je suis reparti sur les pentes du San Pedrone. J'ai vu les bandits qui vivaient dans la forêt. Non seulement ils n'étaient pas coupables, mais ces hommes qui connaissaient tous les sentiers m'aidèrent à chercher ma belle-mère... Ensemble, nous avons battu la montagne. Je me souviens avoir cru entendre un cri en passant près d'un ravin. « C'est un loup ! » me dit un bandit. Oui, à cette époque, il y avait encore des loups. Et si nous ne retrouvions pas ma belle-mère, elle finirait dévorée...

Nos recherches échouèrent. Des chasseurs découvrirent son corps deux mois plus tard. La pauvre femme était tombée dans ce fameux ravin. Blessée, elle n'avait pas eu la force de remonter. C'était peut-être elle que j'avais entendue crier... Son cadavre avait été déchiqueté par les loups... Dans un dernier réflexe enfantin, elle s'était protégée des fauves en relevant sa jupe sur son visage. Depuis, cet endroit s'appelle « l'arpale di a donna persa [1] ».

Longtemps, Ernella s'est reproché cette fin tragique... Jamais, disait-elle, elle n'aurait dû accepter que nous fussions treize à table. D'autant que, coïncidence terrible, nous avons participé un peu plus tard à un repas organisé

1. Le ravin de la femme perdue.

par l'une de ses meilleures amies. Une fois encore, nous étions treize. Ernella s'est alarmée. Elle a conjuré son amie d'inviter un convive supplémentaire, n'importe qui, la première personne qui passerait dans la rue... (Combien de fois par la suite, m'a-t-elle obligé à user d'un tel expédient!) Mais ce jour-là, son amie a ri : « S'il doit y avoir une victime, que ce soit moi! » Une semaine plus tard, elle était morte : un phlegmon l'avait étouffée!

Me comprends-tu maintenant? Et toi, Roccu, qui vis dans cette montagne où rôdaient autrefois les loups, te sens-tu plus proche de cette grand-mère qui croyait aux signes du destin?

« Ghjustizia Paolina » : **Le Manifeste de la Pentecôte**

Après 14 mois d'activité, il est temps pour nous de clarifier nos positions et de dire les buts que nous poursuivons.

(...) il nous est apparu que notre pays, l'île de Corse, est en passe de devenir un monde cosmopolite où chaque groupe et organisation, l'économie et les pouvoirs de toute l'échelle sociale passent un peu plus chaque jour aux mains d'étrangers.

(...) L'ARC considère l'autonomie comme un but à atteindre, réduisant ainsi la volonté de libération nationale des patriotes corses à un désir de réforme de la Constitution française. Nous dénonçons ce simulacre d'analyse; ou bien la NATION CORSE EXISTE et la LUTTE DE LIBÉRATION devient une nécessité, ou alors la NATION CORSE n'existe pas!

Il ne peut y avoir de juste milieu. Cette attitude du juste milieu, du compromis, du fourvoiement, c'est cela que nous appelons L'IMPOSTURE RÉFORMISTE contraire aux principes révolutionnaires car elle détourne le peuple corse de la véritable solution, la LUTTE DE LIBÉRATION NATIONALE.

(...) Que ceci soit bien clair : la dimension politique de la nation corse ne se réalisera qu'au sein d'un État souverain.

(...) Nous ne lutterons pas contre les peuples de France mais contre l'État français qui asservit et bafoue notre peuple depuis deux siècles.

Si nos droits nationaux sont reconnus dans les mois qui suivent la présente déclaration, le pire pourra être évité. Dans le cas contraire, la France portera la lourde responsabilité des événements futurs.

86

CATTERAGIU, 20 JUILLET 1975, 22 HEURES

Louis ne décolérait pas. En compagnie de Pascal, il venait tout juste d'assister à l'assemblée générale de l'ARC.

– C'est toujours la même histoire ! Des promesses, rien que des promesses !

Ils se trouvaient dans l'arrière-salle d'un café. Louis racontait, mimait les interventions des uns et des autres. Au cours de la réunion, la rupture s'était dessinée entre les caciques du mouvement et les jeunes militants. Ces derniers réclamaient une action immédiate. Mais les frères Simeoni, surtout Max, s'arcboutaient. La violence, et bien plus encore l'illégalité, leur répugnaient. Ils craignaient d'y perdre l'adhésion de l'opinion publique corse. Toutefois, ils le savaient bien, il leur fallait échapper à cette accusation de « réformisme » que formulaient contre eux les mouvements clandestins. C'était l'avenir de l'ARC qui était en jeu.

– On leur fout la trouille ! s'exclama Louis. Une sacrée trouille !

– Mais si on n'était pas là, ils n'existeraient plus ! dit Roccu.

– Qu'est-ce que tu veux dire ? demanda Joseph.

– C'est clair... Les gens ne font pas la différence entre les légalistes et les autres... Si on continue à parler des autonomistes, c'est parce que nous, nous agissons !

Louis continua son récit. Edmond avait joué son va-tout avec une rare pugnacité. Alors que les jeunes semblaient l'emporter, il avait habilement proposé de conclure le prochain congrès de Corti par un véritable « feu d'artifice ». Une action réellement spectaculaire destinée à fustiger « le scandale de la *vinaccia* », le scandale de la vinasse. Le prétexte venait opportunément de leur en être offert avec la faillite d'une société de négoce en vins qui menaçait d'acculer à la ruine près d'un demi-millier de petits viticulteurs corses. Derrière cette faillite, on parlait d'escroqueries : de gros producteurs d'origine pied-noir, mais aussi les pouvoirs publics, étaient impliqués.

Louis toujours bouillant, poursuivit :

– Le scandale de la vinaccia, je suis bien placé pour savoir ce que c'est !... Moi, viticulteur, j'en suis une des premières victimes ! Alors, après la réunion, j'ai pris Edmond à part : « Si tu nous mènes encore en bateau, c'est une balle dans la peau ! »

Roccu ne put s'empêcher de sourire. Louis ne s'en aperçut même pas, finit d'un trait son verre de pastis et ajouta :

– On nous a toujours caricaturés ! Les Corses, tous des bandits ! Des violents... Toujours une arme à la main ! On fait peur ! Eh bien, faisons peur ! Foutons en l'air toutes les installations de ces magouilleurs de pieds-noirs !

– Mais qu'est-ce qu'ils ont décidé de concret ? demanda Joseph.

– Rien de précis ! Ils parlent, ils parlent ! Et c'est ça qui me fout en boule !

Roccu se tourna vers Pascal qui était resté silencieux :

– Je crois que toi, tu devrais aller parler à Edmond avant le congrès de Corti... Nous, il se méfie... On est catalogués comme des fortes têtes. Mais toi, c'est différent... Ils ont du mal à te situer.

Pascal sourit.

– Et qu'est-ce que je lui dis ?

– Tu formules plus poliment l'avertissement de Louis ! dit Joseph en riant.

– Non ! Tu le préviens simplement que si une action concrète n'est pas décidée tout de suite, on fout en l'air son congrès ! Basta cosi !

– Moi, j'ai une idée, dit soudain Louis. On occupe la cave d'un de ces pourris de négociants ! Et on tient un siège en règle !

87

CORTI, 17 AOÛT 1975, 15 HEURES

Il faisait très chaud. Il y avait des odeurs de merguez, de vin, de pastis. Certains hommes étaient torse nu. Sous l'immense chapiteau, la foule s'agglutinait peu à peu. Combien étaient-ils? Sept mille, huit mille? Des îliens mais aussi beaucoup de jeunes Corses de la diaspora. Partout des drapeaux à tête de Maure et des banderoles : «*Arriti e pronti*[1] *!* »

Roccu allait de groupe en groupe, de stand en stand. On vendait des objets artisanaux, des tee-shirts nationalistes, des livres sur l'histoire de la Corse. Les haut-parleurs diffusaient des *paghjelle*[2].

Accolades, poignées de main, embrassades : au milieu de visages familiers, Roccu retrouvait tous ses amis clandestins. Ils échangeaient des signes de connivence. Chez eux, comme chez lui, il y avait la même attente, la même nervosité.

Continuant à déambuler, il eut la surprise de voir arriver Vincensiu, précédant Bianca Fiorelli et Domenicu Piverone. Le gamin sauta dans ses bras. Une mèche brune barrait fièrement son front. Régulièrement, d'un coup de tête, il la relevait. Mais elle retombait aussitôt sur son œil gauche. Roccu, amusé, pensa qu'il ressemblait à un petit gitan.

Bianca, dans sa robe blanche, était très élégante. A côté d'elle, un peu en retrait, Domenicu, costume de velours, chapeau posé de guingois, était tel qu'en lui-même.

– Qu'est-ce que tu fais là, toi le communiste? demanda Roccu.

1. Debout et tenez-vous prêt!

2. La paghjella est une forme traditionnelle de chant corse. Musique polyphonique, elle se chantait autrefois à l'église, au cours des cérémonies funèbres ou lors des processions. Sa renaissance au début des années 70 est aussi l'expression d'un renouveau culturel. Les paghjelle vont désormais ponctuer toutes les manifestations nationalistes.

– J'ai bien le droit de m'informer, non? grogna le vieux. Et puis, s'il s'agit de foutre à la porte les escrocs, moi, je suis avec vous!

– Je ne suis pas loin de partager l'avis de Domenicu, dit Bianca en souriant.

La tribune commençait à se remplir. Les chefs de l'ARC se rassemblaient. Devant l'estrade, on chuchotait, on tenait des conciliabules en jetant des coups d'œil à droite et à gauche.

Roccu prit place au fond du chapiteau, près de la toile. A la tribune, Max Simeoni venait d'ouvrir le congrès. Le premier orateur fut un jeune homme, un économiste qui décortiqua le scandale du vin : cavalerie financière, escomptes à gogo, sociétés « écran », banqueroute, escroqueries. L'assistance grondait. Roccu étouffa un bâillement.

– T'endors pas tout de suite, le spectacle ne fait que commencer!

Louis se laissa tomber sur la chaise voisine. Il était accompagné de Pascal, de Joseph et de Françoise. Roccu se leva pour embrasser la femme de son ami. Louis, visage rouge, se massait le ventre. Il écouta quelques instants l'orateur. Puis il grogna :

– Ça, c'est les hors-d'œuvre... Quand est-ce qu'on mange?

88

CORTI, 17 AOÛT 1975, 18 HEURES 30

Edmond Simeoni parlait déjà depuis plusieurs minutes. L'enthousiasme grandissait, soulevait le public. Des jeunes gens, debout, applaudissaient à tout rompre. La voix enflait sous le chapiteau. Le ton montait, toujours plus violent, toujours plus incantatoire. Simeoni déployait tout son talent. Dénonçait le pouvoir colonial, les clans et les partis, la fraude électorale, Libert Bou et le préfet, l'administration complice des escrocs de la *vinaccia*, les promesses toujours faites, jamais tenues. A chaque accusation répondait la clameur de la foule.

– Il est fort, Edmond! murmura Françoise. Il me donne la chair de poule.

L'orateur observa un silence. L'assistance sembla se figer. A cet instant, on aurait pu entendre battre les cœurs à l'unisson.

– La coupe est pleine, elle déborde! lança Simeoni.

Puis il fit silence à nouveau. Des milliers de paires d'yeux étaient braquées sur ses lèvres. Roccu se tourna vers ses amis :

– Attention, c'est pour maintenant...

– Y a-t-il une voie ouverte? demanda Edmond Simeoni à la foule.

Et aussitôt, il enchaîna :

– L'ARC a un capital énorme de prestige, de crédibilité, dans l'île et dans la diaspora. L'ARC a un capital énorme d'organisation et de foi... L'ARC peut impulser et conduire la lutte révolutionnaire populaire et anticolonialiste de libération... Mais aujourd'hui l'ARC peut faire encore mieux et beaucoup plus pour le peuple corse et pour son pays : l'ARC peut offrir sans ostentation, sans recherche d'honneur, avec uniquement l'esprit de sacrifice au service d'une cause sacrée, la liberté et le sang de ses militants!

D'un seul geste, le public se dressa et hurla son approbation. Ce fut comme une grande vague qui balaya le chapiteau. Roccu échangea un clin d'œil avec Pascal.

– *I Francesi Fora!* commença à scander Louis.

Bientôt, le slogan fut repris par toute l'assistance. Roccu, souriant, se pencha vers Joseph.

– C'était Che Guevara, non?

– Espérons-le! Parce que Tartarin, on l'a assez entendu!

A la tribune, Simeoni, dopé par la ferveur populaire, reprit le micro en posant une rafale de questions à la foule :

– Y a-t-il un peuple corse?...

Un « oui » massif lui répondit.

– Ce peuple a-t-il droit à la vie?...

Un « oui » encore plus tonitruant éclata sous le chapiteau.

– La Corse est-elle une colonie?...

Le « oui » devint un hurlement. Roccu, admiratif, se dit que, décidément, Edmond était le seul à pouvoir galvaniser les jeunes Corses. Le seul à pouvoir les entraîner là où il le voulait... Quoi qu'ils pussent penser de son réformisme ou de son attentisme, Roccu et ses amis devaient compter avec lui : rien ne se ferait sans Edmond Simeoni ! Mais rien n'empêchait non plus de se servir de lui. Et d'exploiter son charisme.

– *Liberta !* hurlait la foule.

Dix-neuf fois déjà, elle avait dit oui à l'orateur. Simeoni, pesant ses mots, l'interrogea une dernière fois :

– Enfin, question capitale, êtes-vous prêts à assurer la lutte totale, intégrale, à nos côtés ? A déclencher des grèves et des manifestations de soutien si l'on nous emprisonne, à continuer une lutte sans merci si l'on nous tue ?

Debout, des milliers d'hommes, de femmes, d'adolescents, lui répondirent une nouvelle fois par l'affirmative. Des poings se dressèrent. Edmond Simeoni s'épongea le front. Savait-il qu'il venait de franchir un point de non-retour ? Il conclut avec gravité :

– La clarté, la vigueur, l'ampleur, la foi de vos réponses ne sont pas une surprise. Aujourd'hui, nous pouvons dire que nous avons pris rendez-vous avec l'Histoire !

Et, dans l'assistance, nul ne s'étonna de la grandiloquence du propos, tant on sentait que le docteur Simeoni disait la vérité.

89

CORTI, 17 AOÛT 1975, 22 HEURES 30

Sur la scène, c'était le tableau final : la représentation de la bataille de Ponte-Nuovo. Quand les soldats de Paoli tombèrent, fauchés par les balles françaises, il y eut des sifflets dans le public. Sur la bande-son, des croassements de corbeaux succédèrent aux crépitements des mousquets.

– Les corbeaux, lança un voix goguenarde, sûr qu'ils sont français !

Le rideau tomba. La foule applaudit longuement. Corti II se terminait. Roccu se leva. Pascal et Françoise l'imitèrent. Louis et Joseph, eux, s'étaient éclipsés dès la fin des discours. Avec quelques autres, ils avaient rejoint Edmond Simeoni dans un lieu discret. Roccu avait hâte de connaître le résultat de cette réunion dont l'objet était bien sûr l'action que Simeoni s'était publiquement engagé à entreprendre.

Ils sortirent du stade Manfredi où l'ARC avait monté son chapiteau. En ville, l'atmosphère était joyeuse. Klaxons, chansons, la fête continuait dans la rue et les cafés. Des groupes de jeunes gens déambulaient sur les trottoirs en brandissant des drapeaux corses.

La nuit était tiède. La chaleur du jour irradiait encore des pierres des maisons.

– Nous avons gagné, dit soudain Françoise avec un drôle de sourire. J'en ai bien peur...

Roccu la prit affectueusement par l'épaule.

– Tu as toujours été la plus courageuse de nous tous.

– Le courage, c'est une affaire personnelle, répondit Françoise d'une voix douce. Mais quand on est deux, on a toujours peur pour l'autre. Toi, tu es seul, c'est différent.

Le cœur brisé, Roccu songea que sans Marie-Colombe, il lui était en effet plus facile de prendre des risques. Aujourd'hui, son existence était provisoire. Comme sa liberté. Il pouvait être arrêté demain ou après-demain... Il pouvait être blessé, tué. « Je suis d'abord un militant, un clandestin, je n'ai pas le droit de m'engager... Pas le droit d'envisager une vie paisible avec femme et enfants. »

Roccu, brusquement, se sentit glacé et serra plus fort Françoise contre lui.

90

BOGGIU DI FIUMORBU, 18 AOÛT 1975, 5 HEURES DU MATIN

A l'ouest, le ciel devenait laiteux. Françoise était montée se coucher. En attendant Louis et Joseph restés à Corti avec Edmond Simeoni, Pascal et Roccu, les nerfs à vif, avaient longuement discuté. Frantz Fanon, Albert Memmi, c'étaient leurs dernières lectures. D'emblée, Roccu penchait pour le radicalisme révolutionnaire de l'Antillais, tandis que Pascal, qui se méfiait de toutes les idéologies, refusait de rejeter les valeurs démocratiques.

Sur la table de la grande pièce, il y avait une cafetière, des tasses, une bouteille d'alcool. Roccu se confectionnait une nouvelle cigarette lorsque leurs deux amis firent irruption dans la pièce.

– C'est parti! dit Joseph. Je vois les choses comme ça : si on se débrouille bien, dès lundi prochain, l'ARC est dissoute par le gouvernement...

– Edmond en est conscient? demanda Pascal.

– Apparemment, oui... Je l'ai pourtant prévenu : « Les flics viendront nous déloger de force! » Il m'a dit qu'il le savait. « Alors qu'est-ce qu'on fait dans ce cas-là? On tire? » Il m'a répondu : « On tire, pas de problèmes! »

– Il a vraiment dit ça? interrogea Roccu, sceptique.

– Je te le jure!

– Je ne sais pas s'il l'a fait de bon cœur, mais il l'a dit! laissa tomber Louis.

– Faut-il encore qu'il y ait une fusillade! dit Roccu.

– Ça dépendra de nous! ajouta Pascal.

– Alors, reprit Joseph, il faudra s'imposer. Parce que les types de l'ARC ne sont pas très enthousiastes à l'idée de nous voir participer...

– A vrai dire, ils ne savent pas ce qu'ils veulent, grogna Louis. D'abord, Edmond nous a dit : « Il me faut cent bonshommes! Cent! » Et comme on lui a fait remarquer que c'était con de mouiller autant de gars, il a fait marche arrière : « D'accord ! Moins de gars. Mais je veux des types qui aient du sang-froid ! Pas d'excités, pas de provocateurs ! »

– Ça, dit Roccu, c'était pour nous !

– En tout cas, dit Louis assez fièrement, c'est quand même mon idée qu'il a retenue ! Reste à savoir quelle cave viticole on va occuper !

– On s'en fout ! lança Joseph... N'importe laquelle fera l'affaire !

– Je ne suis pas d'accord, répliqua Roccu. Les symboles, ça compte. Le plus gros colon, c'est Fernandez : il possède plus de 2 000 hectares...

– On doit revoir Edmond aujourd'hui, dit Louis. On décidera ensemble.

Roccu se leva et s'étira.

– Moi, j'ai encore plus d'une heure de route...

– Tu ne veux pas dormir ici ? dit Joseph.

– Et mes brebis ? Qui les traira ?

– Tes brebis, il faudra peut-être que tu leur dises au revoir pour quelque temps, non ?...

Roccu ne répondit pas.

– Il y aura toujours une chambre pour toi, ajouta Joseph.

Le Fiumorbu, une nouvelle fois, serait leur citadelle.

Les autonomistes corses prennent parti pour une « lutte révolutionnaire de libération »

Point d'orgue aux manifestations de l'été corse : le congrès de l'Action pour la Renaissance de la Corse (ARC) qui a réuni, le 17 août à Corte, environ six mille personnes en vue de « *préparer les conditions morales et matérielles de la libération du peuple corse* ».

Pour la première fois, on a entendu scander trois mots, jusqu'alors hâtivement tracés par des mains anonymes sur les chaussées ou les murs. « *I Francesi Fora* » (les Français dehors), ainsi qu'un autre, tout aussi symbolique : « *Liberta* ». (...)

Oui, assurément, un langage nouveau qui, voilà seulement deux ans, aurait paru à tous bien excessif. Escalade née de l'impatience ? L'erreur serait de croire qu'il ne s'agit que de cela.

Paul Silvani, *Le Monde*, 20 août 1975

91

CAMPU DI CROCE, 20 AOÛT 1975, 7 HEURES

Il y avait une lumière de commencement du monde. Sous cet éclairage de cristal, la nature semblait fragile, à l'image de ces dentelles de rosée accrochées entre les fougères. Assis sur le seuil de la bergerie, Roccu se roula une cigarette. Il la ficha entre ses lèvres et, saisi par la beauté du moment, oublia de l'allumer.

Il avait l'impression de dérober du temps. Ce silence, cette pureté n'appartenaient qu'à lui. Il voulait ne jamais les oublier. Sa montagne... Ce pays était sa chair, la Corse était sa mère, son amante.

Roccu resta immobile de longues minutes. Il jeta sa cigarette au bout trituré quand les premiers rayons du soleil percèrent la grande châtaigneraie. Les brebis paissaient un peu plus haut. Il se leva, entra à l'intérieur de la bergerie et dégagea des ballots de paille empilés dans un coin du bâtiment. Au niveau du sol, Roccu mit au jour un paquet de forme oblongue. Il déchira le papier Kraft maculé de taches huileuses qui le recouvrait et commença à démailloter les chiffons gras qui enveloppaient les différentes pièces d'un fusil-mitrailleur Bren.

Méticuleusement, il fixa le canon dont l'extrémité, un cache-flammes, était curieusement évasée, un peu à la façon d'un tromblon. Puis il serra le bipied, engagea le large magasin curviligne.

– Qu'est-ce que c'est?

Roccu sursauta. Vincensiu se tenait à l'entrée de la bergerie.

– Déjà debout?

L'enfant s'approcha. Ses yeux brillaient de curiosité.

– C'est une mitraillette?

– Non, un fusil-mitrailleur...

– C'est quoi la différence?

Roccu soupira.

– Un fusil-mitrailleur, c'est une mitrailleuse...

– Je comprends rien!

Roccu dissimula l'arme sous les ballots de paille et entraîna l'enfant dehors.

– En tout cas, t'as rien vu!

Vincensiu leva les yeux au ciel. Au bout du sentier, Roccu aperçut son père accompagné de Domenicu Piverone. Ils montaient vers la bergerie en devisant. Le gamin s'assit sur la pierre à l'entrée du bâtiment. Il cueillit une herbe qu'il commença à mâchouiller.

Ange-Marie embrassa son fils. Domenicu, bouffarde au bec, salua Roccu d'un signe de tête. Tous deux avaient l'air grave.

– Tu pars quand? demanda enfin Ange-Marie.

– Ce soir, après la traite... Si je ne reviens pas, il faudra vendre les bêtes...

– Non! l'interrompit brusquement Ange-Marie. Tes brebis, c'est moi qui vais m'en occuper! Et Domenicu me donnera un coup de main s'il le faut!

– Moi aussi! s'exclama Vincensiu.

Roccu serra le gamin contre lui. Les joues de l'enfant rosirent. Ange-Marie toussota. Et il lâcha en prenant un air faussement détaché :

– Avant d'être militaire, je te rappelle que j'ai fait le berger, moi aussi...

– Merci papa! dit Roccu, la voix blanche.

Puis il prit son père par le bras, l'entraîna quelques pas à l'écart.

– Je ne sais pas comment ça va se passer... Mais s'il arrivait quelque chose de grave, je voudrais que tu appelles babone...

– Pour lui dire quoi? demanda Ange-Marie.

– Pour lui dire que j'ai pensé à lui!

Ange-Marie haussa les épaules et, soudain rogue, laissa tomber :

– Tu ferais mieux de penser à ta pauvre mère!

92

SAN-MARTINO DI NEBBIO, 20 AOÛT 1975, 12 HEURES 30

Jean Casabianca, la mine soucieuse, raccrocha le combiné du téléphone.

– C'était Roccu...

En face de lui se tenait Ghjacumu Natali. Tous deux se trouvaient dans le bureau de l'ancien haut fonctionnaire. La fenêtre était fermée. Dehors, c'était la fournaise. A l'intérieur, il faisait frais.

– Il n'a pas pu me dire grand-chose, mais je ne suis pas rassuré... Il n'y a pas de responsable militaire de l'opération... Ils vont devoir improviser, je n'aime pas ça.

– Il y aura quand même des types solides dans la cave.

– Oui, sans doute... Mais les gens de l'ARC? Ils vont se pavaner, se payer de grands mots, agiter un chiffon rouge devant les forces de l'ordre... Et après?... Les Simeoni ne sont pas des révolutionnaires! Qu'est-ce qu'ils veulent au fond? Créer un parti à la française, se tailler leur petit bout de pouvoir... Ici, en Corse, nous n'en finissons pas de singer la France. C'est peut-être ça la véritable colonisation... Nous pensons français parce que nous ne savons plus penser corse! Notre problème est d'abord culturel...

Casabianca discourait pour oublier ses appréhensions. Natali l'écoutait en silence.

– Et leur nationalisme!... Nationalisme! Moi, je déteste ce mot... Mouvement nationalitaire, oui. Mais le nationalisme, c'est un héritage colonial, ça pue son Maurras! « Tout ce qui est national est nôtre! » C'est comme ça qu'on finit fasciste!

Il se tut un instant. Trois lignes blanches barraient son front. Trois lignes de colère, pensa Natali. Soudain, Casabianca se mit à rire.

– Même les communistes étaient nationalistes... T'ai-je jamais raconté comment l'appareil a brisé nos rêves à l'issue de la guerre? Nous étions alors le premier parti de l'île. Révolutionnaires, bien sûr, mais inconsciemment, en nous, il y avait le sentiment corse... La volonté de sortir l'île du marasme. Mais un jour, lors d'une conférence fédérale en présence de l'envoyé Laurent Casanova, du Comité central, notre secrétaire, Léo Miguelli, a pris bravement la parole pour exposer nos thèses!

Casabianca rit à nouveau.

– Pauvre Miguelli, il n'a pas prononcé plus de quatre phrases. Laurent Casanova s'est dressé : « Assez de discours! La Corse est française! » La messe était dite, la Corse communiste était française! Silence dans les rangs!... Et naturellement, pour magnifier cet attachement des communistes corses au drapeau tricolore, on a instauré le culte de sainte Danielle Casanova, la résistante légendaire, morte pour la France. Le PC a installé des reposoirs, distribué des photos, déposé des cierges...

Il se tut un instant. Puis il se frotta le front, là où tout à l'heure il y avait trois lignes pâles sur son visage hâlé.

– C'est loin, n'est-ce pas? Si loin... Et malheureusement, les communistes corses n'ont pas changé!

Il se leva.

– Viens, on va boire un verre de vin blanc.

A son tour, Natali se mit debout.

– J'irai avec Roccu, l'occupation de la cave sera une opération militaire!

Et il lui sembla qu'un sourire passait sur le visage de Casabianca.

93

ALERIA, 20 AOÛT 1975, 20 HEURES 30

Pascal était arrivé le premier. Pantalon de toile blanche, mocassins, chemisette noire largement ouverte qui découvrait une fine chaîne en or, il donnait l'impression de revenir de la plage. Louis l'avait entraîné vers la terrasse. Le soleil avait déjà disparu derrière les crêtes du Fiumorbu. Le ciel avait la couleur du sang.

– Un Casa?

Louis n'attendit pas la réponse de Pascal et le servit. L'atmosphère, lourde des parfums du maquis, commençait tout juste à se rafraîchir.

– Et les autres? demanda Pascal.

– Roccu devrait arriver... Joseph, lui, avait une dernière réunion avec les pontes de l'ARC! Suspense, mon frère!

Une petite vieille, sèche et noire, fit son apparition. D'une main aux doigts déformés par l'arthrite, elle fit un signe d'amitié en direction des deux garçons.

– Louis, je suis fatiguée, je vais me coucher...

– *Bona sera, mamma*, dit Louis en se levant pour aller l'embrasser.

– *Mira be' u mio figliòlu!*

– *Indua òchju mira, mamma, piòmbu tumbà* [1] *!*

Louis rit. Au moment où sa mère disparaissait dans l'ombre de la maison, ils entendirent un bruit de moteur. Peu de temps après, Joseph apparut et se laissa tomber sur une chaise.

– Alors? demanda Louis.

– On a choisi la cave Depeille, dit Joseph. C'est sur la route nationale...

– Pourquoi celle-là plutôt qu'une autre? interrogea Pascal.

– Depeille est mouillé jusqu'au cou dans le scandale du pinard... Et d'après Edmond, sa cave est facilement défendable...

– C'est vrai qu'elle n'est pas mal située, dit Louis. Un peu en retrait de la route, surélevée... On dominera la situation!

Puis, sans transition, il ajouta :

– J'ai faim, moi! Qu'est-ce qu'il fout Roccu?

– C'est tout ce qui a été décidé? demanda Pascal.

– Si ça chauffe, Edmond voudrait que je reste dehors avec quelques types, de façon à prendre des otages...

– Des otages? se récria Louis. C'est un truc de lâches, ça!

1. Vise bien, mon fils!
– Là où l'œil vise, maman, le plomb tue!

– A mon avis, remarqua tranquillement Pascal, c'est plutôt une façon comme une autre de t'éliminer, non?
– Je ne crois pas...
– Et les tireurs à l'extérieur? demanda encore Pascal.
– On n'en a pas reparlé...
Pascal soupira.
– Et les armes? interrogea Louis.
– Fusils de chasse! répondit Joseph. Pour le symbole! Un Corse digne de ce nom ne se balade jamais sans son fusil de chasse, c'est bien connu!
Ils éclatèrent de rire.
– Moi, dit Pascal, ce sera un Riot Gun.
– Et moi, une 30/30, fit Louis. Il n'y a pas mieux pour le sanglier!
La nuit tombait. Un bruit de voiture couvrit les stridulations des insectes. Enfin Roccu arrivait.
Tous trois sentaient en eux la même impatience.

94

ALERIA, 21 AOÛT 1975, 7 HEURES

Le soleil incendiait l'étang de Diane. La terre ocre, humide, sentait le sulfate. Dissimulés dans les vignes, Roccu et Joseph voyaient distinctement la cave Depeille dont les murs blancs blondissaient sous les premiers rayons, de l'autre côté de la route nationale. Deux étages de bureaux surplombaient des portes métalliques jumelles. Un escalier extérieur permettait d'accéder à un balcon qui courait sur toute la largeur du bâtiment. Devant, il y avait un vaste terre-plein et une bascule. Plus loin, on distinguait, enfouie dans la verdure, la tache blanche d'une villa.
Tout autour, le vallonnement des vignes à perte de vue.
– S'ils n'utilisent pas de bazookas, on devrait pouvoir tenir un bon moment, dit Roccu.

Sur la route, tout près d'eux, passèrent des ouvriers agricoles nord-africains qui se rendaient à leur travail. Soudain, ils entendirent un bruit de moteur. Venant de Ghisunaccia, des voitures apparurent au loin sur la ligne droite.

Ils eurent l'impression étrange d'être pour la première fois spectateurs.

Arrivées à la hauteur de la cave Depeille, les autos tournèrent brusquement à gauche et se rangèrent sur le terre-plein. Le premier à descendre fut Edmond Simeoni, sac de sport dans le dos, vêtu d'un polo et d'un short, chaussé de pataugas. Roccu vit ensuite Pascal, Louis et André Rochezzani... Il reconnut aussi Pierre Susini, un dirigeant syndical agricole dont la silhouette importante le disputait en prestance à celle de Louis. Ils étaient une petite quinzaine en tout. Chacun une arme de chasse à la main, certains portant tenue camouflée, cartouchière à la ceinture ou en bandoulière. Deux d'entre eux escortèrent Edmond jusqu'à la maison d'habitation. Roccu prit ses jumelles. Il les vit frapper à la porte de la villa. Un homme jeune, encore ensommeillé, ouvrit. Il eut un mouvement de recul en découvrant les armes... Edmond semblait donner des ordres. L'homme disparut dans la maison. Quelques instants plus tard, il revint, accompagné d'un petit groupe d'hommes, de femmes et d'enfants vêtus à la hâte. Simeoni prit une fillette dans ses bras. Tous disparurent derrière les arbres. On entendit des moteurs de voiture. Les occupants de la villa Depeille fuyaient vers le nord.

95

ALERIA, 20 AOÛT 1975, 10 HEURES 30

Ils venaient de partout. Déjà, deux longues files de voitures encombraient les bas-côtés de la route nationale. Des curieux, des touristes qui observaient la scène. Mais aussi des militants et des sympathisants, armés pour la plupart, qui se glissaient à l'intérieur du domaine en passant par les vignes.

Roccu, lui aussi, avait rejoint les hommes du commando. Louis, goguenard, lui faisait visiter les lieux. Il donnait l'impression d'être chez lui.

– Voilà la cuisine. La porte à côté, c'est une salle de bains...

C'était propre, confortable. Il y avait des fauteuils, des canapés. Dans les chambres, des sacs de couchage étaient disposés sur le sol. Partout, des provisions, beaucoup de provisions. Des jeunes gens fumaient, lisaient le journal, écoutaient la radio. Les premiers journalistes arrivés avaient improvisé une salle de presse. Tout cela était irréel et un peu factice. Même les armes, où se mêlaient maintenant beaucoup de carabines, semblaient faire partie du décor. Personne ne paraissait avoir conscience de la gravité de la situation.

Louis laissa tomber sa grande carcasse dans un fauteuil qui gémit sous son poids.

– Edmond trône là-haut. Il a tout expliqué aux jounalistes. Demain, réunion avec les syndicats. Samedi, conférence de presse. Et dimanche, le bouquet : grand meeting sur place !

Roccu éclata de rire.

– Chacun a droit à sa part de rêve !

Soudain, des coups de feu éclatèrent. Roccu et Louis se précipitèrent sur le balcon. Un camion-citerne était arrêté devant l'entrée de la cave, pneus crevés. Des hommes en armes l'entouraient. Le chauffeur était toujours au volant.

– Viens, dit Roccu. Il faut récupérer ce camion, ça peut toujours être utile.

Dans la cour, il y avait maintenant un va-et-vient de militants. Roccu vit la haute silhouette de Ghjacumu Natali qui semblait inspecter les lieux. Il reconnut aussi Petru Ottaviani, escorté de quelques-uns de ses « Niçois ». On se saluait, on se congratulait. Toujours cette curieuse impression de détente sous un soleil qui donnait à la scène de fausses couleurs de vacances.

Mais Roccu, lui, savait que dans son île, le soleil et la mort avaient partie liée.

CE JOUR-LÀ À ALERIA

En short et polo rouge, Edmond Simeoni téléphone. A la fenêtre, deux hommes armés surveillent la route. L'un d'eux est muni d'un talkie-walkie. Sur la table, une vingtaine de fusils et, à même le sol, près de l'entrée, un stock de cartouches, arsenal insolite dans ce confortable bureau de P-DG avec moquette et air conditionné. Edmond Simeoni raccroche. L'œil clair et malicieux, il se tourne vers nous : « *Je viens de téléphoner à la mairie d'Aleria. J'ai rassuré. Nous n'avons pas l'intention de troubler l'ordre public.* » Il se renverse dans son fauteuil et poursuit : « *Il ne s'agit que d'une occupation temporaire. Nous ne resterons que trois jours. Mais nous voulons faire éclater le scandale du vin et du colonialisme agricole. Depeille est compromis avec quatre autres gros colons dans une affaire d'escroquerie que l'Administration et les banques sont prêtes à étouffer. Nous réclamons donc la prison pour les cinq escrocs et la saisie de leurs 2 000 hectares afin qu'ils soient redistribués aux jeunes ruraux corses les plus déshérités.* »

KYRN, octobre 1975.

96

PARIS, 21 AOÛT 1975

La radio bourdonnait. Çà et là, Oraziu glanait quelques mots. On évoquait la Corse. Mais était-ce de son île dont il était question?... La sienne était si loin. Perdue dans les brumes de son enfance, de sa jeunesse.

– Sacramaria, que disent-ils?

– Ce sont des agriculteurs qui occupent une cave vinicole, répondit-elle. Ils sont armés.

Armés, bien sûr. En Corse, on était toujours armé lorsqu'on voulait se faire respecter. Pourquoi fallait-il s'en étonner?

– Éteins...

Tous ces bavardages étaient épuisants. On parlait si mal de son île... Toujours. Il s'y attachait tant de légendes, tant de préjugés, tant de racisme... Oraziu se leva.

– Mais, mon oncle, vous n'avez rien mangé...

Il regagna son bureau à pas lents. Avait-il lui-même souffert du racisme anticorse? Moins que d'autres, peut-être, parce qu'il était professeur. Le racisme, c'était pour les petits, les sans-grade, douaniers, policiers, gardiens de musée... Mais tous les Corses, sur le continent, qu'ils fussent puissants ou faibles, se sentaient solidaires. Regroupés dans des amicales régionales – lui-même, dont la famille avait quitté le Niolu depuis deux générations, avait fréquenté l'amicale des Niolins – les insulaires exilés oubliaient leurs inimitiés séculaires. Toutefois, ce réflexe de défense, ce repli sur soi communs à toutes les minorités contribuaient à nourrir la haine du Corse.

Lui revenaient en mémoire les termes d'un rapport écrit par un obscur scribe continental de la préfecture de Corse. Des mots qui l'avaient marqué au fer rouge : « Le Corse passe volontiers de l'indolence à l'impatience et il est rarement apte aux tâches exigeant une application soutenue... Comme dans tous les pays méditerranéens, le Corse ne résiste que difficilement à l'attrait du verbe et de la démonstration [1]... » C'était un collègue de la faculté de droit qui lui avait passé ce brûlot. Comment un fonctionnaire de la République avait-il pu se permettre d'écrire de telles sottises?

« L'attrait du verbe! » L'imbécile n'avait vu qu'effets oratoires et exubérance méridionale là où le discours était encore porteur d'une puissance rituelle. Il n'avait pas compris que dans une civilisation essentiellement orale les mots étaient sacrés et qu'ils vivaient toujours d'une vie secrète et redoutable... Il ne savait pas qu'à une époque où les textes écrits en corse dialectal étaient rarissimes, de simples femmes, toujours illettrées, pouvaient improviser des heures durant au-dessus d'un cercueil des *ballate* selon une versification rigoureuse de seize pieds. Et que des bergers niolins, chanteurs de

1. Rapport sur les problèmes économiques de la Corse par Pierre Lenquette, secrétaire général de la Préfecture de Corse, 1966.

Chjama è rispondi [1], se livraient à des joutes oratoires pendant des jours et des nuits...

La main d'Oraziu, comme si elle était indépendante, s'empara du stylo.

Caru Roccu,

La sottise, toujours, me révulse. Car elle est mère de la méchanceté.

Nous avons été moqués, humiliés... Souvent, nous avons de nous-mêmes alimenté la plume de ceux qui nous invectivaient tant les peuples sont prompts à fournir des verges à ceux qui les veulent fouetter. Oui, les Corses ont sans doute été les plus grands ennemis des Corses. Malgré eux. Et moi le premier.

On nous dit violents. Pourquoi ne pas le reconnaître? Et d'ailleurs pourrait-il en être autrement dans un pays qui a connu depuis deux mille ans dix-neuf suzerains différents, trente-sept révoltes ou insurrections et je ne sais combien de périodes sans ordre établi, sans loi ni droit. Aussi était-il moins dangereux d'injurier Dieu que d'insulter un homme! « Que tous les saints descendent dans un tonneau avec Jésus-Christ pour bouchon! » pestaient autrefois les vieux qui n'hésitaient pas à blasphémer la Vierge, « la porca madonna [2]! » *quand la fureur les prenait. Mais jamais ils n'auraient insulté leur prochain. Chez nous, les mots sont empreints de tant de sens qu'ils sont capables de tuer!*

Autrefois, une injure ne pouvait se laver que dans le sang. C'est pourquoi les Corses ont appris à dompter leur langage : quand il leur fallait exprimer leur colère ou leur antipathie, ils préféraient utiliser des périphrases historiques ou religieuses. On ne disait pas : « Tu es un ahuri », mais : « Tu viens de La Mecque! » On ne traitait pas quelqu'un de vantard mais on ironisait : « Tu fais trembler Byzance! »

Les mots. Les mots de la vie, les mots de la mort. Ma

1. *Chjama è rispondi :* appel et réponses. Joute poétique chantée en vers entre deux improvisateurs qui doivent rivaliser d'esprit et de rapidité.

2. Littéralement, la cochonne de madone.

pauvre Ernella pensait que les paroles, même les plus innocentes, pouvaient porter à conséquence. Ainsi, visitant une jeune maman, il ne fallait jamais dire : « Ah, le beau bébé ! » sous peine de lui lancer « le mauvais œil ». Et si, malgré tout, on se laissait aller à prononcer un compliment aussi imprudent, on devait aussitôt ajouter : « Que Dieu le bénisse ! » afin de contrarier le mauvais sort. De la même façon, et c'était une croyance unanimement respectée, au moment du baptême, parrain et marraine devaient n'oublier aucun mot du Pater. Si, par malheur, l'un d'eux sautait un mot, cela signifiait que l'enfant était mal baptisé et qu'il risquait de devenir somnambule ou mazzeru. Il fallait alors s'emparer des habits sacerdotaux du prêtre et les secouer au-dessus de l'enfant...

Ces pratiques superstitieuses venaient d'un temps où les mots seuls parvenaient à conjurer le malheur. Parce qu'on croyait encore à leur force. La religion catholique n'y avait nulle part. Elle avait simplement plaqué ses rites sur nos cultes anciens.

Oraziu, sans lâcher son stylo, ferma les yeux. Cela lui arrivait de plus en plus souvent. C'était une façon de s'évader, de prendre des libertés avec la vie, avec le temps. Les yeux clos, il retrouvait plus facilement des images d'autrefois. Il s'imaginait promis à l'éternité, plongé dans un monde où il n'y avait plus de frontière entre la vie et la mort. Un jour, Sacramaria l'ayant surpris ainsi, avait poussé un cri de terreur : « Mon oncle, je vous en prie, cessez de faire le mort ! »

LA HAINE DES CORSES

Lorsque l'Empire s'écroule après Sedan, la curée est générale. Confondant Napoléon III et les Corses, les républicains se déchaînent, se livrant à de véritables ratonnades dans les rues de Paris et de Marseille. On lynche des Corses parce qu'ils sont corses. On en jette à la Seine et dans le Vieux Port. (...) Le 4 septembre 1871, Henri Rochefort, homme de gauche avant de devenir sur le tard boulangiste, ami de Victor Hugo et journaliste fameux, lance l'hallali dans *La Lanterne* **proposant** *« la restitution de la Corse à l'Italie pour un franc symbolique... ».* **Le 15 février 1871, le docteur Peyrusseau présente à l'Assemblée nationale une pétition qui demande** *« avec urgence la séparation de la Corse d'avec la France et l'exclusion immédiate des députés corses de ses séances, sans préjudice, au besoin, de leur expulsion du territoire français ».* **Cette demande restée sans effet, le député Lockroy et le socialiste Édouard Simon reviennent à la charge le 3 mars, appuyés trois jours plus tard par Georges Clemenceau, afin** *« que la Corse cesse immédiatement et irrévocablement de faire partie de la République française ».* **Le Parlement ne cédant toujours pas, l'opinion de gauche s'émeut. Jules Vallès (...) regrette que la Corse n'ait pas été cédée à la Prusse plutôt que l'Alsace. Dans** *Le Cri du peuple* **il ajoute :** *« La vérité qu'il faut dire, c'est que la Corse n'a jamais été et ne sera jamais française. Voilà cent ans que la France traîne à son pied ce boulet, nous l'en voyons estropiée et meurtrie. Le Corse est naturellement mouchard et assassin. »*

Gabriel Xavier Culioli, *Le Complexe corse*, Gallimard, 1990.

97

GHISUNACCIA, 21 AOÛT 1975, 23 HEURES 30

Roccu regarda sa montre.

– Il est temps de retourner là-bas!

Ils finissaient de dîner. Roccu, Joseph, Louis et Ghjacumu avaient quitté la cave à la tombée de la nuit. Pascal, lui, avait pris la route de Bastia. Il voulait aller aux nouvelles : sa famille était au mieux avec les élus des deux clans...

– On a le temps, dit Louis. Il ne se passera rien cette nuit...

– Et si les flics bouclent le secteur?

– On passera par les vignes! Je suis chez moi ici!

Au plafond, un grand ventilateur brassait un air épais, lourd de la chaleur du jour. La salle du restaurant commençait à peine à se vider. Roccu avait le sentiment d'avoir déserté. Son esprit était resté là-bas, avec les militants qui devaient avoir du mal à trouver le sommeil, qui guettaient chaque bruit, qui épiaient la nuit, qui attendaient... Et, malgré lui, il en voulait à ces consommateurs paisibles qui continuaient à boire, à manger, à rire.

Ghjacumu était silencieux.

– Toi, l'officier, demanda Joseph, qu'est-ce que tu en penses?

– Ancien officier, tu veux!

Natali essuya longuement ses lèvres avec sa serviette. Roccu était toujours étonné par l'application qu'il mettait dans chacun de ses gestes. Puis il parla.

– A l'intérieur de la cave, on devrait pouvoir tenir deux ou trois minutes!

– T'es fou! s'exclama Louis. Il faudra qu'ils viennent nous chercher!

– Pas la peine! Il leur suffira de viser les ouvertures avec des gaz lacrymogènes... Dans un lieu clos comme la cave, on va suffoquer tout de suite! Et si on ne sort pas assez vite, ils tireront quelques grenades offensives : le bruit sera tel que les nerfs de la plupart des occupants craqueront!

– Alors, dit Roccu, il n'y a qu'une solution : on tire! Immédiatement! Après, on verra bien...

– Roccu a raison, reprit Ghjacumu. C'est la seule manière d'éviter la reddition immédiate. Parce que la tentation de sortir avec un drapeau blanc sera trop forte!

– Tu parles d'Edmond? interrogea Louis.

Natali fit un geste vague. Il y eut un silence. Chacun imaginait l'affrontement.

– A quel moment les flics riposteront-ils à balles? demanda Joseph à Ghjacumu.

– Quand Paris en donnera l'ordre! Si toutefois l'ordre est donné...

– Moi, dit Roccu, j'ai confiance! Poniatowski sera notre meilleur allié!

Soudain, Louis tapa du poing sur la table.

– Allez les gars, vous en faites pas, on l'aura notre martyr!

Seul Ghjacumu esquissa un mince sourire. Il se tourna vers Joseph :

– A l'extérieur de la cave, c'est toi qui auras le rôle essentiel! Avec tes hommes, il faudra tirer en même temps que nous. Si les flics se sentent pris entre deux feux, ils paniqueront au moins quelques instants. Et peut-être qu'en profitant de la pagaille, on pourra décrocher.

Joseph hocha la tête. Et Natali ajouta :

– Mais il te faut des gars solides... Parce que dans les vignes, vous serez drôlement vulnérables!

On entendit une sonnerie de téléphone du côté du comptoir. Tous quatre étaient maintenant songeurs. Ils n'avaient pas peur mais ils savaient que la journée du lendemain serait décisive, quel qu'en fût le déroulement.

Une serveuse s'approcha.

– On demande un monsieur Acquaviva...

Roccu se leva.

– Ça doit être Pascal, murmura Joseph.

Lorsque Roccu revint à la table, il affichait un étrange sourire.

– Les flics débarquent par centaines, dit-il en se rasseyant. Tant à Bastia qu'à Aiacciu. Il y a même des véhicules blindés!

Il y eut un silence. Puis Louis dit en riant un peu trop fort :

– C'est nous faire beaucoup d'honneur, non? Nous ne sommes pourtant que de braves paysans corses armés de fusils de chasse!

98

ALERIA, 22 AOÛT 1975, 5 HEURES 30

Le bourdonnement était terrifiant. La machine, énorme, allait lui passer sur le corps. Il essaya de fuir. Mais c'était impossible, ses jambes ne lui obéissaient plus... Roccu se réveilla en sursaut. Le bruit était réel. Assourdissant. L'air vibrait, comme martelé par un gigantesque maillet.

D'un bond, il se releva. Et brusquement, dans le jour encore sale, il les vit surgir derrière les vignes. Des hélicoptères de l'armée. Des Puma ventrus, menaçants, qui tournaient maintenant à basse altitude au-dessus de la cave Depeille. Fusils ou carabines à la main, les occupants s'égaillèrent hors du bâtiment. Roccu pensa aux images des actualités télévisées, ces légions d'hélicoptères américains qui, quelques mois auparavant tournaient encore au-dessus des rizières vietnamiennes... Et au sol, les petits bonshommes en pyjamas noirs qui couraient en tous sens...

La même scène devant ses yeux : les militants à peine réveillés qui cherchaient à fuir, à trouver un abri dérisoire au milieu de la tornade de poussière et de débris soulevée par les pales... Et le bruit. Si intense qu'il vrillait les tempes, creusait le ventre.

Roccu vit Edmond Simeoni apparaître sur le balcon. Le dirigeant de l'ARC se bouchait les oreilles. Puis une haute silhouette dans le nuage de poussière : Ghjacumu Natali courait vers Roccu. Un sourire ironique barrait son visage ordinairement impassible.

– Ils mettent le paquet! hurla-t-il pour se faire entendre.

– Le napalm, c'est pour quand? cria Roccu en riant.

Les engins volaient si bas qu'on pouvait distinguer les visages des pilotes et des membres des équipages.

– Ils cherchent à nous impressionner avant de passer aux choses sérieuses! reprit Natali.

– Et Pascal? Qu'est-ce qu'il fout, bon Dieu?

Soudain, un homme se dressa sur le toit de la cave. Il épaula sa carabine, visa en direction de l'un des hélicoptères. Malgré le vrombissement des rotors, Roccu et Ghjacumu entendirent les détonations. Presque aussitôt, les huit Puma décrochèrent... Sur le terre-plein, on applaudit bruyamment.

A cet instant, Louis apparut sur le balcon. En caleçon, torse nu, échevelé, il bâilla longuement. Puis il montra le poing en direction des hélicoptères qui s'éloignaient et reprenaient leur ronde à distance. Mais déjà un autre bruit succédait au halètement des Puma. Un grondement régulier qui venait de la route nationale et, au-dessus, le ululement plus soutenu d'une sirène. Très vite, au sommet de la côte, sur la route de Bastia, apparurent quatre blindés bleus, gyrophares allumés, précédant des fourgons et des camions bâchés.

– Et voilà, dit Ghjacumu Natali. Après la préparation psychologique, l'action!

99

ALERIA, 22 AOÛT 1975, 6 HEURES

Le museau pointé vers la cave, un blindé « parlait ».

– Vous avez deux minutes pour vous rendre!

Sur le terre-plein, des cris de rage lui répondirent. Mais la plupart des occupants prirent rapidement conscience de leur impuissance. Que pouvaient-ils faire contre ces engins? Roccu pensa que même son fusil-mitrailleur dissimulé sous le toit de la cave ne servirait à rien. On allait les liquider. Dans la clandestinité du petit matin. Il se résolut pourtant à gagner son poste de combat, bien décidé à tirer.

Des militants entonnèrent *U Colombu*. Et, dans les couleurs fades de l'aube, l'hymne nationaliste retentit comme un chant funèbre.

Le haut-parleur du blindé avait dit « deux minutes ! ». Le temps passait. Dangereusement. Roccu courut vers le bâtiment. Où étaient passés Louis et Ghjacumu ? Et Pascal qui n'était toujours pas revenu de Bastia. Il grimpa quatre à quatre l'escalier.

– Mais qu'est-ce que vous foutez ?

Louis et les autres étaient en train de bâillonner et ligoter deux militants... Edmond Simeoni regardait sans mot dire.

– On a trouvé des otages ! rigola Louis. Une idée de Ghjacumu.

– Il faut gagner du temps ! dit Natali entre ses dents. Il n'y a pas un témoin, pas un spectateur ! Les flics vont faire ce qu'ils veulent ! Et plus tard, ils pourront raconter n'importe quelle connerie !

Roccu haussa les épaules.

– Ça changera quoi ? S'il y a des cadavres, ils ne pourront quand même pas les escamoter !

Tout se passa très vite. Accompagnés d'Edmond, quelques militants sortirent en trombe, poussant devant eux, sans ménagement, les faux otages. Sous la menace de leurs fusils, ils les firent s'agenouiller sur la route devant les blindés de la gendarmerie. Roccu finit par les rejoindre.

On voyait à quelque distance, noires, massées devant leurs véhicules, les unités des forces de l'ordre. Des dizaines, des centaines d'hommes.

– Ce sont des touristes ! Si vous donnez l'assaut, on les descend !

– Tuez-les ! hurlaient des occupants depuis le balcon.

Il y eut quelques instants de silence. Lourds d'angoisse. Un groupe d'hommes en civil se tenait un peu plus loin, devant les cordons de gendarmes mobiles, près d'une voiture. Roccu reconnut parmi eux la silhouette râblée de l'inspecteur Quiliccini. Un membre du commando, canon de fusil dirigé vers le sol, se dirigea vers eux. Au même instant, quelqu'un cria :

– Les Arabes !

Il montra la maisonnette qui se trouvait de l'autre côté de la route. Quelques militants dont André Rochezzani se précipitèrent. Ils ressortirent du bâtiment, encadrant quatre Nord-Africains plus désorientés qu'apeurés. Edmond en fit s'agenouiller un. L'homme obéit sans bien comprendre. Le dirigeant de l'ARC le mit en joue et cria en direction des responsables :

– Reculez ou je le tue!

– C'est dégueulasse! murmura Roccu.

– Laisse tomber, répondit Rochezzani, on leur a dit que c'était un simulacre et qu'on leur paierait leur journée de travail.

Roccu lui lança un regard mauvais et revint lentement vers la cave. Edmond avait rejoint le groupe où figuraient l'inspecteur Quiliccini et les autres. Très excité, il parlait avec force gestes. Les quatre Nord-Africains étaient toujours au milieu de la chaussée, entourés d'hommes en armes.

Quelques minutes plus tard, les blindés reculèrent. Mais Roccu n'arrivait pas à se sentir soulagé.

CE JOUR-LÀ À ALERIA

Tout au long de la matinée, les périodes de calme succèdent aux périodes de fièvre : l'attitude des forces de l'ordre semble indécise sinon incohérente. Ainsi, à 11 heures, les barrages des CRS sont en partie levés (sauf pour les journalistes qui doivent être tenus à l'écart sur ordre du sous-préfet) et de nombreux sympathisants autonomistes en profitent pour grossir les rangs des occupants de la cave. Certains sont même passés en voiture avec leurs armes bien en vue sur la banquette arrière, tandis que des manifestants venus à pied de Caterragio commençaient à harceler les forces de l'ordre du barrage sud, allant même jusqu'à allumer un feu de broussailles sous les pieds des CRS, les obligeant à reculer de quelques mètres.

Dans le même temps, à mi-chemin entre le PC des gendarmes et l'entrée de la cave, plusieurs réunions ont lieu entre Edmond Simeoni et le sous-préfet. Rencontres inutiles : le ministère de l'Intérieur impose, comme préalable à toute discussion, le dépôt des armes. Edmond Simeoni dira plus tard : « *Ils ne nous ont pas laissé la possibilité de discuter, seulement de capituler.* »

KYRN, octobre 1975.

100

ALERIA, 22 AOÛT 1975, 13 HEURES 30

Ça ressembait à la paix. Dans les vignes, les gendarmes mobiles cassaient la croûte. Certains occupants de la cave en faisaient autant sur les talus, à l'ombre des arbres ou des murs de la cave. Depuis la levée des barrages, la foule, à nouveau, avait envahi l'esplanade. Au milieu des jeunes gens armés, il y avait des femmes, des enfants... Des sympathisants étaient arrivés des quatre coins de l'île. On allait et venait dans la poussière, sous le soleil. Les bouches étaient sèches, les traits tirés, les yeux un peu trop brillants. Une drôle de paix armée, pensait Roccu.

Dans un recoin de la cour, à l'abri du soleil, Edmond discutait au milieu d'un cercle de militants. Pas rasé, les yeux cernés, il avait l'air las. Comme s'il revenait de très loin. Roccu s'approcha. Le dirigeant de l'ARC racontait sa dernière entrevue avec le sous-préfet Guérin. Celui-ci lui avait transmis les propositions du ministre de l'Intérieur : libération des otages, contrôle d'identité de tous les occupants de la cave, libres ensuite de retourner chez eux en attendant les poursuites judiciaires, remise des armes...

Dans le groupe, il y eut aussitôt des exclamations hostiles.

– Et les escrocs de la *vinaccia*? demanda Louis. On leur remet la Légion d'honneur?

– Mon frère Roland doit revoir le sous-préfet, lâcha encore Edmond.

– Vous avez vu ce monde? dit un très jeune militant en montrant la cour. Comment pourraient-ils donner l'assaut au milieu de cette foule? Ce serait un massacre...

Roccu eut surtout l'impression que ce jeune voulait se rassurer. Suivi de Louis, il quitta le cercle.

– Edmond tient bon, non? dit Louis.

– Qu'est-ce que tu veux qu'il fasse d'autre! Aujourd'hui, le jeu s'achève, on met un point final!

Ils firent quelques pas.

– Dis-moi, Louis!

Le géant se retourna.

– Louis, avons-nous raison?

– Qu'est-ce que tu veux dire?

– Rien. Rien du tout!

Autour d'eux, il y avait des jeunes filles aux cheveux libres, en short ou en pantalon, avec des tee-shirts frappés de la tête de Maure ou de slogans autonomistes... Elles riaient, elles distribuaient des sandwiches. Elles ressemblaient à Xaviera, pensa Roccu.

Il se roulait une cigarette lorsque Pascal apparut à l'entrée de la propriété. Enfin. Il s'était changé. Jeans, chemise écossaise, chaussures de sport. Mais toujours ses lunettes de soleil. Et cette façon inimitable de marcher, un pas souple, élastique, exactement comme s'il sortait d'une salle de sport. Pascal le vit de loin, s'approcha. Roccu lui donna l'accolade.

– Où tu étais passé? s'étonna Roccu. Ça fait des heures qu'on t'attend!

– Ce matin, en venant de Bastia, j'ai été bloqué par les flics.

– Il fallait partir plus tôt...

– Peut-être, répondit Pascal. Mais je n'ai pas perdu mon temps! L'assaut, ce sera pour 16 heures!

CE JOUR-LÀ À ALERIA

Soudain, à 14 heures 30, le haut-parleur d'une des voitures blindées crache : « *Le sous-préfet demande à voir le docteur Simeoni!* » (...) Son frère Roland se précipite : « *Va te reposer. Je vais y aller moi-même!* » Il démarre dans une petite voiture blanche. La rencontre a lieu à 200 mètres de la cave : le sous-préfet, son chef de cabinet et un colonel de gendarmerie sont présents. Une discussion commence, animée. (...) Le colonel crie : « *Jusqu'à ce matin, j'avais le plus grand respect pour les Corses. Mais depuis que j'ai vu ce pauvre Arabe, à genoux, un fusil sur la nuque, je n'ose plus vous regarder en face, vous me faites honte.* » Roland, trapu, chauve et rouge de colère, réplique : « *Les otages, ce n'était pas prévu! C'est à cause de ce déploiement de forces insensé!* »

Le sous-préfet a un geste agacé et remonte dans sa DS noire en lançant : « *Vous me menez encore en bateau. Pourquoi devrais-je encore attendre?* » Roland se précipite à la portière. « *Mais vous savez très bien qu'une réunion des groupements socio-professionnels doit avoir lieu à 15 heures.* » Le sous-préfet : « *Première nouvelle!* » Roland : « *Mais nous l'avons toujours dit. Attendez de savoir ce qui sera dit à cette réunion : il se peut que les syndicats prennent le relais de notre action.* » La portière de la DS claque. La voiture commence à rouler. Roland court à côté. «*Alors on se revoit dans une heure, Monsieur le sous-préfet?* »

KYRN, octobre 1975.

101

ALERIA, 22 AOÛT 1975, 15 HEURES 30

La nervosité augmentait. Les gestes étaient plus saccadés, les paroles plus brèves. Les barrages des forces de l'ordre avaient repris position sur la route nationale. La foule des badauds et des sympathisants s'était regroupée derrière les cordons de police, harcelant et raillant CRS et gendarmes.

Roccu songea à Joseph, dissimulé quelque part dans les vignes. Savait-il que l'assaut allait bientôt être donné?

Un hélicoptère passa en rase-mottes au-dessus de la cave. Son souffle balaya l'air chaud, soulevant les papiers qui jonchaient toujours la cour.

Un homme en battle-dress, le cheveu ras, la mâchoire guerrière, un pistolet passé dans la ceinture, passa de groupe en groupe. C'était un ancien sous-officier, Marcel Lorenzoni.

– S'ils avancent, vous tirez en l'air! S'ils continuent, « *a corpo* »!

La plupart faisaient oui. Mais beaucoup semblaient encore ne pas y croire malgré les hélicoptères qui, maintenant, ne cessaient de tourner au-dessus de la cave. Louis sortit du bâtiment. Il était rasé de frais, ses cheveux étaient encore humides.

– Moi, je veux mourir propre!

Pascal, très calme, apparut à son tour.

– On dirait que ça se précise! Je vais chercher mon matériel.

– Un peu tard, mon vieux, ta bagnole est cernée par les flics, dit Roccu.

Pascal traversa la route et s'avança tranquillement vers la 204 garée en face de la cave. Fusils lance-grenades pointés, des gendarmes mobiles étaient embusqués derrière la voiture. Sans même leur jeter un coup d'œil, Pascal ouvrit le coffre arrière. Il prit un sac qu'il jeta sur son épaule. Puis il s'empara de son Riot Gun. A un mètre à peine, un gendarme l'observait. Il était jeune, il avait un visage joufflu, criblé de taches de rousseur. Et, malgré le casque, une allure de gros enfant. Leurs yeux se croisèrent.

– Tire pas! dit le gendarme.

Pascal ne répondit pas et revint lentement vers la cave.

102

ALERIA, 22 AOÛT 1975, 15 HEURES 50

Soudain, une sirène déchira le silence.

– Les blindés !

Les engins avançaient vers la cave. Derrière, casqués, revêtus de gilets pare-balles, armés de mousquetons ou de lance-grenades, des gendarmes avançaient en rangs serrés.

Les derniers jeunes gens non armés quittèrent en hâte le terre-plein de la cave, suivis par les journalistes.

– Ne tirez pas, ne tirez pas ! crièrent des gendarmes affolés, en les voyant courir vers eux.

Une voiture, une R5 bleue, klaxon hurlant, essaya de remonter la colonne des blindés. Au volant, Roccu crut reconnaître Roland Simeoni. Mais les gendarmes l'interceptèrent aussitôt.

Le dispositif se resserrait. Les blindés s'immobilisèrent en face de la cave. Il y eut quelques instants de silence, brisés seulement par le cri hystérique d'une femme quelque part sur la route. Puis on entendit le haut-parleur :

– Nous allons faire usage de la force. Toutefois, vous avez encore la possibilité d'éviter un affrontement avec les forces de l'ordre...

– Toujours la même chose, ils se répètent ! dit Louis.

– Allez, on rentre ! dit soudain Roccu.

Au rez-de-chaussée, le rideau de fer de gauche était ouvert. A l'intérieur de la cave, l'atmosphère était fébrile. Tout résonnait comme dans une cathédrale, le choc des crosses sur le ciment, les pas... On se sentait obligé de parler à voix basse.

Louis choisit de rester en bas. Roccu gagna son poste sous les toits. Edmond, quand il avait découvert son armement, avait refusé qu'il prît position face à la route et lui avait demandé de s'installer sur un des flancs du bâtiment.

Là-haut, Ghjacumu Natali avait déjà pris place devant une

ouverture, fusil automatique Browning (Bar) en batterie. Roccu, lui, s'empara de son fusil-mitrailleur Bren. Une troisième arme à répétition était à leur disposition, un FAL (fusil d'assaut léger). Roccu se pencha. Disséminés dans les vignes, il aperçut très distinctement les taches noires des uniformes.

103

ALERIA, 22 AOÛT 1975, 16 HEURES

– Deuxième sommation ! L'assaut va être donné au moyen de grenades lacrymogènes.

Pascal vit se dresser les gendarmes mobiles tapis derrière les voitures garées sur le bas-côté de la route. Il reconnut, à côté de sa propre auto, le gendarme qui avait une tête d'enfant. Puis, il entendit courir les otages nord-africains qu'on venait de libérer et qui galopaient à perdre haleine vers la route.

– Pascal !

C'était Louis.

– Pascal, vite !

Sans se presser, Pascal tourna les talons et marcha vers la cave. En traversant le terre-plein désert, il sortit de son sac un foulard qu'il attacha autour de son cou. Arrivé près du bâtiment, il se baissa pour passer sous le rideau de fer. A cet instant le haut-parleur cracha sa troisième sommation. Pascal se plaça près de Louis, Winchester 30/30 en main. De l'autre côté, il y avait Petru Ottaviani, le corpulent Pierre Susini et un vieux armé d'un fusil de chasse calibre 12 qu'il était en train de charger avec des balles Brenneke pour le sanglier.

De sa position, Pascal voyait parfaitement la route, les voitures, les blindés et les casques des gendarmes. Il apercevait même quelques-uns des journalistes cachés à proximité, à l'abri des autos.

Pascal releva son foulard sur sa bouche. Presque aussitôt, les premières explosions retentirent.

104

ALERIA, 22 AOÛT 1975, 16 HEURES 05

Joseph, son frère Clementu et trois autres jeunes de Boggiu di Fiumorbu étaient embusqués dans les vignes, de l'autre côté de la route nationale. Ils distinguaient nettement le dos des gendarmes mobiles qui avaient pris position le long de la route, face à la cave Depeille.

Joseph avait entendu la deuxième sommation. Il avait distinctement vu Pascal traverser le terre-plein de son pas tranquille. Incroyable Pascal!

Puis ce fut la troisième sommation.

Un panache blanc devant la cave. Il vit la fumée avant d'entendre la détonation. Et d'autres encore, beaucoup d'autres... L'assaut! Enfin. Aussitôt, la peur lui cisailla le ventre. La peur pour ses amis assiégés. Pas un instant, il ne pensa à lui-même.

Clementu épaula son vieux fusil de chasse et tira le premier. D'un geste rapide, Joseph, à son tour, fit monter sa carabine jusqu'à son épaule. Dans sa ligne de mire, il y avait des journalistes. Il dut se déplacer. Maintenant, au bout du guidon de son arme, il y avait le casque d'un gendarme et la tache blanche de son visage qu'il voyait de profil.

Joseph tira. Et ce premier coup libéra brusquement l'angoisse qui l'oppressait. Il eut l'impression d'avoir fait mouche. Mais il ne ressentit rien. A la guerre, avait-on le temps de s'apitoyer sur son ennemi? L'adversaire était toujours anonyme. Heureusement.

Là-bas, la fumée montait, noyait les arbres, les murs de la cave. Joseph tirait, tirait. Il épuisait sa haine.

105

ALERIA, 22 AOÛT 1975, 16 HEURES 05

Des grenades. Pascal les entendit frapper la tôle du rideau de fer, les murs, les tuiles du toit. Le bruit, énorme, résonna dans toute la structure du bâtiment. Déjà Pascal braquait son Riot Gun, imité par ses voisins immédiats. Le premier qui tira fut Pierre Susini. Pascal, lui, visa calmement, appuya sur la détente, fit coulisser le mécanisme à pompe pour éjecter la douille et engager une nouvelle munition. Il appuya à nouveau sur la détente. A côté, on tirait aussi. Les balles grêlèrent le premier blindé, les voitures. Pascal crut entendre une rafale d'arme automatique. Puis une autre. C'était Roccu, certainement... Là-bas, sur la route, pour mieux diriger le tir de leur « lance-patates », les gendarmes durent se mettre à découvert et avancer. Pascal tira encore. Méticuleusement, la crosse vernie bien calée contre sa joue. D'autres détonations. Des grenades toujours. Plusieurs volées. Mieux ajustées. Certaines roulèrent sous le rideau de fer, éclatèrent dans la cave. La déflagration fut telle que Pascal eut l'impression que la construction tout entière allait s'écrouler. Il réarma son fusil, visa. Devant lui, sur le terre-plein, et derrière, dans la cave, une épaisse fumée blanche montait. Suffocante. Pascal et ses compagnons tirèrent encore au jugé. Quelques dizaines de secondes, à peine, s'étaient écoulées depuis le début de l'engagement. Pascal se leva d'un bond, ramassa ses douilles, courut, monta rejoindre Roccu.

– Merde! Ça s'est enrayé!

Roccu essayait de dégager le magasin de son fusil-mitrailleur tandis que Ghjacumu Natali, calmement, utilisait le FAL. Explosions, détonations, miaulements de balles. Pascal rechargea son Riot Gun.

– Ils tirent à balle! dit Natali.

En bas, dans la cave envahie par la fumée âcre des gaz

lacrymogènes, certains paniquaient, se bouchaient les oreilles, toussaient dans leurs mouchoirs. Une carabine tomba des mains d'un jeune militant. Un coup partit. Aussitôt après, ils entendirent un hurlement. Roccu, Pascal et Ghjacumu se retournèrent. Dans les vapeurs blanches, un homme se tordait de douleur sur le béton. Des occupants fuyaient, quittaient la cave par-derrière. Et soudain, étrangement, ce fut le silence. Edmond Simeoni apparut. Il découvrit le blessé, se pencha au-dessus de lui. Dehors, du côté des gendarmes, on entendit des cris. Roccu n'arrivait pas à croire que c'était terminé. Le combat allait reprendre. Il le fallait. L'engagement n'avait duré que deux ou trois minutes. Peut-être moins. Il ne savait plus. Tout était allé si vite. Il mit la tête hors de la cave pour reprendre sa respiration. En regardant sur le côté, vers la route, il observa une vive agitation dans les rangs des gendarmes autour du premier engin blindé.

Puis Edmond Simeoni, un drapeau blanc à la main, sortit en trombe de la cave. Il hurla :

– Cessez le feu, nous avons un blessé très grave.

106

ALERIA, 22 AOÛT 1975, 16 HEURES 10

Le silence. Joseph et les siens, brusquement, n'osaient plus tirer. Ils avaient vu Edmond sortir de la cave avec un drapeau blanc. Ils l'avaient entendu hurler en direction des forces de l'ordre mais ils n'avaient pas compris ce qu'il disait.

Dans le camp des gendarmes, on remuait en tous sens. On criait. Des journalistes couraient. Sur la route, Joseph crut voir un corps allongé. Et autour de lui, des hommes en uniforme, à genoux. Puis une ambulance militaire arriva. Ils avaient donc des blessés, peut-être des morts... Et dans la cave ? Pourquoi ce drapeau blanc ? Pourquoi ce hurlement de Simeoni ?

L'attente était insupportable. L'attente sans savoir. Que signifiait cette étrange trêve?

– On décroche! dit Joseph. C'est trop dangereux, ici!

– Mais ça va recommencer? dit son frère Clementu.

– On verra! Si les flics se mettent à ratisser le secteur, on est cuit!

Ils se faufilèrent entre les rangs de vignes, vers l'étang de Diane. Joseph avait le cœur serré.

Plus loin, il y avait une sorte de promontoire naturel. Ils y grimpèrent et découvrirent l'ensemble du site. Au milieu, blanche, la cave Depeille... Et tout autour, sur la route, dans les vignes, des gendarmes, des CRS. Des dizaines de camions bâchés, des voitures... Dans la cour de la cave, il y avait aussi beaucoup de remue-ménage. L'ambulance militaire avait pénétré sur le terre-plein. A côté, il y avait un brancard... Il leur sembla reconnaître Edmond Simeoni penché au-dessus d'un corps.

Un mort parmi les occupants? Joseph se rappelait leur dîner, la veille. Et cette boutade de Louis qui sonnait aujourd'hui si cruellement : « Allez les gars, vous en faites pas, on l'aura notre martyr! »

CE JOUR-LÀ À ALERIA

Les moments qui vont suivre sont extraordinairement confus. Mais nous gardons en mémoire plusieurs images particulièrement dramatiques : d'abord l'affolement et la rage des gendarmes mobiles entourant l'un des leurs mortellement blessé à la face, leur colère en attendant une ambulance militaire qui met de longues minutes à arriver. Quand nous nous sommes approchés d'eux, ils nous ont mis en joue en hurlant. Peu après, c'est Edmond Simeoni qui sortait seul de la cave pour réclamer, lui aussi, une ambulance pour l'un de ses hommes grièvement blessé. Alors que nous le suivions, nous sommes à nouveau mis en joue par un petit groupe de militants surexcités. Simeoni s'interpose et leur crie : « *Laissez les journalistes faire leur travail !* » Puis c'est l'entrée de l'ambulance militaire dans la cour de la cave : à son bord, un des gendarmes mobiles mourant. Un groupe de jeunes armés se précipite vers le véhicule. Edmond Simeoni monte sur le marche-pied et lance : « *Un blessé, c'est sacré !* » Il y a aussi l'affreuse blessure de Pierre Susini que l'on emporte sur un brancard auprès de l'ambulance. Son pied est arraché, il perd beaucoup de sang. Et Edmond qui dit à l'infirmier : « *Celui-là, c'est moi qui le soignerai !* »

Enfin, il y a ce face à face explosif entre les gendarmes mobiles et quelques militants autonomistes armés devant la porte de la cave, au moment du départ des blessés. L'un d'eux, tendu, très pâle, le doigt sur la gâchette, braque sa Winchester sur le ventre d'un jeune gendarme qui, dans un geste dérisoire, lâche son arme et lève les mains. Là encore, Edmond Simeoni intervient et repousse ses hommes à l'intérieur de la cave.

KYRN, octobre 1975.

107

PARIS, 22 AOÛT 1975, 16 HEURES 30

Soudain, le flash spécial. Des morts, des blessés.

Il était là-bas, elle le sentait, elle le savait. Marie-Colombe blêmit. Comme si, d'un coup, son sang s'arrêtait de couler.

Elle n'était pas allée travailler. Elle avait demandé à son compagnon du moment de la laisser seule. Depuis hier soir, elle était accrochée à son poste de radio. Sans pouvoir rien faire d'autre. Elle imaginait Roccu, elle était avec lui dans cette cave Depeille quelque part au bord de la route nationale 198.

Marie-Colombe s'était réveillée à l'aube avec le vacarme des hélicoptères et le grondement des blindés de la gendarmerie. Elle avait eu peur au moment de l'assaut... Puis elle avait attendu, elle avait espéré. Et maintenant?

Téléphoner. Mais où? A qui? La radio ne donnait pas de noms... La radio ne disait rien sinon que la situation restait explosive, que les hommes retranchés dans la cave ne s'étaient toujours pas rendus. Et qu'à tout moment, il pouvait y avoir d'autres morts.

Roccu! Cet idiot qui avait un mépris absolu du danger... Roccu le combattant. Elle lui refusait aujourd'hui le droit de risquer sa vie! Roccu le militant! Elle détestait soudain son engagement.

Pourtant, n'avait-il pas toujours respecté sa propre liberté? Et n'en avait-elle pas abusé?

Elle en avait profité pour fuir, prétextant son avenir professionnel. En vérité, elle avait redouté de voir leur passion s'affadir, se banaliser dans les mille compromissions de la vie quotidienne. Roccu avait accepté la déchirure. Et, à cet instant, la jeune femme se rendit compte que leur séparation aussi était une preuve d'amour.

Quelle sottise!

Marie-Colombe décrocha le téléphone. Les réservations. Le prochain vol pour la Corse. Et la radio, toujours, qui continuait de balbutier d'improbables informations...

108

ALERIA, 22 AOÛT 1975, 16 HEURES 30

Un Puma était posé au milieu de la route.

Le face à face se poursuivait devant l'entrée de la cave. Les mains étaient crispées sur les armes. Il y avait de la haine dans les regards des gendarmes et des militants corses.

– Nous sommes tous prêts à mourir ! cria un occupant de la cave.

Et Roccu eut l'impression que cet homme voulait d'abord en finir avec la tension qui les accablait tous.

Deux morts. Deux gendarmes. Abattus là, à quelques mètres l'un de l'autre sur l'herbe jaunie d'un coin de terre corse. Et Pierre Susini, le pied arraché, qui s'en allait vers Bastia dans une 404 de la police. Le sang avait coulé. Ce sang qu'ils attendaient depuis si longtemps parce que, seul, il pouvait provoquer un choc décisif.

Plus loin sur la route, Edmond Simeoni, fusil à la main, se dirigeait vers le sous-préfet Guérin. Son frère Roland, un drapeau blanc à la main l'accompagnait.

Comment aurait réagi Casabianca s'il s'était trouvé là ? L'ancien résistant aurait d'abord raisonné en termes politiques : vous vouliez l'affrontement ! L'affrontement a eu lieu, donc vous avez gagné ! Désormais, rien ne sera plus tout à fait pareil en Corse ! Oui, voilà ce qu'il fallait penser... Mais, même au soleil, le sang tardait à sécher...

– Qu'est-ce qu'on fait ? C'est la mi-temps ? demanda Louis.

Roccu resta silencieux. Dans les rangs de vigne, on voyait des mouvements et parfois l'éclat métallique d'une arme.

Sympathisants ou militants qui avaient débordé les barrages à l'occasion de cette étrange trêve et qui s'apprêtaient eux aussi à faire le coup de feu si le combat recommençait.

Edmond avançait, le visage grave. Les CRS et les gendarmes le suivaient des yeux. C'était irréel.

Quand il fut revenu dans l'enceinte de la cave, tous les occupants l'entourèrent.

– Le sous-préfet demande notre reddition, commença-t-il.

Tout de suite, Louis et quelques autres protestèrent. Mais Simeoni poursuivit :

– Il veut que nous déposions nos armes et que toutes les identités soient contrôlées. Ensuite, vous pourrez repartir libres et moi, je me constituerai prisonnier !

– Pas question ! hurla Rochezzani. On reprend le combat !

– Non ! Je suis responsable de vos vies !

– Alors, on fuit tous ensemble par les vignes ! dit Roccu. En force, s'il le faut !

Edmond fit non. Roccu comprit qu'il avait déjà pris sa décision.

Ghjacumu Natali, d'un simple geste, montra un camion à ridelles qui se trouvait au fond de la cour.

– C'est maintenant ou jamais !

Roccu et les autres comprirent aussitôt.

109

ALERIA, 22 AOÛT 1975, 17 HEURES

A l'intérieur de la cave, c'était le grand déménagement. Armes, munitions, sacs de couchage : les occupants rassemblaient en hâte leurs affaires et les entassaient dans le camion aux ridelles hérissées de drapeaux corses. Sur la route, les forces de l'ordre observaient sans réagir.

Dans la cour, ça sentait le brûlé. Un début de feu vite

éteint dans un bureau. Il y avait de la folie dans certains regards.

Edmond Simeoni, une nouvelle fois, était reparti voir le sous-préfet Guérin.

Pascal et Roccu, visage dissimulé par un foulard, sortirent à leur tour du bâtiment. Chacun portait un fusil-mitrailleur. Ils tendirent leurs armes à Louis qui se trouvait déjà dans le camion. Roccu grimpa à son tour. Il prit le Bren, le posa sur le toit de la cabine tandis que Pascal faisait une dernière incursion dans la cave et en ressortait, son Riot Gun à la main.

– Tu montes? demanda Roccu.

– Non, je préfère la marche à pied.

– Et ta voiture?

– Je reviendrai la chercher plus tard... Si je suis encore vivant!

Sur la plate-forme du camion, ils étaient maintenant une trentaine. Tous armés. Le véhicule s'ébranla, suivi par trois voitures.

Pascal, son fusil à pompe calé dans le creux de son bras droit, et deux militants également masqués, sortirent à pied de la cave, précédant le camion. Les premiers gendarmes n'étaient plus qu'à quelques mètres d'eux. Les adversaires n'avaient jamais été aussi près les uns des autres. Roccu dévisagea les gendarmes. Sous les casques, il y avait des visages d'hommes ordinaires. Mais les mâchoires étaient dures, les yeux rageurs. La main de Roccu se serra sur la crosse du fusil-mitrailleur. Pourquoi ne bougeaient-ils pas? Les gradés étaient immobiles. Figés.

– C'est incroyable...

– Non, c'est qu'ils n'ont pas d'ordres! murmura Ghjacumu Natali.

Le camion défilait lentement devant gendarmes et CRS. Des dizaines et des dizaines de policiers armés. Des centaines. Roccu était stupéfait : s'ils avaient donné l'assaut...

Il essaya d'imaginer ce que pensaient ces hommes paralysés, impuissants. Ceux qui avaient tué leurs camarades passaient devant eux, au ralenti, comme dans un mauvais film. Lui-même, à leur place, aurait-il supporté?

Au-delà des uniformes et des véhicules, vers Ghisunaccia, on apercevait une foule bariolée et gesticulante. Encore quelques dizaines de mètres. Au fur et à mesure de la progression du camion, les forces de l'ordre libéraient la route et s'écartaient à regret. Soudain, Louis entonna *U Colombu*. Le chant monta dans la fournaise de cette fin d'après-midi, repris par l'ensemble des occupants du camion. Et, pour tous, ce fut comme une libération.

Ils arrivèrent au dernier barrage. L'ultime face à face. Pascal, toujours en tête, ne ralentit pas son allure. Pour la première fois, Roccu eut peur. Ses mains étaient moites. Il avait une boule au creux du ventre. Il n'arrivait toujours pas à croire qu'on les laisserait passer sans même essayer de les contrôler. Tous étaient prêts, le doigt sur la détente de leurs armes.

A nouveau, CRS et gendarmes s'effacèrent. La foule massée derrière le barrage hurla son enthousiasme. Dans le camion, Louis tira en l'air. D'autres coups de feu, plus loin, lui répondirent. Des gens se précipitèrent sur Pascal et les deux autres marcheurs pour les embrasser. C'était fou. Ils étaient libres.

CE JOUR-LÀ À ALERIA

Quelques minutes plus tard, Edmond Simeoni arrive devant la cave. Son frère Max l'attend, assis sur une poubelle renversée. « *Ils sont partis?* » « *Oui* », répond Max. «*Alors je m'en vais...* » Une hésitation puis il ajoute : « *Si tu avais vu ceux qui sortaient des vignes, des centaines de types armés jusqu'aux dents... Guérin m'a dit :* “Que vouliez-vous, nous étions les plus forts! ” *Comme si nous ne le savions pas!* » Il fait un signe de la main à son frère, index et majeur tendus. Un sourire. Puis il repart seul. Des gens lui courent après en criant : « *Edmond, viens avec nous, ils te laisseront passer comme les autres.* » Il répond tout en marchant : « *Non, j'ai promis!* »

KYRN, octobre 1975.

110

PARIS, 22 AOÛT 1975

La nuit. Pour lui, il n'y avait plus de jour, seulement la nuit. La radio bourdonnait toujours dans la pièce voisine. Sacramaria écoutait passionnément : la Corse, de nouveau, avait revêtu ses habits couleur de sang.

C'était là-bas, dans cette plaine orientale inondée de soleil et de miasmes... Infestée de moustiques, pourrie de malaria. Les hommes qui y travaillaient mouraient jeunes. Mangés de fièvre, traits saillants, yeux brillants, c'étaient des morts-vivants qui, le soir venu, remontaient vers leurs villages... Une plaine torride aux eaux croupissantes et fétides. Comme un bout d'Afrique échappé de la montagne, une terre étrangère.

Mais ce temps, paraît-il, était révolu. Le DDT était arrivé. Et aussi les rapatriés d'Algérie.

Dans la nuit de son cabinet de travail, Oraziu songeait. D'après ce que lui avait dit Sacramaria, des hommes étaient morts. Des gendarmes du continent. Des légions entières avaient été envoyées sur l'île. Des centaines d'hommes en uniforme. La Corse avait l'habitude. De tout temps, elle avait vu des armées d'occupation débarquer sur ses rivages. Tel était le destin de sa montagne.

Son père, Nicolas, était aussi gendarme. Un gendarme à l'ancienne avec de longues moustaches, un baudrier de cuir et des bottes noires impeccablement cirées...

Autrefois, les gendarmes tombaient sous les balles des bandits d'honneur. C'était dans l'ordre des choses.

Caru Roccu,

J'ai entendu à nouveau les chats de Calvi... Mais à aucun moment, je n'ai songé à les chasser. Ernella ne l'aurait pas voulu...

Je n'aime pas ces cris qui me rappellent la mort de mon premier fils.

La mort rôde autour de nous, Roccu. Elle n'oublie jamais. Elle te frôle. Mais je sens qu'elle ne te réclame pas. Pas encore. Malgré les chats de Calvi.

J'ai encore dans l'oreille le tintement des cloches du village quand elles sonnaient le glas. Et tout de suite après, retentissaient les joyeux coups de marteau de Ghjuliu Leandri, le menuisier de Campu di Croce qui fabriquait le cercueil. On disait alors que c'était le plus heureux des hommes, tant la mort sait à l'occasion nourrir aussi les vivants.

C'était également Ghjuliu qui préparait l'autel et chantait la messe. En ces temps-là, il y avait au moins un chanteur dans chaque famille. Les jeunes apprenaient la paghiella [1] *en écoutant les vieux. Ça se passait ainsi depuis toujours.*

Mais quelque temps après la Grande Guerre, une veuve est arrivée à Campu di Croce. Elle était étrangère, suisse ou belge... Son mari, un capitaine, était mort au front. Elle était distinguée, très pieuse, et excellait à faire la charité. Afin de donner une preuve supplémentaire de son attachement à notre modeste église, elle eut l'idée d'acheter sur ses deniers un harmonium.

Et dès le dimanche suivant, elle entreprit d'accompagner l'office avec son bel instrument tout neuf. Les chanteurs de paghielle, interloqués, essayèrent de rivaliser avec l'harmonium. Il s'ensuivit une confusion mémorable. Les hommes n'entendaient pas renoncer à leurs chants polyphoniques traditionnels et la belle veuve ne comprenait pas que l'on préférât ces chants rudes et d'inspiration mauresque aux tonalités suaves – du moins le prétendait-elle – de son instrument. La cacophonie dura un temps et se termina par la victoire de l'étrangère. Les hommes, dépités, cessèrent peu à peu de chanter. Ils avaient désormais honte d'entonner « leurs chants arabes »! *C'en était fini de la paghiella. Et même les coups de marteau de Ghjuliu se firent moins joyeux...*

1. Voir plus haut page 228.

Sacramaria était entrée sans bruit.

– Vous devriez dormir, mon oncle...

Dormir! Mais il avait toute la mort pour dormir!

– Parle-t-on encore de la Corse dans ta radio?

– Oui, mon oncle! C'est à Bastia, maintenant...

Sacramaria soupira. Elle se triturait les mains. Elle ressemblait à une veuve.

– Je ne comprends pas... Toute cette violence. Pourquoi? Il y a eu des coups de feu... En pleine ville. Que va-t-on encore penser de nous?

Oraziu cessa de l'écouter.

– Tu as téléphoné à Ange-Marie, comme je te l'avais demandé?...

Elle fit oui.

– Alors, où est-il?

Sacramaria hésita une seconde. Puis elle lâcha d'un trait :

– Roccu va bien, très bien...

– Tu mens, Sacramaria.

Mais il n'arrivait pas à lui en vouloir.

– Va! Maintenant, laisse-moi...

Elle partit sur la pointe des pieds.

La mort encore... Je ne peux m'empêcher d'y revenir... Désormais, tu le sais, elle habite mes jours et mes nuits, compagne familière... Tentatrice, elle m'appelle... Inspiratrice, elle guide ma plume...

Pourquoi nous, Corses, la redoutons-nous moins que d'autres? Aurions-nous vraiment exorcisé la peur de mourir?

Un vieux proverbe dit : « A casa a più sicura hè a cascia! [1] » *Référence aux temps de troubles? Peut-être. Mais je crois qu'il y a derrière ce dicton la certitude que seuls les survivants paient un tribut à la mort. A eux, le fardeau du chagrin, la douleur de la séparation, les affres de la solitude.*

Alors, dans ces instants intenses, nous, qui méprisons la mort pour notre propre compte, recouvrons nos plus pures

1. La maison la plus sûre est le cercueil!

origines méditerranéennes comme si le deuil et le soleil n'avaient pour nous jamais cessé d'être cousins.

En un temps pas si lointain, nos pleureuses, d'emblée, prenaient les accents d'Andromaque. Elles s'y étaient préparées depuis leur jeunesse, tant chaque femme corse savait qu'un jour, elle devrait pleurer un mari, un frère. Alors, le temps venu, elles déversaient comme une pluie de larmes d'interminables lamenti *sur les corps de leurs défunts... Il me semble que je les entends encore, bouquets de voix rauques, gémissements issus du plus profond des entrailles... Le cadavre était là, au milieu de la pièce, sur la table familiale. Tout autour, des femmes à genoux, le visage recouvert d'un pan de leur jupe. Et le cercle des hommes adossés aux murs. Raides, droits. Sombres.*

C'étaient les heures où les cœurs saignaient. Ces voix brisées célébraient le culte de la mort! Un culte sacré et millénaire.

111

BOGGIU DI FIUMORBU, 22 AOÛT 1975, 23 HEURES

L'impression d'avoir retrouvé leurs habitudes : la grande pièce au plafond noirci, les murs chaulés, les sacs de couchage posés sur le sol. Et, par-dessus tout, cette odeur de clandestinité...

Conduits par Françoise, Roccu, Joseph et Louis étaient arrivés au village en fin d'après-midi. Pascal les avait rejoints beaucoup plus tard. Lorsqu'à la tombée de la nuit, il était allé récupérer son auto, les forces de l'ordre avaient déserté le site d'Aleria. La cave Depeille brûlait. « Un grand incendie au milieu des vignes! Le bouquet final, en somme... Sans compter que ça ne va pas faciliter l'enquête des flics! »

Françoise leur avait apporté à manger et à boire. Puis elle s'était éclipsée.

Comme au soir des événements de la sous-préfecture de Bastia, ils n'en finissaient pas de revivre l'attaque de la cave. Trois minutes qui duraient une vie.

Ils avaient écouté la radio, attendant impatiemment, heure après heure, les informations. Edmond Simeoni avait été transféré sur le continent, il allait être déféré devant la Cour de sûreté de l'État. A Bastia, des jeunes gens avaient attaqué la sous-préfecture, un CRS et un promeneur avaient été blessés par balles. Et puis les hommes politiques étrangement silencieux jusque-là parlaient enfin, s'indignaient. C'était dérisoire.

Dans la grande maison du fond du village où ils allaient vivre comme des reclus, tous quatre avaient encore du mal à prendre conscience qu'ils étaient à l'origine de ce formidable coup de tonnerre qui avait éclaté au cœur de l'été. Mais, en entendant commentaires et reportages, Roccu ne pouvait s'empêcher de sourire : eux seuls savaient la vérité.

Certes, rien ne s'était tout à fait passé comme ils l'avaient prévu. Roccu regrettait encore de n'avoir utilisé que trop brièvement son fusil-mitrailleur.

– Quelle importance! rigolait Louis. Tout le monde l'a entendue ta moulinette! Ponia prétend même qu'elle a servi à tuer deux flics!

Tous avaient besoin de ces grandes lampées de rire qui aidaient à repousser l'excitation du moment et l'angoisse du lendemain.

Mais c'était vrai que Roccu avait l'impression de ne pas avoir pris la part qui lui revenait dans l'action. Ce fusil-mitrailleur était pour lui plus qu'une arme, un symbole. La preuve que désormais les militants corses se battraient avec des armes de guerre et non plus avec des escopettes.

Les heures passaient. La nuit était fraîche. Par la fenêtre ouverte, ils entendaient les bruits qui l'animaient. C'était comme si la montagne respirait. Ils savaient que le sommeil tarderait à venir. Face à un tel défi, le pouvoir allait devoir réagir. La radio l'avait annoncé : des renforts de police arrivaient sur l'île. Les militants connus seraient traqués et tous ceux qui avaient été repérés à Aleria seraient poursuivis, arrêtés...

Un ronronnement de moteur, au loin... Une voiture montait vers le nid d'aigle de Boggiu di Fiumorbu. Les flics? Non, c'était trop tôt. Demain matin, peut-être, la machine policière et judiciaire se mettrait en marche. Mais cette nuit... Joseph alla quand même éteindre la lumière. Dans l'obscurité, on ne voyait plus que le bout rougeoyant de leurs cigarettes.

On entendait distinctement les changements de régime, les accélérations.

– C'est une 2CV ! dit enfin Pascal. Ça m'étonnerait que ce soit les flics.

Joseph ralluma. Sous la lumière sale de l'unique lampe, Roccu découvrit soudain combien ils avaient été marqués par les événements de la journée. Joues bleues de barbe, cernes sous les yeux et quelque chose de dur qui restait gravé sur leurs traits.

L'auto était maintenant tout près. Louis se leva.

– On dirait que c'est pour nous...

Il prit son Lüger, posé sur la table au milieu des victuailles, et descendit au rez-de-chaussée.

Le moteur s'arrêta. Une portière claqua. Puis ils entendirent frapper à la porte qui donnait sur la ruelle. Ils étaient plus intrigués qu'inquiets.

Alors seulement, Roccu se souvint de la 2CV de Marie-Colombe lorsqu'elle était venue le chercher ici même, après la mort de sa grand-mère. Et brusquement, son cœur se mit à battre à tout rompre.

112

BOGGIU DI FIUMORBU, 23 AOÛT 1975, 10 HEURES

Le jour le réveilla. Il n'avait pas rêvé. Marie-Colombe était là, couchée contre lui.

Il la regarda, elle dormait. Sous le soleil oblique du matin, sa peau se mordorait. Il voulait ne plus jamais s'arrêter de la regarder.

Ils avaient trouvé refuge sous les combles, au second étage

de la maison, dans une pièce poussiéreuse où ils avaient jeté un simple matelas. Dès qu'ils s'étaient vus, tout était devenu évident. Ils se retrouvaient, rien n'était plus important.

Un vent léger soufflait sous les lauzes. Roccu remonta le duvet sur le corps de Marie-Colombe et se leva sans bruit. Il passa un pantalon et, pieds nus, descendit à l'étage inférieur.

Les autres étaient réveillés. Françoise réchauffait du café. Du pain grillait dans la cheminée. La radio était allumée. Ils sourirent en l'apercevant. C'était comme s'ils partageaient son bonheur.

– Quoi de neuf? demanda Roccu en désignant le poste de radio.

– Le soufflé n'est pas près de retomber... dit Louis en engloutissant une tartine beurrée. D'après les journaux, il paraît que la Corse est sous le choc, atterrée et inquiète...

– Quant à Ponia et Chirac, ils menacent, mais ça t'étonne? ajouta Joseph.

– Et ils veulent savoir comment on a pu repartir librement... dit Pascal à son tour. Une enquête administrative est ouverte.

Cette fois, ils éclatèrent de rire. La tension de la nuit avait disparu. Ils ressemblaient de nouveau à ce qu'ils étaient, de jeunes gens qui riaient aux mêmes plaisanteries, qui se comprenaient sans avoir besoin de se parler et qui n'avaient jamais été aussi proches les uns des autres. Des jeunes gens qui, à la différence de la plupart des hommes de leur âge, se moquaient bien d'avoir un avenir. Roccu les observait. Il les aimait.

Il remplit deux bols de café, coupa quelques tranches de pain qu'il commença à beurrer.

– J'ai déplacé sa voiture, dit Pascal. Ce n'était pas prudent de la laisser devant la maison.

– Merci...

– Si Marie-Colombe a besoin de quelque chose... fit Françoise.

– Tu es gentille.

Il remonta à l'étage. Lorsqu'il pénétra sous les combles, Marie-Colombe était réveillée.

– Tu me manquais déjà.

Elle lui tendit la main. Il posa bols et tartines sur le plancher. Elle l'attira à elle.

Marie-Colombe avait penché sa tête sur la poitrine de Roccu. Il pensait à d'autres lits qu'ils avaient partagés. Celui-là était sans doute le plus rudimentaire. Mais jamais encore, ils ne s'étaient aimés semblablement. Avec une sorte de frénésie désespérée, avec le désir un peu fou de marquer le corps de l'autre de façon indélébile.

– J'ai eu peur, vraiment peur... murmurait Marie-Colombe. Dans l'avion, j'étais folle d'angoisse... Et quand j'ai débarqué à l'aéroport de Bastia, j'ai eu l'impression d'arriver dans un pays en guerre... Partout, des flics en gilet pare-balles, mitraillette au côté... Je me suis précipitée sur un téléphone. J'ai appelé chez toi, au village. Ta mère m'a dit qu'elle ne savait pas où tu étais... Alors, j'ai filé jusqu'ici...

Marie-Colombe se tut un instant. Puis, d'un seul coup, elle se redressa, le regarda dans les yeux.

– Et je t'ai maudit!

Soudain, elle flamboyait.

– Vous êtes des inconscients! Tous autant que vous êtes, vous vous prenez pour des héros!

Elle eut un drôle de rire désabusé et répéta :

– Des héros!

Roccu la repoussa brutalement. C'était la première fois.

– Les héros, ça n'existe pas, hein l'intello? L'Histoire, c'est vrai, est pleine de héros qui n'étaient que de pauvres types. Mais ils ont eu le mérite de jouer les utilités!... Alors, arrête tes conneries : je ne me prends pas pour un héros, mais que ça te plaise ou non, je suis prêt à tenir le rôle!

– Bel esprit de sacrifice!

Il y avait comme une buée dans les yeux de Marie-Colombe. Soudain, elle se serra contre lui. Elle pétrissait son dos, ses épaules. Elle lui faisait mal.

– Je te fais des reproches, je suis injuste... Et puis, de quel droit, hein? Moi, j'ai ma vie à Paris, un copain...

Brusquement, elle s'écarta de lui, plongea à nouveau ses yeux dans les siens.

– Tu me gardes encore un peu avec toi?

Roccu comprit qu'elle avait envie de pleurer. Il posa ses lèvres sur les siennes.

113

BASTIA, 26 AOÛT 1975, 5 HEURES

L'inspecteur Quiliccini était de mauvaise humeur. Et pas seulement parce qu'il avait dû se lever tôt.

Le ferry *Comté-de-Nice* venait d'accoster. Il vomissait des camions, des véhicules blindés. Toujours plus de matériel. Toujours plus d'hommes. « Mais pour qui nous prennent-ils ? » Oui, c'est ce qu'on disait aussi à l'heure de l'apéritif dans son village du Cap corse. Ce déploiement de forces irritait. Et Quiliccini, flic zélé et résolument antinationaliste, n'était lui-même pas loin de penser comme les vieux de son village. Le pouvoir accumulait les fautes psychologiques. Il ne comprenait rien à la Corse !

Son collègue Legrand passa la tête.

– Alors, il paraît qu'on va crapahuter dans le bled !

Quili haussa les épaules. Inconsciemment, Legrand disait vrai : tous ces fonctionnaires et flicards envoyés par Paris se croyaient en Algérie, au bon temps de la présence française. Grossière erreur. S'ils avaient pu discuter avec ceux de son village, ils auraient vite compris. En Corse, aujourd'hui, on s'indignait moins de la mort des deux gendarmes que de l'incarcération du docteur Edmond Simeoni, de la blessure de Pierre Susini et des menaces qui pesaient sur les membres du commando susceptibles d'être déférés devant la Cour de sûreté de l'État. Les gendarmes ? C'étaient des pinzuti ! Et puis quand on choisit un métier comme celui-là, on sait qu'on prend des risques... Non, l'opinion corse, si elle se gardait de prendre aveuglément fait et cause pour Simeoni et les siens, comprenait et parfois même excusait. Les occupants de la cave Depeille n'avaient-ils pas été victimes d'une formidable provocation policière, alors qu'ils ne faisaient qu'occuper la cave viticole d'un escroc ? Pouvaient-ils réagir autrement à partir du moment où ils étaient attaqués ? Dans ce pays, on ne sortait pas impunément le fusil. Il fallait le savoir, c'était tout.

Fourgons et camions GMC bâchés se rangeaient devant le commissariat. Quiliccini jeta à nouveau un œil sur la commission rogatoire délivrée par le juge d'instruction de la Cour de sûreté de l'État. Quelques noms, comme jetés en vrac. Pourquoi ceux-là et pas d'autres? D'accord, ils avaient été reconnus, identifiés. Mais son flair de flic lui faisait penser que les types les plus intéressants étaient ceux qu'on n'avait jamais pu voir et photographier à visage découvert. Les tueurs de gendarmes étaient parmi ceux-là. Et l'inspecteur Quiliccini croyait en connaître quelques-uns.

Il fallait y aller. Quiliccini prit place avec Legrand dans une 204 banalisée, en tête de cortège, derrière un fourgon de la gendarmerie.

Ils prirent la direction de la plaine orientale. Le jour se levait. Quili était toujours de mauvaise humeur.

114

BOGGIU DI FIUMORBU, 26 AOÛT 1975, 6 HEURES 30

– Les flics!

Roccu se leva d'un bond, s'habilla, prit son pistolet. Marie-Colombe s'accrocha à lui.

– Roccu!

Il la regarda, impatient.

– Rien...

En bas, ils étaient déjà debout.

– Ils montent de la vallée. Un vrai régiment! dit Joseph.

Françoise était là. C'était elle qui avait donné l'alerte. Un ami qui habitait dans la plaine à Ghisunaccia-gare l'avait prévenue par téléphone. Sans hâte, Pascal boutonna son blouson, prit son fusil à pompe, boucla son sac. Les deux autres portaient leurs armes à la bretelle. Louis avait passé une cartouchière qui lui barrait la poitrine. Il ressemblait à un pistolero mexicain. Roccu avala une tasse de café.

– On va passer par derrière, dit encore Joseph.

Une paire de jumelles était accrochée autour de son cou. Aucun d'entre eux ne semblait nerveux. Ils étaient prêts. Depuis le premier jour, ils s'étaient préparés à fuir. Joseph prit le sac à dos que lui tendait Françoise. Il posa un baiser sur son front. Tous les quatre sortirent sans un mot.

Dehors, le ciel était brouillé. Il faisait frais. Accroché au flanc gris de la montagne, le maquis commençait aussitôt. En silence, ils enjambèrent les premiers bouquets humides de cistes et de bruyères et rejoignirent un petit chemin qui serpentait entre les arbousiers et les genévriers.

Assez rapidement, ils atteignirent une étroite plate-forme rocheuse d'où l'on dominait toute la vallée. Au-dessus de la mer, l'horizon se dégageait. Et on devinait le soleil derrière des nuages devenus soudain incandescents.

Joseph braqua ses jumelles sur la vallée, chercha dans le moutonnement de verdure. Un véhicule bleu de la gendarmerie déboucha d'un virage. Puis une petite auto noire suivie de quelques camions. Joseph passa les jumelles à Roccu. Les bâches étaient relevées. On distinguait les hommes assis derrière sur le banc central et parfois, dans le soleil levant, l'éclat métallique d'une arme.

– Ils mettent le paquet.

Ces camions dans le maquis, à l'assaut de la montagne. Roccu se rappela *La Guerre d'Algérie*, le livre de Courrière. Les véhicules de l'armée qui montaient dans les Aurès. La traque des fellaghas. Les ratissages. La guerre.

– La prochaine fois, ils enverront la Légion, dit Louis.

Joseph posa son sac à dos sur le rocher.

– En quelques heures, on peut atteindre la vallée du Taravo, je connais tous les chemins...

– Non, dit Roccu, on attend!

Les trois autres le regardèrent, étonnés.

– Tu veux faire le coup de feu? interrogea Louis. Je crois qu'on tiendra pas longtemps...

– Boggiu n'est pas le seul village du Fiumorbu... Si ça se trouve, ils ne viennent pas pour nous!

Le bruit des camions roulait, sinistre, dans toute la vallée.

Joseph avait repris ses jumelles.

– Ils sont à une centaine de mètres du carrefour... On va être fixé.

– Ce serait simple, dit Pascal.

Il regardait en direction des camions qu'on apercevait de temps à autre entre deux taches de verdure.

– Une grenade sur le premier camion. La colonne est immobilisée. Après...

Il ébaucha un sourire. Et poursuivit, comme pour lui-même :

– Ils sont cons, non? On n'en demandait pas tant. Pas si vite, en tout cas...

– Ils arrivent au carrefour! dit Joseph.

Louis en lâcha le sandwich qu'il venait de sortir de son sac. Joseph continua à commenter :

– Le fourgon de tête s'est arrêté... Ils repartent... Ils tournent à droite...

Il y eut un instant de stupeur. Ils n'arrivaient pas à se sentir soulagés. Louis reprit son sandwich :

– Déçus, les gars? C'est pas encore pour nous!

115

FIUMORBU, 26 AOÛT 1975, 7 HEURES

Ils roulaient toujours. Ils venaient de passer un hameau. Au-delà, c'était une coulée verte, quasi vierge, au milieu des grandes déchirures rocheuses de la montagne.

– Merde, qu'est-ce que c'est beau!

Quiliccini haussa les épaules : cet imbécile de Legrand découvrait la Corse. La vraie. Et ça faisait plus de deux ans qu'il était flic dans l'île!

Maintenant, ce n'était plus une route, à peine une piste bordée de part et d'autre par une épaisse végétation épineuse. Legrand reprit :

– Dis donc, quand on prend le maquis ici...

Quiliccini aboya :

– On peut pas prendre le maquis ailleurs ! Le maquis c'est une spécialité corse ! C'est même un mot corse : *a macchja !*

Legrand lui jeta un regard en coin.

– Tu fais la gueule ?

– Tu m'emmerdes, Legrand !

Devant, le fourgon de gendarmerie s'arrêta net. Toute la colonne s'immobilisa. Quiliccini ne bougea pas. Enfin, un petit capitaine moustachu et pète-sec vint les rejoindre, une carte routière à la main.

– Paumé ?

Le pandore lui tendit la carte. Quiliccini soupira.

– Y avait un embranchement deux cents mètres avant... Vous l'avez raté, va falloir faire demi-tour !

– Demi-tour ?

Devant l'effarement du gendarme, il ressentit une joie mauvaise. On avait les sentiments qu'on pouvait. Mais, plus profondément, il pensa que c'était son pays qui prenait sa revanche.

Il aperçut la maison de loin. Accrochée au flanc de la montagne. Pas d'autre habitation à des kilomètres à la ronde. Un sentier muletier courait à travers le maquis. C'était le seul accès.

Le cortège s'immobilisa à nouveau. Quiliccini descendit se dégourdir les jambes. Il jeta un œil sur les camions. Quatre-vingts gendarmes au moins ! Pour opérer une arrestation. C'était risible.

Les hommes sautèrent des véhicules, se mirent en colonne. Ils étaient en tenue de combat, casqués, armés. Legrand enfilait un gilet pare-balles.

– Et toi ? demanda-t-il à Quiliccini, tu ne le mets pas !

– J'ai toujours rêvé de mourir au soleil !

Il partit le premier sur le chemin. La rosée exhalait les senteurs du maquis. Quiliccini avait honte.

Monté sur une petite échelle, un homme âgé, coiffé d'un chapeau cabossé, soignait sa treille. Il se retourna, découvrit la colonne des gendarmes. Quiliccini sortit un papier de sa poche, le mit dans la main de Legrand.

– A toi l'honneur de la prise !

Le vieux, lentement, descendit de son échelle. Legrand

hésita puis se décida à avancer. Derrière lui, les gendarmes s'étaient arrêtés.

L'inspecteur présenta le mandat d'amener au vieux. Celui-ci ignora le bout de papier. Sans un mot, il jeta son chapeau à terre tandis qu'une femme encore plus âgée sortait de la maison et commençait aussitôt à se lamenter.

– *O li mi guai* [1] *! O li mi guai!*

Le vieux tendit ses mains à Legrand qui lui passa les menottes. Quiliccini détourna les yeux. Mais la voix le poursuivit :

– *Hè megliu à more che vive incù a vergogna* [2] *!*

L'ÉPREUVE DU FEU

Il est toujours facile de critiquer après-coup une opération de maintien de l'ordre ou de rétablissement de l'ordre. Mais, lorsque les responsables eux-mêmes paraissent stupéfiés – *« Nous avons été floués »*, a reconnu le sous-préfet; *« La peau d'un gendarme ne vaut décidément pas cher »*, a regretté un colonel – il est permis de s'interroger avec gravité.

Quel que soit le désir du ministre de l'Intérieur de faire enfin un exemple en réprimant par la force la double illégalité de l'action d'un commando armé et de l'enlèvement d'otages, la hâte à lancer l'opération témoigne d'une double intention politique : tenter de juguler l'autonomisme corse et affirmer l'autorité, si souvent bafouée, de l'État. Il n'apparaît pas que le premier but ait été atteint. Quant au second, il l'a été d'autant moins que, à la stupéfaction générale, les responsables de l'opération ont laissé filer, avec leurs armes, les hommes du commando qui venaient de tuer deux gendarmes. Trop de force et de hâte d'un côté. Trop de naïveté ou d'habileté de l'autre.

Premier ministre et ministre de la Défense par intérim, responsable de la gendarmerie, de la police et de la Corse, M. Michel Poniatowski était à lui seul ce jour-là tout le gouvernement. Son tempérament plus encore que sa responsabilité le portait à l'épreuve de force. Mais fallait-il, pour lui comme pour les acteurs et victimes de ce drame, qu'elle allât jusqu'à l'épreuve du feu?

Jacques Fauvet, *Le Monde*, 24 août 1975

1. Ô mes malheurs!
2. Mieux vaut mourir que de vivre dans la honte!

116

BOGGIU DI FIUMORBU, 27 AOÛT 1975, 13 HEURES

La radio était allumée. Ils attendaient.

Assis sur une marche de l'escalier, Roccu se roulait une cigarette. A l'autre bout de la pièce, Françoise et Marie-Colombe préparaient une grosse salade. Les trois autres garçons étaient groupés autour du poste et discutaient.

– Les infos!

Ils se turent. Le journaliste l'annonça dans les titres : le Conseil des ministres venait de prononcer la dissolution de l'ARC. Louis applaudit bruyamment. Les autres se contentèrent de sourire.

– Tu avais vu juste, Joseph! dit Roccu.

– Encore un joli cadeau du pouvoir! commenta sobrement Pascal.

– D'accord, reprit Joseph, mais maintenant que le cycle de la répression est amorcé, les choses vont bouger vite! On n'a pas eu nos martyrs, mais on a des prisonniers...

– Et d'après le code pénal, Edmond est passible de la peine de mort! remarqua froidement Pascal.

– Tu rigoles? dit Louis.

– Absolument pas! Il est inculpé pour prise de commandement d'une bande armée, rébellion contre l'autorité de l'État, et tentatives d'homicides sur des agents de la force publique... Dans les deux cas, la peine prévue c'est la mort!

Il y eut un silence. Tous pensaient au prisonnier de Fresnes mais aussi aux charges qui pesaient sur eux-mêmes si la police arrivait à prouver leur participation au commando d'Aleria.

Après le repas, Pascal et Louis partirent pour Bastia : la curiosité l'emportait. Malgré le danger, ils voulaient savoir comment les militants et sympathisants réagiraient à la dissolution de l'ARC.

Quand ils furent partis, Marie-Colombe et Roccu sortirent, abandonnant la vieille maison à Françoise et Joseph. Au-dessus des montagnes, le ciel était plombé. L'atmosphère sentait la pierre à fusil. Par intervalles, le maquis était traversé de grands souffles brûlants.

– Viens, dit Marie-Colombe, on va voler le feu du ciel.

Elle lui prit la main, courut. Sa longue jupe d'indienne voletait, s'accrochait aux genévriers. Des insectes, affolés par l'orage proche, vibrionnaient en tous sens autour d'eux, se collaient sur leurs bras, leurs visages humides.

Ils grimpaient toujours. La sueur poissait leurs vêtements. Au loin, le tonnerre grondait et de longues lueurs couleur de soufre couraient sur l'horizon. Roccu pensa qu'il y avait une sorte de déraison dans l'air.

Soudain, Marie-Colombe lâcha sa main et s'arrêta. Elle haletait. Le bout de ses seins pointait sous son débardeur de coton. Les yeux fermés, le visage tourné vers le ciel, elle s'offrait au soleil. Puis, sans un mot, elle reprit sa course, sans se soucier des épines qui blessaient ses bras nus.

Plus haut, épuisée, elle se laissa tomber sur une dalle de schiste et s'étendit sur le dos. Minuscules roses, des gouttes de sang perlaient sur les estafilades qui zébraient sa peau.

Roccu s'assit à côté d'elle. Des éclairs déchiraient les nuées. C'était un orage sec. La nature craquait comme un feu de broussailles. Et l'odeur de l'électricité courait à la surface du maquis.

Il se pencha au-dessus d'elle, du bout de la langue effleura les égratignures. Marie-Colombe frissonna. Il dégrafa sa jupe, approcha le visage de son ventre. Un coup de tonnerre éclata tout près. La terre, la roche vibrèrent longuement, à l'unisson de leurs corps.

L'orage s'en était allé. Il restait dans l'air une odeur de chaud et de soufre.

– C'était la dernière fois, n'est-ce pas?

Roccu fit oui. Le matin même, elle lui avait annoncé qu'elle allait repartir sur le continent. Il avait compris que ce n'était qu'un prétexte : Marie-Colombe voulait l'entendre dire, lui, qu'ils devaient rompre. Parce qu'elle n'avait pas la force de prendre elle-même cette décision.

Elle se leva, nue dans le soleil, auréolée de lumière, une déesse aux cheveux d'incendie. Le cœur de Roccu se serra. Jamais plus, il ne la verrait ainsi.

– Tu as sans doute raison, Roccu... Tu es le plus courageux de nous deux, le plus lucide. Si nous ne nous quittons pas maintenant, nous salirons tout.

Elle se tut un instant, fit quelques pas et revint s'asseoir à croupetons près de Roccu.

– Mais la vérité, c'est que nous nous aimons trop pour vivre ensemble. Nous n'aurions jamais supporté la banalité du quotidien...

Elle prit sa main qu'elle posa sur ses lèvres.

– Je vais être malheureuse, atrocement. Et lorsque j'aurai envie de pleurer, je fouillerai dans ma petite collection de souvenirs... Aucun n'est médiocre, Roccu. Je ne regrette rien de ce que j'ai vécu avec toi...

Une larme se forma dans ses yeux, se détacha, coula lentement sur sa joue. Elle la chassa d'un brusque mouvement de tête.

– Je vais redescendre la première... Quand tu arriveras en bas, je serai partie.

117

BASTIA, 27 AOÛT 1975, 16 HEURES

Mâchoires serrées, l'œil fixe, Pascal conduisait vite. Trop vite. Avec la précision d'un pilote de rallye. La rage en plus. La voiture dérapait dans les virages, frôlant le trottoir de la petite rue qui descendait vers la gare de Bastia. Louis, enfoncé dans son siège, les genoux calés contre la boîte à gants, mordait à pleines dents dans un saucisson.

– Tu as un rendez-vous urgent?... Enfin, vraiment urgent?

Double débrayage, nouveau dérapage. Pascal sourit.

– Oui, vraiment! Son mari est sur le continent pour quelques jours! Je ne veux pas la faire attendre davantage.

De saisissement, le colosse en oublia de mastiquer. Jamais Pascal n'évoquait sa vie privée. Jamais il ne faisait la moindre confidence. Même devant ses amis, il affichait sa pudeur comme d'autres affichent leurs conquêtes. Louis garda le silence quelques instants, troublé par cette soudaine marque de confiance.

– Et... Je la connais?

– Une maîtresse, c'est comme une fée : on ne doit jamais révéler son nom.

Dépité, Louis s'enfonça davantage dans son siège. Le moteur baissa de régime. Brusquement les bruits de la ville firent irruption dans l'habitacle surchauffé. Il faisait lourd, humide, orageux.

– Ah! nos amies les bêtes!

Louis promena un regard noir sur les CRS casqués et armés de mousquetons qui se rassemblaient devant la gare. Des voitures passaient en trombe, klaxon bloqué, des drapeaux corses flottant aux portières.

– C'est pour le foot ou c'est une rébellion?

– Le match est reporté. Ils l'ont annoncé à la radio pendant que tu dormais. Pas de rassemblement populaire à Furiani dans le climat actuel!

La voiture fit une embardée. Le rire de Louis tenait du hurlement de Sioux. Brutal, strident, énorme. Pascal ne s'y était toujours pas habitué.

– Tu t'imagines si nous avions gagné ce soir? Je vois déjà les titres des journaux : « Contre Nice, la Corse transforme à Furiani l'essai marqué à Aleria!... »

Des cris, des sifflets, une bousculade : la voiture était maintenant bloquée dans un embouteillage à l'angle du boulevard Paoli devant le siège de l'ARC. Des jeunes gens faisaient la chaîne pour charger des dossiers dans une camionnette stationnée en double file. D'autres gesticulaient sur le trottoir, entourant un homme de haute taille, vêtu d'un costume blanc, le visage marqué par l'inquiétude.

– Ce connard de commissaire principal!

Déjà, Louis ouvrait la portière, Pascal le retint un instant par le col de sa veste.

– Évite de te faire coffrer! On a encore besoin de toi.

– Et toi, présente mes respects à ta maîtresse!

Cent vingt kilos de muscles se frayèrent un passage dans la foule à grands coups d'épaules.

Pascal eut le temps d'apercevoir Max Simeoni qui tentait de s'interposer. En vain. Le crachat atteignit le commissaire en pleine figure.

A la radio, le flash de 16 heures ronronnait : le Négus venait de mourir, la guerre civile faisait rage à Timor et l'état d'exception entrait en vigueur en Espagne : tribunaux militaires, peine de mort pour les terroristes, censure de la presse... Face à la montée du nationalisme basque, Franco, lui, ne lésinait pas.

Pascal gara sa voiture derrière la sous-préfecture, prit un revolver de gros calibre sous le siège et le glissa dans sa ceinture. La partie qu'il allait jouer maintenant en solitaire était dangereuse. Il se sentait léger, détendu. Il ne voulait pas se l'avouer, mais le risque était pour lui un vrai plaisir.

118

BASTIA, COMMISSARIAT CENTRAL, 27 AOÛT 1975, 19 HEURES 30

– Passez-moi le sous-préfet, nom de Dieu!

L'inspecteur Quiliccini aboyait dans le combiné du téléphone. Sa chemise était trempée.

– Comment on ne peut pas le déranger? Mais vous vous foutez de moi! Alors passez-moi son secrétariat...

Quiliccini tambourina nerveusement sur le bureau avec sa chevalière en or. Son adjoint Legrand, affalé sur une chaise, lui fit signe de se calmer.

– Dites à votre patron que la tension en ville est à son comble et que si les CRS continuent leur ronde il va y avoir un pépin !...

Une main s'abattit sur l'appareil téléphonique, coupant la communication.

– Vous êtes devenu fou, Quiliccini ? Décidément vous êtes tous fous dans ce pays !

Le commissaire principal dominait de sa haute taille l'inspecteur tassé dans son fauteuil. Quiliccini plongea ses gros doigts dans un paquet de cigarettes froissé pour en extraire un mégot informe qu'il fit grésiller à la flamme de son Zippo.

– Vous avez eu de la chance cet après-midi, patron !

L'inspecteur détailla son supérieur de la tête aux pieds. Ses petits yeux noirs, étrangement rapprochés, comme embusqués derrière son énorme nez, pétillaient de malice. Il reprit :

– Le type qui vous a bousculé est un méchant.

– Un méchant ? Un porc ! Il ne m'a pas bousculé ce gros salopard, il m'a couvert de crachats !

Cheveux en désordre, visage cramoisi, le commissaire hurlait.

– Je me suis douché, je me suis changé mais ces crachats je les sens encore sur moi. Ce pays est sale, Quiliccini. C'est un pays de porcs !

L'inspecteur, crispé, s'efforça de sourire.

– Louis Santucci nous a déjà déculotté deux gendarmes. Il aurait pu vous promener en slip dans les rues de Bastia...

Legrand, gêné, s'était levé et affectait de fouiller dans un fichier. Le commissaire fixa Quiliccini.

– Vous connaissez le nom de mon agresseur et vous ne l'avez pas arrêté ?... Je vais vous faire muter, inspecteur !

Quiliccini s'enfonça dans son fauteuil, mit les pieds sur le bureau et fit claquer le couvercle de son briquet.

– Pas question, commissaire !

Il lui tendit un papier.

– Voici mon rapport sur Santucci. Il y a même le nom des témoins de votre agression... J'attends un ordre écrit pour l'arrêter !

Le commissaire, livide, se dirigea vers la porte. L'inspecteur se leva brusquement.

– Attendez, patron, je n'ai pas terminé ! Quand j'aurai cet ordre écrit, je vous donnerai ma démission. Après Aleria, arrêter Louis Santucci, syndicaliste paysan, ce serait de la provocation.

La chemise de Quiliccini lui collait à la peau. Il ajusta son holster et enfila sa veste sans quitter le commissaire des yeux.

– Une provocation aussi conne que ces rondes de CRS qui risquent de déclencher des incidents graves.

Quiliccini passa devant le commissaire et claqua la porte.

– Legrand, vite ! Rattrapez-moi cette tête de mule ! Et calmez-le !

L'inspecteur Legrand se précipita sur sa veste. Le commissaire passa une main nerveuse dans ses cheveux.

– Mais enfin bon sang, ces connards de nationalistes ne sont qu'une poignée ! Ce ne sont tout de même pas les adjudants à la retraite qui vont nous foutre la pagaille !

– Patron... n'oubliez pas que Quiliccini a de solides appuis politiques... C'est un gaulliste pur et dur !

– Je sais... Allez, foutez le camp !

Le commissaire ouvrit la porte capitonnée de son bureau d'un coup de pied. Le ventilateur ronflait doucement dans la pénombre. La pièce était fraîche. Il se laissa tomber sur son fauteuil, essuya machinalement ses mains moites sur son pantalon et se mit à rédiger une note pour le sous-préfet Guérin.

« ... loin de sécuriser la population de Bastia, les rondes de CRS font monter la tension. Il suffirait de concentrer les forces de l'ordre sur le port afin de protéger le débarquement du matériel et des hommes arrivant en renfort. Sachez que je suis hostile à l'initiative que vous avez prise d'organiser ces rondes en ville. Je rédige aujourd'hui même un rapport en ce sens et décline toute responsabilité quant aux incidents qui pourraient se produire... »

119

BASTIA, PLACE SAINT-NICOLAS, 27 AOÛT 1975, 20 HEURES

Les hautes fenêtres du salon, bardées de jalousies, avalaient des gorgées de vent. Un vent de mer, chaud et humide, qui brassait les rumeurs de la ville prise de frénésie : l'appel insistant d'une sirène de bateau, les cris et les rires aux terrasses des cafés, le ronflement sourd des moteurs... Et, par moment, des rafales de sifflets et de huées qui traversaient la place Saint-Nicolas pour aller mourir au loin, du côté du vieux port... Allongée sur le tapis, Nadine écoutait battre la houle de ce vacarme inhabituel. Un vacarme oppressant qui peu à peu avait rongé ses rêves. Elle resta quelques instants immobile, les yeux dans le vague, puis, brusquement elle poussa le volume de l'amplificateur : le second mouvement de la Symphonie concertante en *mi* bémol majeur de Mozart envahit le grand salon, noyant les bruits et les choses, balayant la ville et les angoisses... Le temps, à nouveau, était suspendu... Une théière posée à même le sol fumait doucement. Les volutes de vapeur, glissant et tournoyant dans l'air chaud, semblaient accompagner le dialogue des violons solistes et de l'orchestre. Nadine laissa flotter son regard. Les fauteuils Régence, trapus et élégants comme de vieux marquis, elle les aimait... Les tableaux XVIIIe aux couleurs trop vives collectionnés par son mari, elle les détestait... Ses yeux s'arrêtèrent sur un large miroir Louis-XV qui s'épanouissait, profond et sombre, au milieu des portraits de famille corsetés dans leurs cadres dorés.

Nadine se redressa légèrement pour se découvrir tout entière. Ses cheveux s'éparpillaient en lourdes boucles brunes, c'était comme un écrin qui faisait ressortir ses yeux verts. L'aréole de ses seins se dessinait sous son corsage blanc. Ses cuisses rondes tendaient la soie rouge de sa jupe. Nadine se laissa retomber sur le tapis, agacée et impatiente. Elle détestait les miroirs. Ils étaient vides. Ils reflétaient l'attente. Ils dilapidaient sa beauté. Elle ferma les yeux et se laissa porter par la musique. Il fallait que Pascal vînt tout de suite. Il fallait qu'il la désirât. Il fallait que sa voix tremblât en lui disant « tu es belle », comme la première fois, il y a tout juste un an...

L'andante s'achevait. L'orchestre, déjà, attaquait le presto. Nadine se leva d'un bond et replaça délicatement le bras du tourne-disque sur la bonne plage. Combien de fois avait-elle remis ce même passage musical depuis le début de l'après-midi?... Elle ne savait plus. C'était comme une prière inlassablement répétée. Une incantation, mais tellement plus riche, tellement plus belle, que les mélopées sauvages qui avaient rythmé son enfance quand sa tante Julie, la sorcière, officiait au grenier du *castellu*, la maison familiale percée de meurtrières qui se dressait, carrée, au milieu des oliviers de Balagne. Oui, Nadine en était persuadée : cette symphonie concertante était magique. Elle avait fait basculer leur vie. Elle devait maintenant les protéger...

Dès les premières mesures de l'andante, Nadine avait été fascinée par ce garçon à la beauté provocante qui était venu s'asseoir à ses côtés, au festival d'Aix-en-Provence. Feignant de chercher un briquet dans son sac, elle s'était aussitôt dégagée des bras de Dominique, son mari, qui la tenait enlacée. Un réflexe qu'elle n'arrivait toujours pas à s'expliquer. Car elle croyait aimer Dominique, depuis longtemps, sans se poser de questions.

Mais ce beau visage inconnu se profilant dans l'ombre avait la force même de la musique. C'était Mozart qui le dessinait lentement, passionnément, pour elle. Pour elle seule. C'était Mozart qui lui faisait ce cadeau. Et Mozart, sans doute, était un peu fou...

Quand les yeux noirs du garçon, si proches, s'étaient plantés dans les siens, elle n'avait pas détourné le regard. Quand elle avait glissé sa main dans la sienne il l'avait serrée un instant, doucement. Elle ne connaissait ni son prénom ni son nom. Elle ignorait encore qu'ils étaient nés dans le même pays et qu'ils vivaient dans la même ville... Mais elle savait déjà qu'ils étaient l'un pour l'autre une enfance nouvelle.

La sonnerie du téléphone fit sursauter Nadine. Elle resta quelques instants sans réagir. Un appel de Pascal?... Elle s'efforça de respirer plus lentement... Non! Il ne téléphonait qu'en cas d'urgence, lorsqu'il avait un empêchement... Son retard n'avait encore rien d'exceptionnel. Elle l'avait attendu tant de fois depuis un an. Sans lui poser de questions. Sans jamais lui demander d'explications...

Nadine décrocha brusquement le combiné téléphonique.

– Ah, c'est toi Dominique...

Elle alluma une cigarette.

– Non, je ne suis pas déçue. Un peu surprise, c'est tout! Tes réunions au ministère durent généralement plus longtemps...

Lèvres arrondies, nez en l'air, elle fit un rond de fumée presque parfait.

– Inquiet?... Pourquoi es-tu inquiet?... Les enfants sont à Saint-Florent avec ton frère... Ta femme est sagement à la maison avec Mozart... Il n'y a pas de quoi s'inquiéter!

Elle suivait le lent déplacement du rond de fumée qui montait vers le grand lustre de cristal.

– Des manifestations? Non, il n'y a pas de manifestations!... De toute façon, sois tranquille, je ne sortirai pas...

Une bouffée d'air tiède s'engouffra dans le salon, agitant les pages des magazines jetés pêle-mêle sur le sol.

– Quoi? Surveiller notre appartement? Mais tu es fou Dominique! Complètement fou! Il n'en est pas question! Tu m'entends? Je ne veux pas d'un flic derrière ma porte...

Nadine avait saisi l'appareil téléphonique et déambulait nerveusement dans la pièce.

– Si tu fais ça, je vais immédiatement voir Guérin à la sous-préfecture et je fais un scandale!... Cet appartement est à moi, je te le rappelle!...

La voix étranglée, fébrile, Nadine était au bord des larmes.

– Je t'interdis de me parler sur ce ton! Je ne suis pas une petite fille! Je n'ai rien à voir avec tes magouilles politiques... Non! Tais-toi!... Tu es financier, pas ministre! Tu vis à Bastia, pas à Paris! Chez nous, exhiber des flics devant un immeuble n'est pas un signe de respectabilité... C'est une source d'emmerdements! Allez, retourne à ta réunion! Salut!

Elle raccrocha brutalement et débrancha l'électrophone d'un geste rageur. Aussitôt une vague de cris et de sifflets montant de la place Saint-Nicolas envahit la pièce. Nadine poussa une jalousie et jeta un coup d'œil en contrebas : les consommateurs, comme chaque soir, étaient attablés par centaines aux terrasses des cafés, sur les trottoirs et sur le terre-plein de la place, discutant et jouant aux cartes. Tout semblait paisible sous les grands palmiers immobiles... Mais régulièrement une houle agitait les tables au passage des fourgonnettes de CRS qui lentement remontaient le boulevard du Général-de-Gaulle. Les consommateurs se levaient, hurlaient, montraient le poing, puis se laissaient retomber sur leur chaise en riant. Seuls les vieux, imperturbables, chapeau sur la tête et veste sombre, restaient absorbés par leur partie de cartes.

Nadine haussa les épaules et rabattit le lourd volet à claire-voie. Le cartel du salon sonna neuf fois. Pascal avait maintenant quatre heures de retard.

120

BASTIA, LE PORT, 27 AOÛT 1975, 21 HEURES 30

Une dizaine de CRS en armes encerclaient la voiture immobilisée devant les grilles du port. Pascal, assis sur la banquette arrière, serrait un gros sac entre ses jambes. A ses côtés se trouvait un cameraman de la télévision. Devant lui, un reporter-radio. Le conducteur, un grand type maigre, barbu, autoritaire, parlementait avec un officier.

– Vous ne pouvez pas nous empêcher de travailler, ce serait stupide!... Je vous ai montré ma carte de presse...

– Nous avons des ordres. Personne ne doit pénétrer dans l'enceinte du port pendant le débarquement du matériel.

– Mais c'est ridicule! Notre boulot c'est de montrer

qu'après le drame d'Aleria, des mesures énergiques sont prises!... Et vous allez nous empêcher de montrer ça?... Jacques, tu as enregistré ma conversation avec le capitaine?

Son voisin, un moustachu rigolard, exhiba son micro.

– Ça tourne depuis cinq minutes. J'ai tout dans la boîte.

– Bravo!... Si vous ne nous laissez pas passer, je diffuse ça à l'antenne!

Pascal n'écoutait plus. Il observait la masse lumineuse du *Comté-de-Nice* qui se balançait doucement au-dessus du quai. Des centaines d'hommes casqués, armés de mousquetons, attendaient, debout sur le pont, figés, comme tétanisés par le grondement sourd qui montait des entrailles du navire. Et soudain Pascal aperçut les premiers phares : deux points jaunes qui se multiplièrent à l'infini pour former une longue chenille lumineuse qui se déroula lentement sur le quai. De lourds camions bâchés sortaient en cahotant des cales du ferry et venaient se ranger derrière les grilles, à quelques mètres de la voiture des journalistes. Pascal fit la grimace. Les deux mines magnétiques qui se trouvaient dans son sac auraient mieux convenu à des blindés.

L'officier avait fini par se laisser convaincre. Il rendit sa carte de presse au conducteur, jeta un coup d'œil à l'intérieur du véhicule et donna l'ordre d'ouvrir les grilles. La voiture se faufila au milieu des containers et des camions. Le barbu se tourna vers Pascal.

– Tâchez de filer discrètement et de retrouver votre ami. Nous allons les occuper et tourner quelques images. On se donne rendez-vous ici dans un quart d'heure...

Pascal acquiesça, fit passer la lanière de son sac sur son épaule et se glissa hors de la voiture. Se présentant aux journalistes comme un confrère de la presse locale, il leur avait dit que l'un de ses copains d'enfance était officier en second sur le *Comté-de-Nice* et pourrait sans doute les renseigner sur le nombre et la nature du matériel militaire embarqué...

– Ramassez votre matériel et fichez-moi le camp!

Pascal reconnut la voix rocailleuse de l'inspecteur Quiliccini avant même d'apercevoir sa silhouette trapue au milieu du groupe des journalistes. Il retint par la manche l'officier de la marine marchande qui l'accompagnait.

– Attention ! Le harki fait du zèle ! Remonte à bord, je ne tiens pas à ce que tu aies des ennuis à cause de moi. Salut !

La voix de Quiliccini était montée d'un ton.

– Où est le quatrième ?... Le poste de contrôle m'a signalé que vous étiez quatre dans cette voiture ?...

Pascal laissa glisser son sac sur le sol et le poussa du pied sous un camion. C'était raté ! Les mines qu'il avait récupérées dans sa cave, et avec lesquelles il avait traversé tout Bastia à pied pour éviter les contrôles de police, étaient perdues. Dans quelques instants Quiliccini allait déclencher une opération de ratissage sur le port pour retrouver le « journaliste » manquant. Le risque était trop grand.

Il glissa son calibre dans la poche de son blouson et se dirigea vers la porte principale d'un pas nonchalant... Les grilles étaient fermées. L'officier qui les avait contrôlés à l'entrée était toujours là, jambes écartées, bras croisés. Des CRS armés étaient déployés le long du mur d'enceinte. Pascal fit demi-tour. Le port était maintenant constellé de points noirs et brillants. C'étaient les casques des gendarmes mobiles. Des centaines de casques sombres parcourus par les flammes des réverbères. Pascal se faufila parmi les hommes qui commençaient à se rassembler pour monter dans les camions et s'approcha du quai. Des sentinelles en armes, disposées tous les dix mètres, montaient la garde. Et des projecteurs braqués sur le ferry interdisaient tout accès à la mer.

Pascal respira profondément. Non seulement il avait échoué mais il était piégé. Et lorsque son sac serait découvert...

Il était furieux contre lui-même. Il se découvrait infantile et bravache. Tout ce qu'il détestait !... Son goût du risque l'avait emporté sur la raison. Son goût du secret l'avait empêché de mettre Louis au courant. Il avait préféré agir seul ! Et seul, maintenant, il l'était !... Seul ?... Pascal dut faire un effort pour ne pas courir jusqu'aux cabines téléphoniques du débarcadère. Non, il n'était pas tout à fait seul. Mais il fallait agir vite.

Pascal se glissa dans la cabine la moins éclairée et composa le numéro de Nadine. Il était calme, de nouveau maître de lui-même. La conversation fut brève. Il chercha du regard une cachette. Les bureaux de la CGT étaient déserts. Pascal choisit la porte d'entrée de la compagnie maritime : elle était profonde et sombre.

Il s'installa confortablement sur le tapis-brosse et libéra le cran de sûreté de son revolver. Bientôt il entendit ronfler les moteurs des premiers camions de gendarmes mobiles qui sortaient du port pour gagner leur cantonnement. Les flics n'allaient pas tarder à découvrir son sac. Il jeta un coup d'œil sur sa montre. Il était 23 heures 03. Il n'aurait pas à attendre bien longtemps.

121

BASTIA, PLACE SAINT-NICOLAS, 23 HEURES 05

Louis était de mauvaise humeur. Attablé à la terrasse du Royal, manches retroussées, transpirant à grosses gouttes, il jouait au poker depuis le début de la soirée et perdait beaucoup d'argent.

– Une mauresque !

Son barrissement fit grimacer des vieux à une table voisine.

– Il te reste de quoi payer tes consommations ?

Le garçon perdit immédiatement son sourire. Louis s'était levé, l'air mauvais.

– Tu m'insultes ou tu deviens con ?

– Oh, Louis, du calme !... Garde ton énergie pour frapper les pinzuti !

Le colosse se laissa retomber sur sa chaise en grognant. Il venait d'apercevoir le jeu de son adversaire, un barbu au visage labouré de rides qui étalait tranquillement une quinte sur la table. Louis était hypnotisé par les cartes. Il n'entendit pas les cris des manifestants qui s'étaient rassemblés devant le port. Ni le bruit sourd des pierres qui s'abattaient sur les camions des gendarmes mobiles. Il ne réagit pas même quand un jeune, à côté de lui, se leva pour lancer une bouteille sur le break 404 des CRS qui passait lentement sur le boulevard. Il ne vit pas non plus le touriste allemand couvert de sang qui s'écroulait dans le caniveau... Il ne sortit de sa torpeur qu'en sentant la table se dérober sous ses coudes. Les cartes voltigeaient, des verres se brisaient, les consommateurs refluaient en désordre à l'intérieur du Royal. Louis, stupéfait, aperçut des CRS qui chargeaient en hurlant. Comme à regret, il se leva, empoigna une table renversée et la lança à la volée dans les jambes d'un brigadier qui passait en courant. L'homme plongea la tête la première et s'étala lourdement sur le trottoir, assommé. Louis s'ébroua, considéra le corps inerte d'un œil satisfait puis, brusquement, s'agenouilla, fit jaillir la lame de son couteau à cran d'arrêt et trancha le cordon qui retenait le pistolet du brigadier au ceinturon. Une respiration oppressée, sifflante, toute proche, lui fit tourner la tête... Il eut juste le temps de rouler sur lui-même. La crosse d'un mousqueton frôla sa nuque et cogna violemment le trottoir. Visage déformé par la peur, le CRS qui se dressait devant lui était jeune. Louis, dans un éclair, vit la crosse qui s'abattait à nouveau. Il n'eut pas le temps de réagir. Le coup l'atteignit à l'épaule droite, lui faisant lâcher son couteau. Une vrille douloureuse le pénétra jusqu'au cœur. Il prit appui sur ses coudes et d'un ciseau faucha son adversaire au niveau des genoux. L'instant d'après il était sur lui, martelant son visage à grands coups de poing...

En haut de la place Saint-Nicolas les premières grenades lacrymogènes éclataient en rafale... Le CRS, groggy, ne bougeait plus. Louis se releva d'un bond, récupéra le pistolet du brigadier, ramassa son couteau et se dirigea à grandes enjambées vers le Royal. Son épaule lui faisait mal mais il se sentait en pleine forme. Il ouvrit la porte du café à la volée, déclenchant une salve d'applaudissements. Les passants et les consommateurs qui s'étaient réfugiés à l'intérieur avaient suivi le spectacle, agglutinés derrière les vitres. Louis se fraya un passage parmi eux en brandissant le pistolet. Sa chemise était tachée de sang.

– Une prise de guerre! Une!...

Les applaudissements redoublèrent. Un vieux au visage

tavelé, rubans de la médaille militaire et de la Légion d'honneur à la boutonnière, retira son chapeau et lui donna l'accolade.

Louis fourra le pistolet dans sa poche et s'approcha du comptoir.

– J'ai soif, moi!... Non ami, plus d'alcool ce soir! Une Orezza fera l'affaire.

Un petit homme sec le tira par la manche.

– Tu cultives ta légende, Louis?... J'espère que ça te fait du bien!

Les yeux sévères sous le front bombé, le nez aquilin, Max Simeoni contenait difficilement sa colère. Louis était ravi. Il se pencha en chuchotant.

– Tu as perdu la partie, Max. Ton club de notables est fichu. La légalité, c'est fini!

Des jeunes jouaient des coudes pour se rapprocher des deux hommes. Max eut un geste agacé.

– J'ai à te parler sérieusement, Santucci. Suis-moi!

Il prit Louis par la manche et l'entraîna vers le fond du café.

Il y eut un remous devant le comptoir. Les conversations reprirent peu à peu. Louis se laissa tomber sur une chaise et s'épongea le visage avec une serviette qui traînait sur une table. Max Simeoni était debout, la main droite enfoncée dans la poche de son veston, la tête légèrement baissée, le front en avant, comme un bouquetin prêt au combat.

– Sais-tu qu'Edmond risque sa tête pour vous, pour nous tous?

Louis plissa les yeux, méfiant.

– Ce risque on l'a pris tous ensemble. On savait qu'on pouvait mourir à Aleria. On savait qu'on pouvait être arrêté.

Max Simeoni eut un sourire satisfait.

– Mais vous êtes partis et lui s'est livré!... Ce qui ne veut pas dire que vous êtes lâches et lui courageux. Mais simplement qu'il fallait partager les rôles. Le sien est de porter le combat politique à Paris, au cœur même de l'État colonial. Le vôtre est de mobiliser les Corses contre la répression.

Louis haussa les épaules et s'épongea à nouveau le visage. Il faisait une chaleur étouffante. Les gaz lacrymogènes commençaient à se répandre dans la salle. Max, imperturbable, poursuivit sa démonstration :

– C'est le procès d'Edmond qu'il nous faut maintenant préparer tous ensemble. Le procès d'un chef politique et non pas d'un terroriste comme le gouvernement voudrait le faire croire... Il est donc impératif que les membres du commando d'Aleria se tiennent tranquilles jusqu'à nouvel ordre. C'est pour Edmond, tu comprends?... Et c'est le moment que tu choisis pour te donner en spectacle!...

Louis s'agitait sur son siège, mal à l'aise.

– Tu embrouillerais un jésuite, Max! J'ai beaucoup d'affection pour Edmond, tu le sais... Mais je ne vois pas en quoi mon comportement pourrait lui faire du tort...

Le sourire de Max Simeoni s'élargit.

– Allez!... Sois raisonnable. Tu vas quitter Bastia immédiatement et retourner dans la montagne avec les autres. D'accord?

Louis acquiesça d'un signe de tête. Il avait un air buté et boudeur. Max Simeoni lui donna une tape amicale.

– Mais avant de partir il faut que tu persuades les gosses qui manifestent de se disperser. Toi, ils t'écouteront!

Tassé sur sa chaise le colosse secoua la tête avec lassitude.

– Pas question, Max!

– Tu refuses de m'aider?

– Je refuse de participer à une tentative de démobilisation.

La porte du café s'ouvrit soudain avec fracas. Le visage ensanglanté, un photographe, son appareil brisé pendant sur la poitrine, tituba quelques instants avant de s'abattre sur une chaise. D'autres journalistes s'engouffrèrent derrière lui.

– Une voiture!... Vite!... Il faut le conduire à l'hôpital! Ces salauds l'ont allumé avec une grenade lacrymogène à bout portant!

Le photographe grimaçait en se tenant le bras droit. La manche de son blouson était brûlée. Une jeune fille proposa sa voiture.

Le journaliste qui donnait des ordres était un grand gaillard barbu au visage émacié. Il saisit le combiné que le patron lui tendait par-dessus le comptoir et composa son numéro avec fébrilité.

– Françoise ?... Passe-moi le studio, c'est Robert... Grouille-toi bon Dieu ! J'appelle de Bastia. J'ai un papier à enregistrer pour le journal de minuit... Ça y est ?... J'y vais : cinq, quatre, trois, deux, un...

Le journaliste avait une voix de stentor. Dans le café, les conversations s'étaient arrêtées.

– *Matraquages, grenades lacrymogènes, incendies : en moins d'une demi-heure, ce soir, Bastia a basculé dans la violence. Tout a commencé vers 23 heures 30 quand de jeunes autonomistes ont bloqué la sortie du port où débarquait du matériel militaire. Les manifestants n'étaient alors qu'une trentaine. Mais plus les forces de l'ordre les repoussaient sur la place Saint-Nicolas, matraquant au passage les consommateurs à la terrasse des cafés, plus leur nombre grandissait. Ils sont maintenant 200 rassemblés sur la place, lançant des pierres, brisant les vitrines des banques, allumant des incendies. La brutalité de l'intervention des CRS n'est sans doute pas étrangère à cette explosion de violence. J'en ai vu qui lançaient des billes d'acier, brisant les vitres des cafés. J'en ai vu qui frappaient délibérément des journalistes, blessant grièvement Haillot, le photographe de* l'Express. *J'en ai même vu qui matraquaient les pompiers venus éteindre un incendie dans les bureaux d'Air-Inter. Et l'on se demande ce soir à Bastia s'il était bien raisonnable de confier le maintien de l'ordre à des forces qui ont perdu deux hommes, il y a seulement cinq jours à Aleria. C'est en effet la 46e compagnie de Lyon qui est actuellement au contact des manifestants. Celle qui était sous le feu des insurgés corses le 22 août dernier, devant la cave Depeille...*

Louis se leva brusquement. Il avait retrouvé toute sa bonne humeur. Il ne pouvait pas garder ces excellentes nouvelles pour lui seul. Il lui fallait retrouver Roccu au plus vite.

122

ROUTE DE SAINTE-LUCIE, 28 AOÛT 1975, MINUIT CINQ

Les phares balayaient la montagne, sautaient le parapet, se noyaient dans le vide, puis revenaient éclairer les parois rocheuses pour se perdre à nouveau dans la nuit... La Mercedes chassait dangereusement dans les virages. Nadine, bras tendus sur le volant, luttait de toutes ses forces. Elle devait s'éloigner au plus vite de Bastia... Sa jupe courte, trop serrée, la gênait. Elle la retroussa d'un geste brusque, libérant ses cuisses. Ses talons hauts se tordaient sur le plancher. Elle les jeta sur la banquette arrière, pilotant pieds nus... Nadine n'avait pas pris le temps de se changer quand Pascal l'avait appelée. Le ton de sa voix l'avait bouleversée. Un appel au secours. Cela lui ressemblait si peu ! Mais elle n'avait pas posé de questions. Elle n'avait pas cherché à comprendre pourquoi ce fils de bonne famille était aux prises avec la police. Elle savait simplement qu'il était en danger, qu'il avait besoin d'elle et que chaque minute comptait...

Trouver le numéro personnel de Guérin dans l'agenda de son mari n'avait pris qu'une minute. L'obtenir au téléphone dans ses appartements de la sous-préfecture, trois minutes. Le convaincre de la laisser pénétrer sur le port, cinq longues minutes de discussion orageuse... Une course folle avait alors commencé, rythmée par les aiguilles de sa montre... Sortir la voiture du garage, descendre l'avenue Sebastiani envahie par les manifestants, franchir le barrage de CRS à l'entrée du port, regarder défiler les camions de gendarmes mobiles sous une pluie de pierres qui ricochaient sur son capot, échapper à l'inspecteur Quiliccini, survolté, qui voulait absolument la faire escorter... Tout cela avait pris encore vingt-six minutes qui lui avaient semblé une éternité.

Quand elle s'était rangée sur le port, devant les bureaux de la compagnie maritime, ses mains tremblaient. Elle était épuisée. Et Pascal n'était pas là. Elle ne comprenait rien. Elle avait peur. Elle était descendue malgré tout pour ouvrir le coffre de la voiture comme il lui avait demandé de le faire. Aussitôt, une silhouette était sortie de l'ombre. Elle avait étouffé un cri. C'était lui. Il s'était glissé dans le coffre sans la toucher, sans l'embrasser. Sa voix était sourde. Il donnait des ordres : fermer le coffre, tenter de récupérer un sac abandonné non loin de la porte d'entrée et filer au plus vite hors de la ville... Jamais Pascal ne lui avait parlé sur ce ton. Elle le trouvait soudain inquiétant. Mais elle avait obéi. Scrupuleusement, sans discuter.

Le sac était renversé sur le parking désert. Elle l'avait ramassé. Il était si lourd qu'elle avait dû s'y prendre à deux fois pour le charger sur la banquette arrière. Elle avait franchi la porte d'enceinte, grimaçant un sourire à l'officier de garde... Puis le cauchemar avait commencé : les CRS massés autour de la sous-préfecture l'avaient bloquée. Grossiers, agressifs, ils avaient secoué la voiture : « T'as vu la gonzesse ?... Ils s'emmerdent pas ces salopards !... Et la bagnole ?... Ils se refusent rien ces bougnoules !... » Elle avait verrouillé les portières et jeté un pull-over sur ses genoux. « Cache pas tes guiboles salope !... Montre-nous plutôt ton cul !... » Elle avait entendu des explosions sur la place Saint-Nicolas et une fumée âcre s'était glissée jusque dans l'habitacle de la voiture.

Sa peau était moite, ses mains tremblaient. Pas un instant elle n'avait quitté le rétroviseur des yeux, surveillant les CRS qui l'insultaient en frappant sur le coffre de la Mercedes... Ce coffre qui n'était même pas fermé à clé !... Heureusement, un jeune inspecteur était intervenu. « Écartez-vous, bordel ! C'est la femme d'un type important ! »...

Elle roulait maintenant sur la route en lacets qui montait vers Sainte-Lucie. Elle respirait plus facilement et découvrait non sans plaisir qu'elle était en colère : contre les flics, contre son mari, chantre de « l'ordre républicain »...

Pascal devait étouffer dans le coffre. Elle avait hâte de le libérer. Et de lui poser quelques questions. Brusquement elle enfonça la pédale de frein. La Mercedes s'immobilisa en travers de la route. Nadine fit une marche arrière et s'engagea sur un chemin qui s'enfonçait dans le maquis. Cent mètres plus loin, elle coupa le contact. Les phares jetaient une lumière crue sur un mausolée à moitié écroulé. Elle se recoiffa avec les doigts, rajusta son corsage, tira sur sa jupe froissée et descendit de voiture. Elle avait besoin que Pascal la serrât dans ses bras. Une forte odeur de transpiration montait de ses vêtements fripés. Elle eut alors un réflexe qu'elle croyait perdu à tout jamais. Le geste d'une petite fille qui autrefois, pendant les vacances au village, courait dans le maquis. Elle arracha une touffe de murzza et la frotta énergiquement sur sa peau... Quand elle fit jouer la serrure du coffre, elle sentait la Corse de son enfance : un parfum poivré. Une odeur d'épices, chaude et tenace.

123

BASTIA, BOULEVARD PAOLI, 28 AOÛT 1975, MINUIT TRENTE

La lumière du parking venait de s'éteindre. Pascal attira Nadine contre lui sans un mot. Il avait tant parlé pendant le trajet du retour vers Bastia ! Il avait même trop parlé. Impressionné par le cran de la jeune femme, gêné de lui avoir fait courir un tel risque, il s'était senti obligé de lui dire une partie de la vérité sur son engagement et sur son action clandestine. Elle ne lui avait pourtant rien demandé. Et elle n'avait fait aucun commentaire.

Nadine appuya son front contre le sien. Elle respirait doucement. Elle attendait, immobile. Il posa ses mains sur ses seins. Elle n'eut aucune réaction. Il la souleva dans ses bras, esquissant un pas de danse, la reposa en douceur. Elle blottit sa tête dans le creux de son épaule. Il retroussa lentement sa jupe. Brusquement, il fit glisser sa main droite entre ses jambes. Elle tenta de se dégager mais il la maintenait solidement par la taille.

– Pas maintenant Pascal, pas ici.

Elle sentait ses doigts qui la pénétraient maladroitement. Pascal lui parlait à l'oreille. Son souffle était chaud. Il chuchotait.

– Tu es sortie comme ça?... Sans culotte?

Elle se cambra légèrement en desserrant les jambes.

– Je t'attendais, imbécile! Depuis des heures!...

Il s'écarta brusquement. Elle l'entendit trébucher dans l'obscurité. Il cherchait l'interrupteur à tâtons. La lumière blanche aveugla Nadine. Elle se protégea les yeux d'une main et découvrit Pascal adossé contre le mur, les bras croisés. Il la contemplait en silence, comme s'il la voyait pour la première fois.

Un sein rond et bronzé sortait de son corsage défait. Campée sur des talons hauts, ses jambes légèrement écartées, sa jupe relevée jusqu'à la taille, elle le défiait. Elle posa une main sur son ventre, la fit descendre très lentement et commença à se caresser, debout au milieu du parking.

Pascal vint se placer derrière elle, l'enlaça et glissa sa main sous la sienne. Elle renversa sa nuque. Remuant son ventre d'avant en arrière, les cuisses entrouvertes, elle accompagnait le lent mouvement de leurs doigts mêlés. Sa respiration devint plus rauque.

– Viens maintenant, vite, prends-moi...

Mais le garçon se dégagea brutalement, la souleva dans ses bras et la renversa sur le capot de la voiture.

– Viens, Pascal, je t'en supplie...

La voix de Nadine s'étranglait. Elle regardait son compagnon sans comprendre. Il replia ses jambes et l'obligea à écarter les cuisses. Elle poussa un petit cri. Pascal se pencha au-dessus d'elle.

– Caresse-toi encore...

Elle secoua la tête. Ses yeux avaient pris une couleur sombre. Soudain, elle lança ses deux pieds contre Pascal et le repoussa violemment.

Nadine s'était relevée et tirait sur sa jupe toute fripée. Pascal la fixait, incrédule.

– Qu'est-ce qui te prend?

Nadine reboutonnait soigneusement son corsage.

– Toute seule, ça ne m'amuse plus.

Elle prit le visage du garçon entre ses mains et l'embrassa sur la bouche.

– On va chez moi!

124

BASTIA, BOULEVARD PAOLI, 28 AOÛT 1975, MINUIT QUARANTE-CINQ

Quand ils sortirent sur le boulevard Paoli, les trottoirs étaient déserts. Quelques rares voitures passaient en trombe. L'air empestait les gaz lacrymogènes. Ils marchaient rapidement.

– Je vais planquer mon attirail et je te rejoins chez toi dans une heure. Sois prudente.

Nadine le prit par le bras et accéléra le pas.

– Et si tu laissais ça chez moi? Ma cave est certainement plus sûre que la tienne. Les flics n'y descendront jamais.

Pascal la prit par la taille.

– Techniquement impossible et moralement difficile.

– Je ne vois pas pourquoi!

– Techniquement, je dois pouvoir accéder à ce matériel à tout moment. Moralement, je ne peux pas faire ça à ton mari... Il serait surpris, le pauvre!

Elle le bouscula en riant.

– Il serait surpris par l'amant, pas par le matériel! Pour lui, vous êtes des terroristes. Ça le conforterait dans ses convictions!

– Et tu trouves ça drôle, toi?

– Qu'une huile gaulliste cache les bombes des clandestins? Oui, je trouverais ça franchement comique.

– Non! Je refuse que la femme que j'aime prenne des risques.

Des grenades explosèrent de l'autre côté des immeubles.

– Tu as bien dit : « la femme que j'aime? ».

– Oui, Nadine...

Un groupe de manifestants déboucha de la rue Miot. Ils

passèrent devant eux en courant. Ils étaient armés de barres de fer. Leurs visages étaient dissimulés sous des foulards.

– C'est la première fois que tu dis que tu m'aimes.

– Les flics sont en train de charger ! Ils vont débouler d'un instant à l'autre ! Rentre chez toi, je t'en supplie.

Elle s'arrêta brusquement, prit son visage entre ses mains et l'obligea à la regarder.

– Si tu m'aimes vraiment Pascal, tu restes avec moi. Je ne veux pas que tu te balades dans les rues avec ce sac. Ce soir, c'est trop dangereux.

– N'insiste pas !

Une nouvelle rafale d'explosions se fit entendre, toute proche. Une voiture de pompiers passa en trombe dans la rue Miot. Nadine ne bougeait toujours pas.

– Pourquoi tu ne laisses pas ce foutu sac dans le coffre de la Mercedes ? Il serait en sûreté ! Et tu pourrais le récupérer plus tard...

Un sourire éclaira le visage de Pascal.

– Voilà un bon réflexe de clandestin ! Tu fais des progrès, petite fille que j'aime.

Il la prit par la main et, retournant vers le parking, ils se mirent à courir. A l'angle de la rue Saint-Roch, ils croisèrent de très jeunes garçons, presque des gamins, qui descendaient le boulevard les bras chargés de bouteilles d'essence. Un hurlement retentit au loin. C'était un long cri de souffrance, insupportable. Nadine s'était retournée brusquement. Elle trébucha et tomba de tout son long sur le trottoir. Pascal se précipita pour la relever.

Le visage défait, elle regardait fixement en direction de la place Saint-Nicolas.

– C'était quoi ce cri ?

Un épais nuage de fumée envahissait lentement le bas du boulevard Paoli. Pascal la prit par la taille et la poussa dans l'entrée du parking.

– Un type blessé sans doute. Ils n'ont pas l'air de se faire de cadeaux !

La porte s'était refermée derrière eux. Les veilleuses étaient en panne. Ils ne trouvaient pas l'interrupteur. Ils commencèrent à descendre l'escalier, marche après marche, dans l'obscurité. Soudain, Pascal plaqua Nadine contre la paroi. Il sortit son revolver de la poche de son blouson et l'arma d'un coup sec. Un rai de lumière filtrait sous la porte du premier niveau.

– Qu'est-ce que tu fais?

Pascal ne répondit pas et entrouvrit lentement le battant. Une dizaine d'hommes sortaient des fusils de chasse et des Winchester des coffres de leurs voitures et les roulaient dans des couvertures. Pascal rempocha son revolver en souriant.

– Laissons-les partir tranquillement. La nuit va être chaude!

125

BASTIA, SOUS-PRÉFECTURE, 28 AOÛT 1975, MINUIT CINQUANTE-CINQ

La porte capitonnée se referma avec fracas. L'inspecteur Quiliccini avait sa tête des mauvais jours. Les cheveux en désordre, les yeux cernés, le teint rouge, il fulminait.

– Attendre les ordres de Paris! C'est tout ce qu'il sait dire! Nous allons à la catastrophe! Puisque c'est comme ça, moi je rentre!

Le commissaire principal courait derrière lui.

– Je vous l'interdis Quiliccini! Vous m'entendez? Vous restez à votre poste! C'est un ordre!

– Je m'en fous des ordres! Des vôtres comme des siens! Personne ne m'écoute! Je ne sers à rien dans ce merdier. Donc je me tire!

Le commissaire lui barra le passage.

– J'en ai assez de vos humeurs. Je ne comprends même pas que le préfet ait toléré que vous lui parliez sur ce ton...

– Pas le préfet, le sous-préfet. Je dirais même très en dessous.

– Je vous en prie Quiliccini! Vous n'avez cessé de vous contredire tout au long de la journée. Cet après-midi vous prétendiez qu'il fallait éviter l'escalade et cacher les CRS, et ce soir vous demandez qu'on appelle les blindés!

– Si vous ne comprenez pas, tant pis ! Je n'ai pas une vocation de pédagogue. Moi je rentre, ma femme doit commencer à s'inquiéter...

L'inspecteur s'éloigna, les mains dans les poches, le dos rond.

Le commissaire se mit à hurler.

– Vous voudriez peut-être qu'on tire sur la foule, Quiliccini ! Vos compatriotes ont raison : vous êtes un harki !

Quiliccini fit volte-face et fonça sur le commissaire qui recula précipitamment.

– Harki, pour moi, c'est un compliment ! Les harkis, nous les avons abandonnés. Je n'ai pas envie de subir le même sort ! Parce que si ça pète vraiment, vous serez le premier à foutre le camp !

Les policiers qui se trouvaient à l'étage, attirés par les cris, commençaient à se rassembler à quelque distance des deux hommes.

– Voilà pourquoi j'ai supplié qu'on ne souffle pas sur les braises. Mais on ne m'a pas écouté : grâce à vos conneries, le feu a pris. Et le feu, en Corse, ça fait des ravages. Alors maintenant, si on veut l'arrêter, il faut de gros moyens. Ce ne sont plus les CRS qu'il nous faut, c'est l'armée. Nous ne sommes pas à Paris mais à Bastia ! Au lieu de m'insulter vous feriez mieux d'expliquer cette évidence à votre sous-préfet !

Un commandant de CRS sortit en trombe d'un bureau.

– Taisez-vous, bon Dieu ! Les journalistes arrivent ! Ils sont furieux ! Inutile d'en rajouter !

Le commandant jeta un coup d'œil circulaire.

– Qui contrôle les opérations en cours ?

Deux officiers s'avancèrent. Le plus petit était nu-tête. Il avait le col ouvert et semblait passablement harassé.

– Qu'est-ce qu'on fait des baveux, mon commandant ? On les envoie paître ou on leur cire les pompes ?

– Ça dépend !... Y a-t-il des blessés parmi les journalistes ?

– Ils se sont fait cogner, c'est sûr...

Un policier municipal qui portait un pli au sous-préfet intervint :

– En bas, il y en a un qui a le bras bandé. Il est sérieusement amoché.

Le commandant fit la grimace.

– Dans ce cas nous sommes polis, surpris puis désolés. Vous connaissez la chanson... Et vous, calmez vos hommes. Je ne veux plus qu'il y ait le moindre pépin avec la presse. Ont-ils pris des photos gênantes?

– Oui. La photo d'un pompier bastiais matraqué par vos cow-boys! intervint Quiliccini d'une voix rogue. Mais ne vous inquiétez pas, le photographe qui a pris ce cliché est un ami. Il travaille pour la presse locale. La photo ne sera pas publiée. En revanche, j'ai vu des journalistes ramasser les billes d'acier...

L'officier au col ouvert se passa la main dans les cheveux, gêné. Il se tourna vers le commandant :

– Et pour les billes, qu'est-ce qu'on dit?

– Nous ne savons pas d'où elles viennent. Ce genre de projectiles ne fait pas partie de notre matériel.

Quiliccini grogna.

– Il n'empêche, commandant : si vos hommes avaient été mieux tenus en main, il n'y aurait actuellement ni incendies ni barricades sur la place Saint-Nicolas!

L'officier lui donna une tape amicale dans le dos.

– Vous avez sans doute raison, inspecteur, mais nous n'allons quand même pas avouer ça à la presse...

– Quili, c'est pour toi! Urgent!

Un planton assis à une petite table près de la porte capitonnée lui tendit un combiné téléphonique. L'inspecteur suivit des yeux les trois officiers qui descendaient en riant le grand escalier.

– Pinzuti de merde!

Il coinça le combiné dans le creux de son épaule et prit appui des deux mains sur la table du planton.

– J'écoute... Ah c'est toi, Antoine! Il y a du nouveau?.. Des dizaines de voitures sur le boulevard Paoli et sur le quai des Martyrs... Et alors?... Des vieux? Qu'est-ce que tu appelles des vieux?... Ils se rassemblent dans les ruelles de Terra Vecchia! Y a-t-il des nationalistes connus parmi eux?... Non! C'est bien. Si tu vois des armes, tu me rappelles.

126

BOGGIU DI FIUMORBU, 28 AOÛT 1975, 1 HEURE

Roccu, de rage, lança un coup de poing contre le mur.

– Merde, je suis sûr qu'ils nous cachent la vérité!

La radio était allumée. Claude François avait déjà succédé aux brèves informations de la nuit. Les incidents de Bastia avaient été évoqués à la sauvette, en quelques phrases. Simple mouvement d'humeur des insulaires! avait semblé dire le journaliste, bien ancré dans ses certitudes continentales. Bref, rien de très original... L'orage, chacun le savait, était une spécialité corse.

Là-bas, à l'autre bout de la pièce, Joseph téléphonait encore et encore. Et toujours sans succès.

– Mais qu'est-ce qu'ils foutent à Bastia? Personne ne répond!

– Tout le monde est dans la rue, répondit son frère Clementu, l'air rêveur.

Ils avaient investi la maison où était installée la cabine téléphonique du village. Lasse, la propriétaire était allée se coucher et leur avait abandonné les lieux, une minuscule pièce qui servait aussi de cuisine. Comme d'habitude, Françoise faisait réchauffer du café. Roccu se roulait une nouvelle cigarette. Joseph trépignait, bousculait l'appareil et maudissait la standardiste de Ghisunaccia.

– Mais mademoiselle, ne coupez pas, je voudrais un autre numéro! cria Joseph, la voix cassée.

Tous les quatre partageaient la même frustration. Non seulement l'action se passait sans eux, mais ils étaient tenus dans une quasi-ignorance. Louis et Pascal, eux, avaient eu le bon réflexe. Ils n'avaient pas hésité à prendre des risques et à rejoindre Bastia. Ils étaient au cœur de l'événement, ils savaient.

Roccu alluma sa cigarette. A l'heure où les deux garçons étaient partis, Marie-Colombe était encore à ses côtés. Et rien d'autre ne comptait. Roccu et elle s'échappaient de la maison, couraient dans la montagne. Il y avait une lueur sauvage dans les yeux de la jeune femme. Bientôt, ils célébreraient leurs dernières noces... Ils s'aimeraient, comme on meurt!

Roccu, n'y tenant plus, se leva, ouvrit la porte vitrée. La nuit était grosse de nuages. Il fit quelques pas dehors, s'efforça de recouvrer son calme. Où était Marie-Colombe à cette heure?

La brûlure était là, au plus profond de lui-même. Pourquoi était-elle venue? Pourquoi était-elle repartie? Et pourtant, Roccu n'arrivait pas à regretter ces quelques jours d'amour fou.

Elle avait hurlé sous lui comme si elle prenait le ciel à témoin. Son cri résonnait encore dans les oreilles de Roccu. Peu après, comme elle l'avait annoncé, elle s'était enfuie. Une dernière fois, Roccu avait aperçu la flamme rousse de ses cheveux entre deux cistes. Il avait serré les poings si fort que ses ongles avaient marqué ses paumes. Longtemps, il avait marché au hasard sous un ciel incandescent. Lorsqu'il était revenu au village, Françoise et Joseph avaient respecté son silence. Puis la nuit était venue et, avec elle, les premières nouvelles des échauffourées de Bastia...

– Ça y est! s'exclama Joseph. J'ai eu un café de la place Saint-Nicolas... C'est l'émeute!

Pour la première fois de la soirée, Roccu esquissa un sourire.

127

BASTIA, PLACE SAINT-NICOLAS, 28 AOÛT 1975, 1 HEURE 15

Une forte explosion réveilla Pascal en sursaut. Ce fut d'autant plus douloureux qu'il venait de sombrer dans un profond sommeil. Il se leva d'un bond, le cœur battant. Il était seul, complètement nu dans une immense pièce faiblement éclairée. Il eut un instant de panique, ne sachant plus où il se trouvait. Sur une table basse, dans un cadre de bois blond, la photo de Nadine lui souriait. Le sol était jonché de vêtements. Son revolver reposait sur le tapis. L'air empestait la fumée et le gaz lacrymogène. Dehors les charges de CRS se succédaient, rythmées par les cris des manifestants. Pascal ne se rappelait même plus comment il avait échappé à cette tourmente et ramené Nadine jusqu'ici. Il se souvenait seulement qu'ils avaient fait l'amour plusieurs fois.

Il enfila son jean et s'approcha d'une fenêtre. Les grands volets à claire-voie lui permettaient d'observer une partie de la place. Des ombres se poursuivaient sur les trottoirs, se faufilant entre les palmiers. Des casques reflétaient par instant la lumière crue des réverbères puis disparaissaient aussitôt, avalés par les volutes de fumée grise qui roulaient sur la chaussée. Pascal resta de longues minutes, le nez collé au carreau, à suivre les figures de ce ballet irréel et absurde. Il s'en voulait de ne pas être dans la rue. Pas pour en découdre avec les CRS, mais pour donner un sens à cette révolte spontanée. Pourquoi le commando d'Aleria ne s'était-il pas replié sur Bastia ? Pourquoi n'avaient-ils pas su prévoir cette onde de choc ?

Il regarda sa montre. Il était 1 heure 20. Trop tard pour appeler Roccu et Joseph à la rescousse. Le temps qu'ils rassemblent quelques hommes et qu'ils descendent du Fiumorbu, tout serait terminé. A moins que...

Une nouvelle clameur montait de la rue. Le vent avait balayé la fumée. Les manifestants avaient disparu de son champ de vision et semblaient s'être regroupés dans le haut de la place Saint-Nicolas. Les CRS progressaient lentement entre les fûts des palmiers. L'un d'eux, armé d'un lance-grenades, se mit en position de tir, juste sous un réverbère. Pascal entendit une double détonation. Le CRS lâcha son arme, pivota lentement sur lui-même, les mains crispées sur son ventre, et s'écroula sur le sol.

Pascal ouvrit la fenêtre et souleva une jalousie. Les CRS qui se trouvaient sur la place Saint-Nicolas refluaient en désordre vers le boulevard du Général-de-Gaulle. Certains se dissimulaient derrière les palmiers, d'autres se jetaient à plat ventre sur le trottoir. Les coups de feu étaient partis de l'angle du quai des Martyrs. Il sembla à Pascal qu'il y avait plusieurs blessés. L'un d'eux titubait, seul au milieu de la place, se tenant le visage dans ses mains. Deux de ses camarades le rejoignirent en courant et le rattrapèrent juste avant qu'il ne s'écroulât. Il tomba dans leurs bras, pantin désarticulé. D'autres coups de feu éclatèrent. Cette fois, les tireurs étaient embusqués au coin de la rue Miot. Pascal aperçut deux autres corps qui gisaient sur le sol au milieu du boulevard.

Soudain, il la sentit contre lui. Nadine était nue, une serviette humide nouée en turban autour de la tête. Il la prit par la taille. Sa peau était fraîche. Elle sentait le savon.

– Il faut que je téléphone d'urgence, Nadine. Ils ont tiré sur les flics! Ta ligne est-elle sûre?

Elle se précipita à la fenêtre.

– Les cons!

Pascal la prit par les épaules.

– Tu n'as pas répondu : puis-je utiliser ton téléphone en toute sécurité?

Elle se retourna brusquement.

– Certainement pas! Notre ligne est sur écoute!

– Ton UDR de mari sur écoute? C'est un gag!

– Son ami Ponia est d'un naturel méfiant.

Pascal ramassa son blouson et son revolver.

– Tant pis. Je vais trouver une cabine.

Elle le rattrapa à la porte du salon.

– Tu me laisses deux minutes pour enfiler une robe. J'ai un ami d'enfance qui habite à l'étage au-dessous.

Des coups de feu crépitèrent encore. C'était maintenant une véritable fusillade. Pascal courut à nouveau jusqu'à la fenêtre. Les CRS qui se trouvaient sur le boulevard s'étaient jetés à plat ventre. D'autres étaient recroquevillés derrière des voitures. Pris sous le feu croisé d'une dizaine de tireurs embusqués à l'angle de la rue Miot et du quai des Martyrs, ils ne pouvaient plus bouger. Un officier donna l'ordre de répliquer par un tir de grenades lacrymogènes. Mais les CRS, paniqués, lançaient leurs grenades au hasard. L'officier se redressa, releva la visière de son casque et se mit à bousculer ses hommes. Il les poussait du pied, les soulevait par le col de leur veste, les forçant à s'agenouiller pour ajuster leur tir. C'était un grand gaillard aux épaules carrées, le visage barré par une épaisse moustache. Pascal le reconnut : il commandait le barrage sud à Aleria.

128

BASTIA, PLACE SAINT-NICOLAS, 28 AOÛT 1975, 2 HEURES 10

Une petite fille en pyjama se tenait bien droite, assise sur une chaise Empire. Intimidée, elle gardait la tête baissée, deux couettes brunes serrées par des rubans roses, les yeux fixés sur ses pieds nus. Juste devant elle, sur la table basse du salon, étaient alignés une carabine Winchester 30/30, une arme de chasse de calibre 12 avec ses balles à ailettes et un vieux fusil de guerre. Quand Pascal était entré quelques minutes auparavant, Jean-Claude, l'ami d'enfance de Nadine, était embusqué derrière ses volets, la carabine à la main.

L'accueil avait été chaleureux. Personne n'avait posé de questions. Nadine s'était aussitôt pelotonnée dans un grand fauteuil de cuir. Blonde, vêtue d'un tailleur sombre, la voix traînante, la maîtresse de maison babillait.

– Je ferme le magasin fin août et nous partons faire le tour de la Corse en bateau. Tu devrais venir avec les enfants. Cette année, Jean-Claude a engagé un skipper...

– Vous prendrez du gin ou du whisky?

Jean-Claude, qui s'était éclipsé quelques instants, revenait avec un plateau chargé de verres et de bouteilles. C'était un grand garçon athlétique au cou large et aux sourcils épais. Il portait un pantalon de flanelle grise bien coupé et une chemise de lin beige. Pascal observait ces mondanités depuis l'entrée, debout à côté d'un téléphone mural. Il parlait à voix basse avec Roccu.

– Les flics ont décroché il y a dix minutes. Ils se sont tous repliés autour de la préfecture... Combien de tireurs?... Dans la rue il doit y avoir actuellement une centaine de fusils. Mais ça tire de partout : des fenêtres, des portes, des cafés... J'ai même vu un vieux descendre sur la place en pyjama, faire le coup de feu et remonter tranquillement chez lui... Cette nuit, on peut prendre la préfecture, Roccu! Venez vite! Si nous n'agissons pas dans l'heure qui suit c'est foutu. Les renforts ne vont pas tarder à arriver. Les gendarmes mobiles sont cantonnés à quelques kilomètres de Bastia... Tu n'as pas une idée de l'endroit où pourrait se trouver Louis?... Quoi! Il vient de vous rejoindre? Mais il est con, ce mec! Pourquoi a-t-il quitté Bastia?... Non, ne t'inquiète pas, je ne vais pas m'exposer tout seul... Laissez quelqu'un près du téléphone et appelez-le avant d'entrer dans Bastia. Je le tiendrai au courant de l'évolution de la situation. Si la ville est en état de siège, il n'est pas vraiment utile que vous veniez vous jeter dans la gueule du loup... Salut!

Il raccrocha. Nadine lui tendit un verre de whisky. Il le vida d'un trait.

– Je vous recommande la carabine, elle est précise et maniable.

Jean-Claude lui souriait. Il était retourné se poster derrière ses volets et glissait deux balles à ailettes dans son fusil de chasse. Pascal, les mâchoires serrées, posa son verre sur la table basse et, d'un geste sec, remonta la fermeture Éclair de son blouson.

– Désolé, je déteste le tir forain.

129

BASTIA, SOUS-PRÉFECTURE, 28 AOÛT 1975, 2 HEURES 20

Quiliccini descendait le grand escalier d'un pas lourd. Des hommes débraillés, les cheveux collés par la sueur, le visage cramoisi, transportaient des caisses de munitions. D'autres dévalaient les marches avec des brancards et des trousses de première urgence. L'inspecteur s'arrêta un instant, sortit son revolver du holster et vérifia le barillet. Il avait besoin de prendre l'air. L'atmosphère de la cellule de crise installée au dernier étage de la préfecture devenait insupportable. Les flics accablés et les fonctionnaires pétochards lui tapaient sur les nerfs. Tous étaient persuadés que cette fusillade n'était que le prélude à un assaut contre la préfecture. Les informations les plus contradictoires faisaient monter la pression. Impossible de savoir avec précision ce qu'il se passait en ville. Même ses propres indicateurs avaient disparu dans la tourmente. Le mot « insurrection » que l'inspecteur se refusait à formuler depuis le début des événements s'imposait peu à peu à son esprit... Il remit son revolver dans son holster et descendit rapidement les dernières marches. Le hall était envahi par toute une compagnie de CRS. Des hommes étaient assis à même le sol. D'autres restaient debout, les bras ballants, le regard vide. Quiliccini tira un brigadier par la manche.

– C'est dehors que ça se passe ! Qu'est-ce que vous foutez là ?

L'homme avait l'air épuisé. Il haussa les épaules.

– Je ne sais pas. On a reçu l'ordre de mettre nos cars en protection devant la porte et de prendre position à l'intérieur du bâtiment...

– Il n'y a plus personne autour de la préfecture ?

– Si, les copains de la 46e compagnie. Mais ils n'ont toujours pas le droit d'utiliser leurs armes !

Quiliccini lui tapa sur l'épaule et se fraya un passage vers la sortie. Les gaz lacrymogènes, rabattus par le vent, s'engouffraient par la porte ouverte. Il plaqua un mouchoir sur son nez et s'élança sur le trottoir. L'intensité de la fusillade le surprit. C'était beaucoup plus sérieux qu'il n'y paraissait à l'intérieur. Il se mit à courir pour se mettre à l'abri derrière les cars. Les vitres avaient volé en éclats. Les portières étaient grandes ouvertes. L'inspecteur s'accroupit et risqua un œil sur la place. Une trentaine de CRS étaient retranchés derrière le bâtiment de la compagnie des autobus. Certains étaient debout, plaqués contre la devanture du kiosque à journaux. D'autres rampaient sur le sol pour tenter d'apercevoir les tireurs et les ajuster avec leur lance-grenades. La position était intenable. Les tireurs s'étaient déployés sur la place et sur le quai du Fango, de part et d'autre de la bâtisse occupée par les CRS.

Une main se posa sur son épaule. L'homme qui se glissa à ses côtés portait, étrangement, des gants blancs. Il reconnut le commandant qui avait reçu la presse au début de la nuit. Il était blême. Des gouttes de sueur coulaient sur ses tempes.

– Du nouveau, inspecteur?

Quiliccini leva les sourcils.

– Vous seul pourriez répondre à cette question... Moi j'étais dans le bureau du sous-préfet, c'est le seul endroit de Bastia où il ne se passe rien!

Le commandant eut un geste agacé.

– Est-ce qu'il a eu le ministre?

– Poniatowski est introuvable. Et personne au cabinet ne veut prendre la responsabilité de faire ouvrir le feu!

Des cris éclatèrent de l'autre côté du boulevard Sebastiani. Les CRS qui tenaient la station d'autobus s'en prenaient violemment à leur officier. On les voyait se bousculer et gesticuler autour du gradé. L'un d'eux s'élança sur la chaussée. Ce fut le signal du repli général. Les hommes se mirent à courir en désordre vers les cars. Il leur fallait franchir cinq à six mètres à découvert, sous la lumière des réverbères. La fusillade éclata avec une telle intensité qu'instinctivement Quiliccini rentra la tête dans les épaules. Cinq hommes s'écroulèrent sur le boulevard. Tout en courant, leurs camarades les traînèrent sur la chaussée jusqu'au trottoir. Les rescapés se laissèrent tomber le long des grilles de la préfecture. Il ne restait plus qu'un brigadier et six hommes au milieu de la place, derrière la petite bâtisse de béton. Il y avait également quelques journalistes recroquevillés au pied des arbres ou allongés sur le sol.

Le commandant s'était levé et tentait de réconforter ses troupes. Les hommes se rebiffaient. Ils réclamaient des munitions. Refusaient de se mettre debout. Lançaient des insultes.

– Vas-y toi-même tête de con!... Allez! Vas-y donc si t'as des couilles!

Soudain, il y eut un cri de l'autre côté du boulevard. Le flash d'un photographe éclaira un instant le corps d'un CRS qui se tordait de douleur sur le sol. Deux de ses camarades se précipitèrent pour le tirer à l'abri. Ils s'écroulèrent à leur tour. Aussitôt, trois infirmiers vêtus de blouses blanches traversèrent le boulevard en courant. Quiliccini fut frappé par le silence qui succéda au vacarme de la fusillade. Les semelles des infirmiers claquaient sur l'asphalte. Les blessés furent traînés jusqu'à une ambulance qui stationnait devant la porte de la préfecture sans qu'un seul coup de feu fût tiré. Le commandant mit ses mains en porte-voix et donna l'ordre aux quatre derniers CRS qui tenaient encore la station d'autobus de se replier. La fusillade reprit aussitôt. Les hommes affalés le long des grilles se levèrent précipitamment. Ils devaient couvrir le repli de leurs camarades. Ils couraient vers les cars, se bousculant autour des caisses de grenades lacrymogènes. Il y eut des exclamations de colère. Toutes les caisses étaient vides. Le commandant retira son casque et le jeta sur le sol.

– Combien reste-t-il d'armes chargées?

Une dizaine d'hommes levèrent leur lance-grenades.

– C'est suffisant. Préparez-vous... Les coups les plus dangereux partent du quai. Ajustez bien votre tir... Feu!

Les grenades fusèrent. Quatre silhouettes noires s'élancèrent sur la chaussée. Déjà l'un des CRS sautait sur le trottoir quand un hurlement couvrit le bruit des armes. Quiliccini frissonna. Un brigadier gisait au milieu de la chaussée, couché sur le côté, le visage éclaté par une balle de gros calibre.

L'inspecteur bondit hors de sa cachette. Il se pencha sur le corps en même temps que deux infirmiers. Ensemble, ils prirent le blessé par les pieds et sous les bras et le transportèrent à petits pas jusqu'à l'ambulance. Les CRS criaient, affolés.

– Arrêtez le massacre!... Donnez-nous des munitions bordel!... On va les buter ces fumiers!

Un jeune médecin écarta l'inspecteur et les infirmiers. Il

déchira la chemise du brigadier, défit rapidement son ceinturon et plaqua un stéthoscope sur sa poitrine. Il resta une bonne minute penché au-dessus du corps inerte. Puis il se releva, impassible.

– C'est fini!

Déjà, il s'approchait d'un jeune CRS très pâle qui se tenait la cuisse en grimaçant, assis sur un brancard. L'inspecteur tira le médecin par la manche.

– Il est mort? Vous êtes sûr?

Le médecin se dégagea d'un geste brusque sans répondre, découpa le pantalon du blessé et lui fit un garrot. Quiliccini haussa les épaules et remonta à pas lents le long des grilles de la préfecture, mains dans les poches, tête dans les épaules. Son regard fut attiré par un éclat métallique sur la façade d'un immeuble du boulevard du Général-de-Gaulle. Il observa attentivement les hautes fenêtres qui s'alignaient dans la pénombre au-dessus des palmiers. Des volets s'entrouvraient, des fusils pointaient, des coups de feu claquaient puis les volets se refermaient aussitôt. Quiliccini s'arrêta quelques instants. Il repéra les fenêtres, compta les étages. Il connaissait les noms de bon nombre des occupants des lieux, tous membres de la bonne société bastiaise. Puis il reprit sa marche. A quoi bon! Il lui serait impossible d'apporter la preuve qu'ils avaient tiré... Ces types étaient au-dessus de tout soupçon. Ils connaissaient messieurs les juges, ils fréquentaient les mêmes pince-fesses... Mais qu'est-ce qu'il leur prenait à ces cons-là?

Quili regarda sa montre. Il était 2 heures 45. Il en avait assez vu. Il pouvait rentrer dans le bunker. Il alluma une cigarette, fit claquer le couvercle de son Zippo et revint lentement sur ses pas. Il fut bousculé par des CRS qui se ruaient vers les cars. Un officier était juché sur une caisse.

– Je vous autorise à tirer si vous repérez un civil en armes. Mais attention! Je vous demande de rester disciplinés. Surtout vous n'ouvrez pas le feu au hasard.

Les balles circulaient de main en main. Les culasses des mousquetons claquaient. Les premiers coups de feu éclatèrent. Quiliccini vit distinctement des hommes armés qui détalaient entre les arbres de la place Saint-Nicolas. Ils se repliaient vers le quai du Fango et les immeubles de la place. Il eût été facile de les atteindre mais les CRS tiraient mal. A l'évidence, ils n'avaient aucun entraînement et ouvraient le feu sans même prendre le temps de viser. L'inspecteur fit la grimace. Ces hommes ne se défendaient pas, ils exorcisaient leur peur!

130

BASTIA, PLACE SAINT-NICOLAS, 28 AOÛT 1975, 2 HEURES 55

Pascal identifia aussitôt le claquement sourd des mousquetons. Il se leva doucement pour ne pas réveiller Nadine qui dormait à côté de lui sur le sofa et jeta un coup d'œil sur le cartel du salon. Les flics avaient mis une heure et demie pour répliquer au feu des insurgés! Ce retard était aussi inexplicable qu'inquiétant. Ponia avait-il donné des ordres pour laisser pourrir la situation? Avait-il besoin de sacrifier quelques flics de plus pour justifier une intervention de l'armée, instaurer un état d'exception comme en Espagne? Pascal se demandait si eux-mêmes n'étaient pas tombés dans un piège à Aleria. « Du calme Pascal! Tu es en train de déconner! Cette situation irréversible c'est nous qui l'avons voulue. Nous en connaissions tous les risques... Basta cosi! »

Pascal ouvrit la fenêtre sans faire de bruit et se pencha à l'extérieur. Les CRS étaient coincés dans leur réduit le long des grilles de la préfecture. Les insurgés avaient pris des positions de tir éloignées. Ils n'avaient donc pas l'intention d'attaquer. C'était une fusillade aveugle, absurde. Il repoussa les battants de la fenêtre en pestant. Tous des cons! Et Roccu et les autres qui ne seraient pas là avant une bonne heure!

La sonnerie du téléphone le fit sursauter. Nadine ne bougea pas. Elle dormait en serrant un coussin dans ses bras, les jambes repliées. Elle se leva d'un bond et courut jusqu'au téléphone. Son interlocuteur hurlait. Elle se mit à crier elle aussi.

– Tu te calmes, Dominique ! Tu te calmes immédiatement ou je raccroche !... En effet je n'étais pas là !... Pourquoi je suis sortie ? Mais parce que j'avais rendez-vous avec mon amant ! C'est évident !...

Pascal la regardait, médusé. Elle s'était radoucie et parlait maintenant d'une voix grave, chaleureuse, presque câline...

– Que tu es bête ! Bien sûr que c'est faux. J'avais envie de prendre l'air, de voir ce qui se passait, c'est tout !... Mais oui, je sais, je suis folle ! Mais ça n'est pas nouveau ! Tu rentres quand ?... Demain soir... Dommage, je me sens un peu seule.

Pascal, mal à l'aise, découvrit avec stupeur qu'il était jaloux. Il s'efforça de répondre au sourire de Nadine mais il avait la gorge nouée.

– Qu'est-ce que tu dis ?... Ne pas rester près des fenêtres ?... Les gendarmes mobiles ont l'ordre de tirer même sur les immeubles !

Elle attira brusquement Pascal contre elle et mit le combiné près de son oreille afin qu'il pût suivre la conversation. La voix du mari de Nadine leur parvenait, lointaine, tendue.

– ... Ponia a donné l'ordre de mouvement il y a tout juste quelques minutes. Les gendarmes ne vont donc pas tarder à arriver.

Pascal fit signe à Nadine d'écourter la conversation. Il fallait alerter immédiatement Boggiu di Fiumorbu. Le commando devait rebrousser chemin au plus vite. Nadine avait raccroché.

– Tu me laisses trente secondes pour ramasser mes affaires, dit-elle. Nous passons chez Jean-Claude pour que tu préviennes tes amis et nous filons avant que les mobiles arrivent. Pas question que tu restes à Bastia cette nuit !

131

LUPINO, 28 AOÛT 1975, 3 HEURES 10

Ils étaient presque arrivés. Au-dessus de Bastia, le ciel rougeoyait. Ils étaient cinq dans la petite auto : Joseph, Louis, Clementu, Roccu et Rochezzani.

– Il y a une cabine au pied des HLM, dit Louis.

Roccu vira à gauche. Depuis le Fiumorbu, ils n'avaient vu aucune force de police. A l'arrière de la voiture, cachée sous une couverture, il y avait une mitraillette et quatre carabines. Et chacun d'entre eux possédait une arme de poing.

L'auto entra dans la cité.

– C'est là ! Droit devant nous.

La cabine téléphonique n'était pas allumée et la vitre de la porte était brisée. Joseph descendit. A Boggiu di Fiumorbu, Françoise attendait leur appel.

– Merde ! jura Joseph. Pas de tonalité !

Roccu regarda sa montre. Pascal devait commencer à s'impatienter. Joseph secoua inutilement l'appareil et revint vers la voiture.

– Qu'est-ce qu'on fait ? On cherche une autre cabine ou on fonce ?

– On fonce ! rugit Louis.

– Et toi, Roccu, qu'est-ce que tu en penses ?

– Je ferai comme vous... répondit-il sèchement.

Joseph regarda les deux autres. Ils hochèrent la tête. Il remonta aussitôt en voiture. Roccu fit demi-tour et démarra en direction de Bastia. Il avait maintenant hâte d'agir. Ce n'était pas l'exaltation fiévreuse d'Aleria, c'était autre chose, une sorte de rage froide, meurtrière. Comme s'il avait d'abord des comptes à régler avec lui-même.

La voiture pila au croisement de la route nationale. Devant, dans les phares, précédée par des blindés, une file ininterrompue de camions montait vers Bastia.

– Ça va être un massacre là-bas! murmura Joseph.

Et tous les cinq pensèrent en même temps à Pascal.

Roccu éteignit les phrares. Il pensa soudain que s'ils ne s'étaient pas arrêtés quelques instants pour téléphoner, ils auraient tous été pris au piège. Derrière, Louis bouillait.

– Si on avait pris un FM, on les alignait!

Joseph se tourna vers Roccu.

– C'est fichu, non?

– Oui... Ils vont boucler la ville. A Bastia, rien n'est plus facile!

– Alors on laisse tomber? s'emporta Louis.

– Tu vois autre chose? répliqua Roccu.

Le dernier camion passa devant eux. Une 403 sombre, gyrophare allumé, fermait la marche. Roccu attendit encore un instant. Puis il redémarra, tourna à droite et prit la direction du sud. Dans l'auto, le silence était lourd.

132

BASTIA, BOULEVARD SEBASTIANI, 28 AOÛT 1975, 3 HEURES 20

Le bruit de la fusillade était assourdissant. La riposte des CRS semblait avoir fouetté l'activité des assaillants qui avaient pris de nouvelles positions de tir sur les toits et sur les balcons des immeubles. Quiliccini regardait de tous côtés, inquiet. Il flairait le danger. Soudain il aperçut des silhouettes qui couraient vers les hangars maritimes, juste en face de l'entrée de la préfecture.

– Attention! Ils sont en train de nous encercler. Là, regardez!

L'inspecteur avait attrapé un gradé par la manche et lui désignait des ombres qui filaient dans la nuit. L'officier donna aussitôt l'alerte. Une escouade de CRS munis de lampes-torches sortit en courant de la préfecture. Quiliccini était soucieux. Cette tentative d'encerclement n'était pas fortuite. Les assaillants s'organisaient. Peut-être même commençaient-ils à coordonner leurs actions. Occuper le port leur aurait permis de prendre à revers les derniers défenseurs de la préfecture. Il y avait là une volonté évidente de porter un coup décisif.

Un cri. Un CRS venait de s'écrouler à quelques mètres de lui et se tenait l'épaule en hurlant. Le coup était parti d'un toit. Désormais plus personne n'était à l'abri derrière les cars, éclairés comme en plein jour par les réverbères. Un officier dégaina son pistolet et tenta de briser les lampes. Il tenait son arme à bout de bras et visait en grimaçant. C'était grotesque. Il vida un chargeur sans résultat. Quiliccini intervint.

– Gardez vos munitions, bon sang! Vous en aurez besoin...

Il sortit lui-même son arme, prit la crosse à deux mains et leva lentement le canon, les jambes bien écartées. La première ampoule vola en éclats. Puis il remonta le boulevard Sebastiani de son pas de paysan, s'arrêtant au pied de chaque réverbère, ne tirant qu'une seule balle à chaque fois. Le trottoir était maintenant plongé dans l'obscurité. L'inspecteur fit glisser son revolver dans son étui et s'éclipsa sans dire un mot.

Quiliccini gravit le grand escalier de la préfecture en soufflant. Il avait les jambes lourdes. Un petit café serait le bienvenu... Au premier étage, quelques journalistes entouraient le commandant grisonnant. L'officier était comme hébété. Il suait à grosses gouttes. Il avait retiré ses gants blancs et se passait fréquemment la main dans les cheveux.

– Horrible, messieurs! Je n'ai jamais vu ça! Vous pourrez témoigner que nous avons été disciplinés et que nous avons essayé jusqu'au dernier moment d'éviter le pire...

Quiliccini attaqua l'escalier du second étage en grognant.

– Je te cherche partout, Quili! Où étais-tu passé?

Legrand l'attendait sur le palier en bras de chemise, col ouvert, les cheveux en bataille. Il lui emboîta le pas en gesticulant.

– Nous avons eu un appel anonyme. Le type voulait te parler. Il prétendait avoir vu un FM en batterie sur la place

Saint-Nicolas. J'ai cherché à en savoir plus mais il a raccroché.

– Tu n'as pas reconnu la voix?

– Non. C'était un type plutôt jeune. En tout cas, ça n'était pas un de tes contacts habituels.

Quiliccini haussa les épaules. Il était en nage.

– Et Guérin? Il a appelé les gendarmes à la rescousse?

Legrand eut un petit rire nerveux.

– Oui, c'est parti! Mais en attendant le feu vert de Paris, il s'est enfermé dans les chiottes en demandant qu'on ne le dérange pas.

L'inspecteur s'était arrêté et regardait son collègue en s'épongeant le front.

– Je t'assure! Il est resté planqué au moins une demi-heure. Des journalistes ont même été frapper à la porte. Un planton a fini par lui conseiller de fermer la lumière pour qu'on ne le remarque pas de l'extérieur!

– Les chiottes, c'est un cabinet préfectoral comme un autre!

Au moment où Quiliccini se laissait enfin tomber sur une banquette, un officier de CRS déboucha sur le palier en criant.

– Ils se sont tous repliés à l'intérieur! Plus personne ne défend la préfecture!

Quiliccini s'était déjà relevé.

– C'est l'assaut?

Il tenta de retenir l'officier qui fonçait vers le bureau de Guérin.

– Un assaut? Non il n'y a pas eu d'assaut. Pas encore. Mais ça ne ve pas tarder... Lâchez-moi, bordel! Il faut que je prévienne le sous-préfet.

– Mais alors pourquoi se sont-ils repliés?

– A cause de la fumée! Ils ont lancé des fumigènes pour dégager un blessé grave. Le vent a rabattu la fumée sur les cars. Ils ont dû décrocher en vitesse...

L'officier s'engouffra dans le bureau de Guérin et claqua la porte derrière lui. L'inspecteur était atterré.

– Des fumigènes! Chassés du champ de bataille par des fumigènes! Non vraiment, on ne peut pas être plus con!

Une dizaine de journalistes montaient les escaliers en courant. Eux aussi voulaient voir le sous-préfet. Ils bousculèrent le planton et se mirent à tambouriner à la porte de Guérin. Le commissaire principal sortit pour tenter de les calmer. Peine perdue. Guérin sortit enfin de son bureau. Il était en bras de chemise, très pâle, les yeux gonflés. Il fut aussitôt assailli de questions. Tout le monde parlait à la fois. Il leva les bras pour rétablir le silence.

– Messieurs, du calme, je vous en prie! Sachez que je viens de faire appel à la gendarmerie. Mais je dois vous dire qu'à aucun moment nous n'avons été débordés...

Il y eut des exclamations indignées, des rires.

– Pourquoi n'avez-vous pas répliqué au feu des insurgés?

– Il était impossible de déclencher en pleine ville une fusillade au hasard.

– Quel est le bilan de vos pertes?

– Nous avons un mort et 18 blessés mais je tiens à rendre hommage au sang-froid et...

On ne l'écoutait plus. Quiliccini prit Legrand par le bras et l'entraîna dans les escaliers.

– Viens avec moi. Ce type ment comme il respire. Il faut sortir d'ici.

Soudain la lumière s'éteignit et les deux inspecteurs durent se cramponner à la rampe.

– Fais attention Quili, il y a du monde dans l'escalier!

Ils mirent de longues minutes à descendre, trébuchant sur des casques et des mousquetons abandonnés, marchant sur des corps affalés. Les hommes de la 46e compagnie s'étaient laissés choir là où le flot de la débandade les avait poussés. Le grand hall était plongé dans l'obscurité. Seule une petite lampe brûlait sur le comptoir de réception. Un planton en uniforme, nu-tête, était à son poste, dérisoire, une main crispée sur le téléphone. Les deux inspecteurs se frayèrent difficilement un passage vers la porte, louvoyant entre les CRS assis le long des murs ou allongés sur le sol. Ils les repéraient grâce aux cigarettes qui rougeoyaient dans l'ombre. Dans l'atmosphère moite et acide, l'odeur chaude du tabac se mêlait à celle de la transpiration.

Une vitre soudain vola en éclats et la voix d'un officier résonna, lugubre, dans le hall.

– Restez à terre! Personne devant les fenêtres!

Quiliccini enjamba un dernier corps couché sur le sol et ouvrit la porte. Quelques CRS étaient étendus à plat ventre sur le perron, leur mousqueton à la main, prêts à ouvrir le feu. D'autres étaient embusqués derrière les cars garés sur le trottoir. Des lambeaux de fumée noire couraient encore au ras du sol.

Les deux policiers se mirent à courir, courbés en deux, vers les bâtiments du port. Ils se plaquèrent contre le mur d'enceinte et observèrent le boulevard Sebastiani. Il était désert. Les assaillants n'avaient pas investi les cars abandonnés par les CRS. Legrand poussa Quiliccini du coude.

– Ils sont en train de se replier, ou j'ai la berlue?

Entre les palmiers de la place Saint-Nicolas, on apercevait en effet des groupes d'hommes armés qui remontaient lentement vers la vieille ville. Tout d'un coup ils se mirent à courir. Au même instant un tir nourri partit des toits et des fenêtres des immeubles. Une automitrailleuse tournait lentement dans le boulevard Paoli et s'avançait sur la place. Trois autres blindés manœuvraient en grondant pour prendre position sur le boulevard Sebastiani, le canon de leur mitrailleuse pointé sur les façades. Les gendarmes, enfin!

Des hommes casqués, revêtus de gilets pare-balles, se déployaient en courant. D'autres mettaient des fusils-mitrailleurs en batterie. Il y eut encore quelques détonations puis le silence tomba d'un seul coup. Pesant. Irréel. Les deux inspecteurs se relevèrent sans dire un mot. Quiliccini s'engouffra dans la préfecture en maugréant. La lumière était revenue. Les CRS rassemblaient leur matériel en titubant. L'inspecteur les écarta à grands coups d'épaule, avançant droit devant lui. Il était bien décidé à refuser toute participation aux opérations de ratissage. Il allait en informer le commissaire immédiatement. Quili avait hâte d'aller dormir.

Bastia, sous le soleil, a retrouvé ce matin des allures de carte postale : les touristes ont envahi le vieux port et la place Saint-Nicolas dès 9 heures, aussitôt après le départ des engins blindés de la gendarmerie. Un départ discret sous l'œil goguenard des Corses qui s'étaient installés aux terrasses des cafés. J'ai l'impression sous ce soleil retrouvé, dans cette atmosphère douce et indolente, d'avoir fait la nuit dernière un mauvais rêve. Les vitres brisées par les balles ont été balayées, les douilles ont été ramassées, le sang nettoyé... Il ne reste de cette nuit de guerre civile que quelques impacts sur les murs, des lambeaux d'épopée qui flottent sur les groupes de badauds qui visitent le champ de bataille et une grande fatigue, une grande lassitude du côté des forces de l'ordre. J'ai vu ce matin dans un bureau de la préfecture le commandant des CRS dont la compagnie a été décimée cette nuit. Il était affalé dans un fauteuil de cuir, une tasse de café à la main, les yeux dans le vague, comme hébété. J'ai vu également, au commissariat tout proche, des gendarmes qui amenaient deux jeunes Corses arrêtés au cours de la rafle du matin. L'un était grand, décontracté, les cheveux blonds. L'autre très brun, mince, élégant. Ils ont gravi les marches quatre à quatre, comme s'ils étaient pressés de rencontrer les policiers qui allaient les interroger. Les gendarmes avaient en main deux fusils de gros calibre qu'ils avaient saisis au cours de la perquisition effectuée dans les immeubles de la place Saint-Nicolas. Pendant ce temps, devant le commissariat, des enfants jouaient au ballon et un commerçant grognait en observant ces allées et venues de policiers : « *C'est une honte! Bientôt on va nous traiter comme des insurgés!* » Oui, c'est absurde, mais il est évident qu'une majorité de Corses ce matin est persuadée de son bon droit! Une vieille femme à l'aspect paisible me disait encore tout à l'heure : « *Ils ont raison de se défendre, nos garçons! Qu'est-ce que c'est cette invasion de policiers? Nous ne sommes pas des bandits!* » En réalité, cette nuit, un échelon supplémentaire a été franchi dans l'escalade de la violence. Et maintenant que l'ARC a été dissoute il n'y a plus personne pour appuyer sur le frein : les jeunes recrues de l'autonomisme sont livrées à elles-mêmes. Si l'on ne trouve pas très vite une solution politique, si l'on ne parvient pas à renouer le dialogue, il est à craindre que de nouveaux incidents se produisent dans les jours à venir.

Correspondance de l'envoyé spécial
d'EUROPE 1, Journal de 13 heures.
28 août 1975

133

PARIS, 29 AOÛT 1975

La nuit, comme un linceul.

Oraziu ne dormait pas. Désormais, il ne trouvait le sommeil qu'aux petites heures du jour. Sur sa table de travail, il y avait les comprimés que Sacramaria lui avait préparés. Des drogues, des somnifères. Mais le vieillard se refusait à les ingurgiter. A quoi bon tricher? Oraziu ne cherchait pas l'oubli, bien au contraire... Il fouillait sa mémoire, luttait contre ses défaillances, traquait ses souvenirs. Son ultime combat. Pour son petit-fils.

Caru Roccu,

C'est la montagne que j'ai trahie. Ce sont ses vastes horizons que j'ai reniés en m'exilant.

Être corse, c'est aimer la montagne! Partager ses secrets.

Toi, tu as compris... Tu es retourné à la vie de tes ancêtres.

Imagine que dans ma jeunesse, je connaissais si bien la montagne que j'en savais tous les chemins muletiers. Nous nous déplacions la plupart du temps à pied. Mais je crois te l'avoir déjà dit.

Chi in duie casa stà, in una piove [1]! *Longtemps, j'ai cru que je resterais moi-même, que l'exil ne saurait effacer ce que j'étais, tel que mon pays m'avait façonné... Je me suis trompé. Il pleut sur mon âme corse!*

Pourtant, avant de céder aux facilités de l'ambition, j'ai longtemps résisté. Même lors de mes premières années d'enseignant, alors que, de poste en poste, j'étais nommé aux quatre coins de l'île, je n'avais de cesse de retrouver Campu di Croce... J'y recouvrais aussitôt la paix et l'harmonie. Peines et tourments s'estompaient, tant il nous

1. Quand on vit dans deux maisons à la fois, il pleut dans l'une!

apparaissait à Ernella et à moi que le malheur ne pouvait exister qu'ailleurs...

Je t'ai raconté la mort de notre premier enfant alors que nous vivions à Calvi. Un peu plus tard, nous nous sommes provisoirement installés à Corti. Ma chère Ernella était à nouveau enceinte. La vie allait triompher de la mort. Nous tremblions d'espoir.

C'était l'hiver. Il faisait très froid. Nous n'avions pour nous chauffer qu'un mauvais poêle installé dans la chambre d'Ernella.

Peu de temps avant le terme, j'ai fait appeler ma mère, Andrea. Au village, c'était toujours elle qui accouchait les femmes. Le bébé est né. C'était ton oncle Charles. Le temps était si rigoureux que l'enfant est vite devenu bleu de froid malgré les soins que ma mère et Ernella lui ont donnés. J'ai appelé le médecin. Il est venu aussitôt et il nous a dit : « Il est mort, inutile d'essayer de le ranimer. Soyez courageux, vous êtes jeunes, vous aurez d'autres enfants... » Ma mère en entendant ce discours a grommelé. Et dès qu'il a été parti, elle est allée prendre le bébé. Elle s'est assise sur une chaise, près du poêle, l'enfant inanimé dans ses bras... O, Roccu, je crois que je ne pourrai jamais oublier! Les lèvres de ma mère ont épousé celles du bébé. Elle lui a soufflé dans la bouche. Une expiration, une inspiration. Patiemment. Pendant des minutes et des minutes. Et tout en donnant son souffle à l'enfant, elle lui massait les bras, les jambes, elle tentait de réchauffer le petit corps glacé. Te dire ce qu'Ernella et moi nous vivions... Ma mère se battait avec la mort. Elle ne pouvait pas réussir. Mais en même temps, il y avait une telle résolution sur son visage, une telle force, que nous finissions par espérer. C'était sa propre vie qu'elle donnait en offrande... C'était son âme qui rappelait celle de l'enfant...

Combien de temps? Combien d'amour? Je ne sais plus. Mais, Roccu, le miracle s'est produit. Le bébé est revenu à la vie. Notre deuxième enfant était sauvé.

Oraziu s'arrêta un instant d'écrire. La main lui pesait, ses yeux étaient brûlants de fatigue. Mais le sommeil se dérobait toujours.

Et le passé revenait, insatiable... Ernella, bien sûr. Épanouie, rassérénée. Ses joues sont à nouveau roses, ses yeux brillent de fierté, ses seins regorgent de lait. Elle berce le petit Charles...

Elle chantait, Roccu.
Sa voix était délicate, la ritournelle ancienne. Elle la tenait de sa propre grand-mère.
J'entends encore les mots terribles de cette berceuse :

Quandu sareti grandoni,
Purtareti li vostri armi
Un vi farrana paura
Vultisciori nè ciandarmi;
E si vo' seti inzirmitu
Sareti un fieru banditu.

Tutti li vostri antinati
Erani omini famosi;
Erani lesti è gagliardi,
Sanguinarii è curaghjosi [1]

Ses vers avaient-ils un sens – leur véritable sens ! – pour la douce Ernella? Ou ne faisait-elle que reprendre la musique d'une chanson légendaire? Je ne sais. J'écoutais, moi aussi, et je frémissais, sans oser me révolter. Dès l'enfance, la mort et le sang nous étaient contés. Il en était sans doute ainsi depuis la nuit des temps.
Où es-tu Roccu? Ta mère, la courageuse Francesca, t'a-t-elle chanté de semblables berceuses?
Depuis toujours, notre montagne bruit de chevauchées et de mousquetades. On traque, on perquisitionne, on déporte. C'est notre destinée.
Tu dois penser que je déraisonne, que je mélange tout. Non, Roccu... J'ai tant usé mes yeux à déchiffrer chro-

1. Quand vous serez jeune homme/ Vous porterez vos armes/ Et vous n'aurez peur/ Ni des voltigeurs ni des gendarmes/ Et si vous êtes provoqué/ Vous serez un rude bandit.
Tous vos ancêtres/ Étaient des hommes fameux/ Ils étaient lestes, vigoureux/ Sanguinaires et courageux.

niques et rapports sur la Corse... Partout, j'y ai lu la même histoire sanglante, répétée de siècle en siècle, de décennie en décennie... Dans certains villages, il n'est pas une pierre qui ne soit tachée de sang.

Dehors, les premiers bruits de la ville. La vie continuait, étrangère, hostile. Oraziu pouvait enfin dormir.

134

CAMPU DI CROCE, 25 OCTOBRE 1975, 10 HEURES

Venait le temps du désenchantement. Insensiblement. Il arrivait avec l'automne et les premiers froids. Le vent battait la montagne, dénudait les arbres. Les bogues de châtaignes éclataient en tombant, libérant leurs fruits cirés... Mais personne, jamais, ne viendrait les ramasser.

Roccu avait retrouvé Campu di Croce, sa famille, son exploitation. Mais, pour la première fois de sa vie, ce retour au village lui était presque indifférent. Sans doute avait-il vécu ces dernières semaines trop intensément, ballotté par la houle qui avait suivi les événements d'Aleria... Malgré le danger, malgré l'intensification des recherches policières, Roccu, à plusieurs reprises, avait quitté son refuge de Boggiu di Fiumorbu. Escorté de ses amis, il avait participé au meeting de Ghisunaccia organisé à l'occasion de la journée « Ile morte », puis à une manifestation à Aiacciu où les violences ne s'étaient éteintes qu'à l'aube. Quelques jours plus tard, il était à Corti où des milliers de Corses s'étaient rassemblés après le vol imbécile d'un drapeau à tête de Maure par deux gendarmes armés. Dans une atmosphère orageuse, les manifestants avaient obtenu la restitution en public du trophée par le sous-préfet et un capitaine de gendarmerie. Nouvelle flambée de fièvre nationaliste et nouvelle humiliation pour les autorités. Et puis il y avait eu aussi quelques plastiquages nocturnes...

Pourtant, le grand sursaut espéré après Aleria ne s'était toujours pas produit. Le mouvement nationaliste retrouvait ses vieux démons : on parlait fort mais on agissait peu. Pour les dirigeants de l'ex-ARC, il convenait souvent moins de lutter contre le pouvoir que de juguler les ardeurs indépendantistes des jeunes. D'autant que le nouveau préfet, un Corse, Riolacci, fort de ses amitiés insulaires, jouait avec une habileté toute politicienne de ces contradictions, maniant alternativement la carotte et le bâton, promettant la clémence mais quadrillant l'île de forces de l'ordre, parlant avec une franchise inhabituelle chez un représentant de l'État mais encourageant en sous-main les activités de groupes clandestins anti-autonomistes.

Roccu observait avec lucidité la situation. A l'orée de l'hiver, il y voyait plus de raisons de se décourager que d'espérer.

Mais, au-delà de ce réel désappointement politique, la douleur de la rupture avec Marie-Colombe était encore trop vive... La blessure serait longue à cicatriser.

Deux jours plus tôt, la jeune femme lui avait fait passer un message dans son refuge du Fiumorbu. Trois petites lignes pour lui dire qu'elle avait obtenu de son père, qui occupait maintenant de hautes fonctions à la direction des Renseignements généraux à Paris, la liste des personnes recherchées après les événements d'Aleria et de Bastia. Roccu n'y figurait pas. Il pouvait donc revenir chez lui.

Il était libre. Mais cette liberté toute neuve n'avait pas le goût espéré, seulement un parfum d'inutile et d'amertume.

Des nuages bas, lourds de pluie, léchaient la montagne. Roccu referma la porte de la bergerie et descendit vers le village. Il le vit de loin sur le chemin. L'enfant courait dans sa direction. Vincensiu avait encore grandi. Il lui fit de grands signes et accéléra l'allure.

– Ma tante m'a dit que tu étais revenu...

Il reprit sa respiration. Ses yeux brillaient de curiosité.

– Alors, c'est vrai, t'étais dans le maquis?

– Si on peut dire...

– Et ta mitrailleuse, tu t'en es servi?

Roccu sourit. Vincensiu reprit, volubile.

– Tu sais qu'on a eu drôlement peur pour toi... Avec ma tante, on était accroché à la radio...

Il y eut un silence. Roccu, comme autrefois, posa son bras sur l'épaule du garçonnet tandis que Vincensiu nichait sa tête contre lui.

– Et tes brebis, tu es content? Tu sais qu'on les a drôlement bichonnées... J'y allais dès que je pouvais...

– J'ai vu. Elles sont superbes...

– Les mères sont pleines. J'espère que je serai là pour l'agnelage. Je t'aiderai...

– Bien sûr...

Les premières gouttes tombèrent. Des grosses gouttes qui rebondirent sur le feuillage.

– On va se faire tremper!

Ils coururent en direction du village, main dans la main. Les chaussures de l'enfant claquaient joyeusement sur le chemin. Roccu avait l'impression d'avoir vécu des dizaines de scènes semblables. Mais aujourd'hui, il n'en éprouvait aucun plaisir.

135

BASTIA, 13 NOVEMBRE 1975, 22 HEURES

La place du Donjon était déserte. La grande forme ventrue de la tour mangeait le ciel.

Roccu avait garé sa 4L à l'extérieur de la Citadelle. Il s'engagea dans le lacis de ruelles qui menait à l'immeuble de Pascal. Il y avait des odeurs d'égout, des relents de cuisine. On entendait la rumeur des télévisions. L'obscurité était presque totale. Un couple d'amoureux était serré dans la bouche d'ombre d'une porte. Roccu marchait vite. Approchant des remparts, il sentit une légère brise qui venait du large. Il s'arrêta un instant. La mer était noire, comme absente.

Roccu poussa la porte de l'immeuble, chercha le bouton de la minuterie.

– Bouge pas!

Au même moment, un objet dur se ficha dans son dos.

– Les mains en l'air!

Roccu obéit. On le poussa avec violence contre le mur humide.

– Écarte les jambes!

Une main commença à lui palper le torse. Trouva le pistolet glissé dans sa ceinture. Il y eut un petit rire. Puis une torche électrique déchira soudain la nuit.

Roccu avait identifié la voix : c'était celle de l'inspecteur Quiliccini.

– Tu peux te retourner, Acquaviva.

Lentement, il fit volte-face. Sous la lumière crue de la torche, il se protégea les yeux du revers de la main. Roccu réfléchit vite : le policier était seul, il ne lui avait pas passé les menottes, ce n'était pas une arrestation.

– Allez, sors!

Le faisceau de la torche éclaira la porte. Roccu ouvrit. Il passa à l'extérieur, immédiatement suivi par Quiliccini.

– Pas d'idiotie ou je te fume! dit l'inspecteur.

– Tu as un mandat? Non. Alors, ça en fera des explications à donner...

– Port d'arme illégal, je peux te foutre au trou immédiatement.

– Tu ferais rire toute la Corse!

Roccu se retourna. Derrière le halo de la torche, il distinguait la silhouette courte et massive de Quiliccini.

– Viens, on va faire un tour...

Le policier éteignit sa lampe, rangea son revolver dans son holster.

– Qu'est-ce que tu veux? interrogea Roccu.

– Parler, seulement parler...

– Je n'aime pas parler avec les flics...

Quiliccini rit.

– La nuit dernière, tu es sorti. Cinq attentats ont été commis dans la plaine orientale. Cinq caves viticoles de pieds-noirs plastiquées!

– Cinq caves d'escrocs!

L'inspecteur rit à nouveau.

– Ça ressemble à un aveu, non?

Il le prit par le coude, comme pour l'inviter à marcher avec lui. Roccu se dégagea brusquement.

– Fous-moi la paix!

Quiliccini fit quelques pas, sortit son paquet de cigarettes de sa poche, se retourna vers Roccu :

– Tu fumes?

Roccu ne répondit pas. Le policier, tranquillement, alluma une cigarette. A la lueur du Zippo, Roccu vit son visage, mâchoires carrées, sourcils broussailleux sous lesquels se dissimulaient de petits yeux toujours en éveil... Surtout ne pas le sous-estimer, pensait Roccu. Surtout rester calme. Quiliccini souffla la fumée de sa première bouffée.

– Pour Aleria, c'est pareil! Si on avait voulu... Mais on veut pas! Le préfet n'a pas envie d'organiser des expéditions militaires dans les villages... C'est un Corse, lui. Comme toi, comme moi!

– Alors, c'est pour m'annoncer toutes ces bonnes nouvelles que tu es venu me braquer?

Malgré l'obscurité, Roccu le vit hausser les épaules.

– J'ai rien contre toi, Acquaviva! Mais un jour ou l'autre, tu tomberas! Parce que les gars de ton acabit finissent toujours par en faire trop!

– C'est gentil de me prévenir!

– Et puis, on n'est plus les seuls...

– Qu'est-ce que tu veux dire?

– T'as très bien compris!

– Les barbouzes?

– Ouais... Les barbouzes, les truands! Y a des méchants parmi eux. Nous, les flics, on n'aime pas beaucoup ça. Mais faut bien faire avec...

Il y eut un silence. Roccu avait compris. Quiliccini reprit à mi-voix :

– Si j'apprenais quelque chose te concernant, toi et tes amis, je pourrais peut-être te prévenir en douce...

– Et tu t'imagines que je vais te donner des tuyaux...

– Donnant-donnant, Acquaviva.

Roccu serra les poings. Quiliccini le sentit.

– Je sais ce que tu penses, mais réfléchis, prends ton temps...

Soudain, le policier mit la main dans sa poche, en sortit le pistolet de Roccu.

– Tiens !

Roccu, sans un mot, empocha son arme.

– On se reverra... Salut. Acquaviva !

Déjà, Quiliccini s'éloignait. Au bout de la ruelle, Roccu le vit qui jetait son mégot et le projetait au loin d'un coup de pied, éclaboussant de cendres rougeâtres la chaussée.

ATTENTATS ET CONTRE-ATTENTATS SE MULTIPLIENT DANS L'ÎLE

Après quelques semaines de calme relatif, la Corse connaît à nouveau des manifestations de violence. (...) C'était d'abord « *Ghjustizia e Liberta* » *(Justice et Liberté)*, qui se signala notamment par un attentat dirigé contre un restaurant exploité par des autonomistes dans la région d'Ajaccio. C'est aujourd'hui « *Ghjustizia Morandina* » qui incendie des bungalows au ranch de Bravona, dans la plaine orientale, établissement dirigé par M. Ange-Marie Renucci, l'un des animateurs de l'ARC dissoute. Cette organisation emprunte son nom à celui du général Morand qui avait été envoyé en Corse en 1802 par Napoléon afin d'y réprimer les troubles. Morand n'hésita pas à procéder à des exécutions sommaires, au point que l'Empereur fut contraint de le rappeler neuf ans plus tard.

Ces deux organisations affirment leur intention de protéger ceux que les autonomistes pourraient, d'une manière ou d'une autre, menacer ou intimider. « *Organisations de barbouzes, polices parallèles, provocation pure et simple* » répliquent les mouvements nationalistes en reprenant l'offensive. Après quelques attentats isolés, au début du mois de novembre, l'action violente réapparaît. Dans l'espace d'une semaine, une douzaine de plasticages sont commis, visant principalement des agences bancaires et des rapatriés...

Paul Silvani, *Le Monde*, 14/11/1975

136

SAN-MARTINO-DI-NEBBIO, 20 NOVEMBRE 1975, 11 HEURES

Un pli amer creusait les traits réguliers de Jean Casabianca. Il passa une main dans ses cheveux courts.

– C'est plus fort que moi ! Je n'arrive même pas à me réjouir. Quand je pense qu'il est mort dans son lit !... Ce salopard de Franco !

Roccu se souvint de ce que l'ancien dirigeant communiste lui avait autrefois raconté : « Lorsqu'en mars 39, j'ai entendu à la radio que Madrid était tombé, les larmes me sont venues aux yeux... »

Casabianca but une gorgée de vin blanc et poursuivit, les yeux dans le lointain :

– Tu ne peux pas savoir ce que représentait la guerre d'Espagne pour l'adolescent que j'étais... Mon rêve, à l'époque, c'était de devenir commissaire politique ! Parce que c'était celui qui, lors des actions, sortait le premier ! Ça te fait rire, hein ?... Alors, imagine avec quelle ferveur on a accueilli les anciens des Brigades internationales ! Avec eux, ici, on a continué le même combat pendant l'Occupation, sans nous soucier des consignes des partis ou des états-majors ! Ce que je te dis est si vrai que lorsque nous sommes partis à Alger après la libération de la Corse, nous nous sommes faits engueuler comme du poisson pourri par Marty, oui, le grand Marty, le mutin de la mer Noire ! Parce que les Corses avaient agi seuls, sans tenir compte de la stratégie globale du parti communiste !

Casabianca se tut. Puis, tout à trac, il rit.

– On est loin de Franco, non ?

Il se leva. Ils firent quelques pas jusqu'au clos attenant au jardin. Jean Casabianca était très fier de ses vignes et du vin qu'il produisait pour sa propre consommation. Puis ils entrèrent dans le cellier. Ça sentait la terre et le tanin.

– Tu veux goûter le vin nouveau?

Casabianca prit une pipette, ôta la bonde d'un tonneau, soutira un vin blond, couleur de miel, dont il emplit deux petits verres. Il huma avec un air gourmand, fit tourner le vin, dégusta à petites gorgées.

– Encore un peu vert... Mais avec le temps, il gagnera en moelleux.

Lorsqu'ils revinrent à l'extérieur, un pâle soleil d'hiver frisait entre les branches dénudées des arbres.

– La semaine dernière, commença Jean Casabianca en marchant dans les allées du jardin, Ghjacumu Natali m'a rendu visite... Il m'a dit quelque chose qui m'a beaucoup frappé : pour lui, le fait le plus important en Corse, ce n'est pas tant Aleria que le renouveau de la chanson corse! Et, après tout, je ne suis pas loin de penser comme lui.

Roccu ne put s'empêcher de sourire. Casabianca feignit de ne pas le remarquer et continua avec conviction :

– Des types comme les chanteurs de Canta u Populu Corsu font plus pour la Corse que tous ces petits bourgeois autonomistes!

Roccu éclata de rire. Casabianca rit à son tour.

– D'accord, c'est une de mes marottes... Mais on ne réveillera pas le sentiment national sans d'abord retrouver notre identité culturelle!

– La révolution en chantant!

– Pourquoi pas?

Ils poursuivirent leur discussion autour d'un déjeuner improvisé. La hargne de Jean Casabianca contre les dirigeants autonomistes était toujours aussi vive.

– Ils n'ont pas le courage de donner des mots d'ordre précis! Des mots d'ordre politiques! C'est le flou en permanence. Au lieu de dire qu'ils se battent contre le colonialisme pour l'autonomie ou l'indépendance, ils choisissent de dénoncer la fraude ou l'escroquerie! Alors comment veux-tu que les gens ne se démobilisent pas?...

Roccu pensait que c'était d'abord l'ancien militant communiste qui parlait. Un homme engagé, intransigeant, qui ne supportait pas les atermoiements et les dérives.

– N'empêche ! dit-il. Edmond est un porte-drapeau ! C'est lui qui incarne le mouvement.

– Alors n'hésitez pas ! Servez-vous de lui !

Ils se quittèrent après le déjeuner. Roccu avait une longue route à faire pour rejoindre Campu di Croce et son troupeau. En lui donnant l'accolade pour la première fois depuis qu'ils se connaissaient, Jean Casabianca lui dit encore :

– Ce sera long, Roccu ! Encore plus long que tu ne le crois !

137

CAMPU DI CROCE, 8 JANVIER 1976, 12 HEURES 30

Sur la placette, devant la maison familiale, il y avait une DS blanche, flambant neuve.

Roccu reconnut le parfum de son eau de toilette dès qu'il franchit le seuil. L'oncle Toussaint, le frère de sa mère, était là.

Roccu faillit rebrousser chemin. Mais il croisa le regard de Francesca et entra.

Toussaint Filippi était assis à la table familiale. Il prenait l'apéritif avec Ange-Marie Acquaviva. Roccu savait que son père n'avait aucune estime pour son beau-frère Toussaint dont personne n'ignorait qu'il était un membre important du milieu. Mais les lois de l'hospitalité corse étaient telles qu'il ne pouvait faire autrement que de le recevoir.

Roccu s'avança. Toussaint le découvrit, grimaça un petit sourire.

– Ce brave Roccu ! Ça fait plaisir...

Puis il s'adressa à Ange-Marie :

– Tu sais que là-haut, à Paris, quand je dis aux amis que j'ai un neveu berger, ça fait de l'effet !

Il partit d'un gros rire. Ni Ange-Marie ni Roccu ne bronchèrent. Toussaint fit tourner la grosse chevalière en or qui ornait le majeur de sa main droite, tandis que Francesca lâchait en quittant la pièce :

– Lui, au moins, il gagne peu mais proprement !

Toussaint Filippi haussa les épaules. Roccu et Ange-Marie échangèrent un sourire complice.

– *Calci di ghjumente ùn tombanu i cavalli !...* grogna le truand [1].

Toussaint tendit son verre vide en direction d'Ange-Marie qui le resservit. Roccu s'assit à côté de son père mais refusa de boire. Toussaint parlait. Il annonçait son retour définitif en Corse. Il avait en vue l'achat d'un bar à Bastia. Sur le continent, disait-il, les affaires devenaient de plus en plus difficiles..

– Les Juifs pieds-noirs grignotent tout... Des sauvages, ceux-là ! Ils sèment les cadavres comme le Petit Poucet les cailloux ! Moi, j'ai passé l'âge !

– Et puis en ce moment, il y a du boulot en Corse ! dit Roccu.

– Qu'est-ce que tu veux dire ? demanda sèchement Toussaint.

– C'est un secret de polichinelle !

Ange-Marie lança un regard inquiet vers son fils. Mais Roccu poursuivit tranquillement :

– Seulement, faut pas vous faire d'illusions, on n'est pas en Algérie, ici !

Toussaint Filippi, mal à l'aise, toussa. Roccu le fixa.

– Les barbouzes, ça ne nous fait pas peur ! Et les cartes tricolores, on s'en fout !

– Tu plaisantes, Roccu...

– Parce que tu n'as pas ta carte du SAC [2], toi ? Tu serais bien le seul !

– Tout ça n'est pas sérieux... Entre compatriotes, on peut toujours se comprendre.

1. Les coups de pied de jument ne tuent pas les chevaux !

2. Service d'Action Civique : association héritière du service d'ordre du RPF, dont le but officiel était de soutenir l'action du général de Gaulle. Un grand nombre de ses membres ont été mêlés à des actions occultes et douteuses. Après la tuerie d'Auriol, le SAC est dissous en août 1982 par le Conseil des ministres « en raison de son action fondée sur la violence et de ses pratiques voisines du banditisme ».

– C'est juste, ça! intervint Ange-Marie, de plus en plus préoccupé par le ton que prenait la conversation.

Toussaint, soulagé, reprit aussitôt :

– Il n'est pas question de verser une goutte de sang corse!

Roccu eut un drôle de rire. Il se pencha vers son oncle.

– Pour moi, chez tes amis barbouzes, il n'y a pas de Corses! Il n'y a que des traîtres!

Toussaint devint livide.

– Tu m'insultes, Roccu! Sous le toit de ton père!

A cet instant, Francesca revint avec une assiette d'olives. Elle comprit aussitôt, fusilla du regard son fils puis son frère.

– *E famiglie induve ellu ci hè a guerra, ghjunghje prestu a miseria*[1] *!*

L'œil noir de Francesca ne faiblit pas. Toussaint s'efforça de reprendre contenance et, après un temps, leva son verre.

– *A la vostra salute!*

– *Buon prò ti facci*[2]*!* répondit machinalement Ange-Marie.

Mais Roccu, lui, demeura silencieux. La conversation roula ensuite sur la famille. Il écoutait d'une oreille distraite.

Au moment de partir, Toussaint, feignant d'avoir oublié leur dispute, lui tapa sur l'épaule.

– Au fond, je suis plus nationaliste que toi, Roccu! Je fais du fric sur le continent et je le rapatrie en Corse!

138

SAN NICULAU, 26 MARS 1976, 2 HEURES DU MATIN

La bâtisse était grande, massive. Une maison de sgiò, se dit Roccu. Un large escalier de pierre orné d'une rampe en fer forgé conduisait aux pièces de réception. Partout sur les

1. Dans les familles où il y a la guerre, survient vite la misère!
2. A votre santé! Grand bien te fasse!

murs, des tableaux, des gravures. Au plafond, un lustre en cristal. Mais les meubles étaient recouverts de draps et de housses, les tapis roulés. Ça sentait la poussière et l'antimites.

– C'est le château de la Belle au Bois dormant, dit Pascal. Mes parents viennent de plus en plus rarement. Ils préfèrent le confort de Bastia... Il n'y a plus que moi pour venir hanter ces lieux!

Les caisses d'explosifs qu'ils venaient de voler dans une carrière de Balagne avaient déjà été descendues à la cave et dissimulées derrière une réserve de bois. Pascal débouchait une bouteille de vin.

– Et ici, tu es sûr que ça ne risque rien? demanda Joseph.

Pascal sourit.

– Mon père est insoupçonnable!

– Et s'il tombe lui-même sur les caisses?

– Je le connais, il tournera la tête et fera semblant de n'avoir rien vu!

Ils reprirent l'escalier. Pascal ouvrit une porte au deuxième étage, fit de la lumière.

– Mon labo particulier!

Sur une table équipée d'un étau, une vingtaine de réveille-matin étaient posés au milieu d'un fouillis de fils électriques et d'outils de bricolage.

– Regardez!

Pascal prit un des réveils. Grâce à deux pattes métalliques, il était vissé sur une petite plaque de bois. A côté était fixée une pince à linge.

– C'est enfantin, expliqua-t-il. Un fil est passé dans l'oreillette du remontoir. L'autre extrémité est attachée à un petit jeton en plastique placé dans la pince à linge dont les deux branches sont reliées au « + » et au « – » d'un détonateur. Quand le réveil sonne, l'oreillette tourne, ça tire sur le fil, le jeton qui sert d'isolant glisse, la pince se referme et le contact est mis.

– Tu nous avais même dissimulé tes talents de bricoleur! dit Louis. Décidément, t'es un cachottier!

Il poursuivit, goguenard :

– Comment tu dis déjà? « Une maîtresse, c'est comme une fée : on ne doit jamais révéler son nom. »

Roccu et Joseph, surpris, virent Pascal rougir. Louis comprit aussitôt qu'il avait gaffé.

– Excuse-moi, je suis con...

Il y eut un silence. Roccu, surpris, réalisa que Pascal, celui d'entre eux dont il se sentait le plus proche, restait une énigme pour lui. Mais il ne l'en aimait que plus.

– Et voici la petite touche finale! reprit Pascal avec brusquerie.

De l'index, il souligna une inscription au revers de la plaque du réveil : *Made in Corsica.* Ils éclatèrent de rire. Roccu prit le mécanisme, l'observa attentivement.

– Si je comprends bien, dit-il, il va falloir écumer les horlogeries...

– Avec ce système, ajouta Pascal, chaque équipe peut mettre plusieurs paquets. Et en cas de pluie, c'est quand même plus sûr que l'amadou!

– Moi, dit Roccu, j'ai pensé à autre chose... On pourrait coupler les paquets avec des bouteilles de gaz!

– Un peu encombrant, non? fit Joseph.

– Oui, mais efficace! Surtout si la bouteille est à moitié pleine... On met ça à l'intérieur d'une villa et toute la baraque s'écroule sur elle-même!

– Avec des petits génies comme ces deux-là, on va faire des miracles! ironisa Louis.

Ils redescendirent au salon. Pascal servit à boire. Et aussitôt, ils se mirent au travail : il leur fallait minutieusement préparer la première « nuit bleue » qui célébrerait la naissance d'une nouvelle organisation clandestine.

139

ALERIA, 26 MARS 1976, 11 HEURES

La petite maison était éventrée. Des moignons de charpente pendaient dans le vide, au-dessus des gravats et des murs noircis.

Louis avait les larmes aux yeux.

– Quand je pense à ma mère! Si elle n'avait pas passé la nuit chez sa sœur!... Ils le paieront!

Roccu, qui venait d'arriver, était comme fasciné : jamais il n'aurait imaginé son ami pleurant. Pascal et Joseph étaient déjà là. Mais il y avait aussi André Rochezzani et d'autres amis, toute une petite foule indignée et bruyante.

L'explosion s'était produite en pleine nuit, alors que Louis se trouvait encore chez Pascal. Il avait découvert le désastre en arrivant chez lui aux premières heures du jour.

– Tu as vu les flics? demanda Roccu.

– Les gendarmes du coin, ouais... C'est à peine s'ils ne se marraient pas les salauds! Le gag de l'arroseur arrosé, ça fait toujours rire, hein?

Roccu ne put s'empêcher de penser qu'à l'heure où l'attentat avait été perpétré, eux-mêmes envisageaient de prochains plasticages.

Louis, agité, véhément, prenait l'assistance à témoin.

– C'est signé, non? Ce sont les barbouzes du préfet qui ont fait ça!

Joseph entraîna Roccu et Pascal à part.

– Il faut accélérer les préparatifs de notre nuit bleue. Il est urgent de frapper un grand coup!

Il s'interrompit. Une voiture noire venait de s'arrêter dans le chemin.

– Quiliccini! Il manque pas d'air, celui-là!

Louis aussi avait vu le policier au volant. Il fonça vers l'auto.

– Attention! cria Roccu. Il va faire une connerie!

Louis essayait d'ouvrir la portière à laquelle l'inspecteur se cramponnait. A côté de lui, un jeune flic roulait des yeux affolés.

– Je vais te faire la peau! hurlait le colosse.

– Laisse, Louis!

Roccu, Pascal et Joseph tentèrent de le repousser. Mais le géant ne voulait rien entendre et secouait la petite auto.

– C'est toi qui les as envoyés, espèce de fumier!

Dans la voiture, Quiliccini tentait de garder son sang-froid. Roccu et les autres réussirent enfin à repousser Louis.

– Déguerpis! dit Roccu à Quiliccini.

Le policier descendit sa vitre.

– Mais je viens pour l'enquête...

– Tu plaisantes? Si tu as des couilles, va interroger le préfet! Pour le reste, c'est notre affaire!

Quiliccini eut un geste las et mit le contact. Il partit sous les huées.

140

COMTÉ-DE-NICE, 30 AVRIL 1976, 20 HEURES 30

Accoudés au bastingage, ils virent le pilote sauter dans le canot qui naviguait flanc à flanc avec le ferry. La minuscule embarcation s'écarta aussitôt, vira et regagna l'entrée du port. La passe était franchie. Le ferry fit un arc de cercle et mit le cap au nord. Le jour tombait. Bastia, nichée au creux de la montagne, allumait peu à peu ses feux. Une si petite ville, pensait Roccu. Une si petite île... Mauve, dans cette lumière finissante. Brouillée de brume. Un rocher dans la mer, qui s'éloignait lentement. Roccu avait le cœur serré. Trois ans qu'il n'avait pas quitté la Corse. La dernière fois, c'était l'opération de commando pour rapatrier le frère de

Joseph. La dernière fois, c'était aussi l'amour avec Marie-Colombe et leur éblouissement commun dans le petit studio d'Aix-en-Provence.

Il regretta soudain d'être parti. Pascal ou Louis auraient pu le remplacer... Pourquoi aller au-devant des souvenirs qui lui faisaient mal? Pourquoi souligner qu'il était désespérément seul depuis le départ de Marie-Colombe?

Mais le continent, quelle ironie! c'était aussi son grand-père. Sa mémoire exilée, son remords. Roccu se reprochait de ne pas lui avoir donné de nouvelles. Depuis longtemps, il voulait lui écrire. Mais de jour en jour, il remettait sa décision. Et plus il tardait, moins la nécessité d'écrire s'imposait à lui. L'image du grand vieillard à barbe blanche devenait de plus en plus floue... Un jour prochain, un télégramme arriverait au village, annonçant la mort d'Oraziu Acquaviva...

A côté de lui, Joseph était silencieux. A quoi pensait-il? A leur mission qui avait si mal commencé? Le détour par Aiacciu paralysé par la grève des ferrys. La course vers Bastia pour attraper le seul bateau qui assurait la traversée. Les coups de téléphone à Marseille pour repousser le rendez-vous. Maintenant, ils n'avaient plus le droit de perdre du temps. Tout avait été préparé, minuté, le moindre retard pouvait être catastrophique.

On voyait encore quelques lumières sur la côte. Le vent chargé d'embruns les giflait. La rampe du bastingage devenait poisseuse. Les rares passagers présents sur le pont regagnèrent peu à peu l'intérieur. Maintenant, ils étaient seuls.

– J'ai l'impression un peu ridicule que nous sommes les coursiers de l'Histoire! dit Joseph.

Roccu haussa les épaules.

– Parce que tu crois qu'on fait l'Histoire, toi?

– On la vit, c'est pareil!

– Non! Les clandestins sont des soutiers, des inconnus...

– Ça te manque de ne pas être reconnu?

– Je m'en fous!

Joseph rit doucement et ajouta :

– Regarde Edmond! Dans quelques jours, il va être jugé : Cour de sûreté de l'État, procès politique et grand tralala...

– Et alors?

– Et alors, il m'arrive de me dire que la cagoule, c'est parfois frustrant !

Ils ne dirent rien de plus avant de rejoindre le bar.

La tête en arrière, une jeune fille blonde dormait dans un fauteuil. Abandonnée au sommeil, un sourire flottait sur ses lèvres.

Roccu la regarda, comme s'il essayait de deviner ses rêves. Puis ils allèrent s'asseoir à l'écart.

– Tu veux boire quelque chose? demanda Joseph.

Il héla un serveur. Le bateau roulait doucement.

– Souvent, je me demande ce que nous serons devenus dans vingt ans, dit Joseph.

– Moi, je serai un terroriste à la retraite. Et toi, tu seras quelque chose dans le gouvernement de la Corse.

– Je devrais être flatté?

– Ça te regarde ! Mais les révolutions meurent au moment même où elles triomphent ! Et la plupart du temps, les idéaux avec !

– Alors, c'est pour ça que tu seras à la retraite?

– Oui, par fidélité !

141

MARSEILLE, 1er MAI 1976, 10 HEURES

En ce jour férié, la grande ville tardait à se réveiller. Il y avait du débraillé dans l'air, des odeurs mêlées de pain frais et de pastis. Roccu et Joseph se trouvaient boulevard Vauban, devant l'église Saint-François d'Assise, au pied de Notre-Dame de la Garde.

– Qu'est-ce qu'il fout? s'interrogea Joseph.

Il pianotait sur la carrosserie de la voiture contre laquelle ils étaient appuyés. Roccu et lui scrutaient les passants, les conducteurs d'automobile, cherchant à deviner qui serait l'émissaire qu'on leur envoyait.

Enfin un petit barbu, portant deux grosses valises métalliques, apparut sur le parvis de l'église. Il peinait.

– Je suis sûr que c'est lui! dit Joseph.

L'homme s'arrêta, posa ses valises, s'épongea le front, regarda autour de lui. Il les vit sur le trottoir opposé. Le signe de reconnaissance, c'étaient leurs tee-shirts : un noir pour Roccu, un blanc pour Joseph. Le barbu attendit un instant, jeta encore un œil alentour. Puis il reprit son double fardeau, traversa la rue et vint à eux.

– Salut! Je suis un ami de Sampiero.

– Et nous, on vient de l'autre côté de la mer!

Ces phrases ridicules... Comme si on jouait aux boy-scouts, pensait Roccu qui avait envie de rire. Mais le barbu, lui, n'était pas du genre joyeux. Il posa aussitôt les valises devant eux. Il avait hâte de s'en débarrasser. Joseph en saisit une, la souleva.

– Merde, ça pèse une tonne!

– A qui le dis-tu! répondit le type.

Il tourna les talons et disparut.

Roccu et Joseph prirent chacun une valise. Leur auto, une 4 L rouge, était garée dans une ruelle voisine.

– Je ne savais pas que ça pouvait être aussi lourd, les idées! bougonna Joseph.

Dans chaque valise, il y avait vingt-cinq mille tracts annonçant la création du FLNC, Front de Libération nationale de la Corse.

142

MARSEILLE, 1er MAI 1976, 19 HEURES 30

Toujours la grève. Aucun ferry ne partait pour la Corse. Il avait donc fallu parer au plus pressé. Une première valise de tracts avait été confiée deux heures plus tôt à Isabelle, une amie qui les hébergeait et qui, par chance, avait une place réservée sur un vol Marseille-Bastia. Pascal avait été prévenu. Il était chargé de la récupérer. L'acte de naissance du FLNC pourrait être célébré comme prévu quarante-huit heures plus tard, même si la moitié des tracts manquait.

En attendant le départ d'un improbable bateau, Joseph en profita pour rendre visite à des parents marseillais. Roccu, anxieux, proposa de rester dans la 4 L. Il ne voulait pas abandonner la seconde valise. Mais Joseph insista pour que son ami le suivît. Ils prirent toutefois la précaution de garer l'auto devant la terrasse d'un café où étaient attablés de nombreux consommateurs.

Cela faisait maintenant une heure qu'ils étaient chez les parents de Joseph. Soudain, n'y tenant plus, Roccu se leva. Son ami le suivit à regret.

Ils débouchèrent dans la rue où déambulait une foule bigarrée et bruyante. Djellabas et boubous côtoyaient jeans et minijupes. On riait, on s'interpellait d'un trottoir à l'autre. En d'autres circonstances, Roccu aurait aimé flâner dans ces boutiques aux odeurs d'Orient ou d'Afrique dont les éventaires chargés de babioles, de bijoux clinquants, de tissus chatoyants, grignotaient le trottoir.

– Tu vois, dit Joseph, la bagnole n'a pas bougé!

– Passe-moi les clefs!

Roccu n'en eut pas besoin. Il se rendit compte immédiatement que la serrure du hayon avait été forcée. La valise avait disparu. Joseph devint blême. Machinalement, il regarda autour de la voiture comme si la valise avait pu tomber, s'échapper toute seule du coffre.

– Nom de Dieu, si ça tombe aux mains des flics...

Roccu fut le premier à se ressaisir.

– Le mec qui a fait ça a dû se précipiter dans le plus proche couloir et regarder ce qu'il y avait à l'intérieur... Et quand il a découvert qu'il y avait seulement des tracts, il a forcément abandonné la valise! Allez, en chasse!

Partout, les mêmes odeurs d'urine et d'eaux usées, les mêmes arrière-cours sordides. Et aucune trace de leur valise.

De rage, Joseph donna un coup de pied dans une poubelle dont le contenu se répandit sur le sol pavé.

– Le con! Le con!

Roccu ouvrit la porte à claire-voie d'un débarras. Rien. Cela faisait plus d'une heure qu'ils cherchaient.

– On ne la retrouvera jamais! dit Joseph.

Ils finirent par abandonner leurs recherches. La nuit tombait. Ils remontèrent en voiture.

Les pelouses de la porte d'Aix ressemblaient à un caravansérail. Roccu et Joseph, également silencieux, visages sombres, pensaient aux tracts qui devaient maintenant traîner dans quelque caniveau... Si les flics les découvraient, tout était foutu!

Sans un mot, ils gravirent les marches de l'escalier de l'immeuble d'Isabelle. Joseph entra le premier dans l'appartement. Immédiatement, il poussa un cri. Sur la moquette, au beau milieu de la salle de séjour, était posée leur valise!

– C'est dingue!... Comment le type qui nous l'a piquée pouvait savoir qu'on habitait là?...

Une jeune femme apparut à cet instant, l'air fautif. C'était Isabelle.

– Je suis désolée... J'ai raté mon avion!

143

ROUTE DE CAMPU DI CROCE À GHISUNACCIA, 4 MAI 1976, 23 HEURES 30

Agir! Agir pour en finir avec les pataquès de ces derniers jours.

Quitte à faire un long détour, Roccu avait choisi de passer par la montagne afin d'éviter d'éventuels barrages. Il conduisait de façon quasi automatique. Virage à droite, virage à gauche. La route, comme un tunnel dans le maquis. Parfois le regard de phosphore d'un animal tapi sur le bas-côté. Et des virages, toujours... Combien de milliers de kilomètres avait-il parcourus ainsi dans un état proche de l'hébétude? Roccu avait parfois l'impression qu'il ne connaissait des routes corses que ces flaques de lumière jaunâtre que ses phares dérobaient à la montagne.

A Marseille, ils avaient fini par trouver un passage sur un ferry où voyageaient également plusieurs compagnies de gendarmes mobiles : un ministre était attendu sur l'île, il fallait assurer sa protection. Pendant toute la traversée, Joseph et lui, passant de l'inquiétude à l'amusement, n'avaient cessé de songer à leur 4 L stationnée dans la cale avec, à l'intérieur, la valise rescapée, bourrée de tracts.

Roccu déboucha enfin sur la plaine orientale, quitta la route goudronnée, prit un chemin dans les vignes. A la même heure, Pascal et Joseph devaient se retrouver à Bastia, tandis que Ghjacumu Natali rejoignait d'autres militants à Aiacciu.

La haute silhouette de Louis se découpa au milieu du chemin. A côté, adossé à une auto, Roccu reconnut André Rochezzani. Près de lui, il y avait un troisième type plus frêle, coiffé d'une casquette.

Il coupa le moteur, laissa les phares allumés, descendit de voiture. Louis le serra dans ses bras.

– On commençait à se demander...

– J'ai pris les petites routes. Avec ce que j'ai dans le coffre!...

Rochezzani et son ami s'approchèrent à leur tour.

– Salut!

Roccu serra la main d'André.

– Je te présente Severa, dit ce dernier en se tournant vers son compagnon à la casquette.

Roccu, surpris, découvrit une jeune femme à la lumière des phares, visage de chat et sourire ironique.

– L'examen est positif? demanda-t-elle d'une voix flûtée.

Il ne répondit pas.

– Severa est une militante comme toi et moi, dit Rochezzani. Et elle fera son boulot aussi bien que nous!

– Il paraît, ajouta Louis, rigolard, que c'est une championne de cent mètres!

Le blouson de la jeune femme était entrouvert. Roccu aperçut la crosse d'un pistolet qui dépassait d'un étui en cuir attaché à sa ceinture.

– Bon, on a assez perdu de temps comme ça... On file à Ghisunaccia ! Vous connaissez les objectifs ! Louis et moi, on pose les paquets. Toi, André, tu nous couvres ! Ensuite, on file vers le sud.

– Et moi ? demanda la fille.

– Toi ? Tu vas avec André puisqu'il t'a amenée !

Roccu remonta en voiture. Louis vint s'asseoir à côté de lui.

– Moi, j'aurais préféré qu'elle soit avec nous ! Elle est mignonne, non ?

144

ROUTE DE BASTIA, 5 MAI 1976, 3 HEURES 30

Il bâilla. Elle lui jeta un regard en coin.

– Tu veux que je conduise ?

Roccu ne répondit pas. Il était de mauvaise humeur. Après la pose du dernier paquet d'explosif, elle s'était tournée vers lui : « Je rentre à Bastia... Tu peux m'emmener ? » Sans attendre sa réponse, elle s'était installée d'autorité dans sa voiture.

Maintenant, il essayait d'oublier sa présence. Il imaginait ces explosions qui venaient de secouer l'île. Vingt soleils dans la nuit. Et, au petit matin, des milliers de tracts qui joncheraient les rues... Nouveau coup de tonnerre en quatre lettres, FLNC. Nouveau départ pour le mouvement.

La flamme d'un briquet éclaira le visage de la jeune femme.

– Tu veux ?

Severa lui glissa entre les lèvres la cigarette qu'elle venait d'allumer. Malgré lui, il en fut troublé. Elle le sentit.

– Tu n'as pas envie de lire dans mes pensées ?

Roccu demeura silencieux.

– J'ai connu pas mal de machos, mais toi, c'est le bouquet!

Si Roccu était furieux, c'était d'abord contre lui-même, car il n'avait rien à reprocher à Severa. Silencieuse, efficace, tout au long de leur mission elle avait constamment fait preuve de sang-froid, même lorsque, à Porto-Vecchiu, ils avaient dû se cacher en toute hâte pour ne pas se faire repérer par une patrouille de CRS.

Ils approchaient du carrefour de Folleli. Si Roccu avait été seul, il aurait pris le chemin de la montagne.

– Tu peux me laisser là, je me débrouillerai...

Mais il accéléra en direction de Bastia.

– Ça te fait peur de montrer que tu es gentil?... Tu es un drôle de type, Roccu.

– Et toi, t'es toujours aussi casse-pieds?

Elle rit.

– C'est sympa quand tu ouvres la bouche!

Bientôt la ville. Roccu regardait à droite et à gauche, interrogeant la nuit. Ils pouvaient tomber à tout moment sur un barrage à l'entrée de Bastia. Bien sûr, il n'y avait plus rien de compromettant dans la voiture. Mais ils étaient armés tous les deux.

Au loin, un gyrophare bleu. Roccu ralentit.

– Dépose-moi et fais demi-tour! dit Severa.

Soudain, il éteignit les phares, rétrograda et donna un coup de volant sur la gauche. Les pneus crissèrent. L'auto repartit dans l'autre sens. Roccu accéléra, monta les vitesses. La petite voiture tremblait.

– Mais arrête-toi, laisse-moi descendre! cria Severa.

– Tu veux te faire ramasser par les flics?

– Qu'est-ce que ça peut te faire?

– Tu nous as vus à visage découvert, c'est une bonne raison, non?

– Toi, comme mufle, on ne fait pas mieux!

Roccu jetait de fréquents regards dans le rétroviseur. Derrière, on voyait toujours la lueur bleutée du gyrophare.

– Tu crois qu'ils nous ont repérés? demanda Severa.

– Accroche-toi!

Il braqua à droite. L'auto tangua, s'embarqua sur un mauvais chemin.

– Moins vite, on va se tuer!

La voiture arrachait des pierres, mordait sur le bas-côté. Des branches giflaient la carrosserie. Les amortisseurs cognaient. Severa, bras tendus, se cramponnait à la planche du tableau de bord. Enfin, Roccu ralentit. Severa reprit sa respiration. Elle lança, rageuse :

– Ça t'amuse, hein?

– Je croyais que tu n'avais peur de rien!

Il l'entendit qui soupirait.

– Et maintenant, qu'est-ce qu'on fait?

– Le moins risqué, c'est d'aller jusque chez moi!... Si on le peut!

145

CAMPU DI CROCE, 5 MAI 1976, 6 HEURES

Roccu s'ébroua avec les premiers rayons du soleil. Il avait à peine dormi deux heures dans un sac de couchage jeté à même le carrelage. Il se leva sans bruit, passa son pantalon.

Tournée sur le côté, Severa dormait au beau milieu du lit. C'était la première fois qu'il la voyait vraiment. Ses cheveux bruns, mi-courts et bouclés, reposaient en désordre sur l'oreiller. Elle avait un petit nez légèrement retroussé et une fossette au creux de la joue. Tout en dormant, elle remua, s'entortilla dans les draps comme pour y chercher un refuge, laissant à découvert une jambe fuselée, dénudée jusqu'à la naissance de la fesse. Roccu s'approcha, la recouvrit doucement, frôlant sa peau blanche et tiède. Elle ne broncha pas.

Il remplit sans bruit un seau d'eau, prit sa brosse à dents, sa chemise, son transistor et sortit.

Dans le verger, le soleil allumait des arcs-en-ciel à l'intérieur de chaque goutte de rosée. Il procéda à ses ablutions, en écoutant la radio. La « nuit bleue » célébrant la naissance du FLNC faisait l'essentiel des informations. On dressait la liste des plasticages, on glosait sur le nom de ce nouveau mouvement clandestin qui en rappelait un autre. Dans le calme lumineux du matin, ces mots, ces commentaires paraissaient irréels.

Et puis, il y avait cette Severa qu'il connaissait à peine. Cette militante, comme disait Rochezzani. Il lui sembla que désormais, il ne pourrait plus la voir ni penser à elle sans avoir en tête l'image volée de sa nudité.

Avant de monter à la bergerie, il revint vers la maison, jeta un œil par la fenêtre. Severa dormait toujours. Elle s'était à nouveau découverte. A travers les carreaux, le soleil jouait sur l'ivoire de sa peau.

UNE NUIT SANS PRÉCÉDENT

On recense une vingtaine d'attentats répartis entre Bastia, Ajaccio, Corte, Ghisunaccia, Sartène, Porto-Vecchio, Propriano, Nice, Marseille et Paris. Dans le même temps, un tract est diffusé en français et en corse qui, en plus d'un violent réquisitoire contre « *l'État colonialiste français* », comprend un programme en six points adopté par le nouveau mouvement « *né de l'union des nationalistes corses* ». Outre « *la reconnaissance des droits nationaux du peuple corse* » et « *la destruction de tous les instruments du colonialisme français* » – c'est-à-dire l'armée, l'administration et les « colons » –, il est par ailleurs exigé dans ce texte :

– l'instauration d'un pouvoir populaire démocratique, expression de tous les patriotes corses ;

– la confiscation des grandes propriétés coloniales et des trusts touristiques ;

– la réalisation de la réforme agraire pour assurer les aspirations des paysans, ouvriers et intellectuels (*sic*), et débarrasser le pays de toutes formes d'exploitation ;

– le droit à l'autodétermination après une période transitoire de trois ans durant laquelle l'administration se fera à égalité entre force nationaliste et force d'occupation. Cette période de désaliénation permettra à notre peuple de choisir démocratiquement son destin avec ou sans la France.

D'après Pierre Dottelonde,
Corse, la métamorphose.

146

PARIS, 7 MAI 1976

« J'écris à une ombre... » Peu à peu le souvenir de Roccu s'estompait. Ses traits devenaient flous. Se superposaient ceux de son père, Ange-Marie... Visage rude aux os saillants, œil noir embusqué sous l'arcade sourcilière... C'était aussi son propre portrait. Lui, Oraziu, lorsqu'il était jeune, avant cette longue barbe blanche qui l'avait aujourd'hui métamorphosé en patriarche. « Tu ressembles à un bandit ! » lui disait Ernella en riant. Alors, pour la punir de son insolence, il la jetait sur son épaule ; elle gigotait, battait des pieds... Il finissait par la déposer sur le sol. Suivaient de grandes flambées d'amour qui les laissaient épuisés et heureux.

Caru Roccu,

Les années s'étirent. Je n'en finis pas de vivre. Mon corps s'accroche malgré moi, triomphe des maux de la vieillesse. Victoire misérable, car ma mémoire chancelle, se fragmente... Je suis si vieux que j'ai l'impression d'avoir vécu plusieurs vies. Et aujourd'hui, lorsque je pense à ma jeunesse, c'est comme si je voyageais dans des temps fabuleux.

A cette époque, les bandits peuplaient montagne et maquis. « On en trouve au pied de chaque arbre ! » plaisantait Zia Farraghjatta, la sorcière. C'était alors une spécialité corse. On venait de loin les visiter. Ils recevaient dans le maquis, leur palazzu verde [1]*, comme ils disaient. Grands seigneurs, ils accordaient des interviews aux envoyés spéciaux des journaux parisiens, racontaient leur vie aux écrivains en mal de pittoresque. Et grâce à eux, les gendarmes en poste dans l'île, pour qui le temps de service comptait double, arrivaient plus vite à l'heure de la retraite.*

1. Le palais vert.

« Bandits d'honneur ! » prétendait la légende. La réalité était plus triviale. La plupart étaient d'authentiques crapules aux mœurs sanguinaires. Et pour ma part, jamais aucun d'entre eux ne m'a inspiré respect ni fascination.

Je te donnerai un seul exemple, celui d'une brute qui a terrorisé notre belle Castagniccia au temps de ma jeunesse. On l'appelait « le Bœuf » et il méritait, ô combien ! son surnom. Il était énorme. Barbe de broussaille et torse de lutteur toujours bardé de deux cartouchières.

Il faisait peur, mais le sens de l'hospitalité était tel dans nos montagnes, rigoureux et absolu, qu'on acceptait de le recevoir lorsqu'il était poursuivi par la maréchaussée. Pourtant, un jour, « le Bœuf » franchit lui-même les limites qui séparent les hommes des bêtes sauvages. Dans le village voisin de Carcheto, il soupçonnait une famille de l'avoir dénoncé. Il interdit à tous ses membres de sortir de leur maison. Une petite fille ayant enfreint ce veto, « le Bœuf » lui tira dessus. L'enfant, baignant dans son sang, agonisa des heures durant dans la rue, sans que quiconque osât lui porter secours, tant le bandit inspirait de la crainte. Il ne se trouva pas même un habitant pour prendre le risque de confectionner un cercueil pour la malheureuse ! Aussi quand, enfin, « le Bœuf » fut abattu par les gendarmes, ce fut une véritable fête dans toute la Castagniccia.

Oraziu passa une main sur son front. Cela s'était passé juste avant la guerre de 14. Tout juste hier. A Carcheto, il existait peut-être encore des vieillards qui avaient connu « le Bœuf » et qui avaient vu la fillette se vider de son sang pendant de si longues heures...

Où se trouvait-il à cette époque? Les dates se brouillaient. Il y avait l'ombre de la Grande Guerre. Elle pesait sur l'île tout autant que sur le continent. Bientôt, les Corses, par dizaines de milliers, allaient partir combattre dans les tranchées... La guerre avait toujours eu une prédilection pour les Corses ! Et la mort encore plus... Les Corses, souvent versés dans des régimes coloniaux, ceux qu'on envoie traditionnellement les premiers à la boucherie, périront en grand nombre, beaucoup plus que la moyenne nationale. Toute une jeunesse fauchée. Et, à la fin des combats, une île à l'abandon... Une île qui ne se relèvera jamais...

Inutile de te mentir, je hais les monuments aux morts, les commémorations, les médailles. Cette boursouflure des vivants qui ont échappé à la mort et qui versent des larmes faciles sur ceux qui ne sont plus. Cette lâcheté des survivants, trop contents d'être encore là, et qui, parce qu'ils en ont réchappé, perpétuent le culte absurde du sacrifice en appelant les générations futures à se faire étriper! U mortu allarga u vivu [1]!

Moi, j'étais socialiste. Et j'étais contre la guerre! Et contre la guerre, Roccu, je suis allé jusqu'au bout de mes idées.

Oui, je suis fier de ne pas avoir participé à ce massacre! Moi, fils d'un peuple volontiers bravache et cocardier jusqu'à l'absurde, j'ai fait fi des critiques et des insultes!

J'ai tiré au flanc, comme on disait à l'époque. Quelques années plus tôt, en effectuant mon service militaire, j'avais eu le désagrément de me faire crever le tympan au cours d'un exercice de tir. T'avouerai-je que ce petit accident n'était pas vraiment le fait du hasard? En tout cas, j'ai exagéré à dessein mon infirmité et j'ai pu me faire réformer pour surdité. Je n'en ai nulle honte. Lorsque François, le frère d'Ernella, m'a annoncé qu'il s'engageait, je lui ai dit : « Quand on est père de famille, on n'a pas le droit d'aller risquer sa vie en un combat douteux, si l'on n'y est pas obligé! » Le pauvre est mort tout de suite en débarquant aux Dardanelles, une balle entre les deux yeux; les Turcs tiraient bien!

Peut-être me mépriseras-tu? Peut-être condamneras-tu mon pacifisme? Du moins aurai-je eu la satisfaction de rester fidèle à moi-même et de ne pas vendre mon âme pour une poignée de bêlements guerriers!

Sacramaria pénétra sans bruit dans la pièce. Douce et dévouée Sacramaria. Elle regarda le grand vieillard attablé à

1. Le mort fait de la place au vivant!

son bureau. Dans ses yeux las, il y avait une lueur de reproche. « Encore en train d'écrire, mon oncle! » Mais elle n'osait le dire. Elle se contentait de soupirer, de trouver des biais pour parler de la santé d'Oraziu, des heures qui passaient, de la nuit qui tombait... De la mort qui menaçait.

Oraziu lui rendit son regard. Il réalisa soudain que sa nièce était elle aussi une vieille femme. Elle usait les dernières années de sa vie à s'occuper de lui. Que lui donnait-il en échange? Des grognements, des soucis.

Et si elle partait la première? Il posa la main sur le petit sac de photographies d'Ernella. Sacramaria ne faisait pas partie du Panthéon de sa femme. Trop effacée à force d'être trop présente. On ne la voyait plus.

– Sacramaria, tu me donneras une photo de toi.

Elle le regarda, stupéfaite. Oraziu sourit. Et il lui sembla qu'il y avait des années qu'il n'avait plus souri.

147

CAMPU DI CROCE, 15 MAI 1976, 9 HEURES

Roccu était en train de se raser lorsque le garçonnet entra. Il l'aperçut par le truchement du miroir.

– Dis donc, toi, t'es brun comme un pruneau!

– Moi, je ne passe pas mes nuits sur la route, je peux voir le soleil! répliqua Vincensiu du tac au tac.

On était samedi. Comme chaque semaine, l'enfant était arrivé la veille par le car.

– On va se balader?

– Non, j'ai du bricolage à la bergerie... Je veux construire une plate-forme pour traire les brebis plus confortablement...

– Alors, je t'aide!

Vincensiu s'était découvert une passion pour le travail du bois. Il sciait, rabotait, ajustait avec une réelle dextérité. « Tu as donc renoncé à être berger? » ironisait Roccu. « Je serai berger et menuisier à la fois! Ça se peut, non? »

– Prends tes outils, on monte!

Ensemble, ils prirent le chemin de la bergerie. Il faisait déjà chaud. Des petits lézards verts s'égaillaient devant eux, se faufilaient sous les plaques de schiste. Vincensiu racontait sa semaine, les copains, les profs, l'internat.

– Pourquoi on n'apprend pas le corse à l'école?

Roccu sourit.

– T'aimerais?

Vincensiu haussa les épaules.

– Y a des fois où tu dis n'importe quoi! Bien sûr que j'aimerais! Surtout quand je t'entends causer avec ma tante et que je comprends pas un mot sur deux!

– Avec tes copains, tu ne parles pas corse?

– T'es fou! A l'école, ils disent qu'il n'y a que les ploucs et les vieux qui parlent encore comme ça!

Plus loin, une voiture était garée le long du chemin. Vincensiu, sur le qui-vive, s'arrêta.

– Tu veux que j'aille voir? demanda l'enfant.

– Non, c'est pas la peine.

Roccu avait reconnu la petite 4 L rouge.

– C'est la bagnole de Joseph! C'est un vrai intello, lui, il pourrait te prêter des livres pour apprendre le corse...

Joseph était assis sur le banc de pierre, devant la bergerie, à côté d'un tas de planches et de bastaings.

D'un geste de la tête, Joseph montra Vincensiu qui posait son sac.

– Je peux parler?

– Vas-y, il a même résisté aux tortures de l'inspecteur Quiliccini!

Vincensiu se rangea à côté de Roccu tandis que Joseph commençait :

– J'ai vu la famille Simeoni... Ils nous demandent de ne rien tenter!

– C'était couru d'avance!

Le procès d'Aleria commençait dans deux jours devant la Cour de sûreté de l'État. Roccu et ses amis avaient envisagé de tenter une action spectaculaire pour faire libérer Edmond

Simeoni. Une prise d'otage, par exemple. Un député ou un chef de clan...

– Pas de vague, hein? dit Roccu.

Joseph acquiesça.

– Je sais ce que tu penses, Roccu. Mais ils ont pris la création du FLNC à quelques jours de l'ouverture du procès comme une vraie provocation!

Roccu soupira. Joseph poursuivit :

– On ne peut pas aller contre la volonté de la famille... C'est Edmond qui est en taule. D'ailleurs il est bien décidé à transformer la Cour de sûreté en véritable tribune politique.

Ils restèrent silencieux quelques instants. Roccu posa sa main sur l'épaule de Vincensiu.

– Toi, bonhomme...

L'enfant mit son index sur ses lèvres.

– Alors, au boulot, l'arpète! Commence à tracer, deux mètres de large pour le dessus!

Vincensiu s'éloigna, ouvrit son sac, en sortit ses outils.

– Tu vois, dit Roccu à Joseph, c'est peut-être dégueulasse, mais si Edmond écopait d'une lourde peine, ça nous rendrait un fichu service!

Après un temps, Roccu ajouta :

– Et pourtant, au fond, j'aime bien Edmond. C'est le seul aujourd'hui qui ait de la carrure...

Joseph hocha la tête.

– Dur d'être un symbole!

148

BASTIA, 8 JUIN 1976, 19 HEURES

Roccu hésita à entrer. C'était une petite boutique de mode située au cœur de la vieille ville. La devanture était gaie, les peintures vives. Il avait regardé à travers la vitrine mais, au milieu du joyeux déballage de fanfreluches et de l'enchevêtrement de portants chargés de robes bariolées, il ne l'avait pas aperçue.

Roccu poussa enfin la porte. Quelques femmes, très jeunes pour la plupart, fouillaient à pleines mains dans les bacs et les corbeilles où étaient rangés en vrac tee-shirts, maillots de bain, mini-jupes.

Roccu s'avança, se faufilant avec gaucherie entre les clientes. Ça sentait le parfum et l'odeur un peu rêche des tissus neufs. Soudain, un éclat de rire retentit.

– On dirait un éléphant dans un magasin de porcelaines!

A cet instant, tous les regards se tournèrent vers lui. Roccu se sentit rougir. Severa venait de surgir derrière un portant de robes. Plantée devant lui, les bras croisés sur sa poitrine, elle l'observait.

– André m'a dit que tu travaillais ici, bredouilla Roccu, furieux de se sentir si emprunté.

– Ah bon, tu ne viens pas en client!

Elle riait toujours. Sa courte robe noire décolletée épousait ses formes. Roccu avait du mal à reconnaître la fille en casquette, jean et blouson de cuir qui avait fait partie du même commando que lui un mois plus tôt.

Ils ne s'étaient pas revus depuis cette nuit où il lui avait offert l'hospitalité. Le matin, lorsque Roccu était revenu chez lui, après avoir trait ses brebis, elle était déjà partie. Elle avait laissé un mot pour le remercier et annoncer qu'elle rentrait à Bastia en auto-stop. Mais, dans la chambre, il restait son odeur et aussi, dans les yeux de Roccu, la vision de sa cuisse nue.

– Je ne veux pas te déranger...

– Tu ne me déranges pas.

Roccu regarda autour de lui, comme s'il découvrait un monde inconnu.

– Je ne t'imaginais pas...

– On ne m'imagine jamais comme je suis, n'est-ce pas?

Il y avait une lueur amusée dans ses yeux bleus. Roccu songea qu'elle était belle. Elle passa une main dans ses cheveux bouclés, pencha un peu la tête, comme si elle s'offrait à son regard. Une jeune femme lui tendit un vêtement qu'elle venait de choisir. Severa le prit, jeta un œil à sa montre.

– Je ferme dans cinq minutes. Tu m'attends?

Roccu acquiesça d'un mouvement de tête. Il l'observa qui pliait le vêtement, le rangeait dans un sac, rendait la monnaie à sa cliente. Il y avait dans chacun de ses gestes une grâce qui n'était en aucune façon affectée. Parfois, elle lui jetait un regard à la dérobée et Roccu avait l'impression que ses yeux bleus souriaient.

La dernière cliente était partie, la petite boutique était vide. Severa rangeait, repoussait un portant, ajustait une robe sur son cintre, repliait une sortie de bain. Roccu se surprit à prendre plaisir à ce simple spectacle.

– Tu m'offres un verre? dit-elle, en se regardant dans un des miroirs muraux.

Elle se trouvait alors si près de lui qu'il respirait son parfum, cette odeur suave, légèrement épicée, qu'elle avait abandonnée chez lui.

149

BASTIA, 8 JUIN 1976, 21 HEURES

La nuit tombait, mauve et complice. Les coques des voiliers se fondaient dans l'eau du vieux port. Les terrasses des bars étaient bondées. On y sirotait des cafés ou des apéritifs. C'était l'heure où la ville, oubliant la torpeur du jour, retrouvait passionnément les délices et les poisons de la conversation politique. Roccu et Severa s'étaient installés à l'écart. Un peu plus loin, un cercle s'était formé autour de Me Charles Santoni et de son jeune associé Vincent Stagnara. A la terrasse du bar voisin, des proches des Simeoni, des dirigeants de l'Association des Patriotes corses qui avait succédé à l'ARC, tenaient table ouverte.

Mais Roccu ne voyait que Severa. La jeune femme se racontait avec gaieté. Sa famille était originaire d'un village du Cap corse. Cependant, Severa avait toujours vécu sur le continent. Puis, brusquement, contre l'avis de sa famille, elle avait choisi de venir vivre sur l'île.

– Le déclic ? Tu ne vas pas me croire, c'est un concert de Canta u Populu Corsu à Paris... Soudain, j'ai découvert que j'étais née quelque part ! Alors, d'un seul coup, j'ai tout abandonné ! Mes études de droit, mon papa architecte, mon studio dans le XIIIe. Et mon fiancé !

– Ton fiancé ?

– Bah oui ! Un type impeccable, Sciences Po, Racing-Club, la raie sur le côté, blazer et pantalon de flanelle... Tu vois le genre ?

– Non...

– Aucune importance ! Je crois que je me serais barbée avec lui...

– Et maintenant, tu vends des fringues.

– C'est marrant, non ? Et puis ici, je suis chez moi ! Je respire, je suis de plain-pied avec ce pays... Quand j'aurai gagné un peu de fric, je commencerai à restaurer la maison familiale dans le Cap.

Roccu, pour la première fois, eut l'impression qu'il pourrait oublier Marie-Colombe. Elle avait choisi le chemin inverse. Tant pis pour elle.

– Et le mouvement, la lutte, ton calibre...

Severa rit.

– C'est venu presque tout seul... Quand on s'invite, on essaie de se rendre utile.

Ils étaient l'un en face de l'autre, les yeux dans les yeux. Leurs genoux se frôlaient. Ils ne cherchaient pas à l'éviter.

– Tu sais, poursuivit-elle, que l'autre nuit, tu m'as fait presque peur... Tu avais l'air franchement mauvais !

– Le matin, je t'ai regardée dormir...

– Et moi, dans mon sommeil, j'ai rêvé que tu me regardais !

– Quand je suis revenu, tu étais déjà partie...

– Il fallait que j'ouvre mon magasin... Et puis...

Elle hésita.

– Et puis, j'étais sûre que je te reverrais !

– Mais c'est moi qui suis allé à ta rencontre !

– C'est pareil, non ?

L'ombre mangeait les ruelles. On entendait des rires, des chuchotis, la scie d'un refrain à la mode. Elle posa sa main sur la sienne.

– J'aime bien les histoires qui commencent par des disputes. C'est comme les mariages où il pleut...

CORSE : CHEZ LES CLANDESTINS DU FLNC

Cinq hommes enveloppés de djellabas, capuchons rabattus, visages masqués, nous font face. (...) Un seul parlera : une voix rocailleuse, un ton calme, un débit lent. Quand il répond à nos questions, ses mains jaillissent parfois de sa djellaba. Des mains épaisses, calleuses. Des mains de paysan, pas d'intellectuel.

– *Pour nous, Aleria n'était pas une lutte régionaliste. Ni même autonomiste. Ce n'était pas une affaire de vins, de scandale financier. C'était la première insurrection nationale corse, le début d'un soulèvement armé. Les gens qui se battaient à Aleria se battaient pour la libération nationale et pas pour autre chose.*

(...) Et Edmond Simeoni? Une hésitation. Lui, c'est un héros national corse, un vrai nationaliste, même s'il ne l'a jamais avoué. Un nationaliste dans les faits. Nous rétorquons que, devant la Cour de sûreté de l'État, Simeoni s'est au contraire présenté comme la dernière chance de la France en Corse, et qu'il s'est démarqué des extrémistes et des clandestins. Un geste agacé et notre interlocuteur poursuit :

– *Nous admirons Simeoni en tant que patriote corse. Mais un mouvement national ne repose pas sur un seul homme. Si la France ne change pas d'attitude, il est certain que la lutte armée se déclenchera. (...) Nous avons une structure militaire en place; nous sommes prêts à déclencher la lutte armée au moment choisi par nous et suivant notre stratégie propre.*

– *C'est-à-dire la constitution d'un maquis?*

– *Oui, mais en tenant compte des données particulières de la Corse.*

– *Alors, il s'agirait plutôt d'une lutte de type feddayin?*

– *Par certains aspects, oui. Mais il y a une différence notable : nous n'avons pas de camps de réfugiés à protéger et pas de frontières à franchir. Nous sommes chez nous.*

LE POINT, 12 juillet 1976

150

BASTIA, 27 SEPTEMBRE 1976, 21 HEURES

– Cinq mille six cent trente... Oui, au même endroit, comme d'habitude !

Roccu raccrocha le combiné du téléphone et sortit de la cabine. Il regarda autour de lui, tourna le coin du boulevard. L'enseigne du *Provençal*, rue César-Campinchi, était allumée. Une Lancia était garée le long du trottoir. Pascal était au volant. Le moteur tournait. Les deux garçons firent semblant de ne pas se voir. Roccu passa son chemin. Quelques instants plus tard, un homme sortit des bureaux du journal. Il traversa la rue, entra dans le couloir d'un immeuble. Quand il réapparut, une enveloppe dépassait de la poche de son veston. C'était la revendication par le FLNC de l'attentat commis la veille contre la villa du lieutenant-colonel de la Légion étrangère à Corti.

Pascal débraya, passa une vitesse. La Lancia s'écarta doucement du trottoir.

Roccu était déjà loin. Il marchait d'un pas alerte dans le lacis des rues de la vieille ville. Il s'arrêta devant un magasin pour se rouler une cigarette. Adossé à la devanture, il jeta un coup d'œil alentour. Les passants se faisaient plus rares. Il alluma sa cigarette, regarda encore et repartit.

Depuis quelques jours, Roccu redoublait de prudence. Des dizaines de militants connus pour leurs idées autonomistes avaient été arrêtés après le plasticage d'un Boeing sur l'aérodrome d'Aiacciu. Beaucoup d'entre eux avaient été relâchés, mais les services de police restaient sur le qui-vive. D'autant que trois jours plus tôt, l'assassinat de deux bergers par un déserteur de la Légion avait relancé l'agitation dans l'île.

Roccu s'arrêta de nouveau. Certain de ne pas être suivi, il grimpa vers la citadelle où il avait garé sa voiture. En regardant la mer qui s'enfonçait dans la nuit, il ne put s'empêcher de penser à Severa. Ils n'avaient plus participé ensemble à une opération clandestine. Chacun agissait de son côté et, lorsqu'ils se retrouvaient, il n'était question que d'eux-mêmes. Comme si, à tout instant, ils risquaient d'être séparés. C'étaient des moments volés, entre deux réunions, entre deux actions de commando.

Severa, la rebelle, volontiers ironique et caustique, s'était étrangement métamorphosée. Elle s'en amusait la première : « Guerrière et femme de guerrier, tu crois que c'est une vocation ? »

Roccu monta en voiture. Lui aussi avait changé depuis sa rencontre avec Severa. Il lui semblait que sa vie avait pris une autre densité.

Lui, qui s'y était toujours refusé, se surprenait même à songer à l'avenir. Avec elle, il n'en parlait pas encore, c'était sans doute trop tôt, mais tous deux savaient qu'ils s'étaient engagés bien au-delà d'une simple liaison. Désormais, lorsqu'ils calculaient les risques qu'ils prenaient, c'était d'abord en pensant l'un à l'autre.

Roccu prit la sortie de Bastia. Un convoi de CRS roulait devant lui. Sans doute des renforts qui montaient vers Corti. Il demeura sagement dans le sillage des fourgons.

151

LUPINO, 27 SEPTEMBRE 1976, 22 HEURES

André Rochezzani lui ouvrit. L'appartement était pratiquement vide de meubles. Au milieu de la salle de séjour, il n'y avait qu'une table de camping et des pliants.

Les autres étaient déjà là. La plupart des membres de la junta, comme ils disaient maintenant. C'est-à-dire la direction du FLNC. Outre Roccu et Rochezzani, il y avait Joseph, Ghjacumu Natali et trois « Niçois » dont Petru Ottaviani. Ce dernier, après avoir manifesté violemment son hostilité au sigle choisi, avait fini par rallier le nouveau mouvement clandestin. Il l'avait fait à sa façon, en organisant de son propre chef une « nuit bleue » chez lui, à Aiacciu et dans les environs. Roccu et ses amis n'avaient guère apprécié cette entrée en force. Mais pouvaient-ils se payer le luxe de rejeter des militants aguerris ?

Pascal, pour sa part, avait préféré renoncer à toute fonction de commandement. « Vous savez bien que je suis un fichu solitaire ! » Quant à Louis, il avait décliné en riant : Moi, je suis un homme de main ! Ordonnez, j'obéirai ! »

– On vient d'écouter la radio, dit Joseph à Roccu. Le déserteur de la Légion a été arrêté par les gendarmes !

– Heureusement pour lui ! ricana Rochezzani.

Dans la montagne, des battues d'hommes armés avaient été organisées. Si l'assassin était tombé aux mains des villageois... On sonna. Tous se figèrent. Certains plongèrent leurs mains dans leurs poches. Trois coups brefs. Puis un autre, long. C'était un ami. André alla ouvrir. La silhouette de Jean Casabianca s'encadra dans la porte d'entrée.

L'ancien militant communiste n'appartenait pas à la junta même si c'était lui qui, souvent, rédigeait les communiqués du FLNC. Casabianca tenait jalousement à sa liberté. Roccu, qui s'affirmait peu à peu comme le chef de l'organisation, n'avait pu le convaincre. Sans doute nourrissait-il une certaine méfiance à l'égard de ces jeunes gens trop pressés qui, selon lui, agissaient d'abord et pensaient ensuite.

La discussion commença aussitôt.

– Notre action, dit Joseph, doit être marquée par une rupture radicale avec tout ce qui a été fait précédemment !

– Ça signifie quoi ce jargon ? ironisa un des « Niçois ».

Roccu intervint sèchement.

– La rupture, ça veut dire tuer ! Pas n'importe qui mais des types qui portent des uniformes ! Des symboles !

Il y eut un silence. Tous se tournèrent vers Jean Casabianca qui n'avait toujours rien dit.

– Qu'en pensez-vous ?

L'ancien résistant se racla la gorge et commença de sa voix de basse :

– Je vais vous raconter quelque chose... A Bonifaciu, des amis à moi, des communistes, ont placé des paquets, des charges magnétiques, sous les camions de la Légion.

Un murmure de stupéfaction accueillit la réponse de Casabianca.

– Eh oui, reprit-il, les choses sont parfois plus compliquées que vous ne le croyez, surtout en Corse !

– Et pourquoi on n'en a rien su ? demanda Ottaviani.

– Parce que l'armée n'a pas intérêt à le clamer sur les toits ! Surtout en ce moment... Mais si je vous ai raconté cette histoire, c'est parce que ces communistes qui ont agi en francs-tireurs, comme pendant la guerre, ont choisi, eux, des objectifs justes !

– Vous voudriez qu'on s'attaque à la Légion ? demanda encore Ottaviani. Avec quoi ?

– Quand on se donne les moyens de réussir, tout est possible.

Le « Niçois » haussa les épaules. Jean Casabianca n'en dit pas plus. Mais, à l'issue de la réunion, il prit Roccu et Ghjacumu Natali à part.

152

SAN-MARTINO-DI-NEBBIO, 30 SEPTEMBRE 1976, 14 HEURES

Les trois hommes étaient debout. Au beau milieu de la table, il y avait une grande feuille de papier sur laquelle Jean Casabianca avait dessiné un plan avec minutie.

De son index, il souligna une double ligne droite en lisière du dessin.

– Ça, c'est la route nationale 200 qui va de Corti à Aleria. Ici, à gauche quand on descend de Corti, il y a l'embranchement de la route de Zalane. Un pont enjambe le Tavignanu. L'enceinte militaire commence tout de suite après, à droite...

Roccu savait que Casabianca avait longuement repéré les lieux en compagnie de Ghjacumu Natali. Mais les détails de l'opération, il les avait mis au point seul.

Le terrain avait à peu près la forme d'un carré. La clôture de barbelés qui en défendait l'accès était matérialisée par une ligne noire barrée de « x ». Casabianca posa son doigt sur un dessin arrondi au centre du camp.

– Ici, c'est la poudrière. Elle est enterrée. Sur le bord de la route, ce rectangle, c'est la baraque des hommes de garde. En général, ils sont une trentaine...

Puis il désigna deux petits cercles dessinés de part et d'autre de la poudrière.

– Ce sont des miradors. Une sentinelle dans chacun. A la jumelle, on les distingue très bien, torse et visage sont à découvert.

L'ancien résistant reprit sa respiration. Ghjacumu, visage immobile, réfléchissait.

– Alors, reprit Casabianca, voilà comment je vois les choses. Il faut deux équipes. La première, composée de six hommes, arrive à pied par le fleuve. A cet endroit-là, le lit est boisé, on y est à couvert et on peut progresser à pied sec. L'autre équipe, formée de deux hommes, se trouve dans une fourgonnette volée qui va s'arrêter là, sur le bas-côté.

Il montra un virage à la sortie du terrain militaire.

– Dans chaque équipe, il y a un excellent tireur équipé d'une carabine américaine à lunette... Ils se placent ici et là.

Il souligna deux croix, l'une dans le virage, l'autre sur la rive du fleuve, après le pont.

– Au même moment, ils abattent les deux sentinelles.... Aussitôt, les types de la première équipe qui étaient restés cachés sous le pont se déploient. Deux d'entre eux neutralisent les hommes de garde en arrosant le bâtiment du bord de la route au fusil-mitrailleur et au M 16. Les trois autres sont les artificiers. Ils pénètrent dans le camp et vont miner la poudrière. L'opération terminée, tout le monde rejoint la fourgonnette. J'ai chronométré, il se sera passé sept ou huit minutes, pas plus...

Casabianca releva la tête, les regarda tour à tour.

– Sur le plan strictement militaire, dit Roccu, ça me paraît impeccable. Mais...

– Vas-y, je t'écoute!

– Eh bien, ça fait quand même beaucoup de morts, non? Les deux sentinelles, les mecs de garde...

Casabianca eut une sorte de rire bref.

– Ce n'est pas le nombre de morts qui compte, c'est le moment où on appuie sur la détente la première fois!

Roccu hocha la tête, chercha le regard de Natali. Mais l'ancien officier, toujours pensif, regardait le plan.

– Et pour le repli, comment ça se passe? interrogea-t-il soudain.

– La fourgonnette rejoint Cateraggiu par un itinéraire empruntant uniquement des petites routes. Là, elle retrouve deux autres véhicules qui viennent de Bastia. Ce soir-là, il y a eu un match de football à Furiani. Les deux chauffeurs y étaient et ont acheté des billets pour l'ensemble des membres du commando. La fourgonnette volée est abandonnée, tous montent dans les deux voitures qui prennent la direction du sud. En chemin, les chauffeurs leur racontent le match. S'il y a des barrages, les flics ne trouveront que de braves types qui viennent d'assister à un match de foot.

– Ça me semble correct! dit Natali.

Casabianca passa une main dans ses cheveux drus. Puis il se tourna vers Roccu. Ses yeux bleus brillaient d'un éclat métallique.

– Il faudra rédiger un communiqué très dur, politiquement costaud... Dans ce cas précis, notre objectif est clair : la Légion étrangère doit être considérée comme une force d'occupation! On ne compte plus les viols, les exactions et même, récemment, les assassinats, dont sont coupables ces mercenaires... Autant de raisons qui justifient notre action! Et qui mettent à mal tes scrupules, Roccu!

Casabianca reprit avec force :

– L'important est de donner au pouvoir et à l'opinion l'impression que nous possédons une organisation consistante! Même si, entre nous, nous savons bien que ce n'est pas le cas... Mais après ça, je vous jure qu'on nous prendra au sérieux!

Il se tut. Roccu regarda encore une fois le plan. Il imagina la fusillade, le sang, les cris. La mort.

– Ce sera notre Toussaint à nous! murmura-t-il.

Plus tard, après avoir vu et revu tous les détails de l'attaque et mis des noms sur chacun des membres du commando, Casabianca regarda ses deux compagnons comme s'il voulait les jauger. Puis il ajouta :

– Bientôt, nous aurons besoin de soutien à l'étranger...

Ils y pensaient tous. Et s'ils n'y pensaient pas eux-mêmes, c'étaient leurs adversaires, tous partis politiques confondus, qui ne cessaient de le leur rappeler en répétant que les nationalistes bénéficiaient de l'aide occulte de puissances étrangères. Il s'agissait tantôt de la Libye, tantôt des États-Unis qui rêvaient, paraît-il, de faire de la Corse un gigantesque porte-avions ancré en Méditerranée. Et certains, toujours prompts à voir la main du KGB, évoquaient même l'URSS.

– J'ai des contacts privilégiés et directs avec l'Algérie et Malte... Le moment venu, je saurai les utiliser.

A cet instant, Roccu comprit que Casabianca, à sa façon mystérieuse et subtile, leur proposait une sorte de marché : à eux de faire leurs preuves, à lui d'activer ses contacts, si l'examen était positif!

153

CAMPU DI CROCE, 5 OCTOBRE 1976, 21 HEURES

Severa venait d'arriver. Il faisait nuit. L'air était frais. Dehors, ça sentait l'hiver et le feu de bois.

Elle demeura un long moment serrée contre Roccu. Immobile. Silencieuse. Comme si elle voulait s'imprégner de lui et se débarrasser des odeurs et des fatigues de la ville.

– La journée n'en finissait pas, je comptais les heures...

Puis elle prit le visage du garçon dans ses mains, le regarda avec attention.

– Toi, ça ne va pas!

Il ébaucha un sourire.

– Tu es aussi sorcière?

– Comme toutes les femmes, bien sûr!

Elle se laissa tomber sur une chaise. Roccu avait mis la table, préparé le dîner. Une ou deux fois par semaine, Severa montait au village dès la fermeture du magasin. Les autres jours, lorsqu'il le pouvait, c'était Roccu qui allait à Bastia.

– Alors tu gardes tes soucis ou tu racontes? A moins que ce soit top secret!

D'un commun accord, depuis qu'ils se connaissaient, ils se disaient le moins de choses possible sur leurs activités clandestines.

Roccu hésita à parler. La junta du FLNC, majoritairement, refusait l'opération contre la poudrière de la Légion. Malgré les arguments avancés par Roccu, malgré la caution militaire de Natali, malgré les coups de gueule de Joseph, les autres avaient trouvé prétexte sur prétexte pour renoncer. Ottaviani avait exigé qu'en raison du caractère risqué de l'opération un médecin accompagnât le commando. Rochezzani avait contesté l'itinéraire de repli prévu. D'autres avaient ergoté à propos de petits détails du scénario de l'attaque. Bref, il était clair que la plupart des membres de la junta ne voulaient pas d'une action aussi spectaculaire et meurtrière. Ils prêchaient la guerre mais ils refusaient de la faire! Ils se dérobaient au dernier moment.

Dans un sens, Roccu comprenait leurs scrupules. Lui-même, un instant, avait douté. Le sang appelait le sang. Après une telle opération, ce serait forcément l'escalade. Mais n'était-ce pas ce qu'ils cherchaient depuis longtemps? Les « Fils de la Toussaint », dont ils se réclamaient sans cesse, avaient-ils agi autrement?

Jean Casabianca, prévenu par Roccu de l'annulation de l'attaque, était entré dans une violente colère et avait annoncé que, désormais, il les abandonnait à leur médiocrité et à « leurs plasticages minables! ». Bien entendu, sa proposition de prendre des contacts à l'étranger était nulle et non avenue.

Malgré sa hargne, il avait toutefois ajouté : « Toi, Roccu, lorsque tu as hésité, c'était parce que tu ne voulais pas répandre de sang ! Eux, s'ils renoncent, c'est parce qu'ils ont peur d'exposer leur vie et celle des militants ! C'est là toute la différence entre vous. Elle est énorme ! On ne pourra pas indéfiniment économiser le sang des militants ! »

Ils commencèrent de dîner. Severa racontait les riens qui avaient émaillé sa journée. Elle y mettait une gaieté un peu forcée. Roccu essayait de s'intéresser à ce papotage. Mais il y mettait tant de maladresse qu'elle finit par éclater de rire.

– Tu as raison, ça n'a vraiment aucun intérêt !

Severa était vive et mordante mais elle était toujours la première à se moquer d'elle-même. Par-dessus la petite table, elle se pencha vers lui et effleura ses lèvres.

Brusquement il se leva, l'arracha à sa chaise et la porta jusqu'au lit. Elle se laissa déshabiller. Tous deux aimaient ces instants d'avant l'amour où les peaux sont électrisées, où le désir se nourrit de lui-même, où l'attente devient délicieusement douloureuse. Elle était nue. Il la regardait, il ne cessait de s'émerveiller de la perfection de son corps.

Enfin, il fut sur elle, la pénétra avec douceur. Il l'aima longuement. De grandes vagues roulaient sur eux, lentes et lourdes.

Apaisé, les yeux clos, Roccu, un instant, se sentit heureux. Mais était-il réellement né pour vivre en paix ! Depuis plus de trois ans maintenant, il sacrifiait tout pour une idée. Combien de temps aurait-il encore ce courage ? Que signifiait cette course éperdue qui l'entraînait à parcourir l'île en tous sens, à jouer une partie de plus en plus serrée avec les flics, avec les barbouzes ? Où s'arrêterait-il ?

Un chef ? Jamais il n'avait voulu s'imposer. Car il n'avait nulle ambition personnelle. Au reste, Roccu n'était pas conscient de l'ascendant qu'il exerçait sur les autres. C'était donc arrivé presque malgré lui. Ses amis l'avaient poussé jusque-là. Il avait dû accepter. Et depuis, il s'était essentiellement attelé aux tâches d'organisation, formant ici et là des groupes autonomes et cloisonnés, mettant au point de nouvelles procédures de contact en cas d'arrestations, installant des relais et des planques qui couvraient toute l'île.

Aujourd'hui, Roccu détenait la « signature » du FLNC, au moyen d'un code chiffré qui authentifiait la revendication des attentats auprès des journalistes.

Mais déjà, les luttes pour le pouvoir commençaient. Petru Ottaviani ne manquait jamais une occasion d'affirmer sa différence et son opposition. Il en avait été ainsi dans l'affaire de la poudrière de la Légion. La déception de Roccu avait été telle qu'il avait songé un instant à abandonner toute responsabilité. Il aurait offert cette décision à Severa comme un cadeau : « J'arrête, je suis à toi ! » Mais elle n'aurait peut-être pas accepté.

D'un doigt léger, elle frôla ses paupières. Il ouvrit les yeux. Severa était penchée au-dessus de lui et souriait.

– Tu essayais de t'évader ?

– Non, je pensais à toi.

– Menteur !

Ils roulèrent au milieu des draps froissés.

– J'ai besoin de toi, Severa !

Jamais il n'avait été aussi sincère.

154

BASTIA, 7 JUIN 1977, 19 HEURES 30

L'inspecteur Quiliccini ouvrit une nouvelle canette de bière. Dans le « sous-marin », il faisait une chaleur épouvantable.

Affalé sur un tabouret, Orsoni, le successeur de Legrand, un petit Corse noiraud qui sentait l'oignon, s'était assoupi. Quili détestait l'odeur de l'oignon.

Ce type venait des RG. Un spécialiste des coups tordus, paraît-il. Jeunot, il s'était bagarré contre l'OAS aux côtés des barbouzes. On l'avait affecté à Bastia auprès de lui uniquement pour contrer le FLNC. Tant que ce flicard saurait rester à sa place, ça ferait l'affaire de Quili qui entendait demeurer à la tête de cette petite et discrète unité dont la seule mission était la lutte antinationaliste.

Six heures qu'ils étaient là à surveiller le domicile de Pascal Bonaldi dans la Citadelle. Ça puait la sueur. Sans compter cette maudite odeur d'oignon. Quiliccini secoua son collègue.

– Prends ma place, arrête de pioncer!

– *A furtuna vene durmendu*[1]*!* dit Orsoni sans ouvrir les yeux.

– Tu m'emmerdes avec tes proverbes à la con.

Orsoni se leva en soupirant et prit place devant l'œilleton encastré dans la carrosserie de la fourgonnette peinte aux couleurs de la Poste. A côté, il y avait une autre ouverture devant laquelle était fixé un appareil photo 24 × 36 équipé d'un zoom.

A force de fixer l'œilleton, Quiliccini avait les yeux injectés de sang. Il regarda sa montre, maugréa :

– Mais qu'est-ce qu'ils foutent?

D'après un tuyau sûr, la direction du FLNC était réunie là-haut, chez Bonaldi. Une occasion unique de tirer le portrait des principaux dirigeants du mouvement clandestin. Certains avaient déjà été identifiés. Mais il restait encore beaucoup de blancs dans l'organigramme.

– Y a un type qui sort!

Quiliccini se précipita sur l'appareil photo.

Un homme s'encadra dans la porte de l'immeuble. Le policier reconnut André Rochezzani. Il prit la photo. Celui-là était depuis longtemps sous surveillance. Et des types de « FRANCIA[2] » qui avaient discrètement perquisitionné chez lui avaient retrouvé des tracts du FLNC.

– Ils vont sortir un par un, dit Orsoni.

Un autre homme, une autre photo. Un type grand et sportif au cheveu ras, à l'allure militaire. Un inconnu jusqu'à maintenant. Quiliccini jubilait : la moisson était bonne.

Quelques minutes se passèrent.

1. La chance vient en dormant!

2. Organisation clandestine antinationaliste apparue à la fin 1976 qui va revendiquer des dizaines d'attentats. Le 15 mai, « FRANCIA » plastique en particulier l'imprimerie du journal autonomiste *Arriti*.

Le policier appuya sur le déclencheur en même temps qu'il découvrait la silhouette nerveuse de Roccu Acquaviva. L'inspecteur sourit. Entre lui et Acquaviva, c'était une vieille affaire personnelle. Méthodiquement, le policier accumulait les indices, les présomptions. Roccu, il en était maintenant certain, occupait une place importante dans la hiérarchie du mouvement. Ses déplacements incessants de jour et de nuit à travers l'île, les multiples précautions qu'il prenait pour ne pas être suivi, tout indiquait le clandestin. Mais, jusque-là, malgré les filatures et les écoutes téléphoniques, y compris au magasin de sa nouvelle petite amie, Severa Mattei, aucune preuve formelle n'avait pu être établie contre lui. Pourtant l'inspecteur était certain qu'un jour, il le ferait tomber. Il faudrait être plus malin que lui, tendre un piège dont il ne se dépêtrerait pas. Et en profiter pour arrêter toute la bande en une seule fois. Quiliccini, depuis trop longtemps, végétait à Bastia. Inspecteur principal, il était toujours inspecteur principal! D'autres policiers de son âge étaient déjà commissaires et grenouillaient dans les milieux corses du pouvoir. Mais Quiliccini avait la conviction qu'il obtiendrait sa revanche : le démantèlement du FLNC serait son bâton de maréchal.

155

BASTIA, 7 JUIN 1977, 20 HEURES

Déjà, les touristes arrivaient. Un ferry, gueule ouverte, laissait échapper autos et caravanes. Roccu traversa la place Saint-Nicolas pour gagner le quartier de la gare.

Il était soucieux. La réunion de la junta avait été houleuse. Une fois de plus. Il avait d'abord été question des ressources financières du mouvement clandestin. Sur un ton provocateur, Petru Ottaviani, qui s'affirmait de plus en plus comme son rival à la tête du FLNC, avait d'emblée déclaré :

« Puisque nous ne sommes pas une association subventionnée, nous n'avons plus que deux solutions : les hold-up ou l'impôt révolutionnaire ! »

Roccu marchait vite. La place était baignée d'une lumière blonde de fin de journée. Aux terrasses, c'était l'heure de l'apéritif. Il rendit quelques saluts, refusa autant d'invitations. Il avait hâte de retrouver Severa.

Roccu, mais aussi la plupart des autres participants, avait refusé avec fermeté les attaques de banque. Non par principe – il avait évolué depuis qu'il s'était disputé avec Louis sur ce même sujet – mais parce qu'il savait que le Corse, si enclin à comprendre et pardonner de multiples infractions à la loi, y compris le crime, nourrissait une réelle détestation pour le vol. Commettre des hold-up au nom du FLNC, c'était donc prendre le risque de se voir honni et condamné par l'opinion insulaire.

Restait l'impôt révolutionnaire. D'autres mouvements clandestins, comme l'IRA ou l'ETA, le pratiquaient. Le FLN algérien, en son temps, l'avait aussi utilisé. Roccu n'ignorait pas qu'un jour ou l'autre ils seraient obligés d'en venir là. Mais où était la différence entre le racket et une taxe occulte imposée aux entreprises et aux commerçants? Et surtout, comment contrôler le système, prévenir les détournements, empêcher que d'autres, se prétendant envoyés par le FLNC, ne prélèvent leur dîme?... Roccu avait son idée. Il fallait centraliser les recouvrements et trouver un moyen pour authentifier la perception de cet impôt. Par exemple en attribuant un code chiffré à chaque somme remise. Code qui serait ensuite publié dans un journal de la mouvance nationaliste et attesterait que l'argent avait bien été perçu.

Roccu passa devant la sous-préfecture où quatre ans plus tôt, il avait rencontré Pascal, Joseph et Louis. Quatre ans d'impatiences, d'enthousiasmes mais aussi de déraison. Lorsqu'il regardait en arrière, Roccu avait l'impression que le temps s'émiettait. Les événements se bousculaient, s'enchevêtraient.

Le soleil couchant plaquait un lavis de rousseurs et de bruns sur les crêtes. Les pierres des immeubles exhalaient la chaleur du jour. Severa venait d'emménager dans un immeuble neuf, au-dessus de la gare. Roccu grimpa le raidillon qui y menait. Il transpirait.

Lorsqu'elle lui ouvrit, Severa était enveloppée dans une grande serviette en éponge nouée sur sa poitrine. Ses cheveux bouclés étaient mouillés.

– J'arrive, j'ai juste eu le temps de prendre une douche.

Elle secoua la tête dans sa direction. Une pluie de gouttelettes d'eau arrosa Roccu. Il essaya de l'attraper, elle parvint à s'enfuir. Il la poursuivit en riant, saisit enfin un pan de la serviette qui se dénoua et glissa aux pieds de la jeune femme. Elle protesta pour la forme. Il l'enlaça. Sa peau sentait le savon et le frais. Ils tombèrent sur la moquette.

Roccu sortit de la cabine de douche. Dans la pièce principale, Severa préparait à boire. Elle avait passé un peignoir blanc en éponge qu'elle avait négligé de fermer et qui s'ouvrait à chaque mouvement.

La pièce, claire et spacieuse, se prolongeait par une terrasse. Il y avait des coussins, deux fauteuils recouverts de toile imprimée aux couleurs vives, une table de verre posée sur des tréteaux et deux chaises « bistrot ». Un décor qui lui ressemblait. Severa avait une façon bien à elle de prendre possession des lieux où elle vivait. A Campu di Croce, par exemple, elle se contentait d'oublier un bijou sur la tablette du cabinet de toilette, de fleurir un vase ou d'abandonner un vêtement sur une chaise. Et cela, mystérieusement, suffisait pour qu'elle imprimât sa marque.

Elle lui tendit un verre. Et le regarda avec un drôle d'air.

– J'ai reçu un coup de fil d'une copine d'Aiacciu, dit-elle. Un de ses amis a été plastiqué cette nuit.

– Ami ou ennemi?

– Ni l'un ni l'autre! Marchand de chaussures! Il n'a jamais fait de politique de sa vie.

Le visage de Roccu se rembrunit.

– Alors, ça doit être une erreur, répondit-il du bout des lèvres.

– C'est tout ce que ça te fait, toi? On fout en l'air la maison d'un gars, on bousille peut-être sa vie! Mais c'est la faute à « pas de chance »!

Roccu leva les yeux au ciel. Dans la région d'Aiacciu, c'était le groupe des « Niçois » qui avait la responsabilité des opérations, même si, en principe, le choix des cibles les plus importantes devait être approuvé par le mouvement. Severa continuait de le fixer. Ses yeux brillaient d'indignation.

– Eh bien, je vais te dire, moi, pourquoi il a été plastiqué ce type : parce qu'il porte un nom français ! Et je trouve ça dégueulasse ! C'est du racisme !

– Tu as raison !

La colère de Severa tomba d'un seul coup. Elle secoua la tête. Visiblement, elle ne comprenait pas.

– Mais pourquoi Roccu, pourquoi ?

– Parce que nous ne sommes pas tous d'accord... Pour certains d'entre nous, il faut lutter contre ce qu'ils appellent la colonisation de peuplement...

– C'est simple ! On prend l'annuaire et on plastique tout ce qui porte un nom de pinzuti...

– Tu n'es malheureusement pas loin de la vérité.

– Eh bien moi, si on en arrive là, je laisse tomber !

156

PARIS, 7 SEPTEMBRE 1977

Pourquoi tant de lettres ? Elles s'entassaient sur son bureau, elles jaunissaient. Couleur vieux parchemin, comme ses mains tavelées, décharnées. Peau de cuir où l'os paraissait à cru.

Finu à a morte camperemu [1] *!* Ailleurs, dans il ne savait plus quel pays de l'Est, on disait qu'on ne mourait pas avant le terme fixé. Comme si chacun, en naissant, avait reçu une fois pour toutes son magot de jours à dépenser. Cette idée lui semblait philosophiquement absurde. Mais la croyance au destin était profondément ancrée en chacun... Un autre proverbe corse disait : « Tant que ce n'est pas l'heure, on ne naît ni ne meurt ! » C'était si rassurant de n'être plus responsable.

1. Jusqu'à la mort nous vivrons !

Soudain, Sacramaria était devant lui. Il ne l'avait pas entendue. Mais c'était vrai qu'il n'entendait plus... Il vivait dans une bulle de silence. Seuls lui parvenaient encore les bruits de son propre organisme, misérables grincements d'une machine épuisée...

Elle ouvrait la bouche démesurément pour se faire comprendre, articulant syllabe après syllabe. Non, il ne saisissait pas ce qu'elle voulait dire. Il fit oui machinalement. Un sourire s'afficha sur le pauvre visage flétri de sa nièce. Elle sortit en glissant sur le parquet. Toujours cette peur de faire du bruit... C'était risible. Chère et tendre Sacramaria qui n'avait poursuivi dans sa vie qu'un seul but : servir en se faisant oublier!

Oraziu, parce qu'il ne se résignait pas, dévissa le capuchon de son stylo. Il commença de sa grande écriture déhanchée et tremblée...

Caru Roccu,

Je voulais être un « monsieur ». Me comprends-tu? Je désirais ma revanche. Et, inconsciemment, je cherchais à effacer l'insulte faite autrefois à mon père Nicolas par la famille d'Ernella. Non pas que j'aie aimé mon père, je crois te l'avoir déjà dit. Mais ce mépris qu'ils lui avaient témoigné rejaillissait sur moi. Alors, je devais leur prouver que je pouvais réussir et qu'un petit-fils de berger, un fils de gendarme, saurait accéder aux plus hautes fonctions. Aujourd'hui, tant d'années après, cela me paraît stupide. Mais ainsi sont les jeunes gens qui sacrifient à des chimères...

Mon ambition – telle était mon idée à l'époque – ne pouvait s'épanouir qu'à l'extérieur de la Corse. Je partageais alors le sentiment d'un grand nombre de nos compatriotes pour qui la réussite sociale et pécuniaire ne saurait s'accomplir qu'ailleurs. Hors de ce pays fruste, loin de ces montagnards aux mœurs grossières. Comment te faire comprendre que nous haïssions autant notre île que nous l'aimions. Plus nous y étions attachés, plus nous avions envie de nous en séparer! Et notre amour grandissait à l'aune de notre éloignement. Notre propre pays, avouons-le, nous faisait honte!

Fort de mon appétit à réussir, je suis donc parti enseigner en Tunisie. D'instinct, je me suis senti proche des Arabes. Je les comprenais, ils m'entendaient. Bientôt, j'obtins de tels résultats avec mes élèves que l'écho flatteur de ma réputation parvint jusqu'au rectorat. Je fus aussitôt nommé directeur d'école. Puis, grâce à la protection de M. Charlety, qui était alors directeur de l'enseignement en Tunisie, je pris la direction d'un cours complémentaire, tout en commençant des études supérieures.

J'étais grisé. Je me dépensais sans compter. Je ne doutais pas que je deviendrais un personnage important. Déjà, j'imaginais mon retour en Corse, le retour d'un notable portant gilet et chaîne de montre...

Dès la fin de la Grande Guerre à laquelle j'avais échappé, je fus nommé à la tête du lycée Fustel-de-Coulanges à Strasbourg. C'était une considérable promotion : on envoyait dans l'Alsace retrouvée l'élite des enseignants afin que la tentation allemande fût à jamais expurgée de cette province. Moi, le Corse, je devais faire en sorte de lutter contre le virus séparatiste! Je m'y employais avec la plus grande énergie. Mes convictions socialistes et républicaines m'y aidaient. Je croyais à la France une et indivisible. Et, dans le même temps, pris d'une véritable fringale universitaire, j'avalais des livres de grec et de latin. Comme il était loin le petit instituteur corse qui, chaque matin, commençait sa journée dans la salle d'école d'un village de montagne en bourrant de bûches un antique poêle de fonte!

Oraziu s'arrêta, jeta un œil sur les reliures lustrées des livres de sa bibliothèque. Des livres immobiles comme des cercueils. S'il les ouvrait, les caractères tomberaient, les pages s'effriteraient... Eux aussi, il les avait reniés! Sacrifiés à son ambition.

Professeur d'université! Imagines-tu? J'étais au sommet. Promis aux honneurs et aux décorations. Le militant socialiste s'était effacé, laissant la place à un mandarin franc-maçon qui fréquentait les salons et la bonne société.

Jamais la Corse n'avait été aussi loin. A mes côtés, Ernella, silencieuse, remâchait ses regrets mais elle n'osait m'en parler, de peur d'ennuyer son grand homme!

Et puis, parce que l'enseignement n'avait été qu'un moyen de m'élever, je rompis avec l'université. Je voulais briller, écrire, devenir riche. J'ai lancé des revues, j'ai tenté de faire des affaires. J'ai perdu, j'ai gagné plus rarement. Mais je m'obstinais parce qu'au fond, il y avait toujours cette volonté naïve d'être un jour reconnu par les miens.

Revenir au village? Oui, mais à condition d'y faire bâtir la plus belle maison! Voilà, Roccu, l'homme que j'ai été!

Ce fut aussi l'époque où j'ai rompu avec ton père qui refusait de suivre le chemin que je lui avais tracé. J'avais de trop hautes ambitions pour lui. Ange-Marie n'aspirait qu'à vivre comme ses aïeux. Rejeté par moi, il s'est engagé et, comme beaucoup d'autres Corses, il est allé faire régner l'ordre dans nos lointaines possessions. Plus tard, il a enfin réalisé son rêve en venant s'installer à Campu di Croce. L'heureux homme!

L'orgueil, Roccu! Cet incommensurable orgueil, le seul héritage que m'a laissé le terrible Nicolas, et qui m'a toujours fait remettre mon retour car je redoutais qu'il ne fût pas aussi triomphant que je l'aurais espéré...

Aujourd'hui, je paye. Mais je ne veux ni pleurs ni pitié. Mon retour en Corse, je le sais aujourd'hui, se fera entre quatre planches. Et ma seule et vraie consolation sera que ma chère Ernella voyagera à mes côtés... Notre place est là-bas dans ce cimetière béni de Campu di Croce où l'ombre joue avec la lumière, où la mort se rit indéfiniment des vivants...

Ancu murendu s'ampara [1].

La main d'Oraziu retomba. Sa vue se brouilla soudain. Un long frisson le parcourut. Une sueur glacée coula dans son dos. Le sang battait furieusement dans ses tempes. Il ouvrit la bouche pour crier. Mais il ne s'entendit pas.

N'était-ce pas la mort qu'il appelait de ses vœux depuis si

1. On apprend même en mourant.

longtemps? Non, c'était autre chose de plus terrible. Le vide, l'absence. Oraziu Acquaviva semblait pétrifié. Il avait peur. Mais personne n'en saurait jamais rien.

157

PARIS, 9 SEPTEMBRE 1977, 18 HEURES

Pascal, nez au vent, se faufilait au milieu de la foule, se retournait sur les jolies filles, faisait le badaud devant les vitrines. Roccu suivait en grommelant. Trop de monde, trop de bruit, trop de précipitation. Et cette odeur d'essence et de gaz d'échappement qui lui irritait la gorge et les yeux...

Ils marchaient sur les Grands Boulevards. Ils étaient arrivés à la mi-journée. Roccu, ce soir, avait prévu d'aller voir son grand-père.

– Je ne comprends pas comment on peut vivre ici...

– Tu devrais descendre plus souvent de ta montagne!

Nadine était restée à l'hôtel. Pascal la lui avait présentée alors qu'ils enregistraient leurs bagages à Poretta. « Nadine, une amie. Elle va également à Paris. » Roccu avait aussitôt compris. C'était elle, la mystérieuse maîtresse de Pascal. Celle qu'on savait exister mais qu'on ne voyait jamais. Une bourgeoise. Belle à couper le souffle avec des yeux verts qui vous donnaient le frisson, élégante jusqu'au bout des ongles. Mais quelque chose de spontané et d'amical dans l'expression... « Bonjour, Roccu... » Le vibrato de sa voix! Troublé, Roccu avait bredouillé quelques mots. Discrètement, Pascal avait souri. Dans l'avion, Nadine s'était tenue à l'écart, comme si elle ne voyageait pas avec eux. Il en avait été de même lors de leur débarquement à Orly. Mais dès qu'ils étaient montés dans le taxi, la jeune femme s'était rapprochée de Pascal. Et, malgré lui, calé à l'autre extrémité de la banquette, Roccu avait ressenti une petite pointe d'envie.

Les deux garçons affrontèrent à nouveau la cohue pour descendre dans la station de métro Strasbourg-Saint-Denis. En bas, ça sentait le chaud, la foule. Roccu observa un instant cette activité de fourmilière. Les portillons qui claquaient, les gens qui couraient en tous sens, les gamins qui sautaient pardessus les barrières, les voyageurs qui s'impatientaient devant les guichets, une jeune femme qui tirait hâtivement sur sa cigarette tout en fouillant dans son sac... Pas un sourire mais, sur tous les visages, le désir d'en finir au plus vite, d'échapper à ce monde souterrain encombré et malodorant.

Collé au mur pour échapper à la bousculade, Pascal observait une porte métallique à l'entrée d'un couloir. Roccu dut jouer des coudes pour s'approcher de lui.

– Ça s'ouvre avec un carré, murmura Pascal. Ça ne devrait pas être compliqué. Il faut profiter de l'affluence. On ouvre, on pose le colis, on referme. Ni vu ni connu.

Roccu le prit par le bras, le tira violemment. Pascal lui jeta un coup d'œil étonné.

– Qu'est-ce qui te prend?

Roccu avançait déjà vers la sortie, affrontant le flux descendant. Pascal le rejoignit dehors.

– Alors, tu es claustrophobe, maintenant?

Roccu haussa les épaules.

– Impensable! Ce serait un massacre... Ces gens ne nous ont rien fait!

Plus tard, ils s'installèrent à une terrasse de café et commandèrent des demis. Au-dessus des toits, le ciel était bleu sale. Roccu, visage fermé, réfléchissait. Une bombe dans le métro parisien! Cette proposition avait jailli au cours d'une réunion de la direction de la junta. Une réaction de désespoir : malgré les plasticages, malgré les opérations spectaculaires (la dernière étant la destruction du relais de télévision qui desservait les trois quarts de l'île), rien ne bougeait. Et les militants du FLNC étaient régulièrement assimilés à des gangsters par l'ensemble de la classe politique insulaire et les représentants du pouvoir. Une bombe pour l'honneur, pour se venger, pour prouver que le FLNC pouvait aussi frapper sur le continent quand il le voulait... Une bombe pour faire peur!

– Écoute, Pascal, jusqu'à maintenant, on a les mains propres! Pas une goutte de sang innocent n'a été versée! Malgré les dizaines, les centaines de plasticages... Alors, un attentat aveugle, non! Ça ne nous ressemble pas!

– Il t'a fallu venir à Paris pour t'en rendre compte? interrogea Pascal, ironique.

– Oui... C'est peut-être idiot, mais je n'ai pas honte de le dire! Quand, tout à l'heure, j'ai vu tous ces pauvres types qui couraient après le temps, qui avaient bossé toute la journée, qui se dépêchaient de rentrer chez eux... Et ces gosses, ces femmes...

Il se tut un instant. A quelques mètres d'eux, défilaient les passants. Visages anonymes. Chacun avec son petit tas de secrets. Chacun avec son lot de joies et de soucis...

Brusquement, Roccu se tourna vers Pascal.

– Dans une guerre, on combat les armes à la main. Pour gagner! L'attentat aveugle est un acte de désespoir, une réaction de vaincu!

– Moi, si tu permets, je préfère plutôt voir les choses d'un point de vue politique... Et la vraie question est celle-là : quelles seraient les conséquences d'un tel attentat?

Roccu rit brièvement.

– Les gentils plastiqueurs de villas et de camps de vacances deviendraient soudain des tueurs! On mériterait enfin ce nom de terroristes qu'on veut nous coller à tout prix!

Il finit son verre d'un trait, puis se leva.

– Je vais voir mon grand-père... On se retrouve demain matin.

– Roccu, je n'ai pas dit que tu avais tort...

– On n'en parle plus! On était venu faire un repérage avant de passer à l'action. On l'a fait. C'est terminé.

158

PARIS, 9 SEPTEMBRE 1977, 19 HEURES 30

Roccu avait une boule au creux de l'estomac. Il regarda la petite banquette en velours rouge, le porte-parapluies en cuivre. Puis, enfin, il se décida à sonner.

Il se passa de longues secondes avant qu'il n'entendît le glissement d'un pas derrière la lourde porte. Il y eut encore quelques instants d'attente et l'on entrebâilla la porte. Le profil maigre de Sacramaria apparut dans l'encadrement. Son œil noir le scruta, méfiant.

– Bonsoir, ma tante!

– C'est toi, Roccu?

Une larme coula silencieusement sur la joue de la vieille fille.

– Mon pauvre Roccu!

Elle s'effaça pour le laisser entrer dans le vestibule. Roccu l'entendit derrière lui qui reniflait. Il se retourna et demanda, le cœur battant :

– Babone? Il est mort?

Sacramaria fit non d'un mouvement de tête.

– Mais, il y a deux jours... Il a eu une attaque. J'ai téléphoné à Ange-Marie. Il m'a dit que tu étais absent et que tu devais voyager.

Ils passèrent dans le salon. Roccu reconnut les lieux. Rien n'avait changé. Le même décor suranné, la même odeur de vieux dont ne parvenait pas à triompher le parfum plus entêtant de l'encaustique.

Sacramaria avait sorti un mouchoir qu'elle triturait dans ses mains.

– Il est immobile, c'est effrayant. Il n'y a plus que ses yeux qui vivent...

Elle se tamponna les paupières. Et continua sur un ton mécanique :

– Il parlait souvent de toi, tu sais... Il me demandait de tes nouvelles. Quand je n'en avais pas, j'inventais... Mais c'est surtout lui qui parlait... Il revoyait le village autrefois, il évoquait ma pauvre mère, Laurina. Et Nicolas, son terrible père!

– Il est ici ou à l'hôpital?

– Ici... A son âge... Moi, je peux bien m'occuper de lui!

– Je veux le voir.

Sans un mot, elle le précéda.

La chambre, plongée dans l'obscurité, sentait le médicament.

– Il dort, chuchota Sacramaria. Il dort presque tout le temps.

Elle alluma une veilleuse. Roccu découvrit le grand vieillard qui reposait, tel un gisant, au milieu du lit. Lentement, il s'approcha du chevet. Oraziu Acquaviva avait les yeux grands ouverts. Soudain, les pupilles bougèrent. Roccu eut l'impression que le regard délavé du vieux se saisissait du sien. Ce fut comme une prise de possession, brutale, impérieuse. Que voulait Oraziu? Que signifiait ce regard? Quelle demande exprimait-il? Mal à l'aise, Roccu posa sa main sur celle de son grand-père. Sa peau parcheminée était froide. Son immobilité faisait peur. Et les yeux d'Oraziu ne le quittaient toujours pas.

– Il t'a reconnu, Roccu. Je suis sûre qu'il est content de te voir! dit Sacramaria avec maladresse.

Mais lui savait qu'il y avait aussi des reproches dans ce regard dardé sur lui. « Pourquoi si tard, Roccu? Oui, pourquoi m'as-tu oublié? »

– Babone...

C'était dur de parler à ce regard. Roccu transpirait. Il se sentait glacé.

– Babone, je n'ai jamais cessé de penser à toi... De me rappeler ce que tu m'as dit lors de la mort de grand-mère...

– Parle plus fort! murmura Sacramaria. Il n'entend plus guère...

– Bientôt, babone, il y aura des rires d'enfants dans les rues de Campu di Croce... Le séchoir à châtaignes du sentier de la cascade fumera à nouveau. Et l'on entendra la scie du menuisier et les cloches des troupeaux...

Et soudain, tandis qu'il continuait à parler, Roccu crut voir des larmes dans les yeux de son grand-père.

Sacramaria lui avait préparé à dîner. Il était assis dans la cuisine. Debout près de lui, elle insistait :

– Mais mange, mange donc !

Roccu pensait entendre sa mère. Là-bas, dans la chambre, le grand vieillard dormait à nouveau.

– Tu veux que je te prépare un lit ?

– Non, ma tante, merci...

Il était encore bouleversé. Combien de temps avait-il parlé à son grand-père ? Il n'aurait pu le dire. Lui, le silencieux, avait su trouver peu à peu les mots. Et Oraziu, il en était certain, avait entendu ce qu'il désirait entendre depuis si longtemps. Lorsque Roccu en eut terminé, lui aussi avait les larmes aux yeux. Alors, le regard du vieillard s'était brusquement éteint. Sacramaria s'était penchée au-dessus de lui. « Il dort. Il dort comme un enfant ! »

– Encore un peu de tarte ?

– Non, merci. Je repars demain, ma tante.

– Comme je t'envie, Roccu !

Il la regarda. Un sourire éclaira un instant son visage de chat écorché.

– Tu es un bon garçon, Roccu.

Il se leva, serra avec tendresse sa tante contre lui. Et sous la petite robe noire, il la sentit qui frissonnait.

159

SOLENZARA, 12 JANVIER 1978, 23 HEURES

Il n'arrêtait pas de pleuvoir. Une pluie d'orage qui noyait les champs, creusait les ornières.

Leurs chaussures s'enfonçaient dans le sol boueux.

Encombrés par le matériel qu'ils transportaient, ils trébuchaient à chaque pas. L'eau, glacée, coulait dans leur nuque et leur dos, transperçait leurs tenues militaires.

Pascal était en tête avec les plans. Louis, une bouteille de gaz sur l'épaule, fermait la marche. Parmi les quinze militants engagés dans cette opération, la plus dangereuse qu'ils eussent jamais tentée, il était le seul qui semblait à l'aise.

Des lumières devant eux. Ils approchaient. Ils progressèrent plus lentement.

Ils virent soudain, se détachant sous la lumière crue des projecteurs, une haute ligne de grillage enrubannée de fils barbelés.

Roccu rejoignit Pascal en tête de colonne. Protégé par un pan de sa vareuse de sergent de l'armée de l'air, celui-ci déploya une feuille de papier. Roccu l'éclaira.

– Les champs de mines sont là.

Posés entre les barbelés, ils étaient signalés en rouge sur le plan. Ils préparaient cette attaque depuis plusieurs semaines. Un sous-officier corse les avait aidés. Ce soir, il était de garde à l'intérieur de la base aérienne. Il leur avait donné le mot de passe du jour.

Derrière, ceux qui portaient les bouteilles de gaz avaient posé leur charge sur le sol détrempé. Pour la plupart, ils venaient du Fiumorbu. Pascal regarda encore le plan.

– Je passerai en premier. Si je saute, essayez de récupérer les morceaux! Je n'aimerais pas me présenter incomplet là-haut!

Pascal repartit avec Roccu. Ils s'agenouillèrent près de la première ligne de grillage. Une partie du système d'alarme devait avoir été déconnectée par leur complice, à l'intérieur de la base. Mais, pour neutraliser complètement le dispositif et éviter le déclenchement des sirènes, il fallait encore couper de minuscules fils qui couraient le long du grillage. Pascal sortit une pince d'électricien de sa poche. Roccu braqua l'étroit faisceau de sa torche sur la clôture. Le premier fil fut coupé. Rien. Un second fil. Toujours rien. Roccu avait le cœur qui battait. A tout moment, il s'attendait à entendre hurler les sirènes. Et la pluie qui redoublait, hachant la lumière des projecteurs, criblant les mares qui se formaient sur le sol nu.

Enfin, ils se relevèrent. Roccu, armé d'une cisaille, s'attaqua au grillage. Pascal se faufila aussitôt dans le trou pratiqué. De l'autre côté, il hésita un court instant. Puis il se retourna vers Roccu :

– Au front, avant une attaque, mon grand-père disait : « Je crois que je vais chier par les sept culs ! »

– *Pà i setti cula !* répéta Roccu. Mais regarde plutôt où tu mets les pieds.

Pascal lui adressa un clin d'œil, et soudain il se lança dans l'espace miné.

Tous avaient les yeux fixés sur la silhouette de Pascal brouillée par la pluie. Tous avaient la même peur au ventre.

Ils lui laissèrent prendre une quinzaine de mètres d'avance. Puis Roccu donna l'ordre de marcher. La colonne s'ébranla en silence. Et les hommes chargés d'explosifs et de bouteilles de gaz pénétrèrent à leur tour dans le champ clos entre les deux grillages, veillant à mettre leurs pas dans ceux de Pascal.

Là-bas, ce dernier avait atteint une autre ligne de barbelés et commençait à pratiquer une nouvelle ouverture. Ils franchirent ce second obstacle. Bientôt, ils distinguèrent les grandes ombres des radars. Ils se trouvaient maintenant à l'intérieur d'une des bases militaires françaises les mieux protégées.

Pascal était toujours devant. Immobile, il regardait et attendait. Roccu se porta à sa hauteur. Devant eux, il y avait un poste de garde. On voyait de la lumière filtrer à travers des persiennes.

– On a fait le plus dur ! murmura Pascal. Je crois que j'ai jamais eu autant la trouille. Les autres sont derrière ?

Roccu fit oui. Au même instant, la porte de la baraque s'ouvrit. Une flaque de lumière inonda le terrain. Puis une silhouette noire s'encadra dans la porte. Roccu et Pascal s'accroupirent aussitôt. Pas assez vite, peut-être.

– Merde, il nous a vus !

La porte était toujours ouverte, le soldat avait brusquement tourné les talons et regagné l'intérieur de la baraque.

– Il va donner l'alerte !

– On se tire ! dit Roccu.

Ils prirent leur élan. Courbés en deux, ils rebroussèrent chemin.

– Repli! ordonna Roccu aux autres.

Il avait la rage au cœur. Des semaines de préparation, des nuits de travail, de répétitions, fichues en l'air. Une opération spectaculaire réduite à néant. Au petit matin, les sentinelles découvriraient les trous dans le grillage, les fils sabotés... Lui qui, secrètement, voulait apporter à Jean Casabianca la preuve qu'enfin, ils étaient capables de conduire à bien de véritables opérations militaires... Repli. La pluie toujours. Les barbelés. Les mines. La boue. L'angoisse de tomber nez à nez avec une patrouille. Et par-dessus tout l'humiliation de l'échec.

Louis, furieux, donna un grand coup de pied dans une mare d'eau. Il portait toujours sa bouteille de gaz sur l'épaule. Même lui semblait épuisé. Tous savaient qu'il leur fallait marcher encore un long moment avant de regagner les voitures. On entendait des toux, des éternuements.

– Et s'il ne nous avait pas vus? risqua Pascal.

– Ta gueule! répliqua Roccu.

Mais, bien avant Pascal, il avait eu la même idée.

160

BOGGIU DI FIUMORBU, 13 JANVIER 1978, 8 HEURES

Il dormait d'un mauvais sommeil. Il avait froid. Le jour le réveilla pour de bon. Le ciel avait été lavé par la pluie torrentielle de la nuit. Dehors, le matin devait être piquant.

Roccu essaya comme il le put de se réchauffer en se pelotonnant dans son sac de couchage. Par prudence, il avait préféré ne pas rentrer à Campu di Croce et encore moins regagner l'appartement de Severa à Bastia. Une nouvelle fois, en compagnie de ses amis, il avait trouvé refuge au cœur de la citadelle du Fiumorbu, dans la maison de l'oncle de Joseph. Toutefois, dès qu'il l'avait pu, Roccu avait fait savoir à Severa qu'il était sain et sauf. Deux sonneries de téléphone. Un nouvel appel et une autre sonnerie. Pas un mot échangé. Tous deux craignaient que la ligne ne fût sur écoute.

Louis grogna dans son sommeil. Revivait-il lui aussi l'échec cuisant de la nuit? Plus loin, Pascal dormait paisiblement. Rien, jamais, ne semblait entamer son flegme. Un instant, Roccu l'imagina avec Nadine. Mais vite, il chassa cette idée, comme si elle pouvait attenter au pacte amical qui unissait les deux garçons.

N'y tenant plus, Roccu se leva. Son uniforme de caporal séchait sur une chaise devant la cheminée où quelques braises rougeoyaient encore. Heureusement, Joseph leur avait fait porter quelques vêtements secs. Il s'habilla en hâte, prépara du café. Il avait à peine terminé que Joseph entra. Pas rasé, le cheveu en bataille, il semblait très excité.

– C'est dingue!

Joseph reprit son souffle et raconta. Le sous-officier de la base aérienne de Solenzara, son service terminé, venait de monter au village. Il ne comprenait pas. Que leur était-il arrivé? Pourquoi n'avaient-ils pas appliqué le plan prévu? Lui-même avait neutralisé les systèmes d'alarme. Et il avait attendu en vain une partie de la nuit.

– C'est de ma faute! dit Roccu.

Il était blême.

– Il est encore de service la nuit prochaine? demanda-t-il.

– Je crois, oui!

– Alors, on remet ça!

A l'autre bout de la pièce, Pascal s'étira. Il souriait.

– Hier, c'était la répétition, ce soir, ce sera la première!

161

SOLENZARA, 13 JANVIER 1978, 23 HEURES 30

De grandes écharpes nuageuses couraient dans le ciel. Mais la nuit était plus claire. Ils avaient aussi progressé plus vite. Ils n'étaient que sept, bien que Joseph se fût joint à eux. Les autres membres du commando, ceux de la veille, étaient malades ou trop épuisés. Cependant, Roccu et Pascal n'avaient pas voulu remettre l'opération : le plan avait été revu et modifié afin de tenir compte de la désaffection des hommes. La phase du repli laissait en particulier une part plus grande à l'improvisation.

Ils se trouvaient exactement à l'endroit où, vingt-quatre heures plus tôt, ils avaient fait demi-tour. Ils passèrent des cagoules. Sur un signe de Roccu, carabines ou pistolets à la main, ils se déployèrent et coururent vers les bâtiments.

La porte du premier poste de garde fut ouverte à la volée. A l'intérieur, des soldats jouaient aux cartes. Ils levèrent aussitôt les mains. Louis, uniforme de sergent, visage masqué, les braquait avec une carabine Lee-Enfield.

Plus loin, Roccu et Pascal atteignirent le poste de contrôle des radars. Une lueur bleutée filtrait par les fenêtres.

La porte était fermée. Des fils couraient le long du mur, ils reliaient le poste au QG de la base. Pascal sortit sa pince d'électricien.

A quelques dizaines de mètres, Joseph se présenta au pied d'une tour de garde. Il cria le mot de passe à la sentinelle. Dans l'obscurité, le soldat ne put voir la cagoule qui dissimulait son visage. Quand Joseph fut sur lui, il n'eut pas le temps de réagir.

Le système d'alarme du poste de contrôle des radars était maintenant neutralisé. Armé d'un marteau, Pascal brisa le carreau d'une fenêtre, passa la main dans le trou, manœuvra la crémone. Roccu bondit et se précipita à l'intérieur du bâtiment, pistolet au poing. Adossé aux écrans vidéo, le responsable du poste se figea. Il était seul. Terrorisé, il se laissa ligoter par Roccu. En se retournant, celui-ci découvrit des taches rouges sur le plancher. Pascal se tenait le bras. Du sang dégoulinait de sa main.

– Je me suis coupé une veine en cassant le carreau!

– Merde, il faut un garrot.

– Perds pas de temps, ça ira!

Mais le sang tombait en grosses gouttes de son poignet.

162

SOLENZARA, 14 JANVIER 1978, MINUIT DIX

Joseph, un fusil-mitrailleur MAT 49 à la main – il l'avait dérobé dans un poste de garde –, arriva le dernier. Les explosifs étaient posés au pied des radars et les détonateurs branchés. Les prisonniers, dont quelques officiers et sous-officiers, avaient été désarmés, ligotés et éloignés de plusieurs centaines de mètres. Une fausse charge (un sac en plastique d'où sortaient des fils électriques) avait même été fixée sur la principale porte métallique de l'enceinte afin de dissuader quiconque d'entrer. Mais l'opération avait duré plus longtemps que prévu : il leur restait à peine dix minutes pour évacuer la base avant les explosions. Difficile de repartir à pied, surtout avec un blessé qui, malgré le garrot serré autour de son avant-bras, avait perdu beaucoup de sang. Comme la veille, il pleuvait à verse.

– Il y a une bagnole là-bas! cria Louis.

C'était une 4L de l'armée.

– On monte tous et on sort par la grande porte! dit aussitôt Roccu.

Il ouvrit la portière avant. D'un violent coup du volant, il brisa le Neimann.

– Laisse faire! dit Pascal d'une voix blanche.

– Tu pourras? demanda Roccu.

Sans un mot, Pascal l'écarta et se glissa sous la planche du tableau de bord. Roccu l'éclaira. Quelques instants plus tard, il avait relié les fils électriques. Le démarreur aboya. Pascal, épuisé, ressortit.

– Prends le volant! ordonna Roccu à Joseph.

Ce dernier lui passa son MAT 49 tandis que les autres membres du commando s'engouffraient comme ils le pouvaient dans la petite auto. Le démarreur tournait toujours mais le moteur refusait de partir.

– Elle veut rien savoir!

– Il faut pousser!

Louis et un autre type redescendirent. L'auto commença à rouler. Enfin, le moteur toussa. Joseph donna de furieux coups d'accélérateur. Louis et l'autre remontèrent. La 4L bondit en soulevant de grandes gerbes d'eau. Sur le siège avant, Roccu se retourna.

– Comment ça va, Pascal?

– Ne t'en fais pas! répondit-il d'une voix qui se voulait ferme.

Ils étaient presque sortis du périmètre de la base lorsqu'ils virent des phares devant.

– Fonce! cria Roccu à Joseph.

Le moteur de la 4L poussé à fond hurlait. En face, les phares se rapprochaient. Soudain, ils changèrent d'orientation. Roccu et Joseph comprirent aussitôt.

– Ils se mettent en travers, ils veulent nous couper la route!

Joseph freina au dernier moment et alluma les phares de la 4L. Devant, au milieu de la route, ils découvrirent une Jeep avec plusieurs soldats casqués à bord. Roccu était déjà descendu. Mitraillette à la main, il braqua son arme sur la Jeep.

– Barrez-vous ou je tire!

Le conducteur de la Jeep obéit immédiatement. Roccu remonta en voiture. Joseph embraya.

– S'ils nous poursuivent, dit Roccu, vous tirez!

D'un coup de crosse, Louis cassa la lunette arrière.

Ils étaient sur la route quand le ciel s'embrasa. Ce fut soudain comme un lever de soleil. Violent, irréel. Roccu jeta un œil dans le rétroviseur. A la lumière des explosions successives, il eut le temps de voir Pascal, livide, les lèvres exsangues.

163

PLAINE DE GHISUNACCIA, 14 JANVIER 1978, 6 HEURES 30

La chasse à l'homme était lancée.

Toute la nuit, les hélicoptères avaient tourné, fouillant de leurs projecteurs les broussailles, les prairies, les abords des plages. Roccu et ses deux compagnons étaient transis de froid. Ils marchaient vers le nord, se dissimulant dès qu'ils entendaient à nouveau le vrombissement des rotors. Pascal avait de plus en plus de mal à marcher. La plupart du temps, il fallait le soutenir. Mais jamais il ne se plaignait.

La 4L de l'armée de l'air avait été abandonnée quelques kilomètres après la base de Solenzara, dès qu'ils avaient entendu les premiers hélicoptères. Pensant pouvoir récupérer les deux véhicules volés qu'ils avaient utilisés à l'aller, ils s'étaient engagés du côté de la mer. Mais ils avaient failli tomber sur une patrouille. Maintenant, il leur fallait fuir à pied. Le commando s'était séparé en deux. Pascal était resté avec Roccu et Joseph. Louis avait pris le commandement de l'autre groupe.

La pluie, glacée. La fatigue. Le petit jour qui tardait à venir. Roccu, lorsqu'il voulait recouvrer des forces, revoyait l'embrasement au-dessus de la base aérienne... Un ciel d'incendie. Combien de millions de dégâts? Peu importait! Le symbole seul comptait. Ils avaient réussi. Enfin. Mais s'ils étaient pris, ils risquaient gros. Haute trahison, ça devait aller chercher la réclusion criminelle à perpétuité...

Ils traversèrent une petite route en courant, chacun prenant le blessé sous un bras. Quand ils furent de l'autre côté, Pascal serrait les dents. Il grelottait. Roccu et Joseph échangèrent un regard inquiet.

– Il y a une maison plus loin, dit Pascal d'une voix tremblée.

A une centaine de mètres, ils aperçurent dans le ciel qui blanchissait un panache de fumée au-dessus d'un toit.

– Je vais voir, dit Roccu.

Il s'éloigna au petit trot. Joseph aida le blessé à s'asseoir contre un tronc d'arbre, en retrait de la route.

– On va s'en sortir, Pascal.

Ce dernier se força à sourire.

– J'ai toujours eu la baraka...

Joseph posa une main sur son front. Pascal était brûlant.

Quelques instant plus tard, Roccu revint avec une femme d'une cinquantaine d'années. Elle tenait une cafetière et un gobelet à la main. Joseph dissimula sa mitraillette dans les herbes.

La femme se pencha au-dessus du blessé, observa sa manche ensanglantée, son visage blanc, ses lèvres décolorées.

– Il faut l'emmener chez un médecin...

Elle remplit le gobelet de café. Mais Pascal ne put s'en saisir. Il fallut le faire boire.

On entendait à quelque distance la ronde des hélicoptères. La femme ne posa aucune question. Pascal se releva de lui-même :

– On ne reste pas là !

– Vous avez le téléphone ? demanda Roccu à la femme.

Elle fit oui.

– Venez avec moi !

– Si on nous trouve chez vous ?...

La femme ne répondit pas et marcha dans la direction de sa maison.

Il faisait chaud. La radio était allumée. Aux informations, on parlait d'un commando venu de la mer, d'une opération conduite à l'instigation de Khadafi...

La femme vaquait à ses occupations. Exactement comme s'ils n'étaient pas là. Pascal était couché sous une couverture devant le poêle. Ses yeux brillaient de fièvre. Il tremblait toujours. Il fit signe à Roccu de s'approcher et chuchota :

– Nadine !... Sa ligne n'est pas sûre, mais tu vas l'appeler chez l'un de ses amis qui habite au-dessous de chez elle...

Il reprit sa respiration et poursuivit :
– Elle viendra, je le sais !
Il y eut un silence. Pascal posa sa main sur celle de son ami.
– Dis-lui simplement que j'ai vraiment besoin d'elle.
Roccu interrogea à voix basse :
– Je demande qui ?
– Nadine. Nadine Tirroloni.
– Elle est de la famille de l'homme d'affaires ?
– C'est sa femme...

Roccu avait appelé Nadine. Il lui avait demandé d'aller chez Severa et de la prévenir. Deux femmes seules franchiraient aisément les barrages. Ensuite, elles pourraient sans doute revenir vers Bastia si Pascal était bien dissimulé dans la voiture. Roccu savait que Severa n'hésiterait pas un instant à courir ce risque. Quant à Nadine... Il ne la connaissait pas suffisamment...

Un bruit de voiture. La tache bleue d'une auto de la gendarmerie qui passait lentement sur la route devant la maison. Roccu et Joseph se dissimulèrent aussitôt. La femme, elle, feignit de ne rien voir.

Une heure et demie plus tard, la Mercedes de Nadine s'arrêta à proximité de la maison. Severa était à ses côtés.

164

CAMPU DI CROCE, 28 MARS 1978, 20 HEURES

Le filet se resserrait, il le sentait.

De plus en plus souvent, son père, Ange-Marie, Domenicu ou encore le petit Vincensiu, lui signalaient la présence de voitures suspectes dans le village. Severa, elle aussi, avait l'impression que son magasin et son appartement étaient surveillés.

Mais comment Roccu aurait-il pu s'étonner? Il y avait maintenant deux ans que le FLNC avait été créé. Deux ans d'attentats, de fusillades de gendarmerie et de bâtiments publics, de distributions clandestines de tracts et de journaux... Et pas une arrestation! C'était trop beau. Les flics attendaient leur heure. Un jour ou l'autre, ils triompheraient de l'omerta insulaire. Pour la bonne raison qu'il y avait aussi des Corses parmi eux.

Roccu, après le spectaculaire attentat de Solenzara, avait cru bon de prendre quelque distance. Non pas qu'il eût renoncé à diriger la junta du FLNC. Mais il limitait ses déplacements et déléguait de plus en plus ses responsabilités, au risque de concéder une dangereuse autonomie aux divers groupes qui opéraient dans l'île. Il avait même demandé à ses amis les plus proches, Louis, Joseph, Pascal, d'éviter dans la mesure du possible de lui rendre visite. Les réunions indispensables se tenaient le plus souvent à la nuit, dans le maquis.

Au sein du FLNC, il n'était bien sûr pas le seul à deviner que la traque se rapprochait. Mais curieusement, certains semblaient ne pas en tenir compte. Comme si, inconsciemment, ils souhaitaient qu'elle aboutît au plus vite. Sinon, comment interpréter le geste de l'un des leurs, Léo Battesti, qui, deux jours auparavant, au cours d'une conférence de presse clandestine du FLNC, avait soudain ôté sa cagoule et s'était montré à visage découvert devant les journalistes? Défi au pouvoir, ou désir de revendiquer publiquement son appartenance au FLNC? Pour Roccu, qui avait désapprouvé le geste de son camarade, c'était avant tout un « complexe de cagoulé »! Les militants n'en pouvaient plus de ne pas être reconnus. Ils voulaient tomber le masque, quitte à être emprisonnés pour de longues années! Roccu jugeait cette attitude irresponsable.

Severa n'ignorait pas que tous deux pouvaient être arrêtés à n'importe quel moment. Il lui disait parfois : « Ils ne m'auront pas vivant! » Elle se contentait de soupirer : Roccu ne parlait jamais à tort et à travers.

La nuit tombait. Il attendait le retour de Severa. Il habitait toujours la petite maison de Bianca Fiorelli. Et, malgré tout, difficultés matérielles et manque d'argent, il s'obstinait à être berger et à s'occuper lui-même de son troupeau.

Vincensiu avait fait ami-ami avec Severa. Le garçonnet – il avait maintenant plus de douze ans – avait rapidement compris que celle-là était installée pour de bon dans la vie de son ami Roccu. Indulgent, il lui abandonnait soirées et nuits et se contentait des journées lorsqu'il n'était pas à l'école.

Le San Petrone s'enfonçait dans la nuit. Roccu regarda le réveil, près du lit. Severa était en retard. Il avait toujours peur qu'un jour les flics ne s'en prissent d'abord à elle pour mieux le faire tomber. Que ferait-il si elle était arrêtée? Roccu serra les poings. Il ne voulait pas y penser.

Enfin, un bruit de moteur. Et deux coups de klaxon dont l'écho cascada dans la vallée. Severa avait l'habitude d'annoncer ainsi son arrivée. Roccu sortit sur le seuil. Bientôt, il aperçut les phares en contrebas. Son cœur battit un peu plus vite. Il eut envie de courir pour la rejoindre au plus tôt.

– J'ai acheté à manger... Un dîner d'amoureux!

Elle était gaie. Ses yeux bleus pétillaient. Elle disposait les plats sur la table. Quand elle passait près de lui, elle déposait un baiser sur ses lèvres. Puis elle lui échappait pour continuer à préparer le dîner. Il la regardait, il l'aimait, il était heureux. Roccu avait oublié ses appréhensions.

– Du champagne! Tu es folle...

Elle lui tendit la bouteille afin qu'il l'ouvrît.

– Qu'est-ce qu'on fête?

Severa ne répondit pas tout de suite. Elle s'approcha de lui, prit sa main dans la sienne et la posa soudain sur son ventre.

– Devine!

165

BASTIA, 15 MAI 1978, 21 HEURES 30

André Rochezzani était assis à la terrasse d'un café de la place Saint-Nicolas. Il sirotait un alcool en compagnie d'un petit homme très brun dont le torse musculeux était moulé par un tee-shirt blanc.

Il faisait doux. Une brise légère agitait le feuillage des palmiers. Roccu s'arrêta à une dizaine de mètres. Louis l'accompagnait. Les deux autres ne les avaient pas repérés.

– Tu as déjà vu ce mec? demanda Roccu.

– Inconnu au bataillon!

Ils restèrent encore quelques instants à observer les deux consommateurs. C'était surtout Rochezzani qui parlait. Nerveux, il ôtait ses lunettes, les rechaussait, regardait sa montre...

Roccu prit Louis par le bras.

– En tout cas, je ne vois pas où il pourrait cacher un micro. Allez, on y va!

André parut soulagé en les apercevant.

– Enfin! Je me demandais...

Sans un mot, Roccu et Louis prirent place autour de la table.

– Salut! dit le petit homme brun.

– Salut! répondirent aussi laconiquement Roccu et Louis.

Ils se regardèrent, se jaugèrent. Rochezzani, gêné, rompit ce silence:

– Notre ami est l'homme dont je vous ai parlé...

– On s'en doutait, ricana Louis.

– Alors, il paraît que vous avez des outils à vendre? attaqua Roccu.

– Ça se pourrait!...

– Et la provenance?

Le petit homme brun eut un rire bref. Il avait dû manger

de l'oignon. Ses muscles roulaient sous son tee-shirt. Il en abusait.

– Vous avez du fric?

– Ça se pourrait!... répondit Roccu en l'imitant.

Il avait l'accent de Marseille. Mais Roccu pensa qu'il était certainement d'origine corse. Ils se turent un instant : le garçon venait prendre la commande des nouveaux venus. Roccu reprit :

– On n'achète que du premier choix! Alors, forcément, on veut savoir d'où ça vient!

Le petit homme soupira.

– Si je vous disais que c'est une livraison en direct de l'armée, ça vous irait?

– Peut-être... Et la quantité?

– Tout dépend de votre tirelire! Mais on pourrait commencer par deux dizaines... Dans un premier temps, en tout cas!

– J'aimerais voir un échantillon.

– J'ai vu, moi! dit précipitamment André Rochezzani. C'est ce qu'on cherche!

Roccu et Louis se regardèrent. Le petit homme se leva.

– Je vous laisse discuter tranquillement entre vous. Y a pas le feu! Votre ami sait comment me joindre.

Il porta deux doigts à son front, les salua, s'éloigna d'un pas souple. Jean serré et bottillons, il marchait les jambes légèrement écartées.

– Ce mec a dû être jockey dans une vie antérieure! dit Louis. Qu'est-ce que t'en penses, Roccu?

– De son passé, pas grand-chose... Pour le reste, je ne sais pas.

– Si André dit que c'est un type réglo...

– Mouais...

Roccu avait une curieuse impression, sans pouvoir se l'expliquer.

– Je pourrais donner quelques coups de fil à Marseille... proposa Louis.

Rochezzani prit la mouche.

– Si vous ne me faites pas confiance!...

Roccu, toujours sans raison, regrettait d'être venu personnellement. Pourquoi s'exposer? Rochezzani se pencha vers eux et reprit sur le ton de la confidence :

– Écoutez, j'ai discuté avec lui avant que vous n'arriviez... Le prix officiel, c'est cinq mille l'unité. Mais il pourrait nous faire une fleur !

– Pourquoi une fleur ? demanda sèchement Roccu.

Rochezzani, gêné, toussa.

– Eh bien, parce qu'on n'est pas des gangsters mais des politiques.

– Je n'aime pas ça ! Ces mecs-là n'ont pas l'habitude de faire du sentiment !

– Tu crois que ça cache un piège ? demanda Louis.

Roccu ne répondit pas. Il réfléchissait. Puis, soudain, il s'adressa à André.

– Tu continues à dire qu'on est intéressé. Tu fais même baisser les prix. Bref, tu fais traîner les choses. Et, parallèlement, tu essaies de découvrir où ils planquent les colis... Tu prends autant de types que tu voudras, mais il faut savoir !

– Et quand on sait ?

– On se sert !

Rochezzani resta bouche bée. Roccu poursuivit :

– S'il y a un coup fourré, c'est le meilleur moyen de passer à côté !

166

BASTIA, 15 MAI 1978, 22 HEURES 30

Quiliccini n'osait y croire. Orsoni venait d'arriver chez lui. Le noiraud bombait le torse.

– Tu crois vraiment qu'ils ont mordu ?

– Ça les fait baver ! Vingt MAT 49 pour une poignée de cerises, ça se refuse pas ! répondit Orsoni, sûr de lui.

A l'initiative de Quiliccini, les fusils-mitrailleurs avaient été « soustraits » de l'arsenal de Toulon quelques jours plus tôt. Officiellement, ils avaient été volés.

Quili se gratta le nez. Acquaviva lui-même s'était déplacé. Au fond, ces clandestins étaient des amateurs. Ils commettaient imprudence sur imprudence. Et lui, Quiliccini, avait maintenant la possibilité de faire tomber la plupart des chefs.

– Tu les revois quand?

– J' sais pas! C'est eux qui me contactent!

– Si tu baisses trop les prix, ils vont se méfier... Fais le difficile!

– Je connais mon boulot!

Un susceptible, ce petit Corse. Il le soupçonnait de vouloir sa part de gloire et d'honneur. Mais c'était lui, Quili, qui avait eu l'idée. Lui qui tirait les ficelles. Lui aussi qui prenait les risques. Car si l'affaire de cette vente d'armes volées à l'armée venait à être rendue publique, ses supérieurs, bien entendu, refuseraient de le couvrir.

– Giscard vient en Corse dans trois semaines, dit-il, comme pour lui-même.

– Et alors? demanda Orsoni.

– Eh bien, ça serait un beau cadeau de bienvenue, non?

Quiliccini était soudain si content de lui qu'il versa une large rasade d'alcool de myrte à son collègue des Renseignements généraux.

167

CAMPU DI CROCE, 4 JUIN 1978, 11 HEURES

Il faisait beau et chaud. On était dimanche. Severa paressait au lit. Roccu venait de la rejoindre. Il avait trait ses brebis au petit jour. Puis il les avait conduites dans un nouveau pacage fraîchement défriché où l'herbe était encore tendre. Au retour, il avait branché le tuyau d'arrosage et s'était lavé à grande eau derrière la maison.

Depuis qu'elle était enceinte, Severa avait cessé toute activité clandestine. Elle avait changé, acquis une sérénité nouvelle. Mais elle n'avait rien perdu de sa grâce : il y avait seulement plus de gravité dans ses gestes et ses paroles. Roccu s'en amusait : « Même quand tu ris, tu es plus sérieuse ! »

Il s'assit sur le lit, à côté d'elle. La fenêtre était ouverte. Le soleil filtrait à travers les feuilles du mûrier. La lumière jouait sur la poitrine nue de Severa.

Elle l'attira à elle, l'embrassa.

– Bonjour !

Il sentit ses lèvres dans son cou. Elle passa une main dans ses cheveux encore humides puis sous la chemise propre qu'il venait d'enfiler.

– Aujourd'hui, tu es entièrement à moi ! Oublie tout, on s'aime !

Severa devinait qu'il était de plus en plus soucieux. Était-ce à cause du prochain voyage de Giscard? Déjà, l'île fourmillait de CRS, de gendarmes mobiles, de flics en civil. Il y aurait certainement, comme pour chaque visite présidentielle, des détentions préventives. Roccu redoublait de précautions, ne quittait pratiquement plus le village.

Pourtant, quand il était avec elle, Roccu s'efforçait de ne rien faire transparaître de ses préoccupations. Severa lui en savait gré. Mais elle lisait en lui à livre ouvert.

Ils sursautèrent tous les deux lorsqu'on frappa à la porte. Severa se recouvrit avec le drap. En allant ouvrir, Roccu vérifia que son pistolet était bien posé à côté de la porte sur le buffet.

C'était Vincensiu, l'air grave et important.

– Ton père a téléphoné à la maison. Ton grand-père Oraziu va plus mal, il est à l'hôpital...

168

CAMPU DI CROCE, 4 JUIN 1978, 11 HEURES 30

Roccu, le cœur serré, arrivait aux premières maisons du village lorsqu'il reconnut, débouchant dans la dernière boucle de la route, la 404 toute bosselée de Louis. Si le géant montait jusqu'ici, la raison devait être sérieuse. La voiture freina brutalement et s'immobilisa devant lui.

– Monte !

Roccu ouvrit la portière, grimpa à côté de Louis.

– Qu'est-ce qui t'arrive ?

Louis semblait anormalement nerveux.

– Je suis allé chez André... Personne ne sait où il est passé... Il a disparu.

– Et les MAT ?

– Elles sont en sûreté chez Joseph.

– Qui est au courant ?

– Joseph, son frère et moi. Et Rochezzani, bien sûr.

– Il faut déménager les armes en vitesse.

Louis s'essuya le front du revers de la main et poursuivit, gêné :

– Attends, il y a autre chose qui pourrait être plus grave... J'ai eu des nouvelles de Marseille. Le gars de la place Saint-Nicolas... Son signalement correspondrait peut-être à un flic des RG... Un nommé Orsoni. C'est quand j'ai parlé de jockey... Ils l'appelaient comme ça, là-bas.

– Tu pouvais pas commencer par là ?

Louis baissa les yeux. Il ressemblait à un enfant puni. Roccu, plus dur qu'il ne voulait vraiment l'être, reprit :

– Parce que si tu as raison, ça signifie qu'André est entre les mains des flics ! Et qu'on est tous dans le bain ! Raison de plus pour virer au plus tôt les MAT de chez Joseph !

– Et nous ?

– C'est la cavale, mon vieux !

– Parce que tu crois qu'André va parler?

– Je ne pense pas, non. Mais ton Orsoni, lui, il n'a aucune raison de nous faire de cadeau!

Roccu descendit de la voiture. Les deux hommes se regardèrent.

– *Vale più amicizia ch'è parentia*[1] *!*

Pour toute réponse, Louis esquissa un sourire. Ses traits se détendirent. Un instant, comme une eau qui s'apaise, il redevint le personnage jovial que Roccu aimait.

Il le regarda partir. Il savait que leur vie à tous deux venait de basculer.

169

BASTIA, 4 JUIN 1978, 23 HEURES

La pelote se dévidait toute seule.

Quiliccini exultait. Il aurait été encore plus heureux si tous ces flics de Paris n'étaient pas descendus dans l'île. Des pontes. Des as. Prompts à vous piquer les fruits de votre travail. Ils venaient pour la récolte qui serait tout bénéfice pour eux.

Malgré tout, au ministère de l'Intérieur, personne ne pourrait plus ignorer les mérites de l'inspecteur principal Quiliccini.

Devant lui, André Rochezzani semblait hébété. Attaché par des menottes à sa chaise, il dodelinait de la tête comme un homme saoul.

Quili se frotta les mains

– On recommence, petit?

Rochezzani sursauta.

– Alors tu confirmes qu'Acquaviva était le chef du commando, ce jour-là?

1. Amitié vaut plus que parenté!

Le militant fit oui. Quiliccini tapa sur sa machine. C'était tellement simple. André Rochezzani s'était laissé arrêter sans opposer de résistance. Une interpellation discrète.

Quiliccini ne lui avait d'abord posé aucune question. Il l'avait laissé mijoter au secret plusieurs heures dans la cage du commissariat. Puis il l'avait fait venir dans son bureau. Et c'était lui, Quiliccini, qui avait commencé à parler! Longuement, complaisamment, il avait exposé ce qu'il connaissait de l'organisation du FLNC. Rochezzani, derrière ses petites lunettes, ouvrait des yeux ébahis. Et Quiliccini, ravi, d'égrener nom après nom, détail après détail... « Tu vois, mon pauvre Rochezzani, tu n'as pas grand-chose à m'apprendre! »

Le militant clandestin était assommé. Comme par jeu, Quiliccini lui avait passé une série de photos qui traînaient sur son bureau. « Jette un œil, c'est instructif! » Rochezzani, abasourdi, avait découvert une collection de portraits des membres de la junta du FLNC. Il y avait même des photographies du rendez-vous, place Saint-Nicolas, avec le type qui leur avait proposé des MAT 49...

Alors, le policier avait donné l'estocade : « Les autres ont déjà parlé! Ils se sont mis à table gentiment. C'est à peine si je pouvais les arrêter... » Les autres, c'était une poignée de comparses interpellés en même temps et aussi discrètement que Rochezzani, avant le grand coup de filet prévu le surlendemain.

Quiliccini arrêta de taper. De sa main libre, Rochezzani ôta ses lunettes, se frotta les yeux. Roccu Acquaviva était d'une autre trempe. Déjà, l'inspecteur se réjouissait de l'avoir bientôt devant lui, sur cette même chaise.

A cet instant, la porte s'ouvrit. L'inspecteur Orsoni entra dans le bureau. Rochezzani blêmit en le découvrant.

– Désolé, mon petit vieux, je ne suis qu'un flic! Pas un marchand d'armes.

Orsoni s'assit sur le coin du bureau, croisa les jambes, effaça une tache invisible sur le cuir de ses bottillons.

– Bien joué, le coup des mitraillettes... Les piquer avant la livraison!... A vrai dire, on s'y attendait un peu. Maintenant, il va falloir que tu nous dises où tu les as planquées!

Rochezzani regarda autour de lui comme pour chercher du secours. Orsoni rit :

– C'était un prêt, tu comprends? Seulement un prêt!

Le petit flic ricana encore. Rochezzani baissa la tête. Alors Quiliccini se leva, fit le tour du bureau et, brutalement, souleva le menton du garçon, planta ses yeux dans les siens.

– On va reparler d'Acquaviva! Tu m'as pas encore tout dit, petit!

170

CAMPU DI CROCE, 6 JUIN 1978, 5 HEURES 30

A l'est, le ciel avait pris des couleurs tendres, rose et or, malgré les lambeaux de nuit qui persistaient.

Les mains derrière la tête, Roccu, emmitouflé dans son sac de couchage, observait le paysage. Mais il n'y trouvait nul réconfort. Dissimulé dans les bruyères à l'orée de la châtaigneraie, au-dessus du village, il venait de passer sa seconde nuit à la belle étoile.

Pour l'instant, il avait choisi de ne pas s'éloigner de Campu di Croce. Ici, dans la nature, à seulement quelques centaines de mètres du village, il se sentait provisoirement en sécurité. Son père ou Domenicu pouvaient à tout instant le joindre et le tenir informé. Et, dès la tombée de la nuit, ils montaient le ravitailler et lui donnaient des nouvelles de son grand-père. Oraziu Acquaviva était dans le coma. A l'évidence, la fin était proche.

Roccu ne cessait de le revoir tel qu'il lui était apparu lors de son séjour à Paris. Il garderait de lui cette dernière image : un corps de gisant et un regard terrible qui commandait, qui exigeait... Qui reprochait. Roccu avait des regrets plus que des remords. Il était passé à côté de ce grand-père qui lui ressemblait tant et qui l'avait reconnu tout de suite comme l'un des siens. Il n'avait pas su ou pas voulu prendre le temps de l'écouter. Et maintenant, il se rendait compte qu'avec la mort prochaine d'Oraziu, tout un pan de sa propre histoire allait disparaître.

Roccu s'assit, fouilla dans le sac posé à côté de lui. Il contenait une mitraillette, des munitions, des grenades, du pain, une gourde, quelques objets de toilette, une radio à transistors et une paire de jumelles. Le sac d'un fugitif.

Il braqua les jumelles sur le village, balaya les maisons encore endormies. La mairie, l'église, le café... Tout était calme. Seul être humain éveillé, il avait l'impression étrange de dérober des images. La même impression qui le saisissait parfois lorsque, au cours de ses déplacements nocturnes, les phares de son auto arrachaient à la nuit des paysages endormis.

Il poursuivit son mouvement panoramique, remonta. Soudain, dans les oculaires, s'imposa la maison Fiorelli, massive, orgueilleuse. Puis, un peu plus loin, sa propre demeure. Petite, modeste. Les volets étaient fermés. Severa était repartie pour Bastia, à sa demande. « Je ne veux pas qu'ils te trouvent là, que tu les voies fouiller, tout saccager... » Mais il savait qu'à Bastia aussi, ils se présenteraient tôt ou tard chez elle...

Severa avait obéi. Elle s'en était allée quelques heures seulement après la visite de Louis. « Si ta cavale se prolonge, je te rejoindrai ! N'importe où ! » La jeune femme avait ajouté qu'elle était décidée à tout abandonner pour le suivre dans le maquis... Sa boutique, son appartement. Tout plutôt que de vivre sans lui. Elle avait toujours su qu'il en serait un jour ainsi. Elle s'y était préparée. « Et le bébé ? » Severa avait répondu que, le moment venu, elle irait trouver refuge chez les parents de Roccu.

Il posa ses jumelles. Le petit matin était limpide, l'air vif semblait cassant comme du verre. La Castagniccia se réveillait peu à peu. Le soleil naissant léchait la cime des grands châtaigniers. Les premiers bruits de l'activité humaine montaient de la vallée : le halètement d'un moteur diesel, l'écho lointain de persiennes que l'on ouvre, le grincement d'une roue de brouette... Roccu se leva, replia son sac de couchage et alla jusqu'à la source. L'eau sourdait d'une anfractuosité rocheuse. Quelques pierres hâtivement jointes formaient une petite vasque au milieu des fougères et des scolopendres. Roccu se lava. L'eau était glacée.

Lorsqu'il revint à sa cachette, il alluma la radio. Aux informations, on ne parlait que du voyage en Corse du président de la République. Il devait arriver le lendemain pour une visite de trois jours.

Brusquement il dressa l'oreille. Un bruit d'auto. Roccu reprit sa paire de jumelles, chercha la route qui grimpait vers le village. Il les aperçut presque aussitôt. Deux voitures noires, une 403 et une 204. Les flics, il en était sûr.

Couché à plat ventre, il les suivit, entrant dans le village. Il lui sembla reconnaître, à côté du chauffeur de la 403, la silhouette de l'inspecteur Quiliccini. Les deux voitures passèrent la mairie, laissèrent à droite la maison Acquaviva. Ils connaissaient parfaitement les habitudes de Roccu.

Les autos s'arrêtèrent à une centaine de mètres de la demeure de Bianca Fiorelli. Des hommes en civil, harnachés de gilets pare-balles, armés de fusils-mitrailleurs ou de revolvers, en descendirent. Quiliccini dirigeait l'opération. Roccu le voyait maintenant en gros plan : visage carré, traits épais. Quelque chose de gourmand dans l'expression.

Les hommes se déployèrent rapidement, encerclèrent la petite maison de Roccu. Quiliccini frappa à la porte. Attendit quelques instants. Il cogna à nouveau. Puis il se retourna, fit signe à l'un de ses flics. Quelques instants plus tard, la porte était défoncée.

Maintenant, après avoir perquisitionné, ils allaient monter vers la bergerie. Puis, bredouilles, ils se présenteraient chez ses parents. Roccu enrageait mais ne bougeait toujours pas. Il s'imaginait en bas dans la petite maison. Si Louis ne l'avait pas alerté, il serait à cette heure blessé ou mort. Car il aurait tiré, c'était certain.

Cette scène muette qui se jouait en bas était-elle la préfiguration de ce qui arriverait réellement un jour? La mort au petit matin dans une odeur de poudre et de sang. La mort d'un terroriste!

A l'intérieur, ils devaient fouiller, tout retourner. En vain.

Roccu, depuis longtemps, ne gardait aucun document, aucun objet compromettant chez lui. Il avait des caches dans le maquis.

Il se passa encore de longues minutes. Puis Quiliccini ressortit. Il grimaça, cracha dans l'herbe. Roccu, un instant, regretta de ne pas avoir un fusil à lunette dans les mains à la place de ses jumelles...

Les voitures repartirent. Comme il l'avait prévu, elles montaient vers la bergerie. Roccu attendit encore un instant, puis il se leva pour se dégourdir les jambes.

Il pensa à ses amis. Que savaient les flics? Jusqu'où avaient-ils pénétré l'organisation?

Son père, dès qu'il pourrait le faire sans risques, monterait ici. Roccu avait hâte de le voir arriver. Hâte de savoir.

COUP DE FILET ANTI-FLNC

Jamais, depuis sa naissance en mai 1976 et ce jusqu'au printemps 1978, le FLNC n'avait eu à déplorer l'arrestation de l'un de ses membres ou la découverte de l'une de ses caches par la police. Un état de fait qui, on le conçoit, n'avait pas manqué de laisser le doute s'installer quant à l'efficacité des services chargés de ce type d'affaires. (...)

C'est donc seulement au tout début du mois de juin 1978 que la police parvient, après plus de deux ans d'échec, à « mettre la main » sur des membres du FLNC. Dans la nuit du 1er au 2 juin, six d'entre eux sont arrêtés. Le 5 juin, on enregistre de nouvelles arrestations, dont celle de Léo Battesti. Le 8 juin, ce sont finalement vingt-quatre personnes qui se trouvent inculpées par la Cour de sûreté de l'État, au moment même où le chef de l'État effectue son voyage de trois jours en Corse. Simple coïncidence? Vraisemblablement pas, car la rapidité et le nombre des arrestations démontrent assez que la police, devenue soudain efficace, connaissait depuis quelque temps déjà un certain nombre de militants du FLNC.

Pierre Dottelonde,
Corse, la métamorphose.

171

CAMPU DI CROCE, 13 JUIN 1978, 15 HEURES

Le ciel était incandescent. Le village était écrasé de soleil. La vie semblait arrêtée. Même les insectes avaient cessé de bourdonner. Seul, comme un peu de buée sur un miroir, un murmure de voix venait de la salle du café Valecale. Il y avait aussi, sur la place de la mairie, un nombre anormalement élevé de voitures stationnées.

Soudain, les cloches sonnèrent à la volée. Et, à l'intérieur des maisons aux persiennes closes, les femmes se signèrent.

Elles sortirent les premières sous le soleil. Uniformément vêtues de noir et, pour les plus vieilles, un mezzaru sur la tête, elles cheminèrent à petits pas vers l'église dont les portes étaient grandes ouvertes. Les hommes suivirent quelques minutes plus tard. Chapeaux et costumes sombres. Certains, les plus nombreux, s'arrêtèrent à l'ombre des platanes, devant le café. Les autres entrèrent dans le bâtiment baroque où régnait une fraîcheur bienveillante.

Suivi par un cortège d'automobiles, le corbillard arriva peu après. C'était une ancienne et grosse voiture américaine surchargée de chromes. Sacramaria était assise devant, à côté du chauffeur. Quand elle descendit, tout le monde la vit s'essuyer les yeux. Mais personne ne sut que pour la vieille demoiselle, le geste était devenu machinal : Sacramaria n'avait plus de larmes pour pleurer.

Les cloches sonnaient toujours. Personne ne parlait. Les Corses n'étaient jamais autant eux-mêmes que lorsque la mort était présente.

Quand les portes du fourgon furent ouvertes, on vit, côte à côte, deux cercueils métalliques.

172

CAMPU DI CROCE, 13 JUIN 1978, 16 HEURES

Les hommes s'essuyaient la nuque avec leur mouchoir. Les femmes psalmodiaient en même temps que le prêtre. Mais aucun son ne sortait de leurs bouches. A côté de la chapelle familiale, près des tréteaux où reposaient les deux cercueils, les Acquaviva, les Filippi, les Pacini et leurs alliés étaient regroupés. Francesca, ses filles, Sacramaria, Ange-Marie et ses deux frères de Paris, Charles et Dominique, l'oncle Toussaint, étaient au premier rang. Derrière se tenait toute une parentèle qu'on ne voyait plus que lors des enterrements. Parmi ceux-là, beaucoup s'interrogeaient sur la présence aux côtés de Francesca et des deux sœurs de Roccu d'une jeune femme brune au visage farouche, au regard de ciel bleu. Severa Mattei était montée de Bastia le matin même. Francesca et Ange-Marie l'avaient accueillie comme leur fille. Il y avait encore Bianca Fiorelli, Vincensiu et Domenicu Piverone. Tous, villageois ou parents, avaient feint de ne pas voir les deux policiers qui se tenaient à l'entrée du cimetière. Quiliccini et son acolyte Orsoni étaient venus par acquit de conscience : un dirigeant du FLNC n'avait-il pas été arrêté cinq jours plus tôt parce que, avant de prendre le maquis, il avait tenu à aller embrasser sa grand-mère?

La cérémonie se terminait. Ghjuliu Marfisi avait obtenu de prononcer un discours. Comme il faisait partie du clan Acquaviva, on l'avait laissé faire : c'était le premier magistrat de la commune qui rendait hommage au fils du légendaire Nicolas.

Les deux cercueils d'Ernella et Oraziu furent descendus dans le caveau. Au moment où la foule commença à défiler, il se fit un léger tumulte à l'entrée du cimetière. On se retourna. Quatre hommes cagoulés et armés, dont un colosse, étaient venus se placer de part et d'autre des deux policiers. Au même instant, un jeune homme sauta le mur du cimetière et s'avança dans l'allée centrale. Roccu Acquaviva, inculpé en fuite, venait rendre un dernier hommage à ses grands-parents. Il n'eut pas un regard pour les deux flics que Louis, Pascal, Joseph et Clementu tenaient en respect. Dans un silence absolu, il se dirigea vers le caveau des Acquaviva. La foule s'écarta devant lui et se referma, comme si elle voulait le protéger. Visage dur, Roccu s'arrêta devant la fosse, s'inclina. Chacun retint sa respiration. Puis, après quelques longues secondes, Severa, une rose à la main, courut vers lui. Sans un mot, il prit la fleur qu'elle lui tendait et la jeta sur les cercueils.

Un peu plus tard, lorsque la foule commença à refluer, Sacramaria vint l'embrasser. Et, fouillant dans son sac, elle lui tendit une épaisse liasse de papiers.

– C'est à toi... Des lettres que ton grand-père t'écrivait en secret.

La première feuille était jaunie.

Caru Roccu,

Léghjerai stà lettarà? *Je ne le sais pas moi-même puisque je ne suis pas sûr de te l'envoyer de mon vivant. Peut-être la découvriras-tu après ma mort... Je le souhaite de tout mon cœur. Mais je le redoute tout autant.*

Avant tout, sache, aussi étrange qu'il t'en semble, que je t'attendais... Oui, autrefois, au début de ce siècle, je t'ai vu en rêve! Et ma sœur Laurina, dont je te reparlerai souvent, m'a dit le lendemain : « Ce garçon de ton rêve sera ton plus grand bonheur! »

Cet ouvrage a été composé et réalisé par la
SOCIÉTÉ NOUVELLE FIRMIN-DIDOT (Mesnil-sur-l'Estrée)
pour le compte de LA LIBRAIRIE PLON
76, rue Bonaparte, 75006 Paris

Achevé d'imprimer le 2 mars 1995

Imprimé en France
N° d'édition : 12523 – N° d'impression : 29815
Dépôt légal : février 1995